财芯·智算

知识 工具 算法 场景

中兴新云 ◎ 著

中国财经出版传媒集团
中国财政经济出版社
·北京·

图书在版编目（CIP）数据

财芯·智算 : 知识 工具 算法 场景 / 中兴新云著. -- 北京 : 中国财政经济出版社, 2025. 9. -- ISBN 978-7-5223-4220-7

Ⅰ. F272.7

中国国家版本馆CIP数据核字第2025MZ2082号

责任编辑：樊清玉　温彦君　　　责任校对：张　凡
封面设计：陈宇琰　　　　　　　责任印制：史大鹏

财芯·智算
——知识 工具 算法 场景
CAIXIN·ZHISUAN
ZHISHI GONGJU SUANFA CHANGJING

中国财政经济出版社 出版

URL：http：//www.cfeph.cn

E-mail：cfeph@cfeph.cn

（版权所有　翻印必究）

社址：北京市海淀区阜成路甲28号　邮政编码：100142
营销中心电话：010-88191522
天猫网店：中国财政经济出版社旗舰店
网址：https：//zgczjjcbs.tmall.com
涿州汇美亿浓印刷有限公司印刷　各地新华书店经销
成品尺寸：185mm×260mm　16开　18印张　395 000字
2025年9月第1版　2025年9月河北第1次印刷
定价：110.00元
ISBN 978-7-5223-4220-7
（图书出现印装问题，本社负责调换，电话：010-88190548）
本社质量投诉电话：010-88190744
打击盗版举报热线：010-88191661　QQ：2242791300

本书编写组

组　　长：孙彦丛　郭　奕

副组长：赵旖旎　扶冰清

成　　员：张　蓓　陈佳美　徐晓娜　潘璐琦　禹　萌

　　　　　朱　玥　方丽杰　肖　宋　孟泽文　王沫萱

　　　　　李维初　贵丹妮　王怡琳

扫码进入财务云读者群
与小伙伴 "同读共进"!

前　言

　　数智技术革命正在重塑企业管理理念和决策方式，数智化也逐渐成为企业树立竞争优势和转型发展的关键所在。作为数智化时代的核心要素，数据为企业和个人提供了更加科学、准确的决策依据，数据分析的重要性不言而喻。企业可以利用智能算法对数据进行分析和洞察，以数据作为核心驱动力，支持企业实现科学决策、事前预警、未来预测、规律探寻，优化资源配置，推动企业运营管理模式革新，促进企业的转型升级和创新发展。个人可运用数据指导工作与生活决策，培养数据分析思维，掌握分析技能与工具，持续提升自身创新与综合能力。

　　随着企业内外部数据日益丰富，分析需求日渐多样，传统计算工具，如Excel等难以满足企业场景复杂、动态变化的分析需要，面临计算效率低下、分析维度单一、决策响应滞后等问题。分析人员亟须功能丰富、操作简单、计算高效的分析工具以实现更加精准、迅捷的数据分析，中兴新云财芯平台应运而生。

　　作为数智化时代数据分析的重要入门指南，本书以数据价值链为主线，依托财芯平台，从数据分析"为什么""做什么"和"用什么"切入，引入相关前沿知识和理念、新兴技术以及丰富的实践案例，详细阐述数据价值链的内容与步骤，加强读者对数据分析知识和工具的理解，帮助读者掌握财芯平台使用方法，培养逻辑思维和数据分析能力。

　　本书分为工具篇与应用篇两部分，覆盖了知识、工具、算法和场景四方面内容的讲解与实践：工具篇聚焦数据价值体系、数据治理、数据价值链等方面内容，详细阐述了从数据采集、数据清洗、算法搭建到可视化呈现的相关理论

知识,并结合财芯平台进行实践应用;应用篇围绕财务分析、司库管理、税务管理、共享运营等多元数智化场景,深入剖析企业数智化实践路径并结合合同管理及差旅分析等案例,帮助读者理解基于不同行业背景下的指标体系构建和算法模型设计,依托财芯平台完成数据分析全流程实践。

本书通过浅显易懂的语言详细介绍了数据价值链各环节的应用场景和操作实践,搭配知识卡片、案例卡片等方式帮助读者加深理解,适合企业数据分析人员、财会专业人士、财会专业教师和学生以及其他对数据分析、财务数智化实践应用感兴趣的读者阅读。

本书是集体智慧的结晶,其顺利著成得益于中兴新云与中国财政经济出版社的高效协作。在此,谨向所有为本书提供帮助的朋友致以诚挚感谢,特别感谢中国财政经济出版社樊清玉老师为本书出版付出的努力。

由于作者时间和能力所限,教材可能存在疏漏与不足之处,恳请读者批评指正,以便我们完善与优化教材内容。

"工欲善其事,必先利其器",希望本书能成为您数据分析学习之旅中的实用指南,助力您在数据驱动的商业新时代把握先机,创造价值。让我们共同探索数据价值,开启智慧决策的新篇章!

目 录

上篇 工具篇

第 1 章　认识数据分析　3
  1.1　数据分析"为什么"　3
  1.2　数据分析"做什么"　5
  1.3　数据分析"用什么"　21
  本章小结　23
  章节练习　23

第 2 章　财芯平台——全价值链数据分析平台　25
  2.1　了解财芯平台　25
  2.2　智数·数据中心　29
  2.3　智算·算法中心　36
  2.4　智视·可视化中心　48
  本章小结　52
  章节练习　52

第 3 章　数据采集　54
  3.1　数据源的分类　54
  3.2　数智化时代数据采集特点　58
  3.3　基于财芯平台的数据采集　60
  本章小结　72
  章节练习　72

第 4 章　数据清洗　74
4.1　数据质量问题　74
4.2　数据清洗方式　77
4.3　基于财芯平台的数据质量校验　82
4.4　基于财芯平台的数据清洗　99
本章小结　116
章节练习　116

第 5 章　数据算法　118
5.1　数据探索与数据算法　118
5.2　基于财芯平台的算法搭建　132
本章小结　205
章节练习　206

第 6 章　数据管理　209
6.1　数据存储、分享与使用　209
6.2　基于财芯平台的数据管理　210
本章小结　222
章节练习　222

下篇　应用篇

第 7 章　数智化场景应用　227
7.1　财务分析数智化　227
7.2　司库管理数智化　231
7.3　税务管理数智化　236
7.4　共享运营数智化　240
本章小结　244

第 8 章　数智化案例实践　245
8.1　数智节流：差旅多维分析　245
8.2　数控合约：合同多维分析　254
本章小结　263

附录一	财芯·智算系列微课	264
附录二	常见问题清单	265
附录三	实操指引与附件	268
附录四	章节练习答案	270
附录五	中兴新云高校实验室简介	271
附录六	专业术语	276
参考文献		278

上篇 工具篇

　　数据分析是企业洞察市场规律、优化运营管理的重要方式，数智化平台则是助力企业提升分析能力、实现分析流程自动化的强有力工具。工具篇作为本书的开篇，将以数据分析相关知识作为切入点，依托数据分析流程自动化工具——财芯平台，详细介绍数据分析的思路、流程和技术实践方法。

　　本篇共包括6章：第1章详细阐述数据分析相关知识理念，帮助分析人员了解数据分析流程和要点；第2章介绍财芯平台，讲解平台各个模块定位和功能；第3章到第6章依照数据价值链的流程，解析数据采集、数据清洗、算法搭建和数据管理等分析步骤，通过丰富的示例和清晰易懂的实操步骤，帮助分析人员轻松掌握并运用财芯平台完成数据价值链全流程。

第1章 认识数据分析

学习目标

目标1：了解数据价值体系

目标2：理解数据价值链

目标3：了解常用的数据分析工具

学习重点

- 数据价值体系
- 业务需求分析
- 数据采集
- 数据清洗
- 数据探索
- 数据算法
- 数据可视化
- APA工具

1.1 数据分析"为什么"

不管是日常生活，还是生产经营，数据已成为社会必不可少的一部分，不仅记录着人们行为的轨迹，也蕴含着客观世界的运行机理。作为数字经济时代的产物，数据不再只是经营活动的"副产品"，而是逐渐成为开发新型商业模式的基础资产和创造未来发展机遇的战略资源，其中蕴含的巨大价值对社会发展起着重要的推动作用，而数据分析，正是打开这一"金库大门"的钥匙。

1.1.1 数据分析的价值

在企业数智化转型实践当中，数据是转型的核心，如果脱离数据，再先进的技术也没有可以应用的土壤。国际数据公司（IDC）发布的2024年《全球大数据支出指南》显示，全球大数据IT总投资规模到2028年预计将接近6244亿美元，五年复合年均增长率（CAGR）约为16.3%，数据正逐渐成为企业投资聚焦的重点[①]。数据分析是挖掘数据价值

---

① IDC. 2028年中国数字化转型总体市场规模将超7300亿美元［EB/OL］.

的关键,无论是优化资源配置、提升效益还是提高效率,企业决策都离不开数据分析的支持。《2024 埃森哲中国企业数字化转型指数》显示,依托数字核心优化运营的企业在 2019 年至 2022 年间的营收复合年均增长率比其他企业高 15%,利润率比其他企业高 5.6%[①]。

随着技术发展,企业数据规模不断增长,数据种类不断丰富,企业数据分析面临的挑战越发艰巨。如何提高分析效率,激活数据要素潜能,成为数智化时代下每个企业必须重视的课题。

1.1.2 数据价值体系

要想充分挖掘数据价值,发挥数据潜力,企业需要建立起一套完整的数据价值体系来管理、协调数据要素,做到用对数据、用好数据。数据价值体系主要包含决策场景、数据治理体系和数据价值链三个方面,如图 1-1 所示。

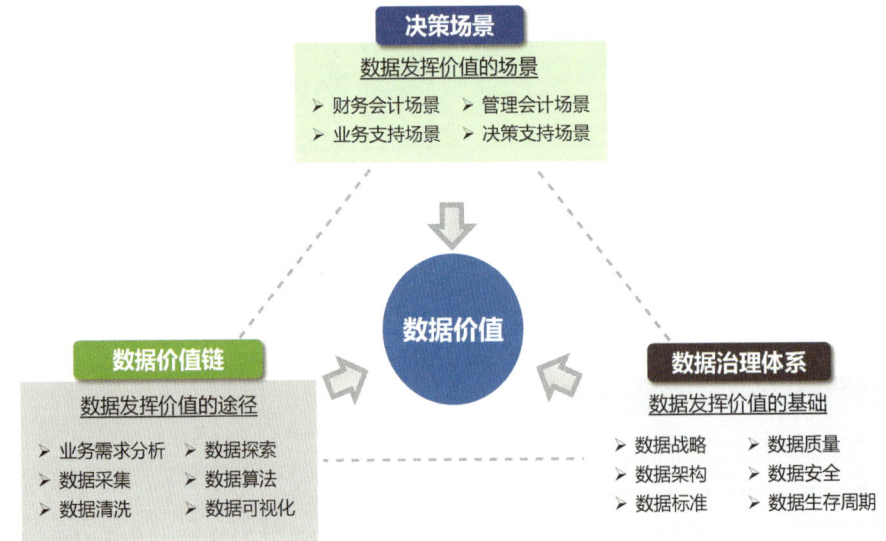

图 1-1 数据价值体系[②]

企业数据价值体系围绕企业中的数据展开,依靠持续的数据治理保障企业数据质量,通过数据价值链形成数据服务和数据产品,释放数据价值,为各类决策场景提供支撑,最终实现整体战略决策目标。

数据治理体系旨在通过数据管理持续提升数据质量,尤其是对于非数字原生企业,数据治理的重要性越来越突出[③]。

---

① 埃森哲. 2024 埃森哲中国企业数字化转型指数[R]. 北京:埃森哲,2024.
② 陈虎,孙彦丛,郭奕,等. 财务数据价值链[M]. 北京:人民邮电出版社,2022.
③ 非数字原生企业是指在成立之时以物理世界为中心构建的企业,而数字原生企业则在设立之初就以数字世界为中心来构建,生成了以软件和数据平台为核心的数字世界入口,能够便捷地获取和存储大量数据。

在数据价值链中，企业面向业务需求，运用数据技术和工具探索数据背后隐含的信息，完成数据向智慧的转化。

同时，数据价值的发掘需要与决策场景相结合，数据治理和数据价值链下的各种活动要面向各种决策场景（如营销策略制定、物料采购决策、供应商选型决策、账期预测、融资决策等），才能真正支持管理决策。

1.2 数据分析"做什么"

由于技术的快速发展和信息化的普及，如今企业已经能够积累起很多数据，然而，数据量大并不意味着数据的价值密度大，也不意味着数据能够直接被应用、能够直接作为资产，为企业带来经济价值。想要深入挖掘数据价值，企业需要搭建完善的数据治理体系，以主数据、元数据、数据质量、数据安全、数据标准等内容为核心，将数据资源转化为数据资产，为企业数据价值释放夯实基础。

有了完善的数据基础，企业可以通过数据价值链充分挖掘数据价值。数据价值链是描述数据从原始状态到赋能业务决策的全过程，其以业务、数据、技术为核心，涵盖数据处理、价值挖掘与实现的全流程，可细分为六个基本步骤：业务需求分析、数据采集、数据清洗、数据探索、数据算法、数据可视化，最终实现数据向信息、知识、智慧的转化，驱动企业决策。

1.2.1 业务需求分析

业务需求分析在数据价值链中扮演着至关重要的角色。它是价值链的起点，直接影响着数据分析的目标、过程和最终的分析成果。一旦不以业务背景和具体问题为导向，数据分析将缺乏商业价值与实践意义。

1.2.1.1 理解业务需求

业务需求是指企业或组织希望通过数据分析解决的具体问题或实现的目标，这些需求通常源于企业运营中的业务问题、商业机会或决策需求，涉及企业经营管理的方方面面。数据价值链需要理解业务需求，基于需求解决实际问题。

企业的业务需求通常可划分为如下四类：分析类业务需求、描述类业务需求、预警类业务需求、预测类业务需求。

（1）分析类业务需求

分析类业务需求旨在揭示数据中隐藏的变动模式或规律，探索业务问题发生的实质性原因。例如，一家零售企业希望通过分析不同地区的销售数据，以找出销售业绩不佳的原因，并制定相应的改进策略。面对这类需求，分析人员需要选择合适的量化评估指标，探索不同因素对销售额的影响程度，并选择合适的方法呈现数据结果，为销售策略优化提供决策支撑。

（2）描述类业务需求

描述类业务需求的重点在于详细描述和总结当前或过去的业务状况，通常需要生成报告和图表，帮助企业了解业务现状和历史表现。例如，企业需要制作月度、季度、年度财务报告，详细描述收入、支出和利润的变化情况，或者是设定过程控制指标和管理考核指标，如员工的工作效率、业绩贡献率等，将此类指标作为绩效评价的重要依据，用于描述员工的工作成果，监督员工的工作执行情况。

（3）预警类业务需求

预警类业务需求旨在通过数据监控和分析，及时识别潜在的风险或异常情况，在关键指标偏离正常范围时发出预警信息，便于业务人员重点关注异常数据。例如，企业需要建立面向客户的信用风险预警系统，当客户的信用评分下降到某个阈值时，系统自动进行预警。面对这类需求，分析人员首先需明确预警风险点，理解风险事件的成因和表现，然后将风险事件的成因和表现转换为数据模型，通过异常值、条件判断等方式，设计预警识别规则。

（4）预测类业务需求

预测类业务需求旨在利用历史数据进行预测，以支持未来的决策和规划，这种需求通常涉及使用统计模型或机器学习算法来预测未来的趋势或结果。例如，企业需要预测下半年的产品销售情况，以便优化生产计划和库存管理。面对这类需求，分析人员需要综合考虑预测对象的特征、预测精度要求、实施难度等，然后选择预测模型。常见的预测模型有：时序预测模型，基于历史数据的时间变化进行预测；多因素模型，评估筛选影响因素，构建多元回归模型并对模型持续调优，以进行预测。

1.2.1.2 业务需求分析的步骤

业务需求分析主要分为三步，分别是业务背景理解、数据理解和需求资源评估。

（1）业务背景理解

理解业务背景的方法有很多，追根溯源，本质都是在不同层面上对业务需求进行定位。例如层次分析法，它通过将业务需求在不同行业、业务域、需求层面上进行分解（如图1-2所示），以理解数据用户现状，定位业务需求所处的范围和层面。

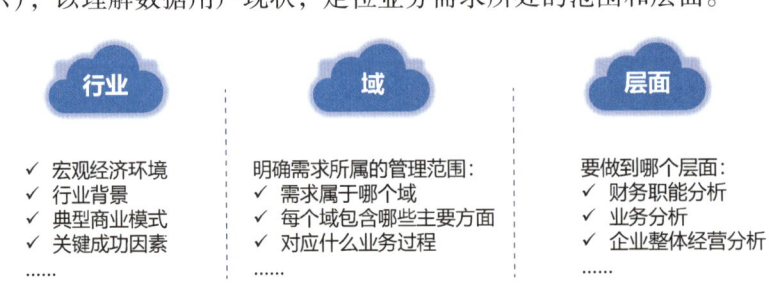

图1-2 理解业务背景的"层次分析法"

业务背景理解可以帮助企业看清隐藏在表象下的真实情况。例如，某商业银行发现近半年来银行客户流失率持续上升，初步分析认为是由于竞争对手提供了更具吸引力的利率。然而，通过业务需求调查，分析人员对获取的客户反馈信息进行深入分析，发现客户流失的主要原因是该银行在线业务的服务体验不佳，客户难以获取想要的业务信息和服务。因此，银行需要通过改善其在线服务平台服务来挽留客户，优化客户体验，而非简单调整利率。

在理解业务背景的基础之上，恰当设定问题将会帮助企业更精准地明确业务根本需求，提高数据价值链的应用效果。例如，电商平台企业在调查客户满意度时，发现相比上年，客户评分普遍有所下降，多人反馈在平台上购物体验不佳。然而，这种反馈过于笼统，无法找出影响客户体验的本质问题，也无法提供具体的改进措施。为了更好地理解客户的真实需求，企业可以设定更加具体的调研问题，如"平台加载和响应速度是否迟缓？""是否存在产品描述和实际收到的商品不符的问题？""在线客服是否响应速度过慢？"等。通过设定具体问题，该企业能够更精准地识别和解决业务需求，从而更加有针对性地开展数据分析，有效解决问题。因此在理解业务背景时，分析人员需要避免此类浮于表面或总体概括的理解，通过设定具体问题以深挖需求本质。

（2）数据理解

数据理解包括判断、转化、规划、明确数据四个步骤，如图1-3所示。

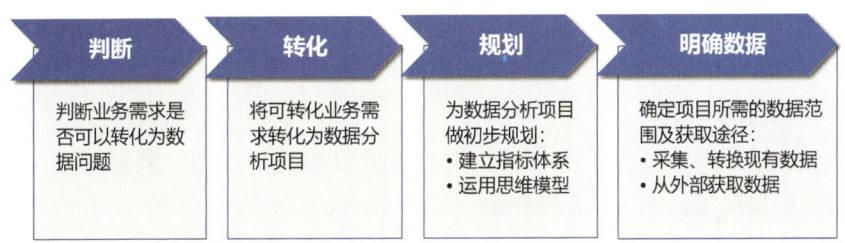

图1-3 数据理解步骤

第一步，判断。在理解业务背景的基础上，判断业务需求是否可以转换为数据分析项目。一些不符合商业逻辑、原始数据不足、数据质量极差的业务需求即使转化成数据问题，也难以有效解决。例如，刚成立不久且信息化建设还没有落地的某企业销售部门，想要根据历史数据预测未来月度销量，但由于沉淀的数据量过少，且所有数据均依赖人工记录，数据基础薄弱，因此即便将这一业务需求转化为数据问题，分析取得的预测结果也将缺乏准确性，难以让人信服。

第二步，转化。在前文已经介绍过，可将业务需求分为分析类业务需求、描述类业务需求、预警类业务需求和预测类业务需求。通过需求分类，企业可将业务需求进一步转化为更具有针对性的数据分析项目。

第三步，规划。企业需建立指标体系，运用归纳推理、演绎推理、对比分析等多类思维模型，为已转化的数据分析项目搭建解决路径，对后续工作进行初步规划。

第四步，明确数据。根据初步规划，企业需评估数据分析项目需要哪些原始数据，确定数据采集范围，并考虑现有数据是否足以支持实现项目的目标。如果数据不足，企业是否必须采集更多的数据，是转换现有数据，还是从外部获取数据来补足缺失？通常情况下，项目开始时，企业只着眼于可用数据，随着数据项目的长期发展，分析所用的数据范围不断延伸，不再只局限于当前数据，而是将内外部数据进行联合，以获取更加精准、可靠的分析结果。

（3）需求资源评估

确立数据分析项目后，项目人员需要在数据理解的基础上评估项目需求资源与可用资源是否匹配，包括可能会涉及的组织人力、技术、硬件设备等，还需要在组织机构内部评估项目的复杂程度和可用工具、设备和技能等方面的差距。例如，现有团队是否拥有成熟的技术和技能？还需要哪些类型的技能和人员？所需要的专业知识在当下的组织内是否已经具备，是否需要再培养或新招聘？所需运用到的硬件设备是否到位？可用资源与项目资源的匹配程度将影响项目团队的构成与规划，以及数据项目后续阶段的实现方式。

1.2.2 数据采集

科学全面的数据采集工作是供应数据原材料，驱动数据价值链发挥作用的重要基础。通过有效、及时、高质量的数据采集，企业能够捕捉到真实的业务动态和市场变化，为数据分析提供有力支持。

1.2.2.1 理解数据采集

（1）数据的分类

在经营管理过程中，企业需采集和分析的数据包括环境数据、交易数据、过程数据、行为数据和结果数据等，如图1－4所示。

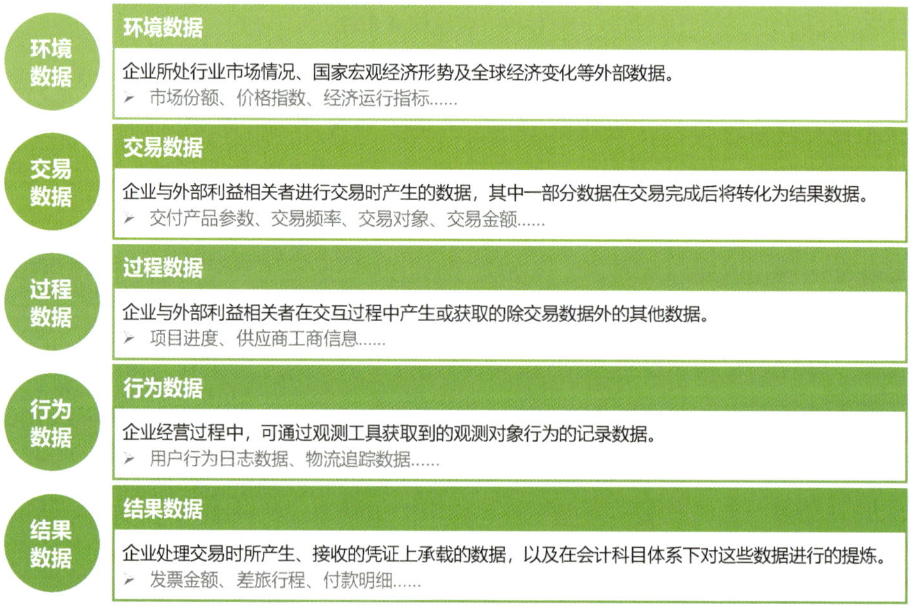
环境数据
环境数据
企业所处行业市场情况、国家宏观经济形势及全球经济变化等外部数据。
➢ 市场份额、价格指数、经济运行指标......
交易数据
交易数据
企业与外部利益相关者进行交易时产生的数据，其中一部分数据在交易完成后将转化为结果数据。
➢ 交付产品参数、交易频率、交易对象、交易金额......
过程数据
过程数据
企业与外部利益相关者在交互过程中产生或获取的除交易数据外的其他数据。
➢ 项目进度、供应商工商信息......
行为数据
行为数据
企业经营过程中，可通过观测工具获取到的观测对象行为的记录数据。
➢ 用户行为日志数据、物流追踪数据......
结果数据
结果数据
企业处理交易时所产生、接收的凭证上承载的数据，以及在会计科目体系下对这些数据进行的提炼。
➢ 发票金额、差旅行程、付款明细......

图1－4　数据的全面采集

（2）数据采集的原则

数据采集需要遵循全面覆盖、质量优良、周期一致、颗粒度一致和持续生产五大原则，以确保数据的有效性和可靠性[①]。

- 全面覆盖

数据采集应尽可能广泛，以确保能够捕捉到具有代表性的数据特征。例如，企业在做客户画像时，如果仅采集部分销售区域的客户数据，分析的深度和广度将会受到限制，画像的准确度和可信度也将受到影响。

- 质量优良

采集的数据需要满足基础质量标准，才能应用于后续分析。低质量的数据会引入过多的"噪声"和"杂质"，增加数据清洗的难度，甚至产生具有误导性的分析结果，对企业后续决策造成不利影响。

- 周期一致

企业应按照数据产生的周期进行组织和采集，确保周期内的数据完整且连贯。这有助于揭示同一周期内事物之间的关系和作用，挖掘数据的潜在规律。

- 颗粒度一致

企业采集数据时，应保持采集数据的层次或细节程度的一致性。例如，在地图数据中，从国家到省级、省级到市级、市级到县级的变化代表颗粒度的变化。若颗粒度不一致，数据整合将变得困难，影响分析的有效性。

- 持续生产

为保证分析的准确性，尤其是监控预警和趋势预测的准确性，企业采集数据时应保障数据的持续性。例如，在监控某一流域的水位变化时，记录人员应详尽记录每次水位变化的数据，避免因遗漏重要变化数据，导致后期错误预测水位变化而产生的潜在风险。

☑ 知识卡片：结构化数据与非结构化数据

根据数据在存储和处理过程中的结构设计，可将数据分为结构化数据、非结构化数据、半结构化数据。面对不同数据，数据采集和处理的效率也会不同。

结构化数据是指以固定格式或模式存储的信息，通常可以被快速检索和处理，其结构由二维表（由行和列组成）结构来表达和实现（如表1-1所示），因格式相对规范统一，结构化数据是最易被采集、使用的数据。

与结构化数据相对的是非结构化数据，这类数据没有预定义的模式或结构，形式多样且难以直接处理。常见的非结构化数据包括电子邮件、社交媒体帖子、图像、音频文件等，具有形式多样、难以索引、复杂性高等特点。

半结构化数据介于结构化数据和非结构化数据之间，具有一定的结构，但结构并不规

---

① 游皓麟. Python预测之美：数据分析与算法实战［M］. 北京：电子工业出版社，2020.

则，可以通过处理转化为结构化数据。例如，企业人力资源部收到的应聘者简历就是半结构化数据，每份简历的信息陈列结构都不相同，但所涉及的内容方面大致相同（如图1-5所示），包括基本信息、教育背景、工作经历等，可以通过设计统一结构的表格将每份简历的内容结构进行重新梳理（如表1-2所示），从而转化为结构化数据。

表1-1　　　　　　　　　　　结构化数据表格示例

单位：　　　　　　　　　　　　　　　　　　　　　　　　　　　　　会计期间：

科目代码	科目名称	期初余额		本期发生额		期末余额	
		借	贷	借	贷	借	贷
1001	库存现金						
1002	银行存款						
1221	其他应收款						
2211	应付职工薪酬						
……							

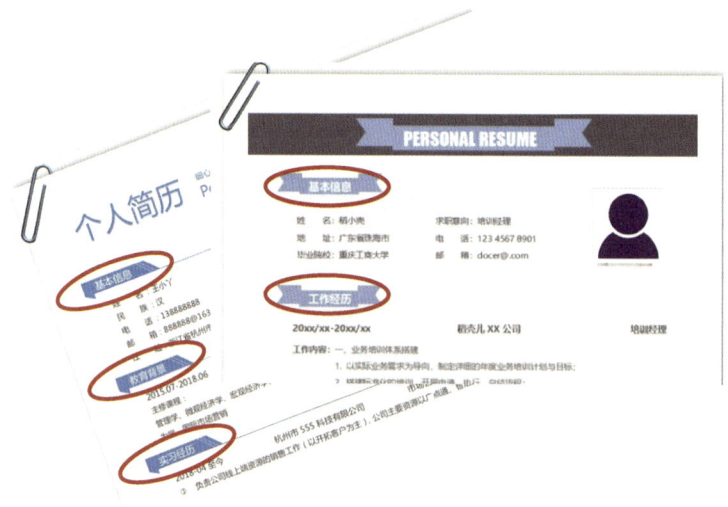

图1-5　应聘者简历示例

表1-2　　　　　　　　　　　应聘者个人信息表（部分）示例

个人信息表							
填写/更新时间：＿＿年＿＿月＿＿日							
基本情况	姓名		性别		政治面貌		
	出生年月		民族		籍贯		
	联系电话		邮箱				
教育背景	学历	学校		专业	形式		就读时间
工作经历	公司	职位		主要工作职责			时间
……							

1.2.2.2 数据采集常用的方法与技术

数据采集的方法与技术多种多样，此处以本地文件采集、光学字符识别技术采集、传感器采集、射频识别技术采集、日志采集、网络爬虫采集、API 采集和数据库采集等八种采集方法为例，进行简要介绍。

（1）本地文件采集

本地文件采集是指将已有的数据文件导入系统中进行采集。这种方式适用于已经有现成数据文件，可以快速将数据导入到系统中进行分析和处理的情况。例如，财务人员将制作好的财务报表以 Excel 文件的形式导入到数据分析软件中，进行更深入的分析。

（2）光学字符识别技术采集

在企业运营管理中，存在大量文本格式标准化程度高的数据载体，例如采购订单、合同、银行结算单、银行对账单、发票等，分析人员可借助光学字符识别（Optical Character Recognition，OCR）技术将纸质文档和图像中的信息自动转化为可编辑和可分析的数据。

应用 OCR 技术的数据采集通常从文档扫描或图像扫描开始，通过扫描仪或手机摄像头将纸质文档转换为图像，接着对图像进行预处理，确保图像清晰、无扭曲，以优化识别效果，然后基于卷积神经网、循环神经网络等深度学习技术，对图像中的文字进行检测和识别，并通过语言模型、结构化分析技术等，将其转换为结构化信息，最后对识别结果进行验证与校正，确保数据准确性，将结构化数据存储到数据库或信息系统中。

（3）传感器采集

传感器采集方法主要用于获取与物理设备、环境或操作相关的实时数据，这些数据可以通过传感器设备直接捕获并转化为数字化信息。尽管传感器采集在财务领域的应用相对较少，但对于重资产企业，传感器对于固定资产的数据采集具有重要意义。

对于企业大量的固定资产，如大型生产设备、仓储设施等，可通过在设备上安装各类传感器，如温度传感器、震动传感器、位移传感器等，采集设备的运行状态数据，记录固定资产的损耗情况，为财务核算固定资产折旧提供更精准的依据。在采集过程中，企业要根据所需采集的数据类型和应用场景，选择合适的传感器，并将其安装在合适的位置。通过有线或无线传输方式，将传感器采集到的数据发送到数据采集终端，自动获取设备的相关状态数据。

（4）射频识别技术采集

射频识别（Radio Frequency Identification，RFID）技术是一种通过无线电波自动识别和采集数据的无线通信技术。在财务领域，RFID 技术主要用于追踪和管理与物理对象相关的数据，适用于库存管理、资产管理、物流追踪、生产监控和零售管理等场景。通过部署 RFID 标签和读写器，企业可以高效、自动化地采集数据，并将其与财务系统集成，支持成本核算、资产管理和财务决策。例如，在库存管理环节，对库存商品附上 RFID 标签，记录商品名称、规格、数量、入库时间、成本价格等数据。在仓库的出入口、货架等位置安装 RFID 阅读器，当商品出入库或在仓库内移动时，阅读器迅速捕捉标签信号，采集商

品的流动信息。财务人员可以实时获取库存数量的增减变化，及时核算库存成本，实现对库存资金的有效监控和管理。

（5）日志采集

日志采集方法主要用于记录和追踪系统、应用程序或用户行为产生的数据。信息系统的操作日志，例如系统操作日志、交易日志、访问日志、错误日志、审计日志等，记录着各类用户的操作行为，包括登录时间、登录 IP、操作人员和操作内容等。通过对日志数据的集中采集与分析，企业能够实现运营管理活动的透明化、风险控制的智能化以及系统运维的高效化。

（6）网络爬虫采集

网络爬虫是指通过网页的链接地址来寻找网页，从网站某一个页面开始，读取网页的内容，找到在网页中的其他链接地址，然后通过这些链接地址寻找下一个网页，这样循环往复，直到按照特定策略把互联网上所有的网页都抓取完为止的技术[①]。常用的网络爬虫工具有 Apache Nutch（用 Java 编写的网络爬虫框架）、Scrapy（用 Python 编写的网络爬虫框架）等。网络爬虫可以大幅提高数据收集的效率，适用于数据量较大或需要频繁更新的情况。例如，电商企业可以利用爬虫抓取电商平台上友商企业的商品信息，建立其商品数据库，进行更具有针对性的竞品分析和市场调研，也可以通过爬虫收集用户行为数据，实现精准的广告投放。

（7）API 采集

应用程序接口（Application Program Interface，API）又称为应用编程接口，是一组定义、程序及协议的集合，可充当应用程序对外开放的操作数据的入口，用户可以通过 API 实现软件之间的相互通信[②]。通俗来讲，API 是不同软件组件进行信息交互的接口，API 协议规定了组件间的交互方式，它同时也是一种中间件，为各种不同平台提供数据共享。借助 API，企业能够实现数据的获取、高效采集以及自动化整合，确保信息的时效性与完整性。通过调用 API 获取数据，是企业内外部数据采集应用较为广泛的一种方式。

（8）数据库采集

数据库是指长期存储在计算机内有组织的、可共享的数据集合。在数据库中，数据可以按一定的数据模型组织、描述和存储，具有较小的冗余度、较高的数据独立性和易扩展性，并可为各种用户实时共享[③]。企业可使用传统的关系型数据库 MySQL（由 MySQL AB 公司开发的数据库管理系统）、Oracle（由甲骨文公司开发的数据库管理系统），或非关系型数据库（如 MongoDB）来采集、存储数据。数据库可直接与企业业务后台服务器相连，实时记录企业的业务数据并写入数据库中，为企业数据资产开发与沉淀提供了坚实基础。

---

① MBA 智库. 网络爬虫［EB/OL］.
② MBA 智库. 应用程序接口［EB/OL］.
③ MBA 智库. 数据库［EB/OL］.

1.2.3 数据清洗

数据清洗是指利用一系列技术和方法来识别、修正或删除数据集中的问题数据，帮助企业提高数据的质量和可靠性，以确保后续数据分析和决策的准确性。在开启数据探索之前，企业需要对采集获取的数据进行质量校验，设定数据排查规则，发现异常与错误数据，从而采取相应的清洗措施。

1.2.3.1 理解数据清洗

在企业开展数据分析项目时，所采集到的原始数据时常会存在数据缺失、数据重复、数值异常等问题，尤其是对于来自多个数据源或需要人工录入数据的数据集来说，还可能会存在时间周期不一致、数据记录不规范、格式错误、逻辑错误等问题，严重影响后续分析工作的开展。企业需要定义高质量数据的标准，厘清清洗需遵循的原则，分析人员根据标准和原则对数据问题进行修正，同时不断沉淀清洗规则，提升清洗效率与数据质量。

一般来说，数据清洗的原则包括数据可信性和数据可用性两个方面。数据可信性包括真实性、精确性、完整性、一致性、有效性和唯一性；数据可用性包括时效性和稳定性。

（1）真实性

数据真实性是指采集到的观测对象数据与观测对象的真实数据之间的接近程度，二者间的差距称为采集误差或观测误差，误差值的大小依赖于采集方法和采集过程是否可控、数据是否可溯源。

（2）精确性

数据精确性是指对同一观测对象进行多次重复数据采集时所得到的不同观测数据之间的接近程度。通常情况下，数据采集的颗粒度越细、计量单位越精确，各观测数据间的差异也就越小。

（3）完整性

数据完整性可以衡量采集的数据是否全面，采集点是否有遗漏，采集到的数据是否存在缺失等。

（4）一致性

数据一致性描述了不同系统中同实体、同属性的数据及数据特征是否一致，包括字段属性、单位、格式、数值等。

（5）有效性

数据有效性用来描述数据是否满足数据使用者定义的条件或符合客观规律。例如，手机号一定是11位的，考试成绩不能是负数等。

（6）唯一性

数据唯一性用来描述数据是否存在重复记录的情况。重复数据对后续数据分析的结果有较大影响，因此一定要剔除重复数据。通常需要对比多个字段来确认数据是否重复。

（7）时效性

时效性用来衡量数据是当前数据还是历史数据。对于当前数据，是否能够在需要的时候获取到；对于历史数据，过早产生的数据对数据分析的贡献可能是有限的。

（8）稳定性

稳定性用来衡量数据的波动程度和离散程度，用于数据分析的数据在一定周期内最好不要有太大波动或存在较为明显的异常值，否则，很容易影响模型的稳定性。

1.2.3.2 数据清洗的步骤

数据清洗通过分析"脏数据"产生原因和存在形式，从数据源头开始，检查数据流经的每个环节，提取出数据清洗的规则和策略，结合业务知识形成清洗规则和特定的清洗方法，对数据进行循环清洗和质量评判，直到获得满足质量要求的数据集为止。整体清洗流程如图1-6所示。

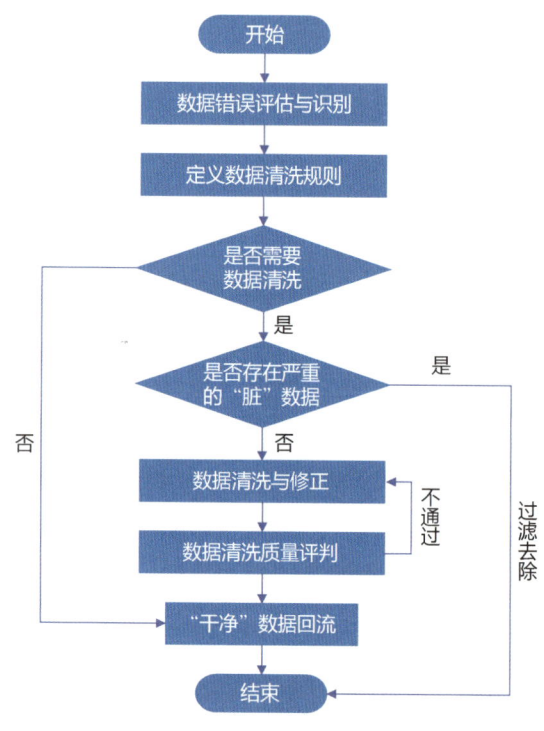

图1-6 数据清洗的流程

（1）数据错误评估与识别

明确和识别待分析数据集中要清洗的数据错误，通过评估数据质量了解数据现状，采取手工检查或计算机自动校验的方法来发现数据集中存在的缺陷。

（2）定义数据清洗规则

依据数据错误识别分析的结果，定义清洗规则和清洗策略，并选择合适的清洗方法。

（3）数据清洗与修正

执行数据清洗规则，修正数据集中存在的问题。在对原始数据集进行清洗时，需事先做好数据备份，以防出现需要撤销清洗操作的情况。

（4）数据清洗质量评判

在完成数据清洗修正后，需要对数据质量和数据清洗执行效果进行评判。在评判标准的设计方面，需要遵循数据可信和数据可用的原则。

（5）"干净"数据回流

在通过质量评判后，应对数据错误类型进行记录，同时用处理好的洁净数据替换原数据集中的脏数据，在此基础上展开数据分析的工作。

1.2.4 数据探索

数据探索是数据价值链中对数据初步分析的环节，主要利用基础的统计学知识与工具将庞杂的数据进行整理归纳，通过作图制表、计算统计量等方式对数据的主要特征、规律进行概括，探索数据内在结构和总体规律，为后续数据算法模型的构建提供依据。

1.2.4.1 理解数据探索

数据分析并非必须使用复杂的算法模型对数据进行深入剖析，利用统计学原理，通过直观的描述和相关性分析，同样可以有效发现数据背后的价值。数据探索可以帮助分析人员确定哪些变量可能对分析结果有重要影响，从而指导后续的特征选择和模型构建。探索过程中，分析人员可以提出初步的假设和研究问题，为后续的假设检验和深入分析提供方向。

1.2.4.2 数据探索的常见方式

数据探索的常见方式包括统计特征分析、数据分布推断和相关性分析等，如图1-7所示。

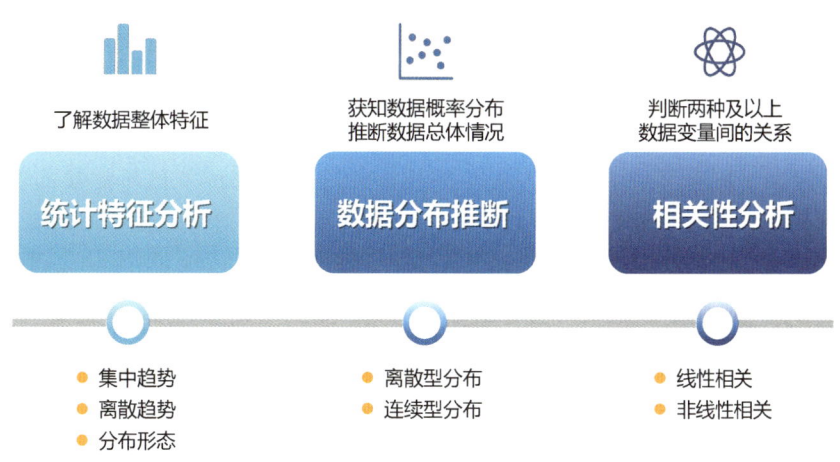

图1-7 数据探索的常见方式

（1）统计特征分析

统计特征分析可以从集中趋势、离散趋势、分布形态三个方面对数据进行特征刻画。

常见的衡量样本数据集中趋势的指标包括算术平均数、中位数和众数等，衡量离散趋势的指标包括极差、标准差及方差等，衡量分布形态的指标包括峰度和偏度。

（2）数据分布推断

数据探索的另一种方式是数据分布推断。数据的概率分布可以描述随机变量取值的概率规律，根据数据取值类型的不同，概率分布可以分为离散型分布（例如抛硬币的结果分布或学生考试成绩的分布情况）和连续型分布两类（例如人的身高或体重的分布情况）。常见的离散型分布包括二项分布、超几何分布、泊松分布等，常见的连续型分布包括均匀分布、指数分布、正态分布等。

分析人员通常会在某事件服从某种分布的条件或假设的基础上构建算法模型，因此在数据探索时，需要了解数据具体服从的分布。在企业实务中，由于难以获得全部数据，分析人员需要依靠样本数据，结合假设检验的方法来推测总体分布情况。假设检验是根据一定假设条件由样本推断总体的一种方法，分为参数检验和非参数检验。通过事先对分布形式做出某种假设，然后利用样本信息来判断假设是否成立。

（3）相关性分析

相关性分析是一种用于衡量两个或多个变量之间关系强度和方向的统计方法。它可以帮助分析人员了解一个变量的变化是否会引发另一个变量的变化，以及这种变化是正向的还是负向的，通常用相关系数来表示，值的范围从 –1 到 1。例如，零售企业可通过对比广告、店内促销活动次数、季节性因素等变量与销售额之间的相关系数，寻找与销售额之间存在强正相关关系的变量，并由此改善经营策略和资源分配结构，提高销售业绩。

在实际分析中，分析人员要注意区分相关关系和因果关系，避免概念混淆导致错误的结论，降低分析质量。因果关系是指 A 是 B 产生的决定性因素，在控制其他影响因素的前提下，A 的发生依然会影响 B。例如，在控制个人体质、食物类型、个体自然属性的影响下，暴饮暴食会导致肥胖。相关关系是指 A、B 共同发生变化，存在互相依存的关系，但是不能仅凭借 A 与 B 之间的正相关关系就判断二者存在因果关系，很可能是一个未知因素 C 使 B 产生，或纯属巧合。例如，受教育程度高的人通常工资水平也较高，但实质上工作技能的强弱才是工资水平的决定性因素，受教育程度可以影响工作技能从而影响工资水平，二者只是相关关系。

1.2.5 数据算法

数据算法是数据价值链的核心。企业通过高效、贴合业务实际的数据算法，能够从海量数据中提取出有价值的信息，为业务优化和战略制定提供强有力的支持。

1.2.5.1 理解数据算法

数据算法是一系列有助于解决问题和实现目标的规则，代表着系统性的解题方法和策略。常见的数据算法模型包括回归、分类、聚类、关联规则、时间序列五类。其中，回归分析和时间序列通常用来做预测分析，回归分析用以确定两种或两种以上变量间相互依赖的定量关系;时间序列分析则通过分解历史变化中的总体趋势、周期性、季节性、波动性等要素来预测未来数值。分类算法能够在标签已知的前提下向事物分配标签,将事物归类;聚类算法能够在预先不知道可以分为几类的情况下,根据信息相似度原则进行信息聚类。关联规则算法能够从大量数据中发现数据之间的联系,例如"购物篮分析"就是最典型的关联规则算法的应用场景。

数智化时代的到来对数据算法提出了新的要求,算法的迭代方向需要与商业逻辑、机制设计、价值观等一致。影响算法演进的不仅是机器和系统、数据和模型本身的特征,更是人们对于未来商业逻辑的理解。

1.2.5.2 数据算法应用步骤

数据算法的应用步骤分为选择算法、模型训练、验证测试、应用与评估优化。通过匹配合适的算法,分析人员需要利用数据集不断训练、测试、评估模型,并依据实际应用效果反馈不断优化迭代模型,如图1-8所示。

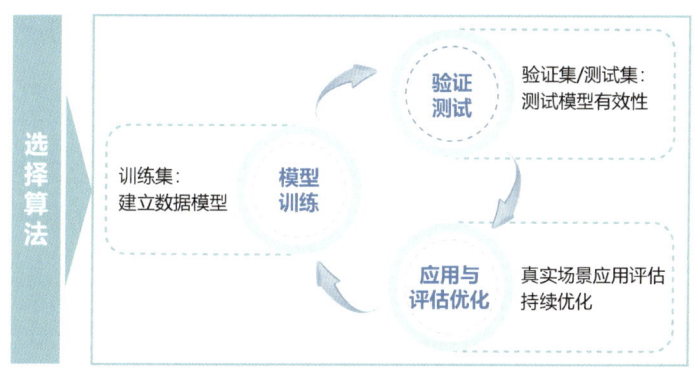

图1-8 数据算法应用的具体步骤

接下来,以企业投放广告为例,详细展示数据算法应用的步骤①。

某企业计划在年货节前夕进行广告投放,由营销策略组负责本次广告投放策略的制定。与以往的程序化广告不同的是,营销策略组需要根据各品牌的营销需求(包括目标、渠道、时间、预算等条件)识别目标人群,针对性地投放广告。

项目推进过程中,营销策略组利用"大数据+算法"对旗下某品牌产品的目标人群进行分析,建立人群优选算法模型,识别目标受众,挖掘品牌目标潜在客户,以期提升广告对"兴趣人群"的转化比率。

(1)选择算法

根据项目目标,营销策略组采用"多方向人群扩散+人群分类优选模型"的分析策略(如图1-9所示),选择分类算法中的决策树模型。在人群扩散方向上,基于品牌种子人

---

① 案例改编自阿里技术官方网站发布的案例,资料来源:云鸣,林君,泊智,一初. 如何发现品牌潜客?目标人群优选算法模型及实践解析[EB/OL].

群,通过兴趣偏好、相关品类、竞品人群、搜索人群、流失人群、同好人群6类方向获取潜在客户名单,得到候选用户集,作为人群分类优选建模的输入。

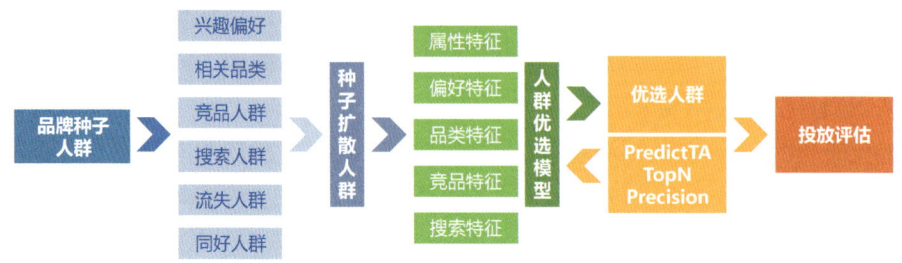

图1-9 项目方案整体流程图

(2) 模型训练与验证测试

以品牌目标人群为正样本,从购买其他品牌的人群中随机抽取负样本①,从属性特征、偏好特征、品类特征、竞品特征、搜索特征5个方面训练并不断调优人群分类优选模型,增强其非线性拟合能力,测试优化后的模型在测试集上的表现,如若仍然表现不佳,需要返回模型训练阶段,进一步调优人群分类优选模型。

(3) 应用效果追踪

该品牌广告的实际投放效果是显著的,算法优选人群相比基于业务经验使用规则圈选的人群,在"机会人群到兴趣人群的转化率"指标上高出47%,显示了人群优选算法的有效性。

1.2.6 数据可视化

人脑处理图像的速度是处理文字的6万倍。数据可视化将复杂的数据转化为直观的图形和图表,以便数据使用者理解和掌握图表中蕴含的核心信息。设计合理、布局美观、有效的数据可视化,可以帮助企业快速识别指标变化趋势和规律等,从而做出更科学、合理的决策。

1.2.6.1 理解数据可视化

(1) 数据可视化的含义

数据可视化是运用计算机图形理论以及图像处理方式,借助图表、视频等可以增强数据内容直观感受性以及可理解性的视觉展现形式,以呈现数据内涵与数据分析的结果。它综合运用计算机图形学、图像处理、人机交互等技术,处理分析后的数据通过数据库、文件、流数据和封装API等形式进行获取,转化为图像、视频或动画,以此动态高效地呈现数据信息,传递数据价值。

---

① 在分类问题中,正样本是分析人员想要正确作出分类的类别所对应的样本,负样本是相对于正样本存在的概念,即不属于该类别的样本。例如,希望训练机器识别出带有汽车的图片,那么带有汽车的图片就是正样本,其余图片则是负样本。

（2）数据可视化的展现逻辑

数据可视化的展现逻辑以用户为中心，通过采取合适的展现逻辑，使不同的用户能够在海量冗杂的数据中迅速获得所需内容。数据可视化图表的展现逻辑可以概括为四个方面：时间、地点、人物和事件（如图1-10所示）。时间是指时间逻辑，地点是指空间逻辑，人物是指用户角色逻辑，事件是指业务分析流程逻辑。如果通过这四种逻辑进行的数据可视化展示仍然无法满足用户需求，还可选择用户自定义逻辑进行可视化大屏设计。

时间逻辑
从时间发展的角度设计数据指标的展现逻辑

空间逻辑
按照空间维度的地理位置划分数据指标的展现逻辑

业务分析流程逻辑
根据业务分析流程设计数据指标的展现逻辑

用户角色逻辑
根据使用者角色设计数据指标的展现逻辑

用户自定义逻辑
用户根据需要自由选择数据指标及维度的展现逻辑

图1-10 数据可视化展现逻辑

☑ 知识卡片：数据可视化的设计原则

数据可视化的主要设计原则有以下四个方面[①]。

- 利用先验知识

数据到可视化的直接映射需充分利用已有的先验知识。一般而言，可视化的一个核心作用是使用户在最短的时间内获取数据的整体信息和大部分细节信息，这是用户通过直接观察数据无法实现的。如果设计者能够基于先验知识预测用户在观察使用可视化结果时的行为和期望，并以此指导自己的可视化设计过程，则可以在一定程度上帮助用户提升对可视化结果的理解，从而提高可视化设计的可用性和功能性。

- 选择合适的视图与交互设计

对于简单的数据，使用一个基本的可视化视图就可以展现数据的所有信息；对于复杂的数据，就需要使用较为复杂的可视化视图，甚至为此发明新的视图，以有效地展示数据所包含的信息。一般而言，设计者首先需要考虑的是被用户所广泛认可并熟悉的视图

---

① 陈为，沈则潜，陶煜波．数据可视化（第2版）[M]．北京：电子工业出版社，2019．

设计。

- 控制信息密度

设计者必须决定并控制可视化视图所需要包含的信息量。一个好的可视化应当展示合适的信息，而不是越多越好。失败的可视化案例主要存在两种极端情况，即过少或过多地展示了信息。

- 添加美学因素

可视化的美学因素虽然不是可视化的主要目标，但是具有更多美感的可视化设计显然更加容易吸引用户的注意力，并促使其进行更深入的探索，因此，优秀的可视化必然是功能与形式的完美结合。

1.2.6.2 数据可视化的步骤

数据可视化分为两步，分别是数据表示与变换和数据可视化呈现。

（1）数据表示与变换

数据表示与转换指将数据变换为计算机硬件（或者数据可视化工具）能够直接识别、可以被指令系统直接调用的数据类型。为了进行有效的数据可视化，分析人员需要根据分析目标以及数据特征进行数据表示与变换（如图1-11所示），并统一不同类型、不同来源的数据表现形式，例如，为了精简图表展示的数值，将所有金额相关的数据单位从元转化为万元。数据表示与变换需要分析人员通过有效的数据提炼或简化方法，最大程度地保持信息和知识的内涵，它的主要难点在于是否能够找到具有可伸缩性和扩展性的表示方法，从而在面对海量的数据时，仍然能够保持数据的属性和特征一致，使数据使用者能聚焦于数据的本质，无需在处理不统一、存在差异的数据表示上花费时间。

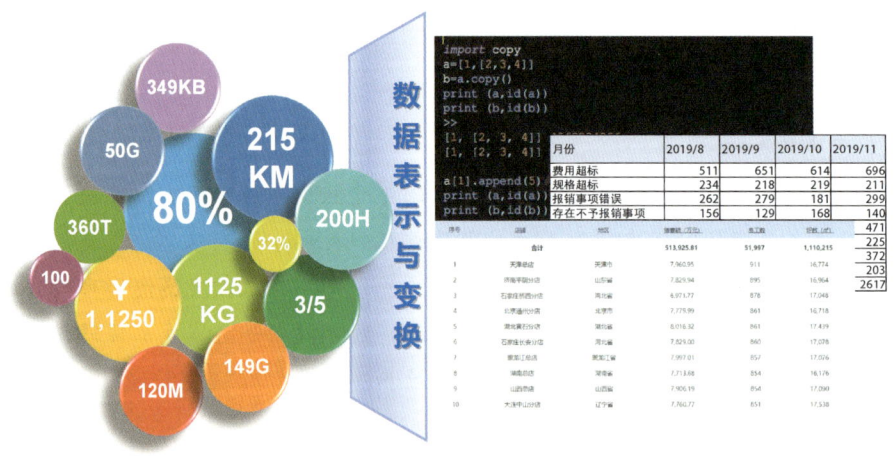

图1-11 数据表示与变换

（2）数据可视化呈现

数据分析结论需要以一种直观、容易理解的方式呈现给数据使用者，如图1-12所示。由于同一类数据可使用多种图表呈现，因此数据可视化的核心步骤是从多种多样呈现形式中选择最适宜的方式。分析人员需要结合受众对图表的熟悉程度、数据的属性和业务分析需求，综合判断目前选择的呈现形式是否适宜。

图1-12 数据可视化示例

1.3 数据分析"用什么"

随着数据规模不断扩张，分析需求日渐复杂化与个性化，数据分析工具也不断发展，变得丰富多样，目前使用较为广泛的工具包括 Excel、商业智能工具等。同时，以分析流程自动化（Analytic Process Automation，APA）为代表的新型技术也成为企业开展数据处理与分析的重要工具。

1.3.1 Excel

Excel 是数据分析领域中常用、简单、易上手的工具，具有直观简洁的界面和较为丰富的功能。它通过表格形式组织数据，支持数据透视、公式计算、简易图表制作等功能，可以处理结构化的数据信息，也能结合宏和 VBA 编程，实现简单的自动化任务。

Excel 使用门槛低、界面直观，能够满足绝大部分数据分析工作需求，用户只需要具备基本的统计学理论知识就可以进行操作，因此 Excel 成为不少企业和个人处理数据的首选工具，被广泛应用于财务分析、市场调研、项目管理、数据汇总和报表制作等场景。然而，由于 Excel 的计算过程隐藏在单元格中，难以高效处理大型数据集，导致其在协同作

业和经验共享等方面存在一定的局限性。

1.3.2 商业智能工具

商业智能（Business lntelligence，BI），又称商业智慧或商务智能，指用现代数据仓库技术、线上分析处理技术、数据挖掘和数据展现等技术进行数据分析，以实现商业价值[①]。商业智能工具可以帮助企业进行数据分析及可视化呈现，辅助企业做出相关业务决策。

以 PowerBI 为例，它是由 Microsoft 推出的一整套商业智能解决方案，包含一系列基于云的商业数据分析和共享的组件，可以创建丰富多样的可视化效果，除常规的条形图、饼图、折线图、漏斗图以外，还支持卫星地图展示以及外部各种自定义可视化插件。Power-BI 可以快速准确地生成和发布可视化交互报表，供用户随时查看和监测企业各项业务的运行状况，支持经营决策，但在复杂问题和即时数据计算分析方面具有一定局限性。

1.3.3 APA 工具

APA 工具是聚焦构建数据洞察、挖掘数据价值的新型数据分析工具，可以将其视为一个自助式数据分析一体化平台。相较于其他数据分析工具，零代码、轻量级的 APA 工具更易于分析人员掌握和操作，能够快速有效整合数据资源，深入挖掘数据潜在价值。

以中兴新云财芯平台（Finside）为例：财芯平台支持集成多源头数据，并对数据进行统一管理与分享。平台内置丰富数据处理模块和可视化组件，用户无需具备编程语言等知识，只需鼠标点击和拖拽操作，即可搭建自动化数据分析模型，构建可视化看板，轻松完成数据采集、质量校验、数据清洗、算法搭建、可视化展示、数据资产沉淀的数据价值链全流程处理。APA 工具降低了数据分析工具的使用门槛，实现了分析流程自动化，使分析人员能够专注于更高价值的分析工作。未来，以 APA 工具为代表的新型数据分析工具将逐渐成为企业或组织主要使用的数据分析工具，持续赋能企业经营管理决策，全面支持企业数智化转型实践落地。

1.3.4 其他

除 Excel、BI 和 APA 工具以外，还有其他数据分析工具，如数理统计工具、报表系统、编程语言工具等，这些工具各有特色，但学习门槛较高，需要用户具备一定的统计学知识或编程基础。

数理统计工具（如 SPSS、Stata）是可用于进行统计分析和数据处理的软件或应用程序，可以帮助用户进行参数估计、假设检验、相关分析等统计分析和推断，需要用户具有一定统计分析基础。报表系统是指将计算机技术与会计报表的编制方法相结合，设计出专门用于报表数据处理的软件，它可以基于预设模板，定期生成财务、运营、销售等多种类

---

① MBA 智库. 商业智能 [EB/OL].

型的报表，为用户提供全面、直观的数据展示，但开发、迭代成本较高。编程语言工具（如 Python、SQL）能够提供丰富、灵活的数据功能和服务，但使用此类工具需要用户具备一定编程基础，技术门槛较高，应用难度较大。

本章小结

如果说数据是蕴藏丰富价值的矿藏，数据分析就是开采矿藏的重要途径。数字经济时代，各行业的企业都需要深度探索数据分析技术和应用场景，不断推进数智化转型，为企业发展持续赋能。本章围绕数据分析"为什么""做什么"和"用什么"三个问题，分别对数据分析的意义、步骤和工具进行了阐述，重点讲解了业务需求分析、数据采集、数据清洗、数据探索、数据算法、数据可视化等数据价值链环节，同时详细介绍了三类数据分析工具，帮助读者深入理解数据分析相关知识，了解各类数据分析工具。

章节练习

一、单选题

1. 以下不属于企业数据价值体系的是（　　）。
   A. 数据价值链　　　　　　　　B. 数据治理体系
   C. 数据分析工具　　　　　　　D. 决策场景
2. 数据价值链的六大步骤不包括（　　）。
   A. 数据循环　　　　　　　　　B. 数据清洗
   C. 数据算法　　　　　　　　　D. 数据可视化
3. 以下各项中，不属于数据算法应用步骤的是（　　）。
   A. 模型训练　　　　　　　　　B. 选择算法
   C. 验证测试　　　　　　　　　D. 数据清洗

二、多选题

1. 以下可用于探索数据特征的分析方法包括（　　）。
   A. 统计特征分析　　　　　　　B. 数据分布推断
   C. 相关性分析　　　　　　　　D. 空值填充
2. 企业在分析业务需求时，通常包括的业务需求种类有（　　）。
   A. 分析类业务需求　　　　　　B. 描述类业务需求
   C. 差异类业务需求　　　　　　D. 预测类业务需求
3. 数据可视化的展现逻辑包括（　　）。
   A. 应用逻辑　　　　　　　　　B. 企业文化逻辑
   C. 用户角色逻辑　　　　　　　D. 空间逻辑

三、判断题

1. 半结构化数据介于结构化数据和非结构化数据之间,具有一定的结构,虽然结构并不规则,但经过处理后也能转化为结构化数据。 （ ）

2. 数据探索与数据算法是数据价值链的核心,是用户洞察数据价值的最终窗口。

（ ）

四、简答题

数智化技术对你的学习和工作有什么影响？在生活中,你运用哪些工具来帮助自己进行数据分析？

第 2 章 财芯平台
——全价值链数据分析平台

学习目标

目标1：了解财芯平台

目标2：了解智数·数据中心

目标3：了解智算·算法中心

目标4：了解智视·可视化中心

学习重点

- 基于财芯平台的数据分析流程
- 财芯平台三大中心功能定位

- 四类数据采集方式
- 数据标准定义及数据质量检验
- 数据资产管理及数据权限控制
- 基于API的标准数据服务
- 数据存储及分享

- 算法中心智能建模
- 算子流协同运算

- 数据大屏
- BI看板
- 多维报表
- 图文报告

2.1 了解财芯平台

数智化时代，企业内外部数据爆发式增长，给企业数据分析带来诸多挑战。数据采集时，一线业务数据的滞后性常常导致分析人员临近截止日期仍在赶工；数据交接时，数据格式错误、表格版本混乱、表格内嵌套复杂计算公式等问题进一步增加了数据处理的难度。此外，频繁变动的分析需求、业务规则及组织架构迫使数据团队反复调整数据口径，不仅降低了数据分析效率，也影响分析结果的可靠性与时效性。本章以APA工具——中兴新云财芯平台为例，介绍平台功能和应用场景，为企业解决数据分析困境提供参考思路。

2.1.1 财芯平台简介

中兴新云财芯平台（Finside）命名蕴含"芯片"之意，象征着强大的计算能力。平台以"让数据处理如搭乐高般简单"为灵感来源,将复杂的数据计算与处理功能封装成独立的模块,每一个模块称为一个"算子"。用户只需要像搭乐高积木一样,根据实际需求选取并组合不同"算子",即可快速构建自动化数据分析模型。这一设计通过打破专业数据分析工具的技术壁垒,构建起人人可用、零代码操作的数据分析平台。

财芯平台可应用于数据采集、质量校验、数据清洗、算法搭建、可视化展示及数据资产沉淀的数据分析全流程,覆盖数据价值链各个环节,切实解决企业数据处理难题。在数据采集环节,平台支持多种数据接入方式,能够对接不同系统完成数据采集;在数据清洗环节,平台内置了模块化的数据加工计算程序,包括数据清理、过滤、逻辑检查、值域检查等,分析人员能够通过设置校验规则,快速识别空值、重复值和异常数据,自动化完成数据校验和清洗,消除冗余数据,对不同格式的数据进行转换,保障数据的一致性和准确性;在数据分析环节,平台拥有关联合并、数据透视、多表合并等丰富的数据计算功能,分析人员可以根据业务需求搭建数据分析模型,无需频繁切换表格编辑公式,便能够实现多源数据的复杂分析,并通过配置让系统自动化执行重复性、烦琐的计算任务。在数据可视化环节,平台拥有多维报表、图文报告、BI看板、数据大屏等功能,支持多场景查看数据分析结果,实现数据的层层钻取和穿透(如图2-1所示)。

图 2-1 财芯平台数据分析全流程

相较于其他数据分析工具,财芯平台的优势体现在以下四个方面(如图2-2所示):

(1)易用:零代码计算,降低技术门槛

财芯平台内置丰富的算子库,将空值填充、函数计算、关联合并、数据透视等常用数据处理功能封装为标准化算子。用户通过直观的拖拉拽操作,即可将算子进行有机组合,完成复杂的数据计算任务,无需编写代码,真正实现零基础数据分析,提升数据处理效率。

(2)协同:数据计算协同,提升工作效能

数据协同方面,财芯平台可以汇集多源头数据,实现数据的集中管理与共享,确保各部门数据同源,避免数据不一致问题;计算协同方面,财芯平台突破传统串联式数据分析模式,支持多人同步协同计算。用户可预先配置算法模型,待前端数据生成后直接抓取使用,大幅缩短数据分析周期,提升团队协作效率。

(3) 低耗:算法模型复用,沉淀知识价值

财芯平台支持将企业内有价值的数据计算模型转化为可复用的数据资产。无论是隐藏在表格公式中的经验方法,还是专业人员的分析思路,均可在平台进行沉淀与共享。例如,某部门创建了贝叶斯业绩预测模型,其他部门只需调整参数即可复用,有效实现知识传承,降低数据分析的人力成本。

(4) 可视:计算过程可视,加深数据理解

财芯平台可实现数据处理过程的全流程可视化。在数据计算环节,财芯平台支持计算过程可视、可追溯,用户可清晰查看数据从原始状态到最终结果的每一步计算逻辑,避免复杂公式嵌套带来的理解障碍,为决策提供更透明、可靠的数据支持。在结果展示环节,财芯平台提供多样化的可视化组件,支持以数据大屏、BI 看板、多维报表、图文报告等多种形式直观呈现数据分析结果。

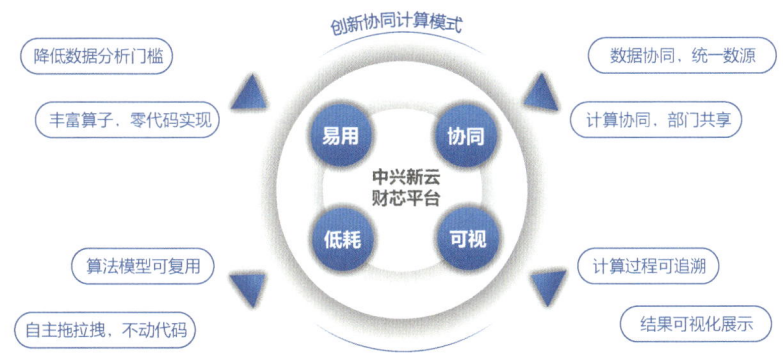

图 2-2 财芯平台核心功能亮点

2.1.2 财芯平台功能框架

财芯平台由智数·数据中心、智算·算法中心、智视·可视化中心三大中心构成,分别实现数据管理、智能分析和可视化展示,支撑完整的数据分析流程(如图 2-3 所示)。

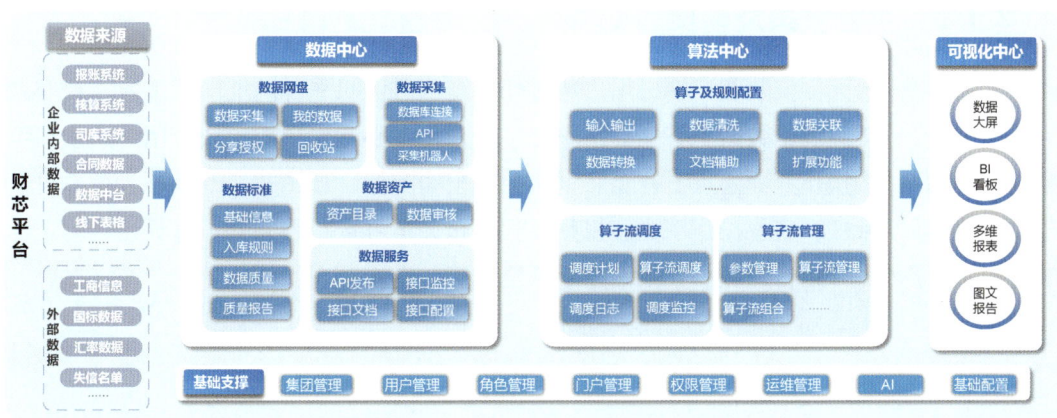

图 2-3 财芯平台功能框架

智数·数据中心涵盖数据网盘、数据采集、数据标准、数据资产和数据服务五大模块。通过数据网盘,分析人员可轻松实现原始数据与结果数据的存储、管理与共享。数据中心支持通过数据库连接、API、采集机器人、本地上传等多种方式获取原始数据,建立严格数据标准,全面提升数据质量,确保数据的完整性和一致性。此外,数据中心不仅能帮助企业实现数据资产的沉淀与管理,还能对外提供灵活的数据服务,供各系统进行数据的实时调用。

智算·算法中心通过独立的算子封装数据处理能力,帮助用户进行零代码数据分析,内置输入输出、数据准备、数据关联、数据转换、数据质量等多种类别的数据处理算子,用户可以通过无编程、可视化、流程化、自由拖拽算子的形式,将不同算子进行有机组合构建算子流,实现数据的自动化分析处理。这种方式不仅降低了技术门槛,还提高了数据分析的效率。

智视·可视化中心支持通过预置模板一键生成数据大屏、BI 看板以及图文报告,快速呈现数据分析结果,同时也支持根据实际业务需求进行个性化配置。用户可以灵活使用各类可视化组件,调整展示内容和形式,满足不同场景下的数据分析需求。无论是使用模板还是个性化配置,可视化中心均支持配置数据下钻和穿透,帮助用户深入分析数据背后的业务逻辑,全面挖掘数据价值。

未来,财芯平台还可结合 AI 大模型技术实现智能交互式分析。在数据采集和清洗方面,平台可以实现数据质量自动校验和问题提示,帮助分析人员把控数据质量,轻松完成问题数据清洗;在数据探索和算法搭建方面,平台可以根据用户自然语言表达拆解用户数据分析目标,或根据数据特征推荐算子组合方案,进一步降低平台使用难度,自动完成数据加工。如果用户想使用 Python 语句自定义构建算子,平台可通过 DeepSeek 算子与 Python 高级库帮助用户构建高级算法,扩展算子能力边界;在数据分析方面,平台可以根据数据表或网页展示的数据进行数据分析并提供管理建议,智能生成可视化图表或分析报告,节约人工分析时间,助力分析人员实现"数据采集—分析—决策"全流程智能化。

2.1.3 平台登录及首页

使用财芯平台无需安装客户端,用户通过任意浏览器访问平台网址即可进入平台登录界面。财芯平台首页展示数据中心、算法中心、可视化中心三大功能模块,用户点击即可跳转至对应模块的操作界面。点击首页右上角的学士帽图标(如图 2-4 所示),用户可以进入财芯学院与社区,获取操作手册、视频教程等相关学习资料。此外,首页还展示了通知公告、算子流每月运行情况、数据网盘承载情况等信息。

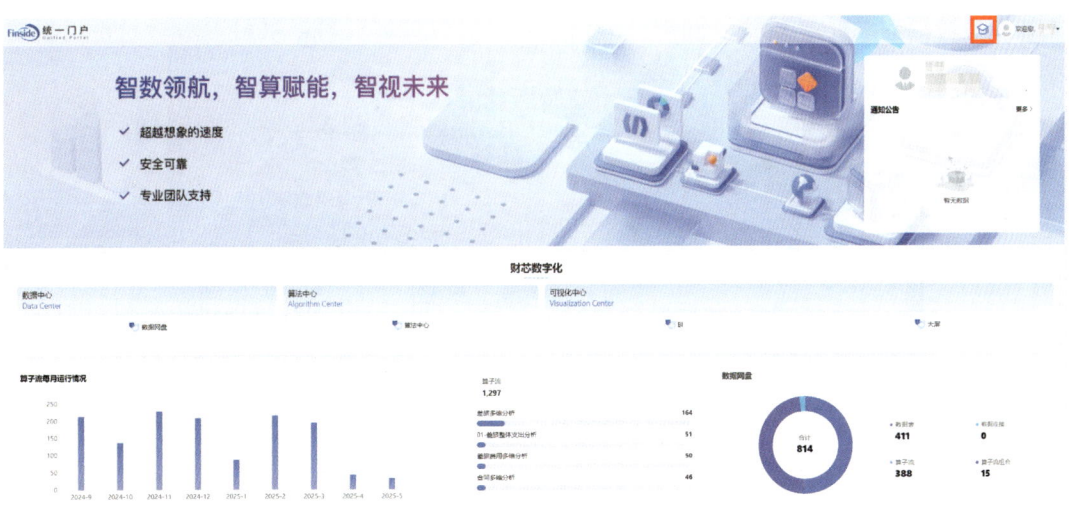

图 2-4　财芯平台首页

【视频教程】请扫描附录一中的二维码，观看本节学习视频。

2.2　智数·数据中心

企业数据量呈指数级增长的同时，传统数据管理模式日益暴露出其局限性。手工采集数据的方式依赖人力，效率低下；各业务系统独立运作，数据标准混乱，数据孤岛林立；海量原始数据无序堆积，难以有效转化为数据资产，释放数据价值。在此背景下，建设数据中心成为企业数智化转型的必然选择。它不仅是支撑数据存储的基础设施，更是整合分散数据、构建统一标准、沉淀数据资产的核心平台。通过促进数据高效流动与深度挖掘，数据中心为企业实现全面数智化转型奠定了坚实基础。

2.2.1　认识数据中心

财务部门，作为企业的天然数据中心，掌握着合同、发票等原始凭证的信息，记录了业务过程中各类业务单据、财务单据的信息，汇集了企业与上下游客商交易的信息，这些数据共同形成了企业的财经数据宝库（如图 2-5 所示）。

如何将这个"数据宝库"以及企业其他来源的海量数据，从原始资源转化为可带来实际经济效益和竞争优势的"数据资产"，是企业亟待解决的重要课题。这需要企业建立统一的数据中心，构建系统化的数据资产管理体系，对数据进行汇聚、检查、治理和隐私保护。数据中心作为财芯平台的三大中心之一，涵盖多源头数据采集、数据标准定义、数据质量检查、数据资源管理、数据权限控制、数据服务提供和全量数据存储等功能，可帮助企业突破数据资产管理困境（如图2-6所示）。

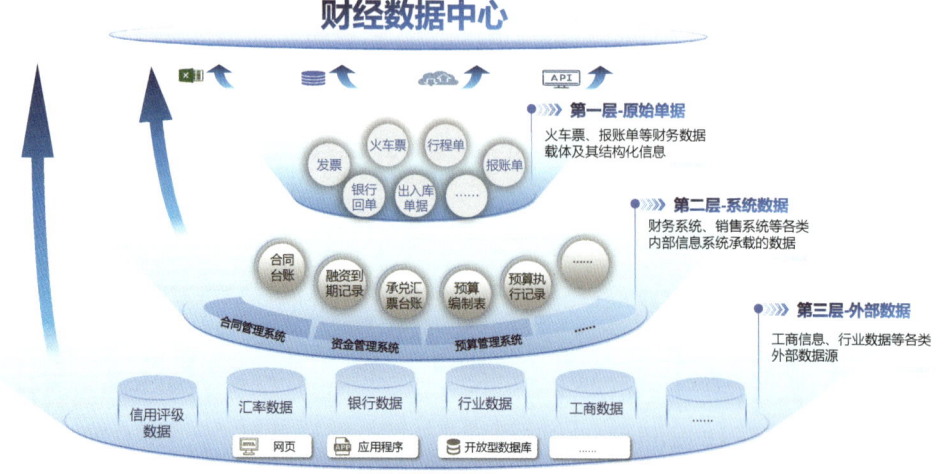

图2-5 企业财经数据宝库

图2-6 数据中心功能框架

财芯平台的数据中心能够与企业数据中台实现深度的协同融合。对于尚未建立数据中台的企业，数据中心聚焦财务专业领域，汇聚财务及相关原始数据、过程数据、结果数据，扮演着财务的数据路由器角色；对于已搭建数据中台的企业，数据中心紧密围绕财务专业化需求，可无缝对接企业数据中台。基于财务通用数据标准集，数据中心沉淀资金、税务、报表、费用、客商等业财数据，完成财务级的数据加工和聚合。

数据中心犹如企业的数字大脑，接收来自各业财部门和各系统的数据，通过必备校验和逻辑校验，最终将其沉淀为完整、可用且安全的数据资产，形成统一和标准化的数据视图，并对外提供灵活的数据服务，为企业数智化转型奠定可靠的数据基础。

2.2.2 数据采集

财芯平台数据中心提供以下四种主要的数据采集方式：

（1）文件导入：可快速批量上传 Excel、CSV、XML 等多种格式的数据文件；

（2）数据库采集：可无缝连接企业内外部系统的关系型/非关系型数据库，实时获取结构化数据；

（3）API 采集：可对接外围信息系统，实时获取最新数据；

（4）采集机器人：可从各类公开网站自动抓取非结构化信息。

这些自动化采集方式实现了端到端的数据实时更新，可摆脱数据线下传递的低效模式，确保数据始终及时、准确地反映最新业务状态。

借助以上四种数据采集方式，财芯平台可以采集企业内部系统和外部平台的数据（如图 2-7 所示）。内部数据主要源自企业自身的 ERP（企业资源计划）、SRM（供应商关系管理）、CRM（客户关系管理）等核心业务系统；外部数据则涵盖了从全国标准信息公共服务平台获取的最新行业标准，从税务局平台获取的涉税信息以及从天眼查、启信宝等权威平台获取的企业工商、司法、经营等信息。内部与外部数据相结合，构建了企业内外一体化的数据视图，可全面反映企业运营情况及所处的市场环境和竞争态势。

图 2-7 财芯平台数据采集范围

2.2.3 数据标准

财芯平台数据中心可以通过两个关键步骤校验数据一致性与准确性。

第一步：定义数据标准（如图 2-8 所示）。数据中心通过明确字段名称、类型、长度、小数位和是否必填等具体要求，对接口接收的数据进行检验，不符合标准的数据将被阻止进入数据中心。这一步确保了只有符合预定标准的数据才能进入数据中心，减少了后续处理的复杂性。

第二步：检验数据质量。数据中心借助算法中心丰富、多样的质量检查算子，对数据进行空值、重复值、波动率、格式、值域、逻辑等方面的检查，同时生成数据质量校验报告（如图 2-9 所示），以确保数据可用性，为后续数据分析的准确性提供保障。

图2-8 数据标准定义

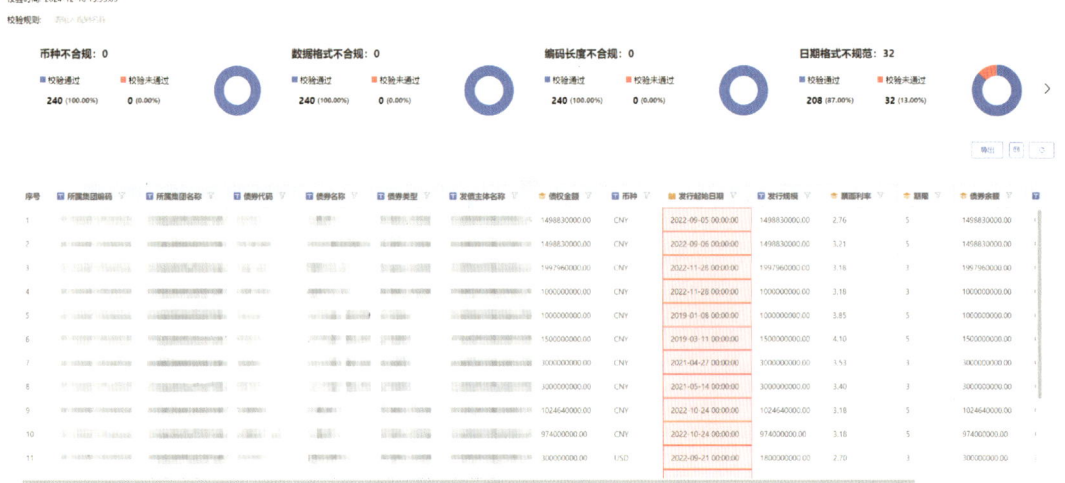

图2-9 数据质量校验报告

知识卡片：什么是数据标准？为何要统一数据标准？

根据中国信息通信研究院发布的《数据标准管理实践白皮书》，数据标准是指保障数据内外部使用和交换的一致性和准确性的规范性约束[①]。它被视为各系统和部门之间沟通的共同语言，可以保证各业务系统对数据理解的统一性、对数据定义和使用的一致性。

---

① 中国信息通信研究院云计算与大数据研究所. 数据标准管理实践白皮书[R]. 北京：中国信息通信研究院，2019.

统一规范的数据定义与执行标准能消除不同业务线与信息系统间的语义歧义，推动跨部门数据的深度融合与共享，有效解决系统间数据孤岛问题。此外，数据标准建设也能为企业员工带来积极影响。对于业务人员而言，可以基于标准化数据开展工作，确保业务流程的规范性和数据理解的一致性，为后续的数据分析和价值挖掘创造了有利条件；对于技术人员而言，可以依据既定标准进行系统实施，既提高了开发效率，又保障了系统建设的合规性；对于管理层而言，标准化数据更具完整性和准确性，为战略决策和精细化管理提供了可靠的数据支撑。

2.2.4 数据资产

数据资产是指特定主体合法拥有或者控制的，能进行货币计量的，且能带来经济利益或社会效益的数据资源。为了有效管理和利用数据资产，财芯平台数据中心构建了完善的数据管理体系，确保数据质量与数据安全，助力企业实现数据价值最大化。

在数据资产管理方面，数据中心支持对从外部系统获取的原始数据进行严格的质量检验。只有那些经过验证、符合数据标准的数据，才能通过审核并入库到正式的数据表中（如图2-10所示）。这些数据被存放于资产目录中，最终作为企业级数据资产向全企业发布。此外，数据中心还支持将经过算法中心加工和计算的数据处理结果存入资产目录，满足企业在一个平台上集中进行数据的存储、管理和分析的需要，实现数据资产从汇聚到发挥价值的闭环管理。

图2-10 数据资产管理——数据审核

在数据权限控制方面，数据中心通过精细化的权限管理机制，确保数据的安全性和合规性。系统根据部门、角色和个人的不同需求，定义数据表的使用权限，确保用户只能访问其权限范围内的数据（如图2-11所示）。对于同一张表，不同部门可能需要查看不同的数据行或字段，可以通过数据拆分算子实现行列权限的精细控制。这种灵活的权限管理机制不仅能保障数据安全，还提高了数据的使用效率。

图 2-11　数据权限控制

2.2.5　数据服务

企业数智化转型驱动业务加速线上化，系统间的数据交互需求呈现几何级增长。传统的 API 开发方式面临严峻挑战，开发周期长、运维成本高已成为制约企业数智化发展的瓶颈。采用 Java 或 Python 手工编写 API 不仅耗费大量开发资源，而且难以应对瞬息万变的业务需求，这迫使企业必须寻求更高效的解决方案。

标准化数据服务的出现为企业带来了全新的突破口。其优势在于将 API 开发时间大大缩短，实现了开发效率质的飞跃。这种创新方式极大地降低了开发门槛，使普通数据分析人员通过简单的参数配置或编写 SQL 就能完成 API 开发，有效释放了专业技术团队的生产力。作为实现数据价值的重要载体，标准化数据服务的普及和应用大幅缩短了数据从生产到变现的转化周期。当数据服务实现标准化、规模化生产后，企业的数据运营效率将实现倍增，为数智化转型提供源源不断的动力支撑。

财芯平台对数据进行采集、清洗和加工，最后将其沉淀为企业级数据资产，但这并不是数据价值链的终点。为了最大化发挥数据价值，企业需要通过接口服务将数据提供给更多的业务系统应用。财芯平台数据中心提供基于 API 的标准数据服务，可将数据表或算子流发布为服务端 API（如图 2-12 所示），供外部系统调用以获取数据或触发算子流执行，从而实现异构系统间的数据交换与功能调用的无缝集成。通过这种方式，企业能够更高效地利用其数据资产，推动业务创新和增长，实现数据驱动的决策和运营。

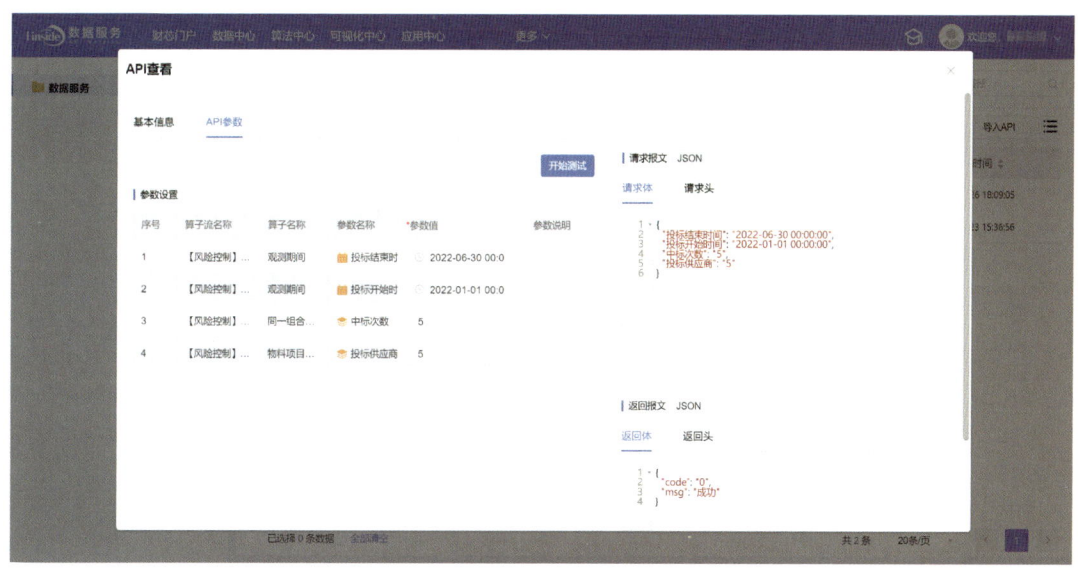

图 2-12　数据服务——API 发布

2.2.6　数据网盘

作为连接各种数据资源的智慧枢纽，数据中心的数据网盘可以对源数据和结果数据进行统一管理，实现特定对象的数据资源共享。在数据网盘，用户可以获取、存储以及分享数据。这种便捷的操作方式不仅提升了数据管理的效率，还促进了不同部门间的数据流动和团队协作。

数据网盘主要存储四类资源。一是数据表，包括用户获取的原始数据表和经过加工处理后的结果数据表；二是报表，包括用户本地上传的报表数据以及在报表中心创建的各类报表；三是算子流，算子流是指用户在财芯平台算法中心搭建的数据分析模型，用户可以在算法中心配置完成后，将算子流保存至数据网盘，以便后续使用与持续优化；四是数据连接，数据连接是一种数据采集方式，支持用户从数据库中快速拉取原始数据，用户可以创建多类数据连接并将其保存至数据网盘，方便后续数据查询和采集。

除了数据存储外，数据网盘还提供了便捷的数据分享功能。用户可以通过创建共享文件夹，将需要分享的文件添加到文件夹中，并灵活设置访问权限，以便在组织内部进行高效协作。在共享文件夹中，用户可以指定哪些同事或团队成员拥有查看或管理权限。设置查看权限后，被授权用户可以浏览文件夹内的内容，但无法对文件进行任何修改，这种权限适用于需要共享信息但不希望内容被更改的场景；设置管理权限后，被授权的用户可以对文件夹内的内容进行管理，包括修改数据表、调整算子流或更新数据连接，这种权限适用于需要多用户协同工作的场景。

数据网盘首页左侧可查看存储在数据网盘的数据表、报表、算子流、数据连接、分享给他人的文件夹和他人分享的文件夹，右侧可查看每项数据具体内容，进行分享、复制、

删除、移动、转交、导出等一系列操作（如图 2–13 所示）。

图 2–13　数据网盘首页

2.3　智算·算法中心

企业日常运营中产生的数据规模庞大且结构复杂，如何高效梳理、解析这些海量数据并提炼核心价值，成为企业普遍面临的难题。为了满足敏捷决策与精准运营的需求，企业应依托不同种类算法，对数据进行全方位、深层次的剖析。目前大部分数据分析工具虽集成先进算法，却因技术门槛过高，让不少分析人员望而却步。理想的数据分析工具，应打破技术壁垒，用户无需具备编程知识，只需进行简单直观的操作，就能快速构建复杂、多样的数据算法。

2.3.1　认识算法中心

算法中心是财芯平台数据处理与分析的核心模块，它将复杂的数据计算与处理功能封装成独立的、可复用的"算子"。用户只需通过简单的拖拽操作，将多个"算子"连接成"算子流"，即可构建个性化的数据分析模型，实现数据清洗、拆分合并、指标计算、分析建模等丰富的数据处理功能。

算法中心配置主界面分为操作栏、算子选择区、画布区、算子配置区、数据预览区五个区域（如图 2–14 所示），下面将逐一介绍各区域。

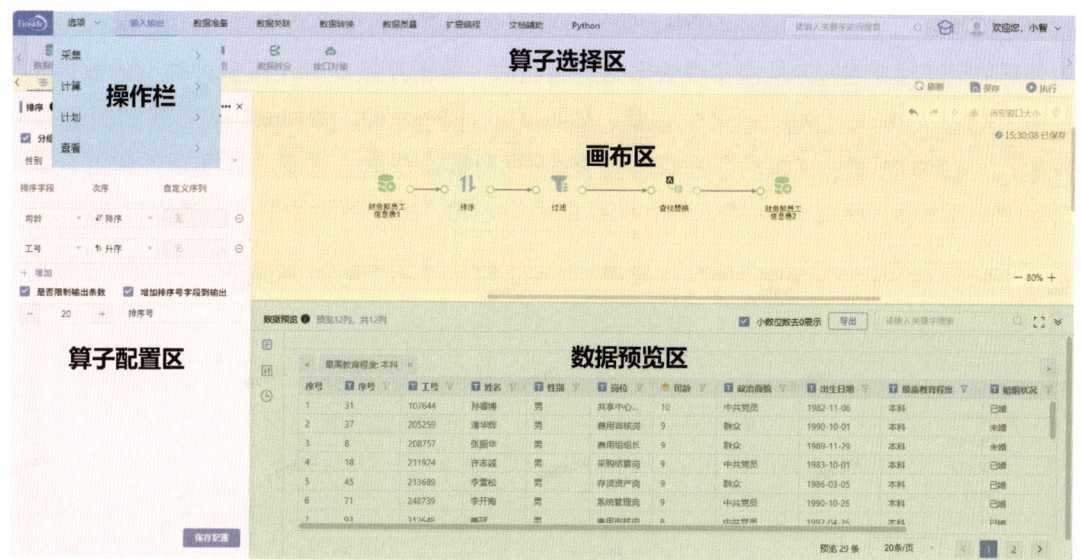

图 2-14 算法中心配置界面五大区域

2.3.1.1 操作栏

操作栏位于算法中心配置界面最上端，由采集、计算、计划和查看四个模块组成（如图 2-15 所示），用户可以通过点击对应的操作入口，进入相应功能界面。

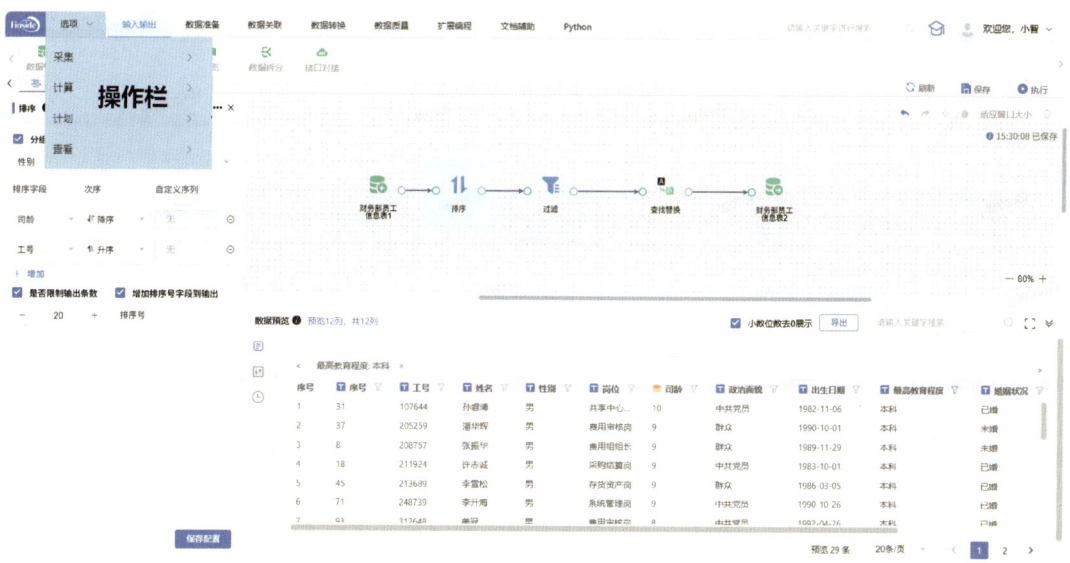

图 2-15 算法中心操作栏

（1）采集

"采集"可以帮助用户快速访问数据网盘，便捷获取所需数据资源，同时也能实现对算法中心全量参数的集中管理。该功能下设"数据源"与"参数管理"两大功能菜单。

● 数据源

数据源展示当前登录用户导入数据网盘的本地数据和数据连接，以及他人分享的数据和数据连接（如图 2-16 所示）。其中，数据连接是财芯平台的重要功能之一，它允许用户与内外部数据库建立连接，从而实现数据的实时获取。数据连接支持连接多种类型的数据库，包括 MySQL、Oracle、SQL Server、达梦、MongoDB、PostgreSQL 和 KingBase 等（如图 2-17 所示）。与数据库建立连接后，系统支持整表/视图数据获取、自定义查询条件数据获取、自定义 SQL 语句查询、增量查询等多种数据采集方式，满足不同场景下的数据接入需求。

图 2-16　算法中心数据源

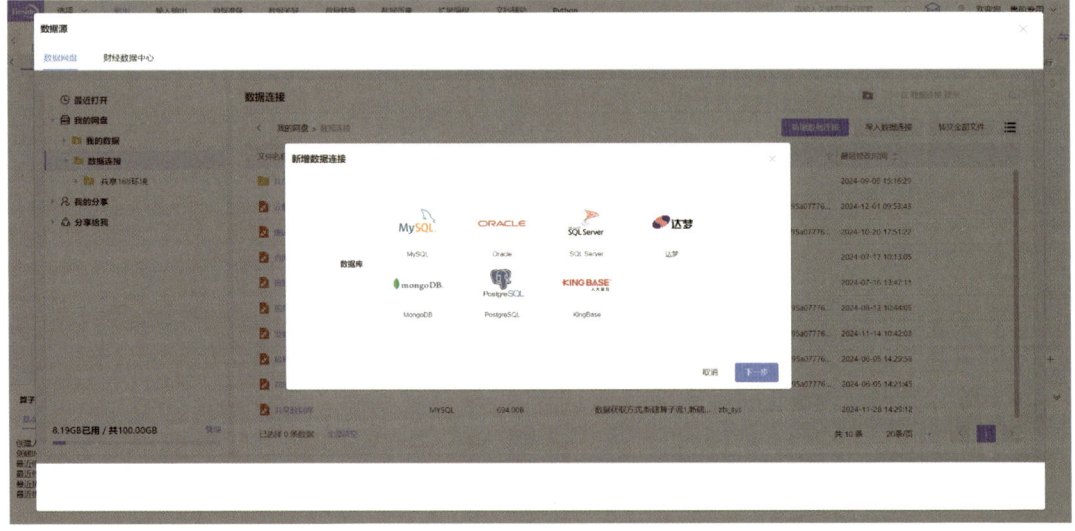

图 2-17　算法中心数据库连接

- 参数管理

参数管理可以对算子流引用的参数进行统一管理与配置（如图 2-18 所示）。参数是搭建算子流时用于动态计算或条件判断的关键变量，平台不仅内嵌了常用的日期参数，还支持用户根据需求自定义新增参数,极大地提升了算子流的灵活性和适用性。以每月员工考勤统计为例,借助参数管理功能,分析人员只需将系统预置的动态参数"当前月"添加至过滤算子的筛选规则当中,系统就能自动提取出当月每个员工的考勤信息。这样,人力资源部门无需每个月都重新设置筛选的月份,节省了时间和精力。

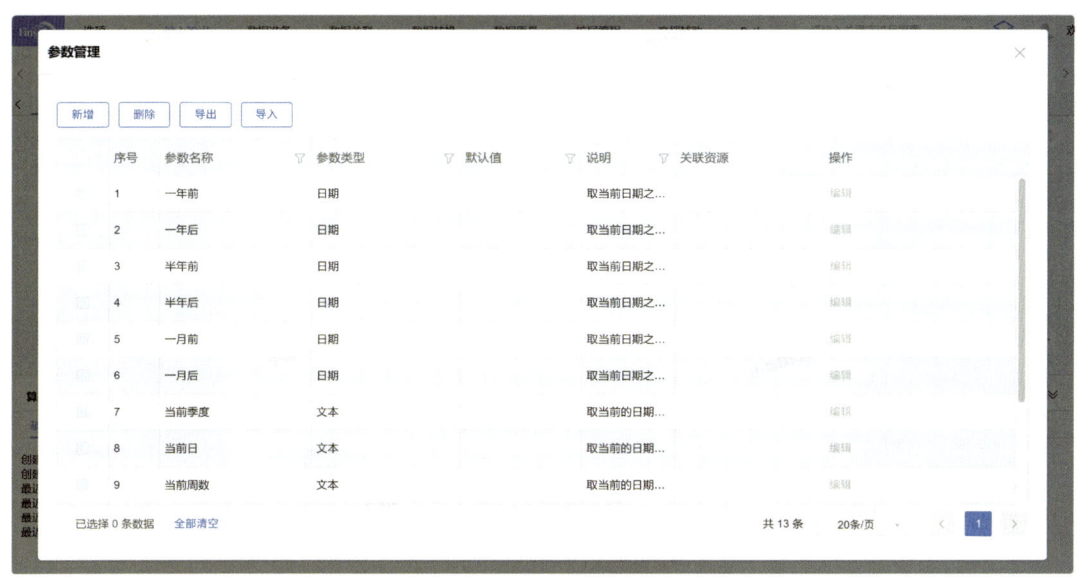

图 2-18 算法中心参数管理

(2)计算

"计算"可以协助用户快速新建算子流或算子流组合,同时也能便捷调取最近常用的算子流或算子流组合(如图 2-19 所示)。其中,算子流是由多个算子构建的数据分析模型,而算子流组合则将多条算子流有序组合,以实现更为复杂的数据处理流程。

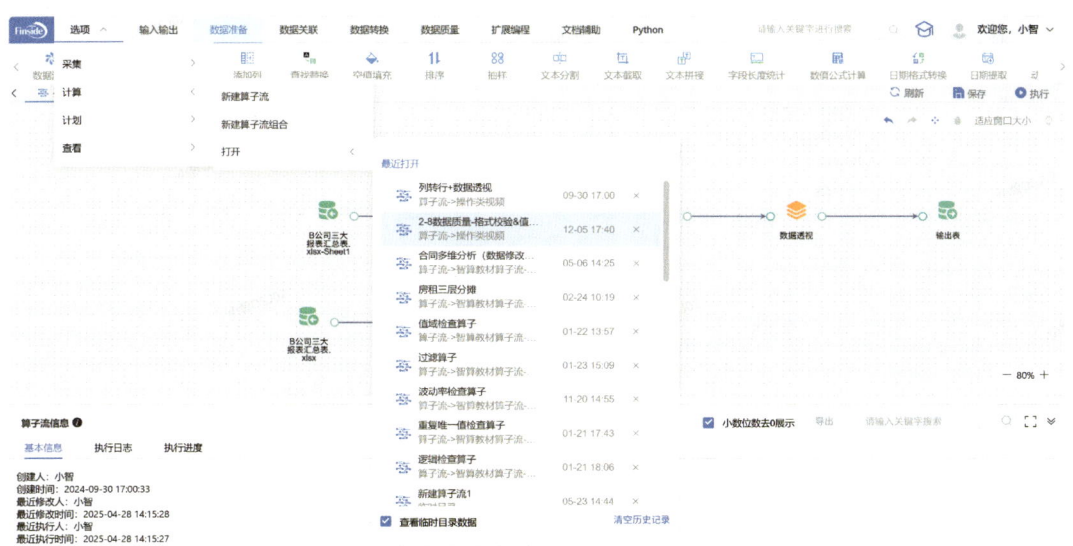

图 2-19 算法中心操作栏计算功能

（3）计划

对于已完成配置的算子流或算子流组合，"计划"可以帮助用户灵活设定其定时执行的时间节点与频率（如图2-20所示）。用户可以查看自己创建和被授权的所有定时计划，包括任务基本信息、执行状态和执行日志，实现自动化数据分析，减少重复人工作业。

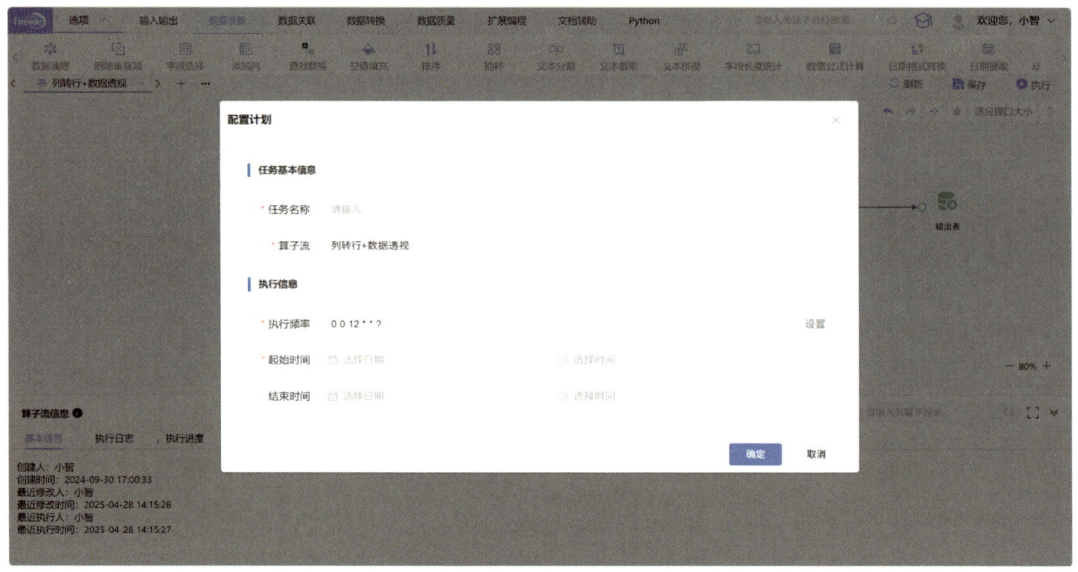

图2-20 算法中心计划配置

（4）查看

"查看"可以控制页面是否需要展示对应的区域，取消勾选则对应区域不展示，且勾选/取消勾选的效果会保留（如图2-21所示）。这一功能可以帮助用户优化页面布局，聚焦关键信息，提升使用体验。

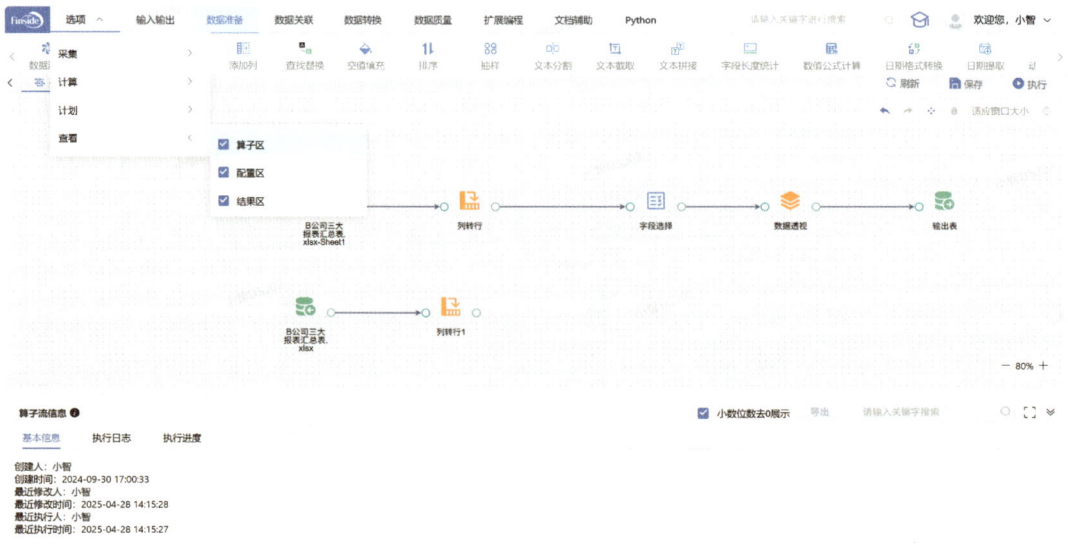

图2-21 算法中心操作栏查看功能

2.3.1.2 算子选择区

算子选择区展示了所有可用于数据处理的算子,涵盖八大类别:输入输出、数据准备、数据关联、数据转换、数据质量、扩展编程、文档辅助、Python(如图 2-22 所示)。用户可以根据数据分析需求,通过直观的拖拉拽操作,将所需的算子拖拽至画布区,快速构建数据分析模型。此外,用户还可以将常用算子标记收藏,方便后续快速调用,提升操作效率。

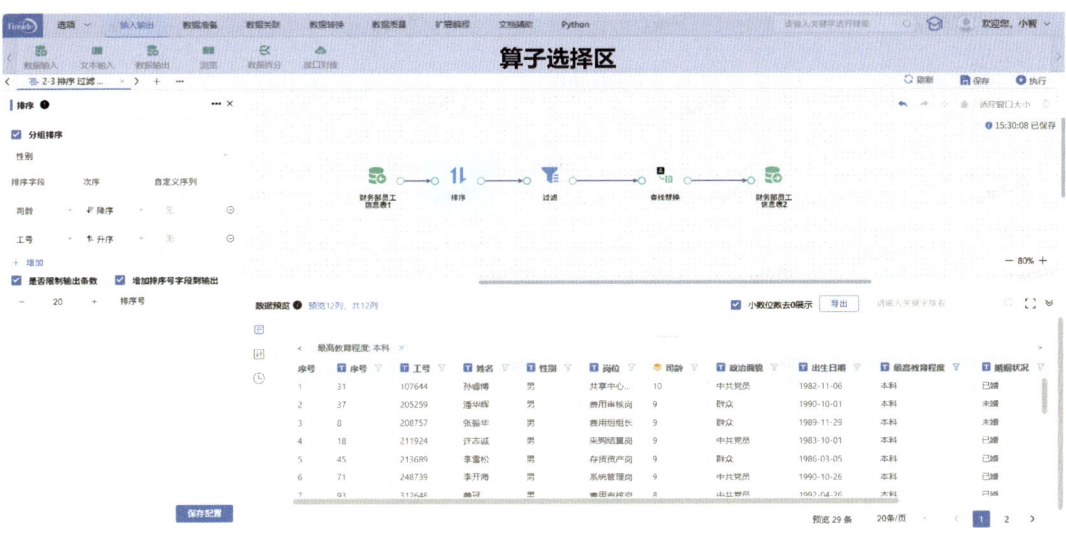

图 2-22 算法中心算子选择区

2.3.1.3 画布区

画布区是财芯平台中用于配置算子与算子流的主要区域。用户可以将算子选择区的算子拖拽至画布区,通过配置算子的运算逻辑,并将算子首尾相连,构建算子流。画布区提供可视化的操作界面,支持灵活配置和实时预览,可帮助用户高效完成复杂的数据分析任务(如图 2-23 所示)。

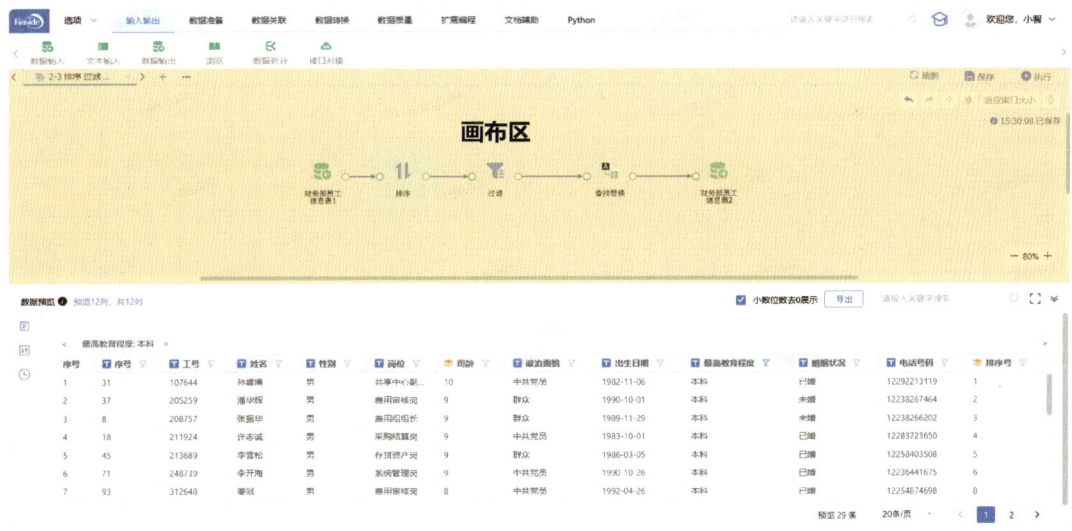

图 2-23 算法中心画布区

画布区按钮功能如表 2-1 所示。

表 2-1　　　　　　　　　　画布区按钮功能说明

按钮	说明
刷新	对当前算子流页签执行刷新操作，获取最近一次保存的配置信息。
保存	若为新建算子流，点击后会弹出窗口，用户可选择保存的文件目录，也能即时新建或编辑目录。若算子流原本已保存在目录中，点击则会更新该目录下的算子流内容。
执行	运行当前画布上的算子流并输出结果。
(加密)	可对算子和画布进行加密。当用户通过配置密码将整个画布加密后，所有已加密的算子在配置区中将变得不可见。若要重新查看这些加密算子的配置，用户必须输入正确的密码来解锁画布。
(撤销)	撤销对整体布局、算子位置移动以及算子复制粘贴的操作。
(恢复)	恢复已撤销的对整体布局、算子位置移动以及算子复制粘贴的操作。
(拖动)	点击该按钮，按钮变成蓝色后，用户可以使用鼠标拖动画布。
适应窗口大小	调整画布中的算子或算子流展示比例，使其适配当前窗口尺寸。
—	对算子流画布整体布局缩小。
＋	对算子流画布整体布局放大。

在画布区，除了以上这些主要功能按钮外，调试按钮在验证与优化算子流的过程中发挥着关键作用。该按钮形似甲虫，位于画布区右上角（如图 2-24 所示）。通过调试功能，用户可以灵活控制执行算子流时的数据输入行数以及数据处理结果的展示范围，从而快速定位问题并优化配置。

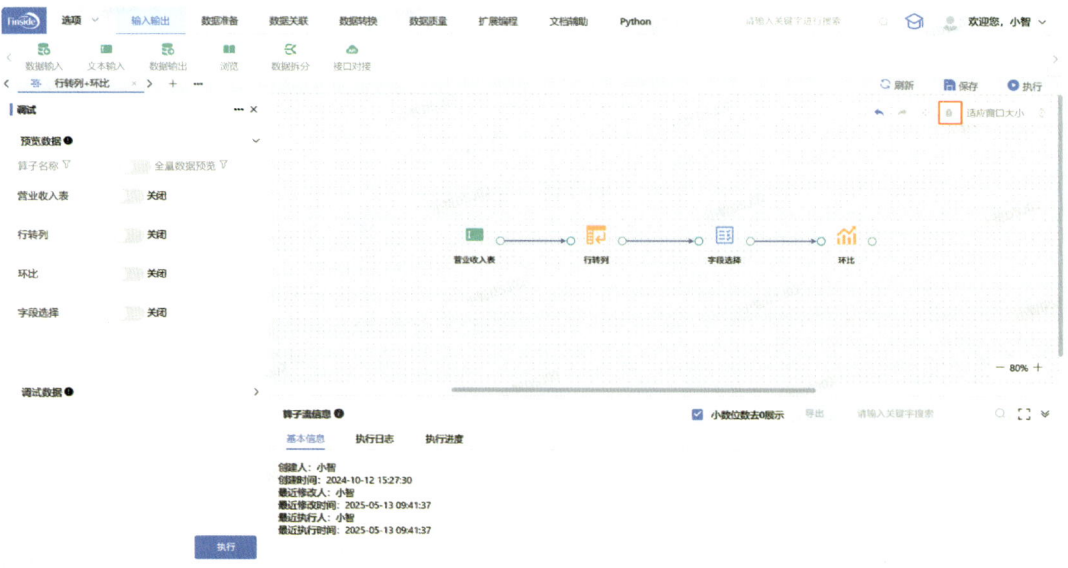

图 2-24　画布区调试功能

调试功能分为两个页签：预览数据和调试数据。在预览数据页签中，用户可以控制数据预览区展示的数据行数，系统默认展示 200 行数据，使用可开启全量数据预览以查看全部执行结果，但需注意数据量过大的情况下，全量数据预览可能会影响系统响应速度。在调试数据页签中，用户可以截取输入算子的部分数据行执行整个算子流，便于快速验证数据处理逻辑的正确性。调试执行不仅支持实时查看结果，还能帮助用户在不影响正式数据输出的情况下，优化算子流配置，显著提升数据分析效率。

2.3.1.4 算子配置区

将算子拖拽至画布区后，用户可以通过对算子进行配置来实现预期的运算结果。点击画布区算子流中的任意算子，左侧算子配置区将自动展示该算子的配置信息，用户可根据运算需求进行配置。配置内容通常包括参数设置、数据源选择、输出格式定义等，具体内容因算子类型而异。完成配置后，点击下方"保存配置"按钮，配置即可生效（如图 2-25 所示）。

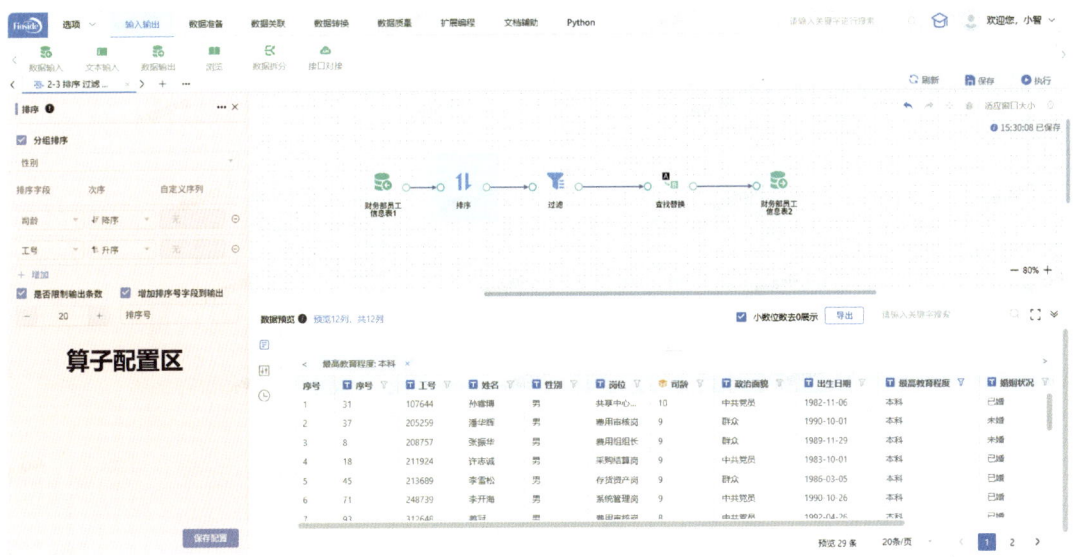

图 2-25　算法中心算子配置区

2.3.1.5 数据预览区

数据预览区是用户实时查看当前算子执行日志与数据结果的重要窗口。在未选中算子时，数据预览区会展示算子流执行的基本信息，包括执行日志和进度详情，帮助用户了解整个流程的运行状态（如图 2-26 所示）。当选中某一算子并点击执行后，数据预览区将展示该算子的具体执行结果（如图 2-27 所示）。在非调试模式下，数据预览最多支持查看 200 条记录，以满足用户快速验证和初步分析的需求。若需查看全量数据，用户可进入调试模式，通过调整设置实现全量数据展示，从而更深入地验证数据处理逻辑的准确性。

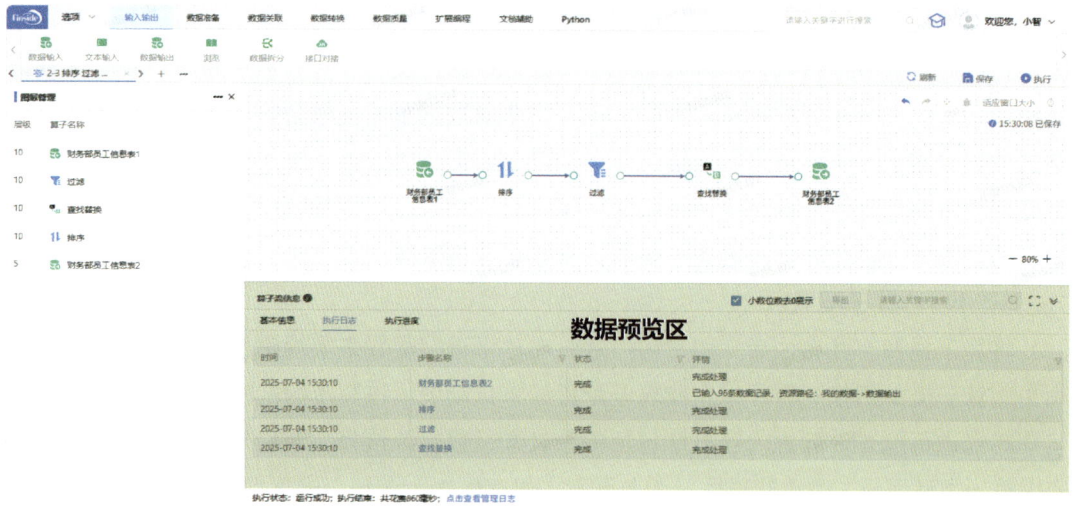

图 2-26　未选中算子时数据预览区展示信息

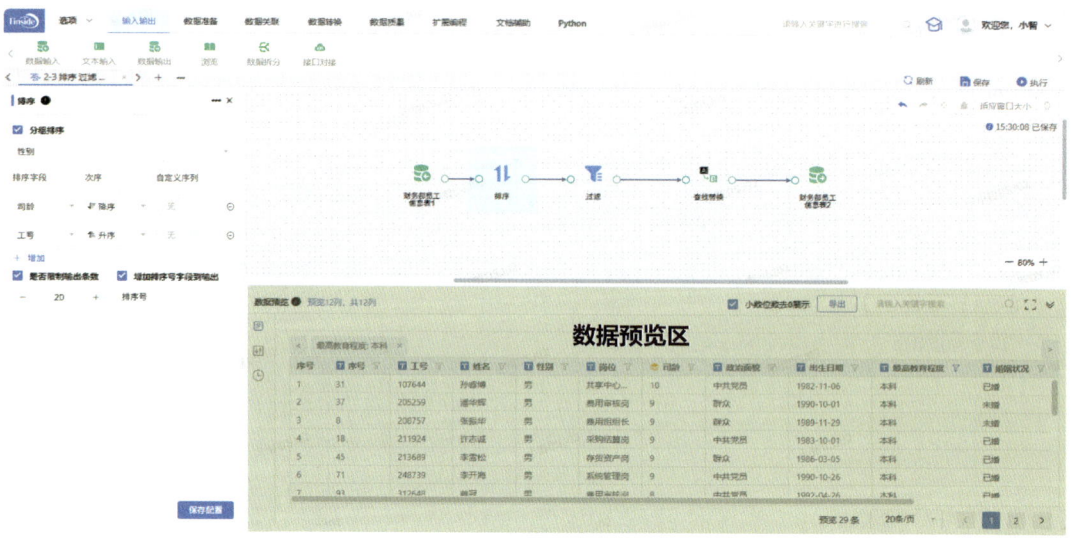

图 2-27　选中算子时数据预览区展示信息

> 【视频教程】请扫描附录一中的二维码，观看本节学习视频。

2.3.2　算子智能建模

算法中心为用户提供了功能丰富的算子库，通过简单直观的拖拽连接，用户可以将不同算子灵活组合，形成随时可修改、可复用、可追溯的算子流。在后续章节中，我们将对每类算子的具体功能和使用方法进行详细说明，帮助用户全面掌握算法中心的应用技巧。本章简要介绍算子流的创建步骤，引导用户快速入门，了解如何利用算法中心实现从数据输入到结果输出的完整流程，为后续深入学习奠定基础。

算子流的创建可概括为以下几个步骤：

第一步：新建算子流。进入算法中心，点击"新建"，系统会自动打开一个新的算子流配置窗口（如图2-28所示）。用户可以双击算子流页签的名称，修改算子流的名称。完成数据输入后，点击"保存"按钮即可将算子流保存至数据网盘指定位置；

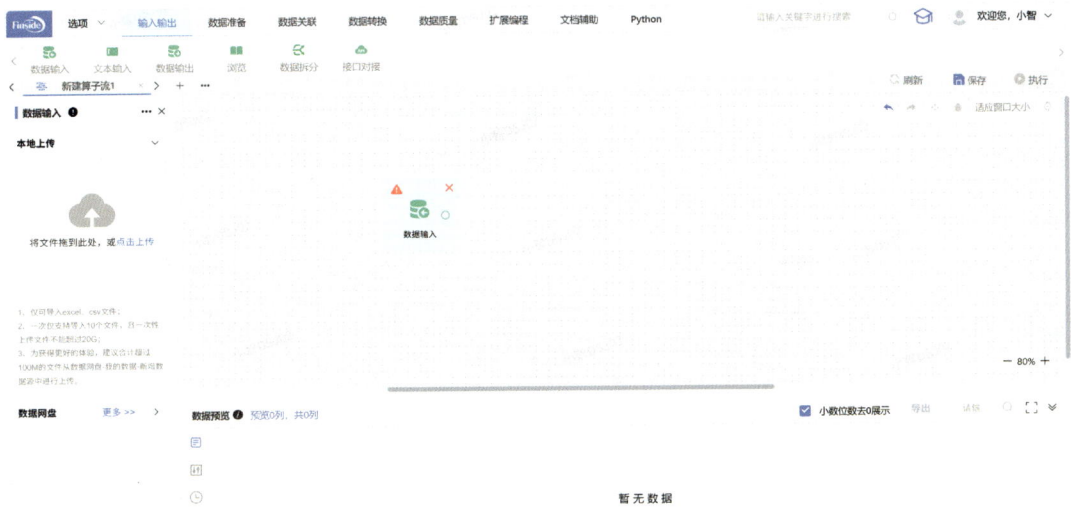

图2-28 新建算子流

第二步：数据输入。财芯平台支持多种数据输入方式，包括本地上传、文本输入、数据库连接、接口对接等。以本地上传为例，用户可以将"数据输入"算子拖拽至画布区，点击该算子，在左侧算子配置区进行配置，将本地Excel或CSV格式的文件拖至上传区，保存配置即可完成数据输入（如图2-29所示）；

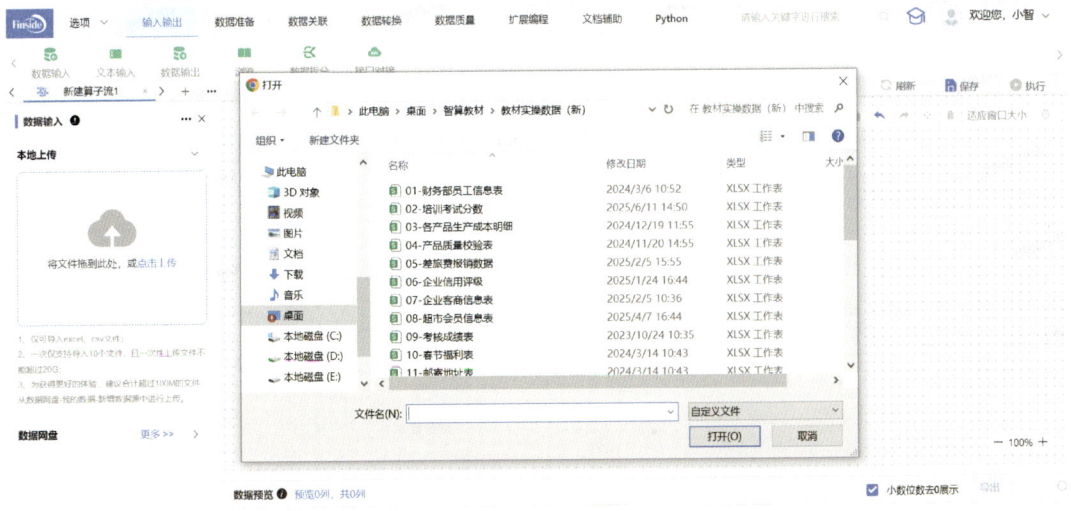

图2-29 数据输入

第三步：数据处理。根据数据分析需求，选择合适的算子拖拽至画布区，将不同算子依序相连并对算子进行运算逻辑配置。每完成一个算子配置，用户可以点击"执行"，运行当前算子流，在数据预览区查看实时计算结果（如图2-30所示）；

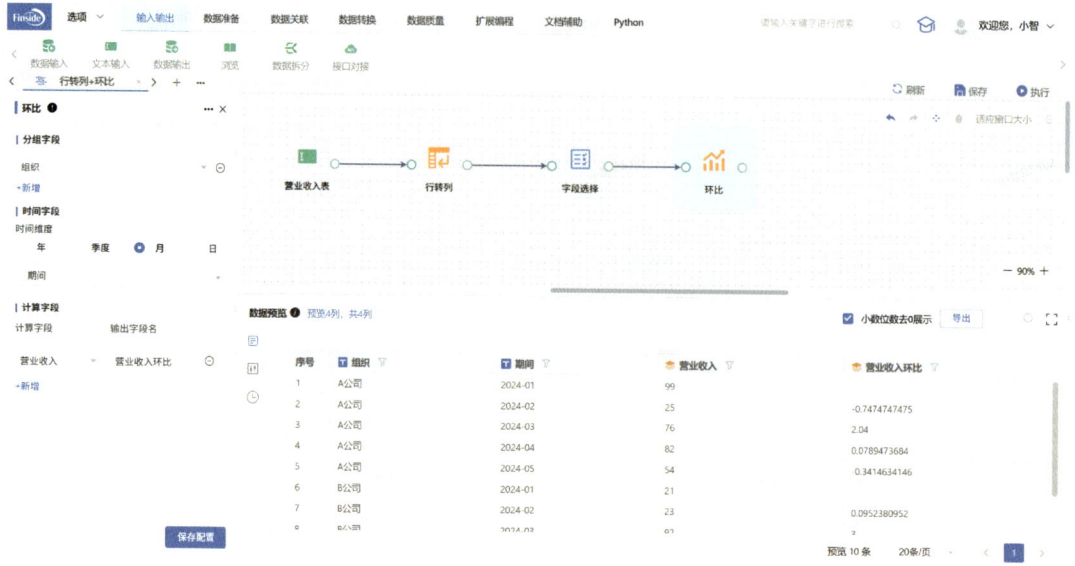

图2-30　数据处理

第四步：数据输出。完成算子流配置后，可将数据结果输出至数据网盘或财经数据中心的数据标准模块。将"数据输出"算子连接至算子流末端，在左侧算子配置区选择存储位置，并选择适合的输出方式（如图2-31所示）。保存配置后，执行算子流，即可将数据表输出至指定位置。

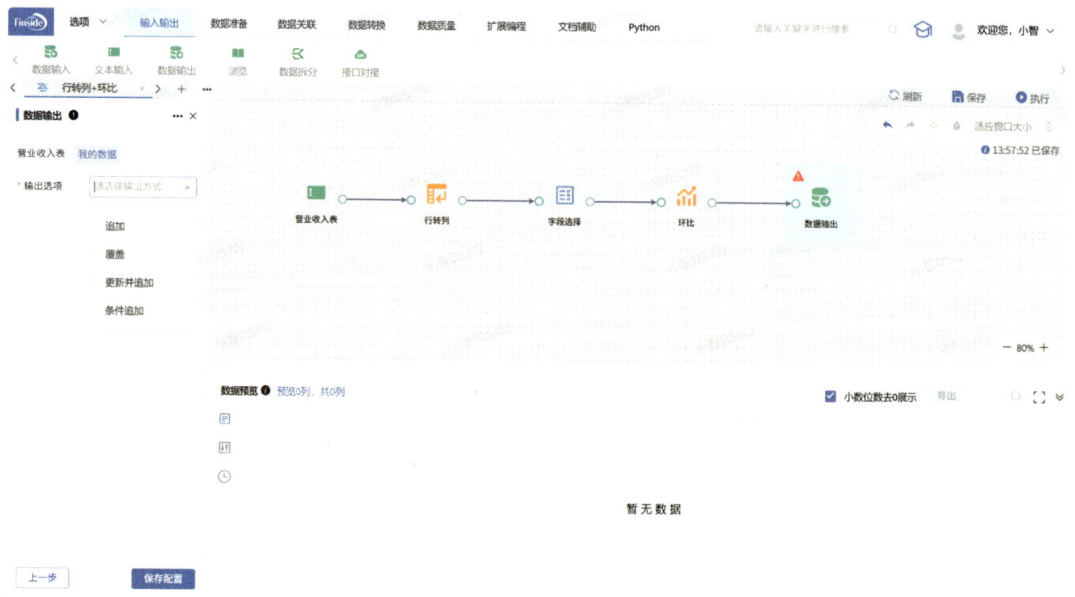

图2-31　数据输出的四种方式

2.3.3 算子流协同运算

2.3.3.1 组合执行

算子流组合支持将多条算子流进行串联或并联，以便一起执行并输出结果（如图2-32所示）。用户可以通过点击操作栏中的"新增算子流组合"按钮，打开一个新的操作窗口。在这个窗口中，将"我的网盘"中已执行成功的算子流拖拽至画布区，并进行前后连接，从而建立算子流组合。执行该算子流组合时，系统将按照连接顺序依次运行每个算子流，并输出每个算子流的数据结果。借助算子流组合，用户可以快速搭建更为复杂的数据分析模型，满足多维度、多层级的分析需求。

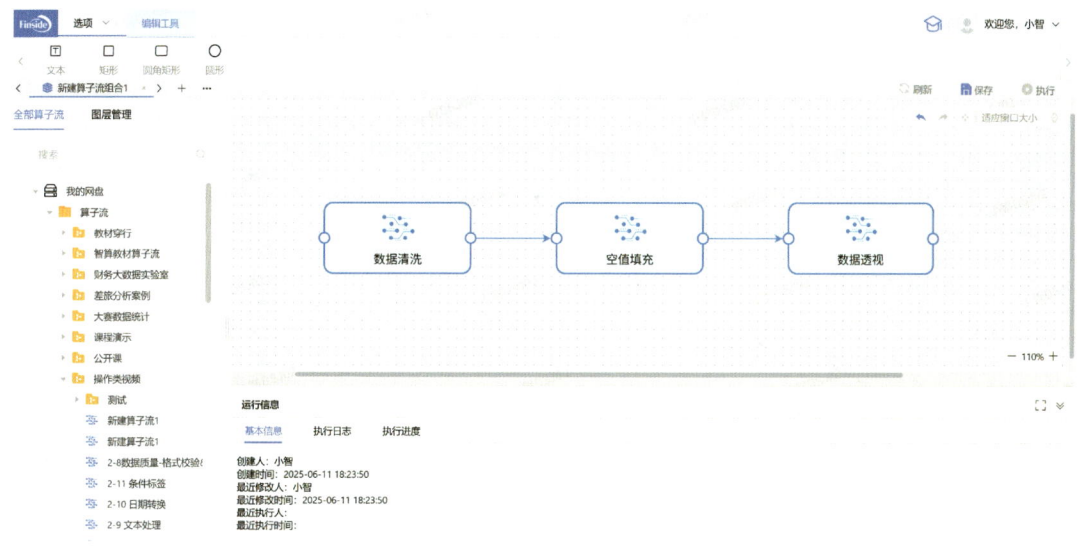

图2-32 算法中心算子流组合

2.3.3.2 计划执行

算法中心的计划执行功能支持为算子流或算子流组合设置定时调度任务，减少重复操作，提升自动化水平。例如，我们想为新建的算子流组合设置定时执行任务，使其每分钟自动执行一次。依次点击"选项""计划""配置计划"，设置定时任务的起止时间及执行频率（如图2-33所示）。完成计划配置后，点击"查看计划"即可查看当前计划的执行日志，确保任务按期执行（如图2-34所示）。

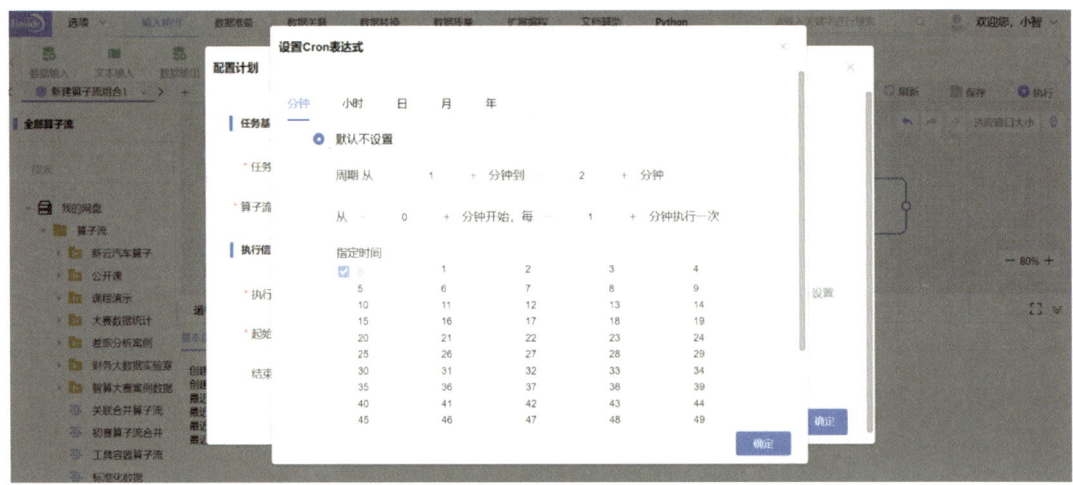

图 2-33　设置计划执行频率

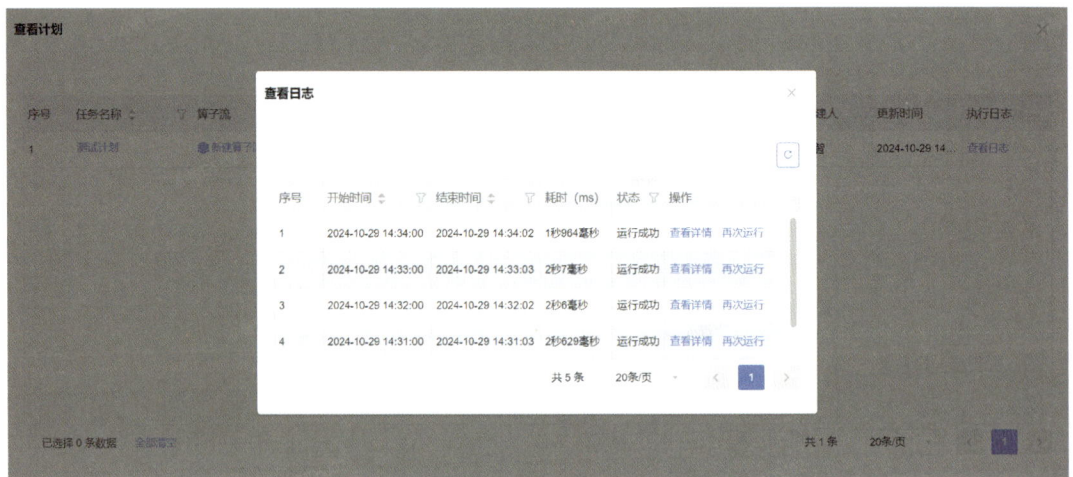

图 2-34　查看计划执行日志

2.4　智视·可视化中心

在当前数据爆炸的时代，企业管理者和分析人员常常被海量信息所淹没，传统的 Excel 和 PPT 等报告方式已难以满足实时数据展示和动态交互分析的需求。数据可视化工具能够将复杂的数据转化为直观的图形，使关键信息一目了然。无论是洞察趋势、发现异常还是监测关键指标，用户都能在第一时间获得清晰认知，实现数据驱动决策。

2.4.1　认识可视化中心

财芯平台可视化中心内置强大的数据可视化工具，与数据中心、算法中心紧密协同，帮助企业搭建一站式数据分析平台。可视化中心前端对接数据中心，通过接口获取到存储在数据网盘中的算子流最新处理结果，确保最终数据呈现的实时性与准确性。用户可以选择系统预设的可视化模板一键生成多维报表、图文报告或数据大屏，也可以根据不同场景下的个性化需求，使用平台内置的丰富可视化组件进行自定义配置。

财芯平台可视化中心的功能亮点体现在以下四个方面：

（1）低门槛图表配置，降低操作难度

针对传统数据可视化工具操作烦琐、技术门槛高的问题，可视化中心采用直观的拖拽式操作界面。用户无需任何技术背景即可轻松完成各类图表的配置。无论是柱状图、折线图、饼图，还是热力图等，均可在短时间内完成配置，大幅降低使用门槛，提升操作效率。

（2）灵活自由布局，满足多元展示需求

为了解决可视化布局固定、难以适配不同业务场景的难题，可视化中心配备丰富多样的图表组件。用户可以根据实际业务需求，自由调整看板布局，灵活添加各类动态效果。无论是常规业务报表、重要项目汇报还是数据监控大屏，都能实现个性化定制，让数据展示更贴合业务场景与决策需求。

（3）实时交互分析，深度挖掘数据价值

可视化中心提供实时动态联动的数据分析看板，支持多维度的数据钻取、排序、筛选等操作。用户能够在交互过程中层层深入剖析数据，全面洞悉数据背后的潜在信息，为企业决策提供更具价值的数据支持。

（4）多终端适配，保障跨设备展示效果

可视化中心支持手机、Pad、PC、大屏等多种终端设备的适配，确保用户在不同场景下均可流畅浏览与分析数据。无论是移动办公、会议室演示还是大屏监控，可视化内容均能完美呈现，满足企业随时随地决策的需求。

2.4.2 数据可视化呈现

可视化中心提供丰富多样的数据展现形式，主要包含以下四类：

（1）数据大屏

作为直观呈现企业运营态势的决策驾驶舱，数据大屏通过多样化图表组件和动态交互设计，将关键业务指标转化为一目了然的视觉场景（如图2-35所示）。高沉浸感的可视化体验使其广泛应用于战略会议、实时指挥中心以及各类展示场合，帮助管理层从海量数据中聚焦核心问题。不同数据大屏之间能够灵活互相跳转，让用户可依据实际需求，迅速切换查看不同板块、不同维度的数据展示，实现数据信息的全方位贯通。不仅如此，数据大屏还可一键跳转到BI看板，为数据的深度挖掘与分析开辟通道。

（2）BI看板

BI看板支持用户通过拖拽快速进行图表配置，并支持PC端、移动端等多终端同步展

示分析结果（如图2-36所示）。其核心价值在于与数据大屏形成"监控—分析"联动闭环。例如，当管理层在大屏中发现宏观趋势异动时（如华东区销售额环比骤降15%），可直接点击异常数据穿透至BI看板，依据"区域—渠道—单品"等维度层层下钻，完成从问题定位到根因溯源的端到端诊断。这种"大屏全局预警、BI精准解剖"的协同模式，使业务团队能基于同一数据源开展高效复盘。

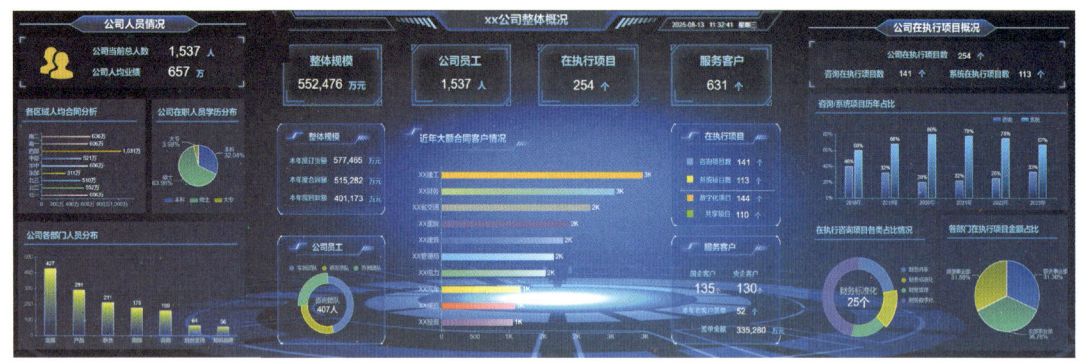

图2-35 企业经营情况分析大屏

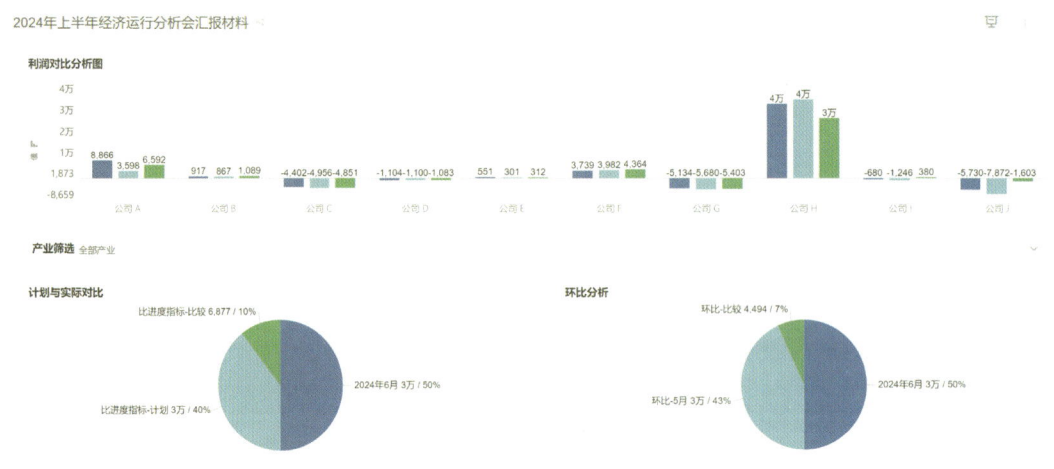

图2-36 移动端BI分析报告

（3）多维报表

多维报表通过自动化的方式生成，报表可以根据最新的数据进行动态更新，确保用户始终能获取到最新、最准确的分析结果。同时，用户可以根据需求自定义报表的布局和内容，确保信息的个性化展示和精准传达（如图2-37所示）。

（4）图文报告

图文报告结合了图表和文字说明，提供了更为全面的分析视角。这种报告形式不仅易于分享传播，也适用于团队协作和高层汇报。通过文字对图表进行详细解读，图文报告可帮助用户更深入地理解数据背后的含义，揭示潜在趋势和规律（如图2-38所示）。

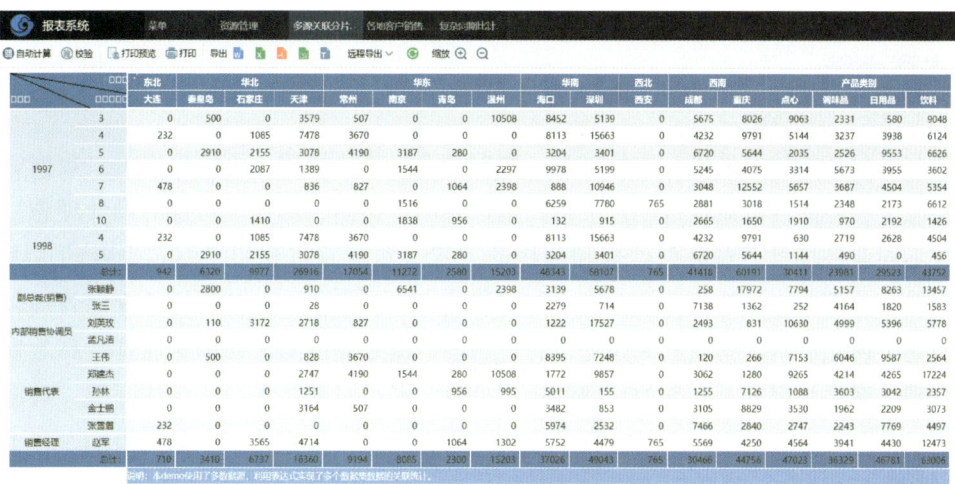

图 2-37 各地客户销售报表

2024 年 1—6 月经济运行分析会
汇报材料

财务部

一、上半年经营指标完成情况

根据××集团下达的 2024 年经营业绩考核责任书，××公司本年涉及三大类 16 项考核指标（详见附表）。上半年，完成过半任务的指标 9 项，未完成过半任务的指标 7 项。其中：

（一）未完成过半任务的指标情况

1. 财务部未完成过半任务指标的原因及措施

（1）债务融资总额压降：全年任务目标 20 亿元

完成情况：截至 2024 年 6 月末，××集团有息债务 1249 亿元（不含票据融资 213 亿元），较年初 1181 亿元净增 68 亿元。其中：带息负债 1035 亿元，净增 46 亿元；权益融资工具 214 亿元，净增 22 亿元。

……

（二）完成过半任务的指标情况

1. 财务部牵头完成经营指标情况及分析

（1）利润完成情况：

2024年6月当月利润完成情况

单位：万元

序号	产业	2024年6月	比进度指标-计划	比进度指标-比较	环比5月	环比-比较
	合计	917	867	50	1089	-172
一	煤炭产业	8866	3598	5268	6592	2274
其中	生产煤矿	37023	39225	-2202	29927	7096
	其他企业	3739	3982	-243	4364	-625
二	铝公司	-3417	-4486	1069	-1343	-2074
1	铝电公司	-2313	-3386	1073	-260	-2053
2	兆丰铝业公司	-1104	-1100	-4	-1083	-21
三	碳基材料产业	-4402	-4956	554	-4851	449
其中	碳基材料产业（考核口径）	-5134	-5680	546	-5403	269
四	产业技术研究总院公司	551	301	250	312	239
五	服务物流贸易品产业	-680	-1246	566	380	-1060

①利润环比减少xxx万元（6月实际盈利xxxx亿元，累计利润xxx亿元），其中主要板块情况如下：

图 2-38 经济运行分析会汇报材料

本章小结

财芯平台是集数据采集、质量校验、数据清洗、算法搭建、可视化展示、数据资产沉淀等功能于一体的分析流程自动化平台，基于易用、协同、低耗、可视的设计理念，满足企业在不同业务场景下对数据处理和分析的需求。本章着重介绍了财芯平台的三大中心——智数·数据中心、智算·算法中心与智视·可视化中心——从数据的存储管理、自动化分析到可视化展示，构建起一条完整、流畅的数据处理链路，帮助企业打造高效安全的数据管理体系，深度挖掘并释放数据的潜在价值。通过对财芯平台的整体介绍，帮助读者了解该平台在数据分析场景中的应用及优势，为企业在数智化转型中如何借助专业工具进行数据分析提供参考。

章节练习

一、单选题

1. 财芯平台功能架构中，负责实现数据自动化计算处理的中心是（　　）。
   A. 智数·数据中心　　　　　　　B. 智算·算法中心
   C. 智视·可视化中心　　　　　　D. 以上都不是

2. 以下说法不正确的是（　　）。
   A. 财芯平台数据中心提供文件导入、数据库采集、API采集、采集机器人等数据采集方式
   B. 财芯平台数据中心可对外提供灵活的数据服务
   C. 财芯平台数据中心无法与企业数据中台实现对接
   D. 财芯平台数据中心能帮助企业实现数据资产的沉淀与管理

二、多选题

1. 财芯平台功能架构涵盖的中心包括（　　）。
   A. 智数·数据中心　　　　　　　B. 智算·算法中心
   C. 智视·可视化中心　　　　　　D. 智析·业务分析中心

2. 数据中心作为财芯平台功能框架下三大中心之一，提供的企业级数据中台服务包括（　　）。
   A. 源头数据采集　　　　　　　　B. 数据资源管理
   C. 数据权限控制　　　　　　　　D. 数据可视化设计

3. 财芯平台算法中心的算子选择区包含的算子类别有（　　）。
   A. 输入输出　　　　　　　　　　B. 数据转换
   C. 数据可视化　　　　　　　　　D. Python

4. 财芯平台可视化中心支持多种数据呈现形式，以下关于这些形式特点的描述正确的有（　　）。

A. 数据大屏具有强烈视觉冲击力，支持交互操作，能帮助决策者快速识别趋势和异常

B. BI 看板支持用户通过拖拽快速进行图表配置，并支持 PC 端、移动端等多终端同步展示分析结果，通常与数据大屏组合使用

C. 多维报表通过人工操作手绘生成，无法根据需求自定义布局和内容

D. 图文报告结合图表和文字说明，易于分享传播，适合团队协作和工作汇报

三、实训题

请登录财芯平台进一步深入了解平台各模块功能特点。

第 3 章　数据采集

学习目标

目标1：了解数据源的分类和划分依据

目标2：了解数智化时代数据采集特点

目标3：熟练运用财芯平台数据网盘采集数据

目标4：熟练掌握财芯平台数据采集类算子功能与使用

学习重点

- 以分布范围分类的数据源
- 以采集路径分类的数据源

- 数智化时代数据采集特点

- 通过本地文件、文本输入、数据连接采集数据

- 数据输入算子
- 文本输入算子
- 接口对接算子

3.1　数据源的分类

科学全面的数据采集是驱动数据价值链发挥作用的关键，了解数据源的分类和特点是做好数据采集工作的前提。数据源是指数据的来源，即提供数据的原始器件或媒介，通常可以按照分布范围或采集路径分类。

3.1.1　以分布范围分类的数据源

数据源的分布范围以企业信息体系为界限，分布在企业信息体系内的数据源为企业内部数据源，反之为外部数据源（如图 3-1 所示）。企业采集不同分布范围的数据源时，往往需要调用不一样的资源。

（1）企业内部数据源

企业内部数据源主要包括企业的业务系统、财务管理系统、人力资源管理系统、日志

收集系统等，以及线下保存数据的各类办公软件和文件。除此之外，在企业的生产环节，温度传感器、可编程逻辑控制器（Programmable Logic Controller，PLC）传感器、制造企业生产过程执行管理系统（Manufacturing Execution System，MES）等物联网设备，也是企业采集生产数据时会使用的数据源。

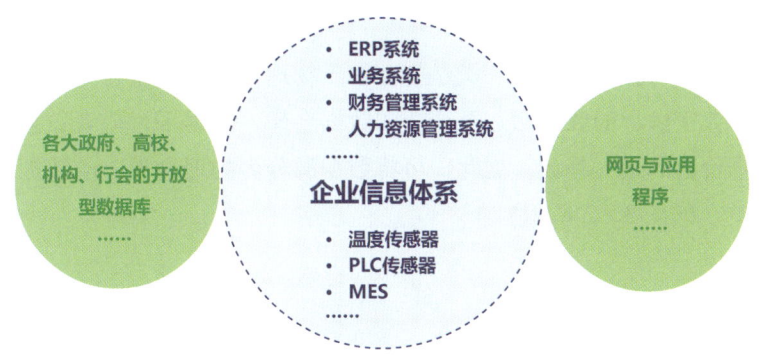

图3-1 企业内部与外部的数据源

这部分数据源承载并提供了企业经营过程中业务处理、财务核算、财务管理、业绩考核、经营分析等大部分运营管理所需的数据原料。分析人员通常可通过数据库和系统日志等工具进行调取、采集此类数据，或运用API实现开放系统间的数据集成及安全传输。

从企业内部数据源采集数据时，采集工具的可用性和数据采集效率、质量与企业底层存储和计算的系统架构息息相关。多数企业在早期业务发展时仅着眼于如何解决当下的业务问题，独立采购、建设各部分的信息系统，缺乏全局性规划与部署，从而导致企业内部形成多个数据孤岛，引发各类数据问题。企业如果需要采集跨多个域、多个系统的多端数据，通过开发数据接口进行采集的难度较大、效率较低，并且采集到的数据质量和标准也差异较大，为后续清洗工作带来了隐患。面对此类跨域、跨系统广泛采集数据的需求，应用数据仓库、建立数据中台等方式将更能满足采集需求。

（2）企业外部数据源

企业外部数据源主要包括各大政府、高校、机构、行业协会的开放型数据库以及网页与应用程序等。从产业链的角度来看，企业需要加强与上下游的联系，加强管理、把控风险，打造智慧供应链，并全面感知潜在客户的需求动向，把握行业与市场变化趋势；横向来看，企业需要实时跟进最新政策与市场动态，及时把握行业发展机遇，了解竞争对手情况等一切与自身发展密切相关的因素。因此，如果说企业内部数据源为企业构建起内部信息循环，那么外部数据源则帮助企业建立了与客户、供应商、竞争对手、政府、相关机构等外部利益相关者的链接，可增强企业应对变化的敏锐性。

相较于企业内部数据源，企业外部数据源大多分散且分布范围广泛，因此分析人员通常采用网络爬虫和API传输数据的方式来采集外部数据。由于外部数据源种类丰富，数据体量和质量参差不一，只采集单个数据源往往难以满足企业分析需求，而不加甄别地全面采集多数据源数据，又会造成数据冗余、资源占用等问题。因此，分析人员在正式采集数据前,需要对可采集的数据源进行初步筛选,适当放弃质量差、内容价值低、与需求不匹配的数据。此外,由于外部数据源稳定性与适配性差异较大,分析人员需要有针对性地选择合适的采集工具,确保数据采集的效率和质量。

3.1.2 以采集路径分类的数据源

数据的采集路径可分为两类,一类是将存在于物理世界的数据复刻至数字世界中,另一类是将存在于数字世界的数据搬运至企业的数据仓库、数据平台或者数据中台,在数字世界中完成数据价值的最大释放。据此,可将数据源分为物理世界中的数据源和数字世界中的数据源两类(如图3-2所示)。

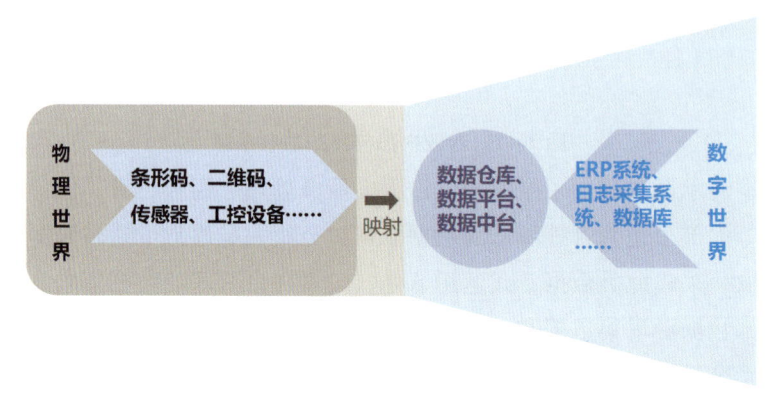

图3-2 物理世界与数字世界中的数据源

(1) 物理世界中的数据源

物理世界中的数据源是以物理实体为载体,对这些数据进行采集的路径是从物理世界向数字世界的转化过程,需要借助物理设备对数据进行采集。企业的经营环境中普遍存在大量物理世界中的数据源,尤其是在非数字原生企业中,生产线、流程工艺、实体货物、物流设备等,都需要通过条形码、二维码、传感器、工控设备等数据源向数字世界输送可用数据。

针对物理世界中数据的不同形态,企业通常有不同采集方式及技术。较为典型、应用广泛的采集技术有光学字符识别(Optical Character Recognition,OCR)、智能字符识别(Intelligent Character Recognition,ICR)、自动语音识别(Automatic Speech Recognition,ASR)和射频识别(Radio Frequency Identification,RFID)几种技术。OCR技术和ICR技术通常专用于采集图像文件中的结构化数据;ASR技术可将人类语音中的词汇内容转换成相应的文本数据;RFID技术用以识别并采集机器、设备、货物等实物的相关数据,被大量运用在资产管理、仓储管理、物流追踪等情境中。此类的数据采集工具还有很多,可以有效帮助企业实现数据转换,打造企业级的数字世界。

(2) 数字世界中的数据源

在企业构建起的数字世界里,数据源通常存在于各种软件、系统或程序中,如ERP

系统、日志收集系统、数据库等。由于采集这些数据的路径本身也发生在数字世界中，通常不需要依赖物理设备进行采集。但在数字世界中，各类数据源并不自然相通，企业需要借助技术与工具将数据采集、汇聚至企业的数据仓库、数据平台和数据中台中，为下一步数据的抽取、清洗、加工做好准备。如系统日志、数据库、网络爬虫、API 等，都是该情境下分析人员常用的数据采集工具。

知识卡片： 财务数据源的再定义与扩展

传统的财务部门围绕九大业务流程，主要发挥交易核算的职能，"票账表钱税"是财务人员关注的重点，它们所承载的数据本质上都可归类为结果数据。结果数据是企业经营过程中处理交易时所产生、接收的凭证上承载的数据，以及在会计科目体系下提炼后的数据，例如发票金额、差旅行程、付款明细等数据。与此相对应，承载这些数据的发票、行程单、火车票、银行回执单、合同等单据、支持性资料、账表则是传统的财务数据源。

随着企业业务发展和数智化技术持续赋能，财务职能逐渐向支持企业经营管理方向转型变革，财务所关注的数据不再局限于结果数据，还包括交易数据、过程数据、行为数据和环境数据等，财务数据源也因此得到重新定义与扩展，除了传统的账表、凭证之外，企业内部各类业务系统、财务管理系统，以及外部的网页、应用程序、开放型数据库、外部开放型平台等，都成为全新的财务数据源。

扩展后的财务数据源为企业建立了更加全面的数据基础，如图 3-3 所示。企业依此开展相应的数据采集工作，进行核算、控制、预测、管理、决策等活动，实现财务职能的转型变革。

图 3-3 财务数据源及数据采集的"三大层次"

- 第一层：财务数据载体及其结构化

财务数据载体是用于聚合并载明业务执行过程中所形成的各结果数据的表单。财务数

据载体作为交易发生的"证据",是财务部门开展财务核算工作的重要依据,通常按照来源可以划分为两类:一是外部载体,包括电子发票、行程单、银行回执单等由外部开具的凭据,此类载体可直接作为账务处理的凭证;二是内部载体,包括业务、财务处理以及财务管理过程中生成的内部凭证,例如记账凭证、入库单、成本控制单等。

- 第二层:对内部信息系统的全面采集

在第一层数据采集的基础上,财务部门若想支持企业控制、预测、管理活动的开展,则需要对研发、采购、生产、销售等业务环节进行全景测绘,将数据的采集触点不断扩展。为此,企业需要实现销售系统、采购系统、核算系统、财务管理系统的广泛连通,线上采集全系统中的结构化数据,集成企业内部的数据资源,在高效推进业务处理与财务管理的同时,为数据价值链沉淀数据基础。

- 第三层:对其他外部数据源的全面采集

企业要想从数据中获得信息以支持决策,就需要建立更为广泛的数据连接,因此企业还需要面向外部数据源,比如网页、应用程序、开放型数据库等,采集企业信息体系范围外的其他数据,如客情、竞情、行情、国情等。内外部数据网络的建立可以置企业于实际的市场、行业、国情之中,从微观视角掌控经营状况,从宏观视角把握发展动向。

财务领域数据源及数据采集的"三大层次"逐步推动财务部门从最小数据集向大数据进行转变,最终发展成为覆盖企业内外部全数据采集情境下的数字神经网络,包括物理世界及数字世界的数据采集、内部与外部数据采集等多类情境。

3.2 数智化时代数据采集特点

数智化时代,数据成为像水、电一样的通用资源,可随需获取,敏捷自助。企业的各类业务间将产生更多连接,持续推动企业通过更高效、更低耗的方式让数据发挥价值,促进创新与变革。因此,企业要想塑造数据能力,需要从根本上加强数据的可获得性,围绕不同的数据主题和对象丰富数据感知渠道,追求更加有效、全面、实时的数据采集。

(1)无感采集

实现数据无感采集通常需要使用传感器、摄像头、RFID 标签等硬件设备,以及大数据分析、机器学习等技术,通过设备与技术协作,从环境中捕捉并解析出有用的信息,同时确保用户的隐私和安全性,例如高速公路利用视频摄像头精准采集车牌信息,收取过路费。

企业要想实现数据采集的无感触发与数据资源的随需调取,需要依赖强大的数字"新基建"[①],统筹利用计算、存储、应用支持等软硬件资源,基于需求驱动并沉淀体系化的技术、系统、组织架构,发挥高可靠性、高通用性、高可扩展性的数据能力,从而支持业

---

① 2020 年 3 月,中共中央政治局常务委员会召开会议提出,加快 5G 网络、数据中心等新型基础设施建设进度。

务活动产生的数据"发生即采集",而无需人工进行录入、扫描等数据输入或采集动作。

对于发展成熟的数字原生企业而言,由于企业原本就在数字世界中构建企业价值链,业务全流程在数字世界中自动留痕,因此很少会有线下采集动作嵌入流程之中。以互联网企业为例,用户访问网页时的访问网际互连协议(Internet Protocol,IP)、搜索内容、浏览时间都可在用户无意识的情况下被轻松采集。

对于非数字原生企业来说,数据无感采集应用相对较少,大部分企业技术应用呈"点状",而非全面铺开。这些企业要想实现数据全面无感采集,需要建设和依托底层大数据存储与计算平台,全面整合企业数据,实现物理系统向数字化模型的自动化反馈,从而实现无需人为采集动作的干预,就能打造与物理世界一一映射的数字世界。例如,在高科技企业中,对于精密仪器、先进设备等高价值资产的使用管理已普遍趋于数字化,企业给使用人员每人配发一张门禁卡,人员插卡才可进入设备使用空间。借此,企业无需数据录入,就可采集使用者、归属部门、使用时间等一系列资产使用情况的数据,精准分摊资产成本并实现科学实时的资产管理。

(2)全量感知

感知是指通过感觉器官或意识对内外界信息觉察、注意、感受并在脑中进行直接反映的过程。数据感知则是指敏锐觉察特定数据,并在数字世界中真实、准确、及时地对其进行反映。数据感知可以广泛应用在物理世界与数字世界,与传统数据采集最大的区别在于可以突破时间与空间的局限,实现更及时的响应,更准确的数据抓取,更全面的渠道覆盖。

全量感知是数据深度认知的基础,数据价值链正是认知数据的全过程,因此,数据感知能力的塑造应有针对性地围绕数据分析目标,而并非企业从人、物到业务、作业等复杂环境的全覆盖全感知才可称之为"全量"。随着感知技术、传输技术、虚拟现实技术、移动互联技术等新兴科技的发展和应用日益成熟,数智化时代的数据感知将更具"智慧",可以聚焦数据价值链需求,对具有潜在价值的数据做出快速反应,构建围绕数据价值链的数据采集架构,以更加合理地配置数据计算和存储资源,提高资源利用率。例如,在某些制造业企业中,产品生产要求保持恒温环境,但企业不需要全天候监控采集温度数据,只需要设置温度区间,当生产车间的温度超出区间时才会被立刻感应,触发数据采集,以便企业通过统计一段时间内异常温度的出现频率,高效分析存在的残次品生产风险。

(3)实时汇聚

云计算、物联网、5G等技术的成熟应用推动了数据的高频传输和信息的高速互联,全面加速各行各业发展,推动社会进步。随着行业、市场快速发展变化,企业的数据采集也需要保持高级别的响应速度,以不断加强组织的敏捷性与灵活性。数智化时代下,企业需要通过加强数据采集、存储、计算和连接能力,加快数据传输速度,时刻为数据应用服务储备原料。

在我国政府大力推进新基建的背景下,云计算实现了算力资源的弹性调度,进一步提

升了算力基础设施的资源利用效率，推动各项新兴技术不断突破和融合应用，助力企业提升数据采集的实时汇聚能力。例如，一台物理服务器原本只能同时提供一项服务，其硬件资源的利用率为20%—30%，而借助云计算进行管理，则可以同时虚拟为多台逻辑服务器，相互独立地同时运行在不同的操作系统，显著提高算力，加速数据的读取和采集。与此相似，物联网借力5G商用进一步实现全场景网络覆盖，提升物联感知的灵敏度，如智能空调，用户可实现在任何时间和地点，通过移动设备实时获取、控制家中温度的目标。

3.3 基于财芯平台的数据采集

企业内部数据通常分散存储在本地文件及各类信息系统中，而外部数据则需要从网页、应用程序、开放型数据库、开放型平台等获取，不同的数据源决定了数据采集方式的差异。本节将以财芯平台为基础，介绍本地上传、文本输入、数据连接、数据采集类算子等多种采集方式。

3.3.1 本地上传

用户可使用财芯平台数据网盘的"上传文件""上传文件夹"和"新增数据源"三类功能，上传文本、表格、演示文稿和图片等多种格式的文件。

（1）上传文件

"上传文件"功能支持上传文档（.docx、.doc、.txt）、表格（.csv、.xlsx、.xls、.xlsm、.et、.ett）、幻灯片（.pptx、.ppt）、PDF、图片（.jpg、.jpeg、.png、.gif、.svg）等多种格式文件，如图3-4所示。上传成功后，可在数据网盘进行预览。

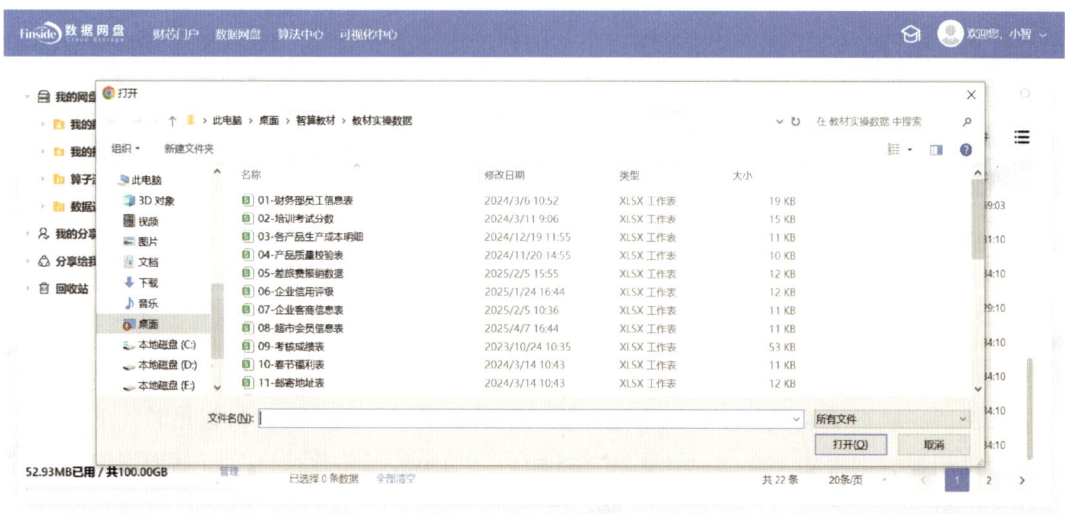

图3-4 选择上传文件

表格类文件上传成功后，可在上传记录中点击"导入为数据表"（如图3-5所示），或选中文件右键打开管理菜单，点击"导入为数据表"，将文件解析为算子流可以使用的数据表，并保存在"我的数据"文件夹中，便于后续数据分析。此类文件也可直接使用"新增数据源"中的"本地上传"功能导入至数据网盘，无需解析，算子流直接可以使用。文本、图片、演示文稿等文件无法直接用于算子流计算，只能在数据网盘中存储与共享。如果上传表格的表头含有合并单元格，系统会自动拆分合并的单元格，自动命名列，并将数据进行导入。

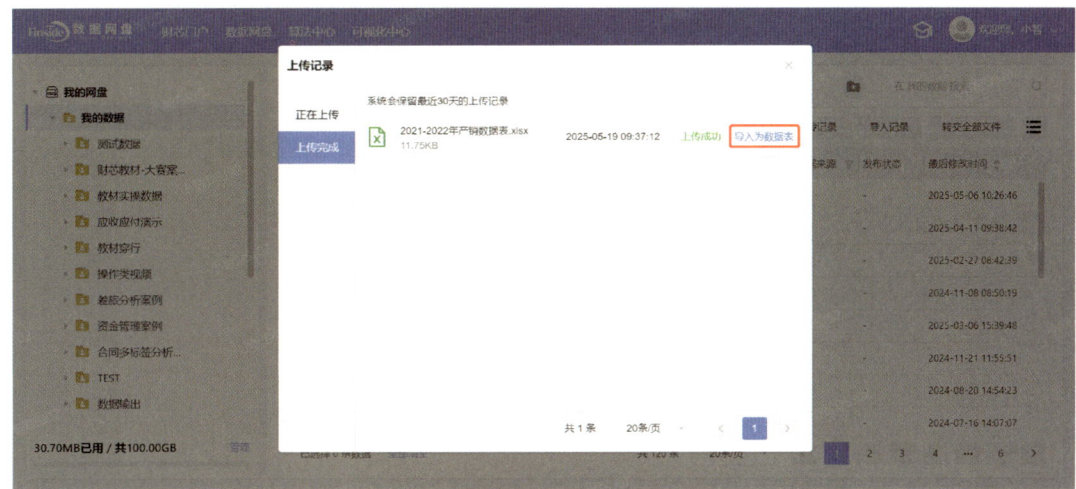

图3-5 上传记录

（2）上传文件夹

在数据量较大且数据分散在多个文件中时，可将数据集中在同一个文件夹内，使用"上传文件夹"功能进行批量上传，如图3-6所示。

图3-6 上传文件夹

（3）新增数据源

使用"新增数据源"功能，可以通过"本地上传""数据连接""文本输入"和"文件导入"四类方式采集数据。其中"本地上传"功能可导入表格类文件（例如.xlsx、.xls、.csv），一次最多可导入10个文件，文件总大小不超过20GB，导入后的数据表可直接被算子流使用。

【快速任务3-1】

使用"新增数据源"中的本地上传功能，在数据网盘中导入 Excel 文件"01—财务部员工信息表.xlsx"的前二十行数据（不包含表头）。数据表可通过扫描附录三的二维码下载。

【操作指引】

①进入数据网盘，依次点击"我的数据""新增数据源""本地上传"，如图3-7所示，上传需要导入的本地文件后，点击"下一步"；

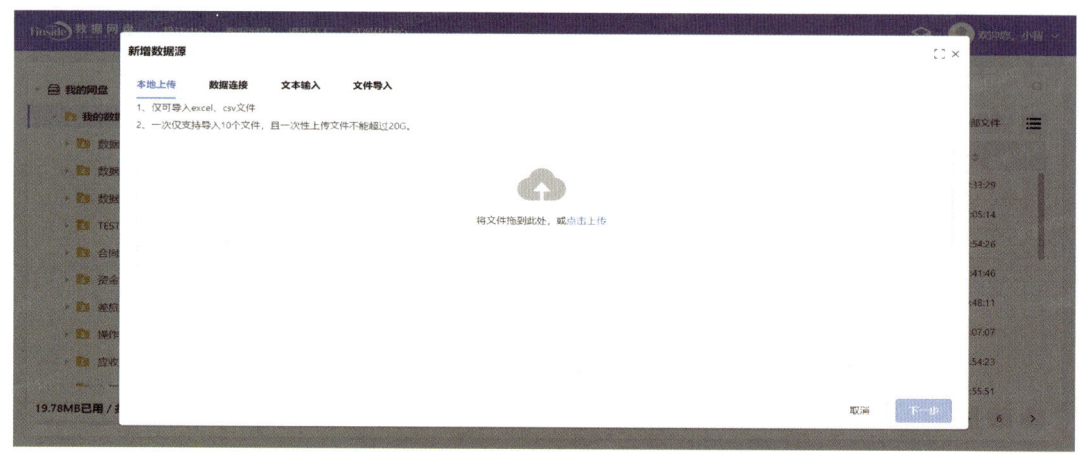

图3-7 本地上传

②在原始表名处选择需要导入的表格和sheet（系统通常会自动生成第一个表的sheet1的导入信息，无需填写），在接入表表名处修改导入表名称，根据需要导入的单元格范围填写接入范围A1—L21（不输入接入范围时，默认导入全部数据），如图3-8所示，点击"下一步"；

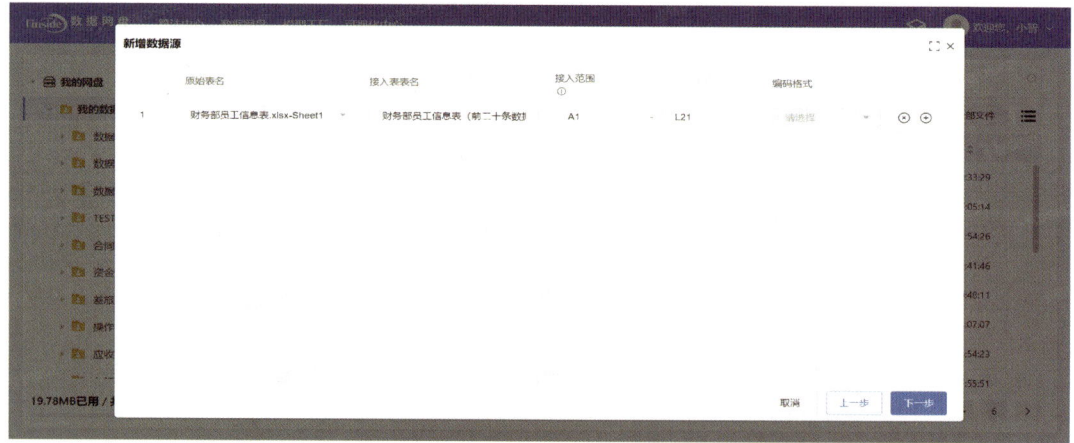

图3-8 选择表格上传范围

③选择导入字段，根据需要修改字段的目标类型（包括文本、日期时间和数值三类），如图 3-9 所示，点击"导入"，即可将数据表导入网盘中。

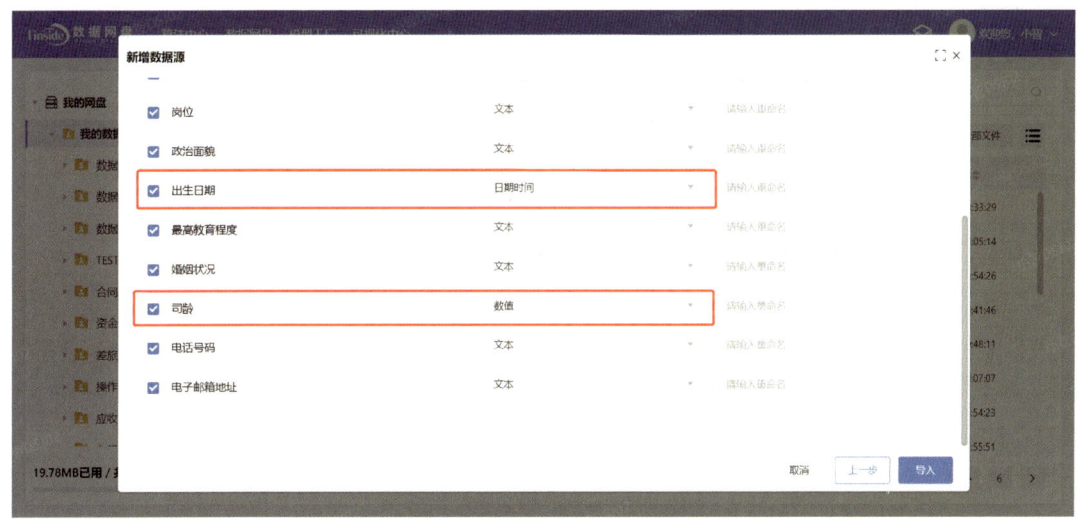

图 3-9 选择表格上传字段

【注意事项】

一次导入多个数据表时，系统会自动带出第一张表的 sheet1，想再接入其他表，可在确定接入表表名页面，点击 ⊕，新增行，此时点击新增行的原始表名，即可添加之前导入的更多表格。

3.3.2 文本输入

如有需要手动录入数据，或者数据量较少，不需要本地上传可手动录入的情况，可使用财芯平台的"文本输入"功能采集数据，表格支持输入一万行的数据量。

【快速任务 3-2】

使用"新增数据源"中的文本输入功能，录入表 3-1 中的数据。

表 3-1　　　　　　　　　　　　差旅申请信息

员工姓名	工号	差旅类型	目的地城市	出差原因
张三	112091020	内部培训	南京	内部培训支持
李四	202931034	商务合作	上海	签订合同

【操作指引】

①进入数据网盘，依次点击"我的数据""新增数据源"和"文本输入"，如图 3-10 所示；

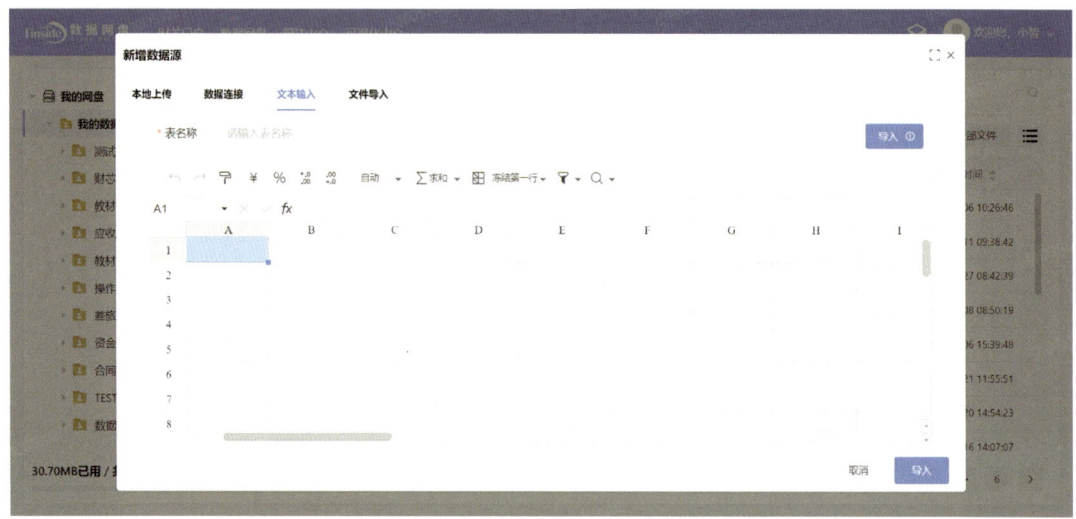

图 3-10 文本输入

②输入表名称为"员工差旅数据",在表格区域手动输入或复制数据粘贴入表格。输入完成后,点击"导入",即可输入数据。

3.3.3 数据连接

数据网盘的"数据连接"功能支持连接多种类型的数据库,包括 MySQL、Oracle、达梦、PostgreSQL、KingBase 和 MongoDB 等(如图 3-11 所示)。与数据源建立连接后,系统支持整表/视图数据获取、自定义查询条件数据获取、自定义 SQL 语句查询、增量查询等多种数据源连接方式,满足不同场景下的数据接入需求。

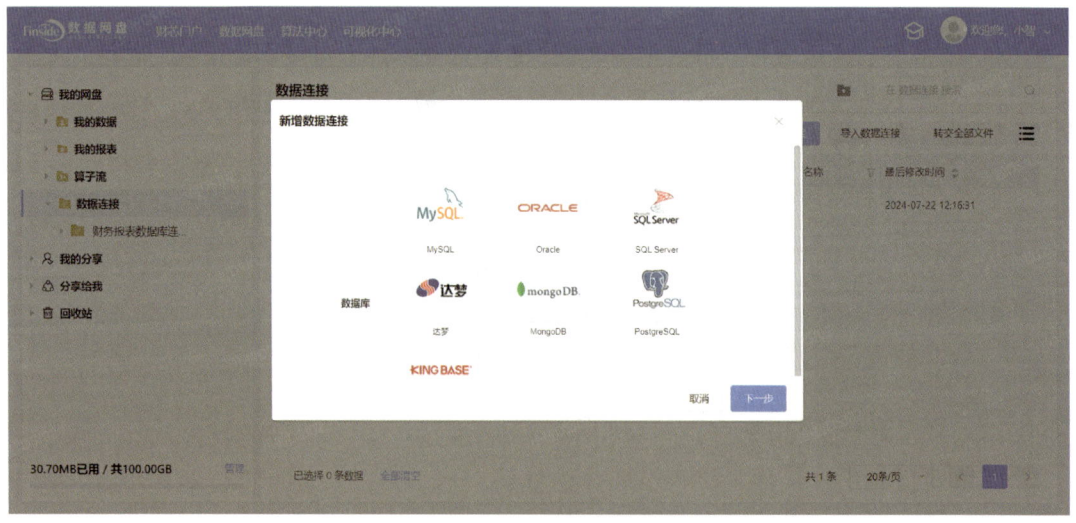

图 3-11 新增数据连接

接入数据库时，需填写的信息如表 3-2 所示。

表 3-2　　　　　　　　　　　　　数据连接信息

字段名称	说明
连接名称	在财芯平台显示的名称。
类型	MySQL、Oracle、达梦、MongoDB、PostgreSQL、KingBase。
连接地址	输入服务器地址。
数据库名称	需要连接的数据库名称。
用户名	登录数据库所需要的用户名。
密码	登录数据库所需要的与用户名对应的密码。

【快速任务 3-3】

使用"新增数据连接"功能，连接数据库，并获取其中数据表。

【操作指引】

①进入数据网盘，依次点击"数据连接""新增数据连接"；

②选择要连接的数据库类型，点击"下一步"；

③输入数据库连接信息（如图 3-12 所示），点击"测试连接"，测试成功后点击"确定"；

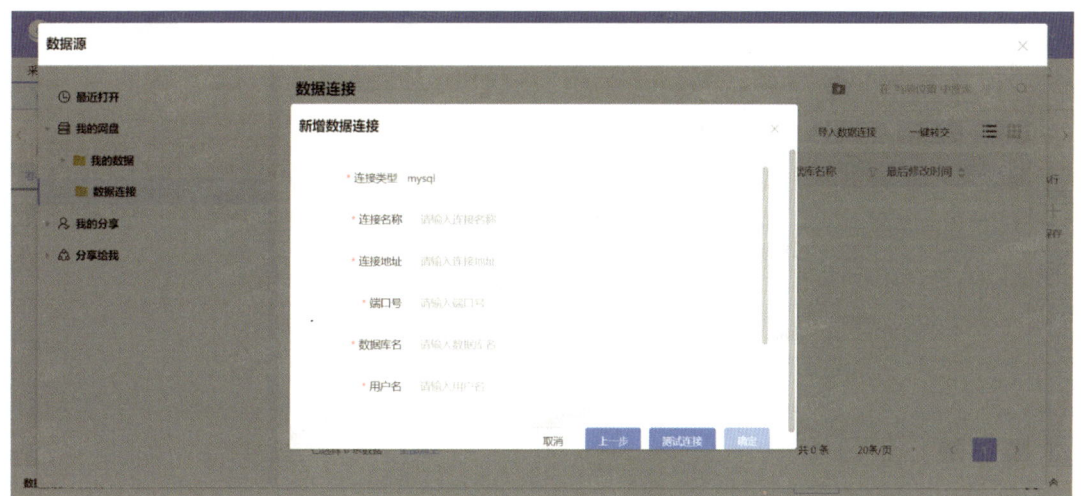

图 3-12　输入数据连接信息

④连接建立完成后，点击"新增数据源""数据连接"，选择需要连接的数据库，如图 3-13 所示，点击"下一步"；

⑤点击选择原始表，修改表格名称，勾选导入字段并对字段重命名，点击"导入"，即可从数据库向平台导入表格。若数据库为 SQL 数据库，还可以使用 SQL 语句方式从数据库导入表格。

图 3-13 选择已建立数据连接

3.3.4 数据采集类算子

数据采集类算子可汇集本地文件、数据库数据以及存储在财芯平台数据网盘和财经数据中心的数据。

3.3.4.1 数据输入算子

数据输入算子是算子流的数据入口,用户可使用该算子将数据输入算子流中,然后再连接其他算子进行后续数据处理。

数据输入算子(如图 3-14 所示)支持本地上传和从数据网盘或从财经数据中心的数据标准模块导入三种方式。每次新建算子流,画布会自动出现一个数据输入算子,用户只需点击算子,即可在左侧算子配置区选择数据输入方式。数据输入算子配置说明如表 3-3 所示。

图 3-14 数据输入算子

表 3–3　　　　　　　　　　　数据输入算子配置说明

可配置项	说明
本地上传	支持上传表格类文件，文件格式包括 .csv、.xlsx、.xls、.xlsm、.et、.ett 几类。
数据网盘	从数据网盘的不同端口接入数据表。算子支持一次选择多张表，保存配置后，系统会自动生成多个输入算子，将数据表输入算子流之中。 • 我的数据：存储在数据网盘"我的数据"文件夹中的数据表； • 数据连接：在数据网盘"数据连接"文件夹中存储的连接好的外部数据库，选择连接，可直接从数据库中接入数据； • 分享给我：存储在数据网盘"分享给我"文件夹中的数据表。
财经数据中心 数据标准模块	从财经数据中心的数据标准模块接入数据表。

【快速任务 3–4】

将 Excel 文件"01—财务部员工信息表.xlsx"上传至数据网盘，新建算子流并使用数据输入算子从数据网盘获取该文件全部字段。数据表可通过扫描附录三的二维码下载。

【操作指引】

①进入数据网盘，依次点击"我的数据""新增数据源""本地上传"，选择需要导入的本地文件后，点击"下一步"；

②在原始表名处选择需要导入的表格和详细工作簿，不修改表名称，无需输入接入范围，点击"下一步"；

③选择导入字段，不修改字段的目标类型和名称，点击"导入"，即可将数据表导入数据网盘；

④进入算法中心，如图 3–15 所示，点击"新建"，进入算子流配置页面；

图 3–15　新建算子流

⑤点击画布上自动添加的"数据输入"算子，在左侧算子配置区依次点击"数据网盘""我的数据"，找到上传的"01—财务部员工信息表.xlsx"，如图 3-16 所示；

图 3-16　选择数据表

⑥勾选数据处理中需要的字段名称，"目标类型"可以选择字段类型，"重命名"下方文本框可对字段重新命名，如图 3-17 所示。还可设置过滤条件，筛选输入数据，完成后点击"保存配置"。

图 3-17　选择输入表的字段

【视频教程】请扫描附录一中的二维码，观看本节学习视频。

3.3.4.2 文本输入算子

文本输入算子（如图 3-18 所示）与数据网盘中的文本输入功能相似，支持用户采用手工输入、复制粘贴或导入的形式输入表格，最多可输入一万行数据。两者不同之处在于，文本输入算子可直接将数据输入算子流中，使用方式更加灵活；数据网盘的文本输入功能会将数据表存储在"我的数据"文件夹中，需要使用数据输入算子才能将数据输入算子流。文本输入算子配置说明如表 3-4 所示。

图 3-18　文本输入算子

表 3-4　　　　　　　　　　　文本输入算子配置说明

可配置项	说明
表名称	对输入或导入的数据表进行命名。
导入	导入本地表格文件，导入时可以选择接入的工作表及数据范围。
同时保存至我的数据	勾选，会将数据表保存至数据网盘中"我的数据"文件夹内，不勾选，则仅在当前算子流中使用。

【快速任务 3-5】

请通过文本输入算子将 Excel 文件"01—财务部员工信息表.xlsx"输入算子流，并将表中员工俞柯的政治面貌修改为中共党员。数据表可通过扫描附录三的二维码下载。

【操作指引】

①进入算法中心，点击"新建"，进入算子流配置页面；

②删除画布自动带出的"数据输入"算子，从算子选择区将"文本输入"算子拖拽至画布上，如图 3-19 所示；

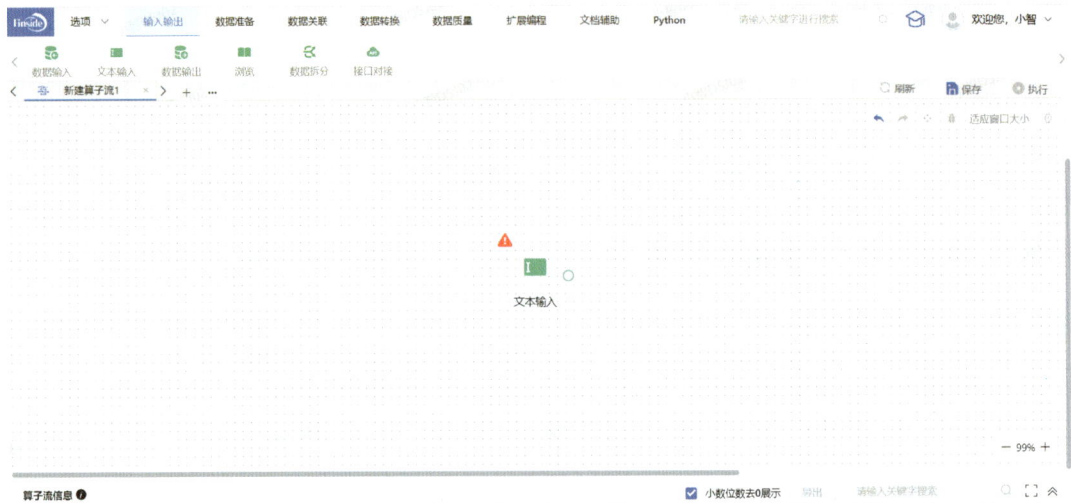

图 3-19　添加文本输入算子

③点击"文本输入"算子,在左侧算子配置区点击"导入",上传 Excel 文件"01—财务部员工信息表.xlsx",不需输入接入范围;

④在"表名称"输入框中输入"财务部员工信息表";

⑤依次点击"更多"、放大镜图标和"查找",使用查找功能在下方数据中找到员工"俞柯"对应的数据行,如图 3-20 所示,将其政治面貌修改为"中共党员",修改完成后,点击"保存配置";

图 3-20　查找所需信息

⑥保存配置,数据预览区自动预览表格数据,点击画布区右上角"保存",即可保存当前算子流,也可点击"执行",查看运行结果。

3.3.4.3 接口对接算子

接口对接算子（如图3-21所示）可通过API连接外部系统实现数据调用、数据写入或数据输出。使用接口对接算子新建数据连接时，必须配置"基础配置"部分，其余配置根据接口文档要求判断。需注意，通过调用接口获取的返回数据系统不会自动解析，用户可通过报文解析算子将其转换为表格数据。接口对接算子配置说明如表3-5所示。

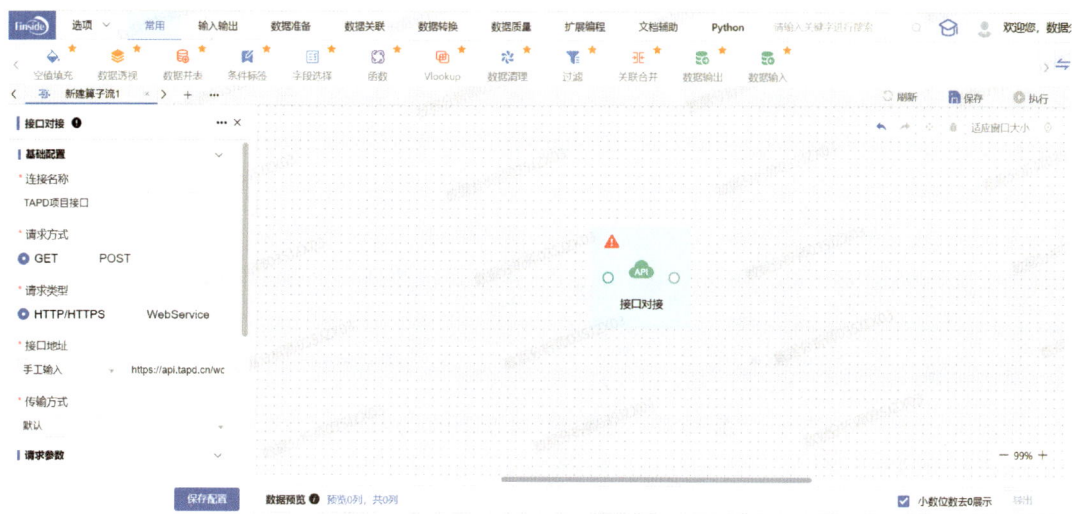

图3-21 接口对接算子

表3-5 接口对接算子配置说明

可配置项	说明
连接名称	输入API名称。
请求方式	支持GET和POST两种方式。
请求类型	选择请求类型，不同的请求类型配置不同的内容，支持HTTP/HTTPS和Webservice两种类型。
接口地址	输入接口地址，支持"手工输入"和"前序算子"两种输入方式。
传输方式	选择数据传输方式。
请求参数	参数可配置Body传参、Header传参、URL传参三种。
分页配置	配置数据分页方式，支持选择"按总数分页（页码）""按总数分页（起始数）""按标识分页（页码）""按标识分页（续传号）"四种方式。
分批配置	配置数据分配模式，支持选择"按数量分批"和"按字段分批"两种模式。

【操作指引】

①进入算法中心，点击"新建"，进入算子流配置页面；

②点击画布自动带出的"数据输入"算子，打开配置页面，将接口连通所需要的API key或者Token通过本地上传或者从数据网盘导入等方式输入到算子流之中；

③将"接口对接"算子拖拽至画布区，与"数据输入"算子连接，点击"接口对接"

算子，在左侧算子配置区进行算子配置；

④配置完成后，保存并执行算子流，即可通过 API 获取对应数据，如图 3-22 所示。

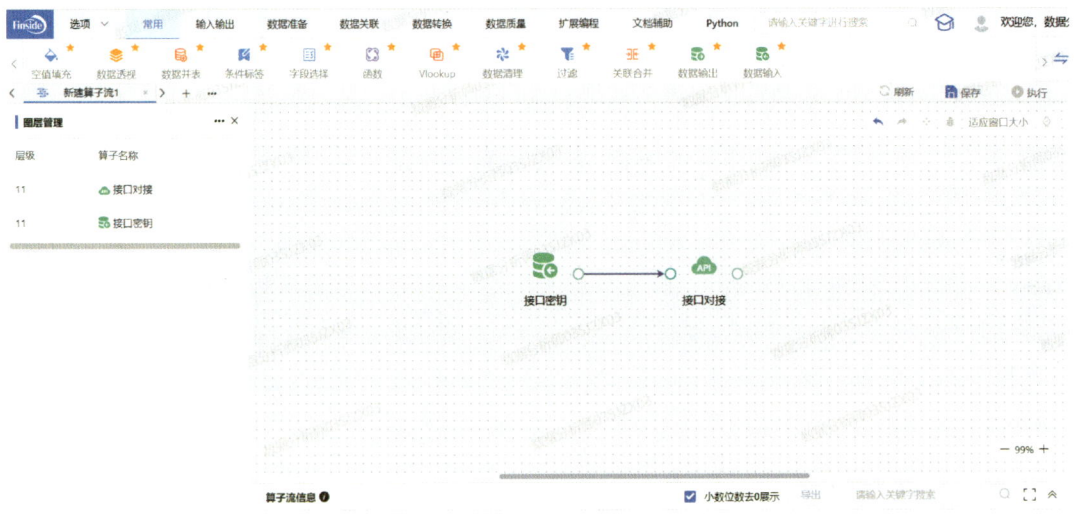

图 3-22 使用接口对接算子获取数据

✦ 本章小结

本章聚焦数据价值链的数据采集环节，依次对数据源分类、数据采集特点及基于财芯平台的数据采集方式进行了详尽介绍。开展数据分析工作时，企业需要梳理可用的数据源。数据源有多种分类方式，例如按照内外部进行划分或按照物理世界和数字世界进行划分。针对不同的数据源，企业需要采用不同的采集方式。数智化时代的数据采集具备三类特点，即无感采集、全量感知和实时汇聚，进一步提升了对企业数据采集的要求。本章基于财芯平台详细介绍了本地上传、文本输入、数据连接、数据采集类算子四类数据采集方式，并辅以实操练习，帮助读者掌握采集工具的功能和使用方法，从而更快、更好地完成数据采集工作。

📁 章节练习

一、单选题

1. 下列选项中，不属于企业内部数据源的是（　　）。

A. 供应商司法涉诉信息　　　　　B. 项目预算执行进度

C. 原材料库存数量　　　　　　　D. 部门差旅费用

2. 划分企业内外部数据源的依据是（　　）。

A. 企业组织架构　　　　　　　B. 企业信息体系

C. 企业组织文化　　　　　　　D. 企业投资范围

3. 若使用财芯平台数据网盘的"数据连接"功能建立数据连接，可以采集的数据源为（　　）。

A. 公开网页　　　　　　　　　B. 纸质档案

C. 数据库　　　　　　　　　　D. 本地文件

二、多选题

1. 数据网盘中，分析人员可以用来采集本地存储数据的采集方式包括（　　）。

A. 本地上传　　　　　　　　　B. 文本输入

C. 数据连接　　　　　　　　　D. 报文解析

2. 下列各项中，属于财芯平台数据网盘中"新增数据源"数据采集方式的有（　　）。

A. 本地上传　　　　　　　　　B. 数据连接

C. 文本输入　　　　　　　　　D. API 连接

3. 以下各类算子中，属于数据采集类算子的有（　　）。

A. 文本截取算子　　　　　　　B. 文本输入算子

C. 数据输入算子　　　　　　　D. 日期提取算子

4. 财芯平台可以被数据输入算子采集数据的模块包括（　　）。

A. 数据网盘　　　　　　　　　B. 大屏

C. 算法中心　　　　　　　　　D. 财经数据中心的数据标准模块

三、实训题

使用 Excel 文件"19—超市销售数据.xlsx"，基于财芯平台完成以下实操练习（数据表可通过扫描附录三的二维码下载）。

（1）通过数据网盘中的"上传文件"功能，将 Excel 文件上传至数据网盘；

（2）将其解析为算子流可以引用的数据表；

（3）新建算子流，使用数据输入算子，将解析后的数据表输入算子流。

第 4 章 数据清洗

学习目标

目标1：了解常见数据质量问题和相应清洗方式

目标2：熟练掌握财芯平台数据质量校验类算子功能与使用

目标3：熟练掌握财芯平台数据清洗类算子功能与使用

学习重点

- 数据缺失清洗
- 格式问题清洗
- 逻辑问题清洗
- 异常数据清洗
- 不一致数据清洗
- 冗余数据清洗

- 空值检查算子
- 逻辑检查算子
- 重复唯一值检查算子
- 格式检查算子
- 值域检查算子
- 波动率检查算子
- 数据质量容器算子

- 字段选择算子
- 数据清理算子
- 排序算子
- 空值填充算子
- 过滤算子
- 添加列算子
- 删除重复项算子
- 查找替换算子
- 日期格式转换算子

4.1 数据质量问题

在数据价值链中，数据清洗占据了分析流程大部分的时间和工作量。怎样快速识别数据中存在的质量问题，并有针对性地完成数据清洗，对提升数据分析效率和准确性有着重要影响。

常见的数据质量问题可以大致分为以下六类，如图 4-1 所示，包括数据缺失、格式错误、逻辑错误、数据异常、数据不一致和数据冗余等问题。本节将逐一介绍各类数据质量问题的表现和成因。

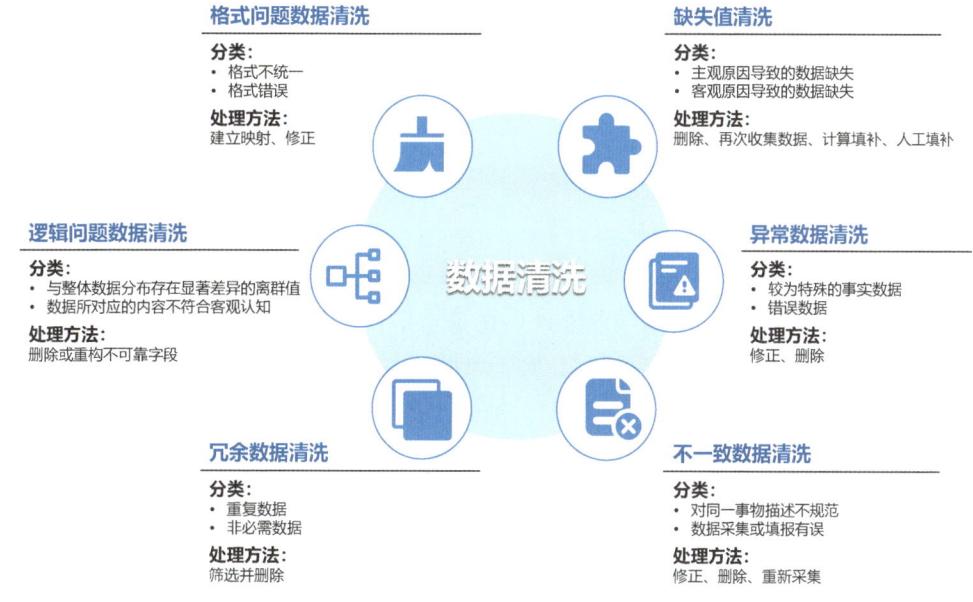

图 4-1 数据质量问题

（1）数据缺失问题

缺失数据又称为"空值"，通常在数据库或数据集中，若某个或者某些属性为不完全的、空白的，就可以视为空值，例如"-""0""无""None""Null"或"Not Applicable（NA）"等值。数据缺失问题由主观或客观原因造成，在分析中较为常见。

主观原因包括数据收集人员的主观失误，数据暂时无法获取或获取的成本较大，以及数据提供方有意隐瞒等。例如，某机构在进行制造业产能调研时，对中国制造企业进行问卷调查，而有些被调研对象出于隐私保护在填写问卷时未填写企业名称，导致问卷调查数据中名称变量的部分数据缺失。

客观原因包括数据采集设备故障、存储器损坏、数据传输故障以及属性值不存在等。例如，出于安全保障和运营监管的需求，多数企业在公共办公区域都设有监控，突然的电路故障或存储硬盘损坏会导致监控数据的缺失。再如，随着企业规模的扩张，产品线的丰富以及需求的升级，企业会对现有的信息系统进行更新迭代，以适应新的业务发展，而这往往会在现有信息系统中增加新的变量，历史数据如果没有按照新增加变量后的模板进行更新维护，就可能出现数据缺失的问题。

（2）格式错误问题

格式错误问题通常产生于数据录入阶段，可主要分为以下两类：

一是数据格式不统一，包括录入数据形式不统一、数据计量单位不统一、数据计量单

位的格式不统一等,一般不会影响计算机的后续处理,但会影响数据之间的可比性,增加数据清洗的工作量。例如,收集调查问卷时,不同的填卷人填写的日期格式存在差异,有的人填写的是"2024.12.30",有的人则填写的是"2024年12月30日",导致最终收集上来的问卷数据填报日期的格式不一致,出现格式问题。

二是数据格式错误,指数据的格式不符合计算机能够识别和处理的要求,包括数据开头、中间或结尾存在空格、姓名中存在数字符号、身份证号中存在汉字等问题。

（3）逻辑错误问题

逻辑问题是指数据中存在与整体数据不符或有违客观认知的数据,主要分为以下两类:

一是数据中包含与整体数据分布存在显著差异的离群值。例如,企业产品单价表中产品的价格都在2000元以内,但前端业务人员在录入销售数据的时候多敲了一位"0",录为20000元,明显不符合企业经营情况,属于典型的逻辑问题。

二是数据所对应内容不符合客观认知。例如,身份证号中出现了11位手机号,体重中出现了身高数据,客户性别栏中显示客户名称等。

（4）异常数据问题

异常数据又称孤立点或离群点（Outlier）,指与其他样本观测值有着显著差异的值。但这并不意味着异常数据就是错误数据,因为异常数据有可能反映的是较为特殊的事实数据。例如,A公司2025年财务报表公布的利润较2024年增长100%,超过正常增长率,从表面上看属于异常数据。通过深入调查发现,A公司在2025年进行了产业并购,业务形态大幅调整,同时相关产业政策利好,因此A公司实现了利润大幅度的增长。2025年的利润数据属于业务事实,而不是错误数据。

异常数据也可能预示数据存在一定的问题,分析人员在处理数据时需要保持警惕,进行严谨的调查分析。例如,L公司2025年1月初确认了一笔1000万元的收入,该笔收入占其平均年销售额5000万元比例较大,属于异常数据。通过深入调查,分析人员发现L公司作为集团下属子公司,出于每年业绩压力的考量,该公司在完成2024年业绩指标的情况下隐瞒了这笔应属于2024年的业绩收入,并将其延迟计入了2025年。这种情况下,该数据既是异常数据也是错误数据,因此在实际分析时,应将该笔收入从2025年收入中剔除,以免影响分析结果的准确性。

（5）数据不一致问题

数据不一致问题是指在同一条数据存在多条记录的情况下,记录间存在差异。导致该问题产生的原因通常有以下两点:

一是对同一事物的描述和记录不规范。当人们对于同一事物的描述和记录不规范时,往往会导致同一指标在不同地方有多个名称,或同一状态有多种相似描述,需要进行手工清洗。例如,某房地产企业在进行经营分析时,各子公司递交上来的数据中对"销售收入"存在多种名称,包括结转收入、结算收入、销售收入等。分析人员需要手动清洗,将其整合为销售收入数据,或者在这些指标之间建立相互映射关系,以进行后续分析。又如,业务人员在记录机器超载运转导致故障的原因时会使用"超载作业""超负荷运作""负载过量"等表述方式,这种非标准的描述方式为后续计算机的自动统计和分析带来了较大的限制和困难。一般情况下,计算机无法自动将这些数据识别归类,需要进行数据清洗,依靠人工识别和修正,比如将其统一为"负载过量"。

二是数据采集或填报不一致。在采集数据时,往往会因为同一个数据维度有多渠道或者多人填报,而产生不一致数据。例如,在实际调研过程中,由于了解情况不统一等因素的影响,同一家企业的不同员工填写的问卷中,对于同一问题的答案也不尽相同,比如针对"该企业 X 项目在哪一年启动"的问题,员工甲选择了 2001 年,员工乙选择了 2003 年。此时需要根据实际情况选择重新填报或者删除该条数据。

(6) 冗余数据问题

冗余数据是指数据中存在重复的数据或者与所分析问题无关的数据,通常可以采用过滤并删除的方法来清洗。例如,某企业采用调查问卷的形式调查客户对产品的满意度和优化建议,收回问卷后,发现存在同一客户多次重复提交的问卷,以及客户随意填写导致答案和问题不匹配的问卷,此类问卷数据就是冗余数据。分析人员在开始正式分析数据前,需要将这些冗余数据进行剔除,以免影响结果的准确性。

4.2 数据清洗方式

数据清洗的重点在于设定数据排查规则,发现异常与错误,从而采取相应的清洗措施。分析人员需要根据原始数据中存在的数据质量问题,采取针对性的清洗措施,以去除或修正数据中的错误。

4.2.1 数据缺失清洗

面对缺失数据这类常见的数据问题,分析人员首先应逐项确定缺失比例,然后按照缺失率和变量重要性制定对应策略,主要有删除、填补、标记三类应对方法(如图 4-2 所示)。

(1) 缺失数据删除

数据集中每一列代表一个特定变量,每一行对应某一成员的数据。如果某列数据的缺失率较低且缺失发生完全随机,由于损失少量、随机样本不影响最终结果,分析人员可以直接删除该缺失数据所在的那行数据。同理,如果某列的缺失率较高且重要性不高,也可以直接删除该列数据。

(2) 缺失数据填补

缺失数据填补的方式主要包括再次采集数据、计算填补、人工填补三类。

再次采集数据是指通过改进采集方法或扩展采集渠道,进行数据的再次采集来完成缺失数据填补的工作。对于重要性和缺失率都比较高的数据，分析人员在权衡准确性和成本后，可以酌情考虑采用再次采集数据的方法。

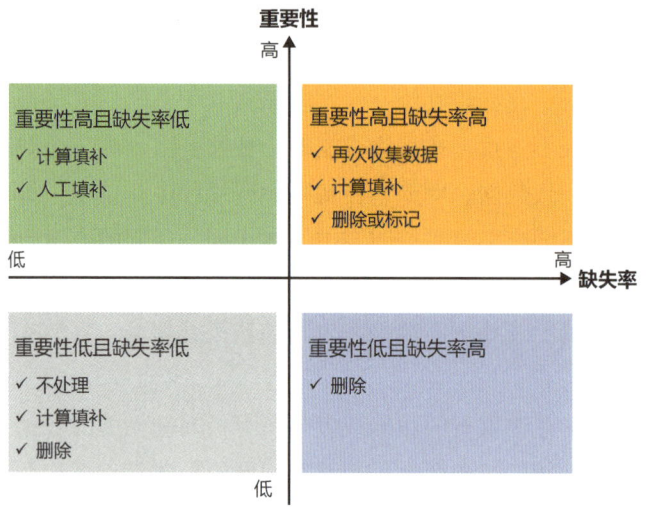

图 4-2 缺失数据清洗策略

计算填补是指利用数学、统计学的方法来完成缺失数据填补的工作，分析人员可以通过回归填补法、极大似然估计法、k 最近邻法等填补缺失数据，也可以使用该列数据的均值、中位数、众数或者"零"等填补缺失数据。此外，分析人员也可以通过该行中的其他数据计算填补缺失数据，例如，通过身份证号码计算出年龄或提取出生年月数据，通过入职年份计算出工龄等。计算填补的方法适用范围广且匹配度高，既适用于重要性高的缺失数据填补，也适用于重要性低且缺失率低的缺失数据填补。

人工填补是指由相关人员根据业务相关的实践经验和理论知识来完成缺失数据填补的工作。在特定的业务场景下，最了解数据本身的可能就是数据使用者自己，因此对于重要性较高而缺失率较低的数据，可以由具备业务知识和经验的人员进行人工填补。但是由于该方法耗时耗力，对于规模大、缺失率高的数据来说不适用。

（3）缺失数据标记

面对缺失数据，并不是所有缺失都适合采用填补的方式解决，有时对缺失数据的填补也会导致有效信息的丢失。这是因为有些数据缺失并不是因人工填报错误而产生的缺漏，而是缺失本身就包含着某种特定的信息。例如，某通信企业需要统计亚太区域 5G 基站销售额，其中总销售额、2G、3G、4G 的销售额已知，相减得到 5G 基站销售额，计算发现 2018 年以前的 5G 基站销售额缺失，通过分析发现 5G 基站 2018 年才开始商用，因此 2018 年以前 5G 基站销售额数据的缺失侧面反映了 5G 的商用时间。在这种情况下，分析人员可以对这些数据变量进行标记，在后续的数据分析过程中，利用统计学方法或数据算法识别出其中的规律，并对这种规律加以分析和运用。

4.2.2 格式问题清洗

格式问题包括数据格式不统一和格式错误两类，分析人员需要针对不同的格式问题，采用不同的清洗方式。

（1）格式不统一数据清洗

对于格式不统一的问题，分析人员通常可以通过建立数据映射关系或手工调整的方式完成清洗。例如，将"北京"和"北 京"之间建立映射关系或者通过去除空格调整为"北京"；将不同格式的时间、日期确定为统一格式或建立映射关系；将以全角字符显示的英文字母或数字修正为半角字符；将大小写混合的数据按照要求统一格式为全大写、全小写或首字母大写；将重量的单位统一为"千克"，统一用"kg"表示等。

（2）格式错误数据清洗

格式问题通常较为复杂，需要人工来手动调整。例如，房地产企业会对建造的房屋按照面积分摊成本，会计在记账时需要调用业务系统中的各个房间的面积数据，而业务系统中的面积数据是由前端业务人员手工录入，录入时往往会有业务人员不注意格式，使用文本格式来描述面积，但系统无法直接将文本格式转换为数字格式进行加减运算，因此需要通过人工修改格式。

格式问题数据大多出现在对多个来源的数据进行整合分析时，发现格式问题后，分析人员虽然可以采用人为建立映射关系或手工调整的方式解决问题，但该问题的源头在于数据录入，企业如果想要节省数据清洗环节的人力、时间，则需要在录入数据之前规范格式要求，形成统一的数据标准。

4.2.3 逻辑问题清洗

逻辑问题数据通常是由于人工填写错误，或者前端录入数据未校验等原因造成的，需要借助人工或模型自动校验的方式进行排查和调整，并依靠数据行与列之间的相互验证关系来去除或重构不可靠数据，不能通过简单删除数据来解决。例如，分析人员在做资金账户分析时，发现有状态正常的账户填写了销户时间，出现了数据逻辑问题，分析人员通过查看该账户是否存在可用余额，以及近期是否存在账户支出和收入情况，判断该账户其实并未注销，还在正常使用，从而对数据进行订正。

4.2.4 异常数据清洗

在企业经营分析中，分析人员往往根据经验来识别直观的异常数据，如果想要准确识别潜在的异常数据，还需要应用科学的检测方法。常见的检测方法包括标准差法、箱线图法、聚类分析法等。

标准差法是指在统计学中，如果一组数据分布近似正态分布，那么约68.26%的数据值分布在平均值的前后一倍标准差范围内，约95.44%的数据值分布在平均值的前后两倍标准差范围内，约 99.74% 的数据值分布在前后三倍标准差范围内。通常情况下，出现在三倍标准差之外的数据属于异常数据。图 4-3 展示了标准差法检测出的异常数据。

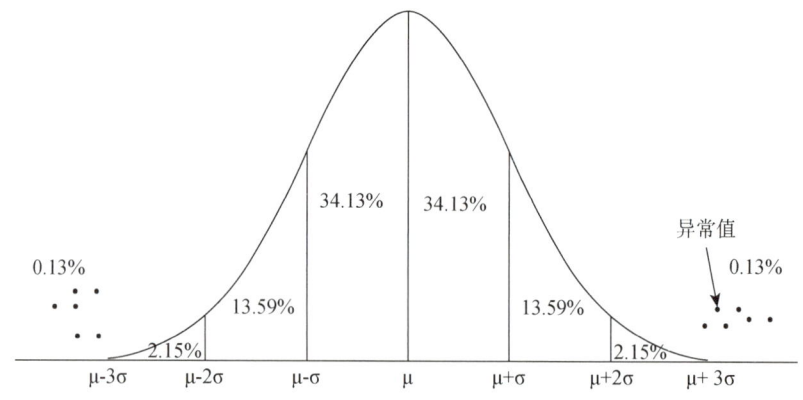

图 4-3　标准差法检测异常数据

箱线图法是指通过中点、Q1、Q3、分部状态的高位和低位 5 个点来检测异常值，中点为中位数，Q1 为下四分位数，Q3 为上四分位数，其中四分位距 IQR = Q3 - Q1，分部状态的高位 = Q3 + 1.5IQR，分部状态的低位 = Q1 - 1.5IQR。通常情况下，高于分部高位或低于分部低位的数据属于异常数据。图 4-4 展示了箱线图法检测出的异常数据。

聚类分析法是根据数据之间相似的特点将数据集分组为若干个簇，而簇外的孤立点数据就属于异常数据。图 4-5 展示了聚类分析法检测出的异常数据。

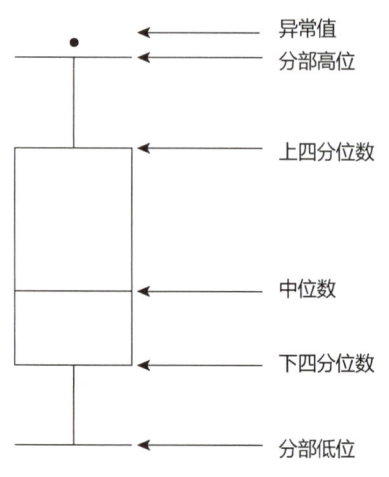

图 4-4　箱线图法检测异常数据

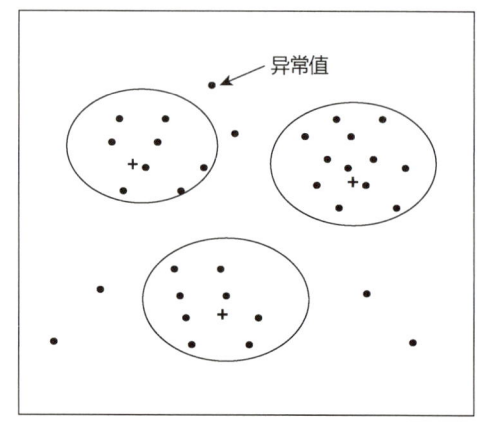

图 4-5　聚类分析法检测异常数据

检测出异常数据后，分析人员需要视具体情况决定是否对其进行处理。例如，某些数据分析模型对于极端异常数据非常敏感，异常数据会显著影响模型结果，在这种情况下，为了模型的稳健性，分析人员在建模前通常会对样本中的异常数据进行修正或删除。如果异常数据本身反映出某些信息，或异常数据的存在对分析影响并不大，分析人员也能选择不对异常数据进行处理。

4.2.5 不一致数据清洗

不一致数据成因包含对于同一事物的描述和记录不规范与数据采集或填报不一致两类，分析人员需要对数据进行人工识别和修正来完成清洗。针对描述和记录不规范问题，分析人员需要建立起不规范数据和规范数据之间的映射关系，将其全部清洗为规范数据；针对填报不一致问题，分析人员需要判别不一致的原因，查证出正确数据，再统一修正错误数据。

不一致数据问题在数据清洗中较为常见，企业如果想要从根本上解决问题，减少数据清洗的工作量，需要更加关注数据治理的重要性，系统性地对元数据、主数据、数据标准、数据质量等进行维护，梳理数据之间的关系，建立核心数据的复用、同步和共享机制。

4.2.6 冗余数据清洗

冗余数据包括重复数据和非必需数据两类，分析人员需要针对不同的格式问题，采用不同的清洗方式。

（1）重复数据清洗

在企业运营过程中，数据重复录入等原因所导致的数据重复问题较为常见。数据录入一般分为两种情况：唯一性数据录入和非唯一性数据录入。对于前者，系统可通过内嵌唯一性规则，不允许填报人重复提交相同数据，比如报账系统会根据单据生成唯一编号，同一时间段每人只能购买一次火车票或飞机票等；对于后者，由于存在多次创建提交的使用场景，系统不便于设置唯一性规则，因此较容易出现重复数据，例如员工因为网络原因，同一时间段内误提交了两笔出行人相同、行程相同、报销内容相同的差旅报销单据等。对于此类重复数据，分析人员需要通过筛选相似数据，从每类重复样本中抽取一条记录保存，并删除其他重复样本，从而保证数据的唯一性和精确性。

（2）非必需数据清洗

非必需数据是指所采集的数据集中与所分析问题无关的样本数据，或是错误、不真实、不完整的样本数据，分析人员需要从中甄别有价值的数据和信息，与分析无关的数据通常可以直接删除。例如，分析产品的亚洲区域销售情况时，分析人员就可以从数据集中剔除欧洲区域销售情况的数据；再如，从集团层面分析各大银行可动用的授信额度时，可删除属于支行的非必需数据，如联系电话、地址等。

部分数据看似与所分析问题相关，但由于错误、不真实、不完整等原因导致数据本身存在问题，保留下来反而会影响后续数据分析的结果。例如缺失关键信息的问卷数据、非真实的交易数据，等等，它们是数据集中的"杂质"或"噪声"。

在针对非必需数据的处理方法上，可以通过设置筛选条件对数据进行筛选，例如，从各品牌产品数据中筛选出与分析相关的品牌。对于明确为非必需的数据列，可以直接从数据集中删除，而对于尚不明确是否需要的数据列可暂时保留，或咨询相关专家判断是否要保留。

4.3 基于财芯平台的数据质量校验

在前两节的学习中,我们了解了典型的数据质量问题。本节将以财芯平台为基础,介绍可以用于数据质量校验的各类算子功能及其使用方法。

4.3.1 空值检查

空值检查算子(如图4-6所示)可以针对全表或指定字段进行空值识别,并明确标注空值位置和数量,可有效校验数据缺失问题,判断数据缺失的比例和分布情况。空值检查算子配置说明如表4-1所示。

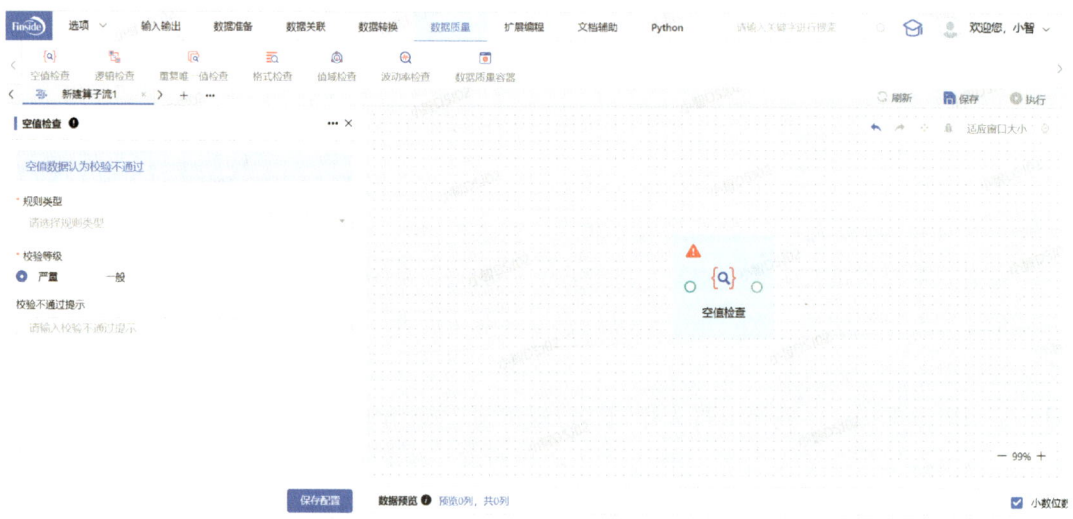

图4-6 空值检查算子

表4-1 空值检查算子配置说明

可配置项	说明
规则类型	选择校验的规则类型,支持选择"全表校验"和"选择字段校验"两种规则。 • 全表校验:对数据表全部字段进行校验,即对全部数据进行校验; • 选择字段校验:对数据表中用户选择的字段进行校验,只校验该字段下的值,可理解为表格中列的概念。当选择此种规则校验时,系统会自动带出字段"校验字段",以供用户选择。
校验字段	选择需要校验的字段,支持同时选择多个字段。
校验等级	设置该算子识别出的质量问题的严重等级,支持设置"严重"和"一般"两类等级,后续可在数据预览区和质量报告(需配置数据质量容器算子)中查看。
校验不通过提示	设置质量问题提示语,该提示语设置后可在数据预览区查看。

【快速任务 4-1】

请使用空值检查算子对 Excel 文件"02—培训考试分数.xlsx"进行质量校验，检查是否存在学生考试分数缺失的问题。数据表可通过扫描附录三的二维码下载。

【操作指引】

①进入算法中心，点击"新建"，进入算子流配置页面；

②点击画布自动带出的"数据输入"算子，打开配置页面，选择本地上传文件或从数据网盘引用数据，输入 Excel 文件"02—培训考试分数.xlsx"；

③从算子选择区将"空值检查"算子拖拽至画布区，与"数据输入"算子连接；

④点击"空值检查"算子，在左侧算子配置区规则类型处选择"选择字段校验"，校验字段选择"主观题分数（满分50）""客观题分数（满分30）""课堂表现得分（满分20）"和"最终成绩（满分100）"四个字段，校验等级选择"严重"，校验不通过提示输入"存在数据缺失!"，点击"保存配置"，如图 4-7 所示；

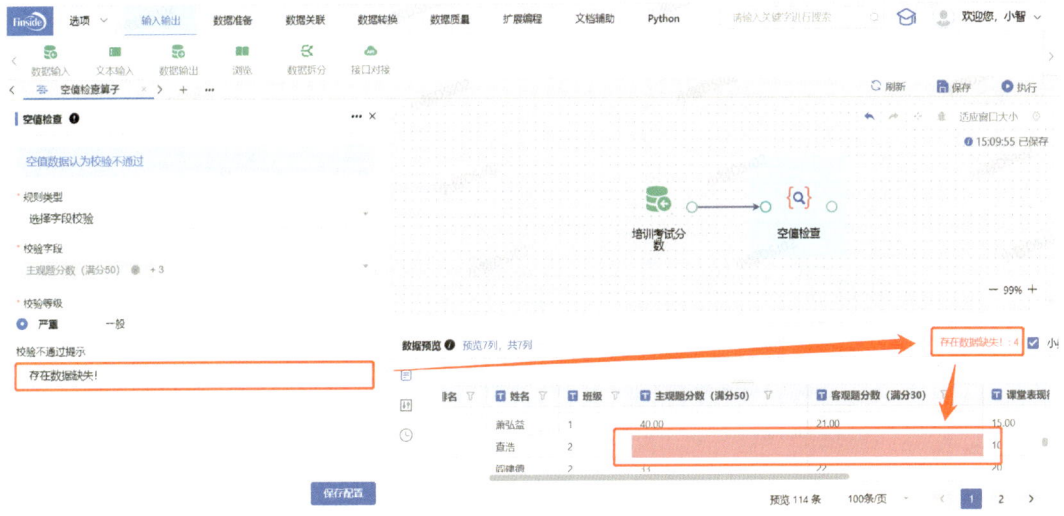

图 4-7　空值检查算子配置页面

⑤保存并执行算子流，在数据预览区查看算子流运算结果和质量检查结果。

【视频教程】请扫描附录一中的二维码，观看本节学习视频。

4.3.2　逻辑检查

逻辑检查算子（如图 4-8 所示）可以对指定字段进行逻辑校验，譬如校验 A 字段的值是否小于 B 字段的值，并标识出不符合校验条件的数据位置和数量，有效识别数据的逻辑问题。逻辑检查算子配置说明如表 4-2 所示。

图 4-8 逻辑检查算子

表 4-2   逻辑检查算子配置说明

可配置项	说明
校验字段	选择需要校验的字段,支持同时选择多个字段。
校验条件	选择字段校验方式,支持选择"字段间简单逻辑校验"和"条件校验"两种校验方式。 • 字段间简单逻辑校验:该方式支持输入逻辑表达式,对数值或日期格式的字段进行简单逻辑校验,如总价=单价×数量、A=B 等,不符合逻辑表达式的数据会被标识为逻辑校验未通过。支持新增多个逻辑表达式,各表达式之间是"且"的关系。 • 条件校验:选择该校验方式,可配置校验规则,对数据进行筛选,符合校验规则的数据会被标识为逻辑校验未通过。可配置多个校验条件,支持在校验条件间设置"且""或"两种关系:点击"+",增加"且"关系的校验条件;点击"+或",增加"或"关系的校验条件。
逻辑表达式	选择校验条件为"字段间简单逻辑校验"时自动带出该字段。输入逻辑表达式时,可使用 +、-、×、÷校验数值型字段逻辑,使用 >、<、≥、≤、= 校验数值型和日期型字段逻辑。
配置参数	选择校验条件为"条件校验"时自动带出该字段。配置校验条件的字段说明如下: • 字段:选择校验字段; • 数据类型:选择与校验字段对比的值,支持选择三种类型的数值,包括"字段""字典表"和"自定义":①"字段"可用于设置对比字段,检查校验字段和对比字段之间等于或不等于的关系;②"字典表"可引用数据网盘的数据表,检查校验字段与所选字典表的字段之间等于或不等于的关系;③"自定义"可设置自定义数值,校验字段与自定义值之间的多种关系; • 字典表:当对比数据的数据类型为"字典表"时,可点击该按钮引用数据网盘的表,作为对比使用的字典表,点击"+新增"可引用多张字典表; • 字段类型:当校验字段为文本类型的字段,且对比数据的数据类型选择"自定义"时,可在此处设置校验字段的字段类型,同时影响自定义值的类型;

续表

可配置项	说明
配置参数	• 条件：选择对比条件，如"等于""不等于"等，所选择对比数据的数据类型不同，可选择的条件也不同； • 表名：根据选择的字典表自动带出； • 值：根据对比数据的数据类型，选择字段、字典表的字段或输入自定义值。当数据类型是"自定义"时，既可手动输入对比数据，也可引用参数作为对比数据。
校验等级	设置该算子识别出的质量问题的严重等级，支持设置"严重"和"一般"两类等级，后续可在数据预览区和质量报告（需配置数据质量容器算子）中查看。
校验不通过提示	设置质量问题提示语，该提示语设置后可在数据预览区查看。

【快速任务4-2】

请使用逻辑检查算子对Excel文件"02—培训考试分数.xlsx"进行质量校验，使用"字段间简单逻辑检验"校验总分是否为各部分分数之和，使用"条件校验"校验是否存在不及格的分数。数据表可通过扫描附录三的二维码下载。

【操作指引】

①进入算法中心，点击"新建"，进入算子流配置页面；

②点击画布自动带出的"数据输入"算子，在左侧算子配置区选择本地上传文件或从数据网盘引用数据，输入Excel文件"02—培训考试分数.xlsx"，将"主观题分数（满分50）""客观题分数（满分30）""课堂表现得分（满分20）"和"最终成绩（满分100）"四个字段的目标类型修改为"数值"类型，如图4-9所示；

图4-9 数据输入算子配置页面

③从算子选择区将两个"逻辑检查"算子拖拽至画布区，均与"数据输入"算子连接；

④点击第一个"逻辑检查"算子,在左侧算子配置区校验字段选择"最终成绩(满分100)",校验条件选择"字段间简单逻辑检验",点击"逻辑表达式",双击选择字段及运算符号,输入"主观题分数(满分50)＋客观题分数(满分30)＋课堂表现得分(满分20)＝最终成绩(满分100)",校验等级选择"严重",校验不通过提示输入"考试分数计算有误!",完成后点击"保存配置",如图4-10所示;

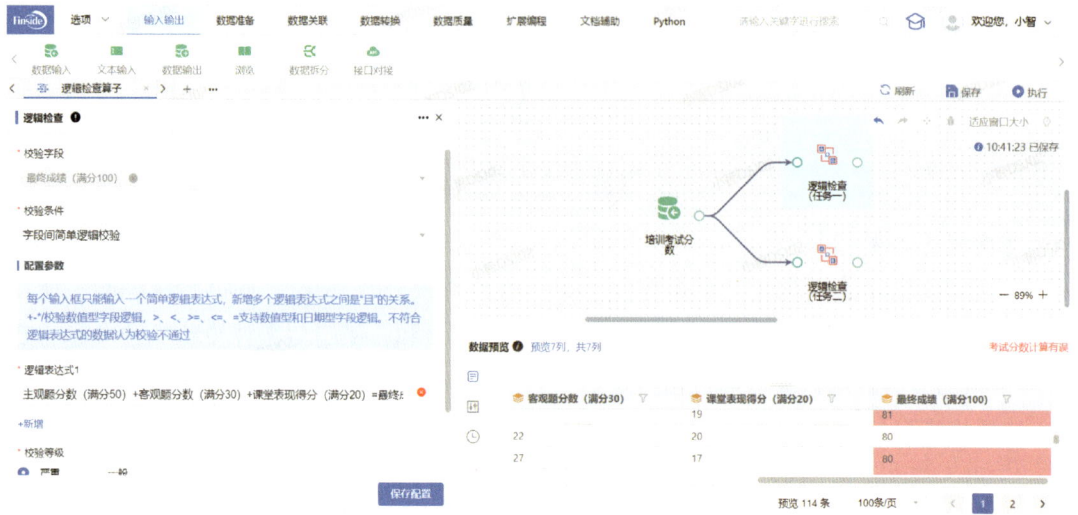

图4-10　第一个逻辑检查算子校验结果

⑤点击第二个"逻辑检查"算子,打开配置区。校验字段选择"最终成绩(满分100)",校验条件选择"条件校验",配置参数设置为"字段'最终成绩(满分100)'—数据类型'自定义'—条件'小于'—值'60'",校验等级选择"一般",校验不通过提示输入"考试分数低于60分",完成后点击"保存配置",如图4-11所示;

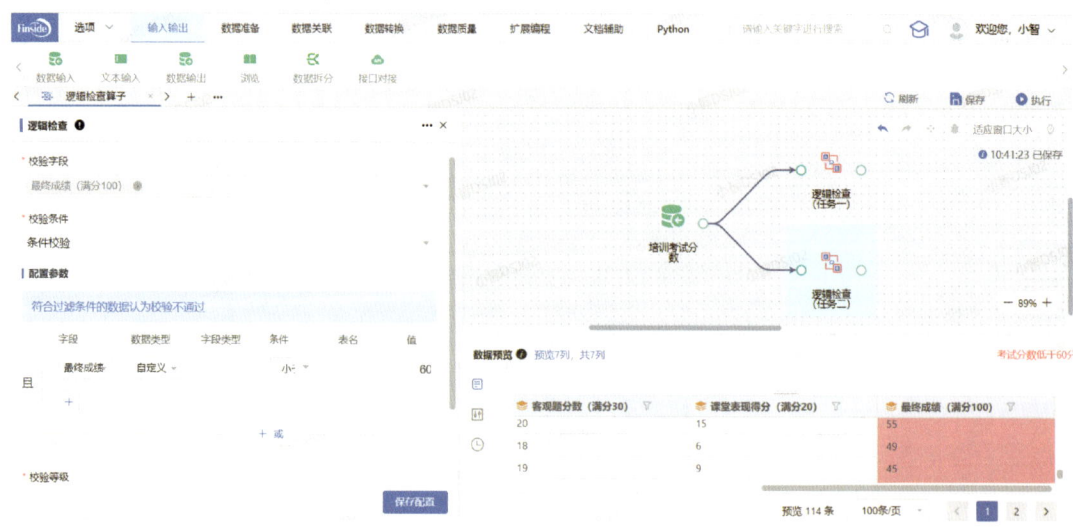

图4-11　第二个逻辑检查算子校验结果

⑥保存并执行算子流,在数据预览区查看算子流运算结果和质量检查结果。

> 【视频教程】请扫描附录一中的二维码,观看本节学习视频。

4.3.3 重复唯一值检查

重复唯一值检查算子(如图4-12所示)可以对指定字段进行重复值或唯一值校验,明确标注重复值或不唯一的位置和数量,高效识别数据冗余问题。重复唯一值检查算子配置说明如表4-3所示。

图4-12 重复唯一值检查算子

表4-3　　　　　　　　　　重复唯一值检查算子配置说明

可配置项	说明
规则类型	支持选择"重复值检查"和"唯一值检查"两种数据校验类型。 ● 重复值检查:对指定字段或字段组合,进行数据重复性检查; ● 唯一值检查:对指定字段或字段组合,进行数据唯一性检查。
校验字段	选择需要校验的字段,支持同时选择多个字段。
校验等级	设置该算子识别出的质量问题的严重等级,支持设置"严重"和"一般"两类等级,后续可在数据预览区和质量报告(需配置数据质量容器算子)中查看。
校验不通过提示	设置质量问题提示语,该提示语设置后可在数据预览区查看。

【快速任务4-3】

请使用重复唯一值检查算子对Excel文件"02—培训考试分数.xlsx"进行重复性校验,检查是否存在重复录入学员数据的问题。数据表可通过扫描附录三的二维码下载。

【操作指引】

①进入算法中心，点击"新建"，进入算子流配置页面；

②点击画布自动带出的"数据输入"算子，打开配置页面，选择本地上传文件或从数据网盘引用数据，输入 Excel 文件"02—培训考试分数.xlsx"；

③从算子选择区将"重复唯一值检查"算子拖拽至画布区，与"数据输入"算子连接；

④点击"重复唯一值检查"算子，在左侧算子配置区规则类型处选择"重复值检查"，校验字段选择"姓名"，校验等级选择"严重"，校验不通过提示输入"存在重复数据！"，点击"保存配置"，如图 4-13 所示；

⑤保存并执行算子流，在数据预览区查看算子流运算结果和质量检查结果。

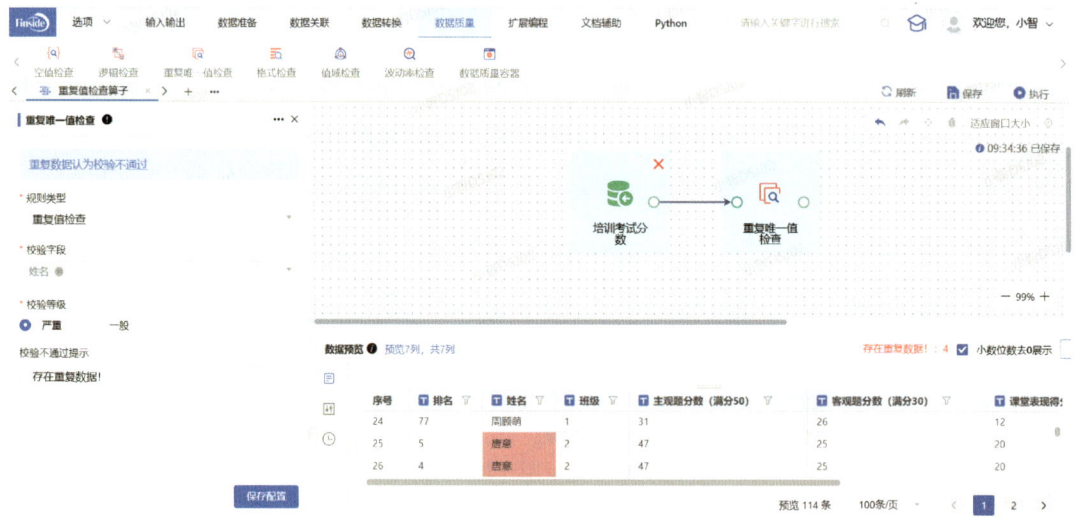

图 4-13　重复唯一值检查算子配置页面

【视频教程】请扫描附录一中的二维码，观看本节学习视频。

4.3.4　格式检查

格式检查算子（如图 4-14 所示）可检查所选字段格式是否为指定格式，明确标注格式错误的数值位置和数量，可有效校验数据格式问题。格式检查算子配置说明如表 4-4 所示。

第4章 数据清洗

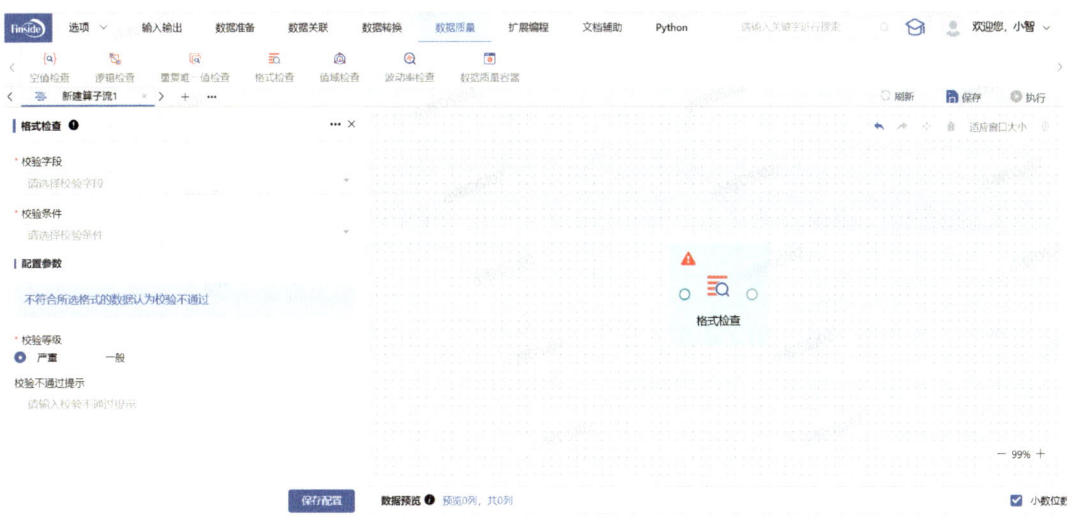

图4-14 格式检查算子

表4-4 格式检查算子配置说明

可配置项	说明
校验字段	选择需要校验的字段，支持同时选择多个字段。
校验条件	选择校验内容和校验方式，各校验条件说明如下： • 日期类型：支持选择校验字段类型和校验内容。其中校验字段类型是校验字段的目标类型是否为日期时间类型，校验内容是校验日期字段的内容是否符合要求的格式，支持选择多种格式，例如 YYYY-MM-DD、YYYY-MM-DD HH：MM：ss 等； • 字符类型：支持校验所选字段的目标类型是否为文本类型，同时可对所选字段的字符长度进行校验； • 数值类型：支持校验所选字段的目标类型是否为数值类型，可选择校验字段类型和校验内容。其中校验字段类型是校验字段的目标类型，校验内容是校验数值字段的小数位； • 特殊字符校验：校验所选字段数据是否包含特殊字符，包括 [`~!#$%^&*()_\\+=<>?:\"{}|~!#￥%……&*（）={}|《》？：""【】、；"，。] 等字符； • 布尔类型：布尔类型是一种只有两个值的数据类型，分别表示真和假。选择该校验条件，会校验所选字段的值是否为 TRUE 或者 FALSE； • 手机格式：校验所选字段值是否为手机号码格式； • 邮箱格式：校验所选字段值是否为邮件格式； • 身份证号：校验所选字段值是否为身份证号格式； • IP 地址：校验所选字段值是否为 IP 地址格式； • 自定义正则表达式：正则表达式是一种文本模式，可以用来描述和匹配字符串的特定模式，是用于模式匹配和搜索文本的工具。它类似于 Excel 查找中的通配符，可用来匹配、检索和替换符合某个模式（规则）的文本，例如表达式 "^.{3,20}$" 可用于校验字符长度是否介于 3—20。

续表

可配置项	说明
校验等级	设置该算子识别出的质量问题的严重等级，支持设置"严重"和"一般"两类等级，后续可在数据预览区和质量报告（需配置数据质量容器算子）中查看。
校验不通过提示	设置质量问题提示语，该提示语设置后可在数据预览区查看。

【快速任务4-4】

请使用格式检查算子对 Excel 文件"03—各产品生产成本明细.xlsx"进行格式检验，检查产品成本小数位是否一致。数据表可通过扫描附录三的二维码下载。

【操作指引】

①进入算法中心，点击"新建"，进入算子流配置页面；

②点击画布自动带出的"数据输入"算子，打开配置页面，选择本地上传文件或从数据网盘引用数据，输入 Excel 文件"03—各产品生产成本明细.xlsx"；

③从算子选择区将"格式检查"算子拖拽至画布区，与"数据输入"算子连接；

④点击"格式检查"算子，在左侧算子配置区校验字段处选择"生产总成本""材料成本""人力成本""包装成本"和"其他成本"五个字段，校验条件选择"数值类型"，配置参数的类型选择"校验内容"，小数位数输入"1"，校验等级选择"一般"，校验不通过提示输入"存在小数位不一致的数据"，点击"保存配置"，如图4-15所示；

⑤保存并执行算子流，在数据预览区查看算子流运算结果和质量检查结果。

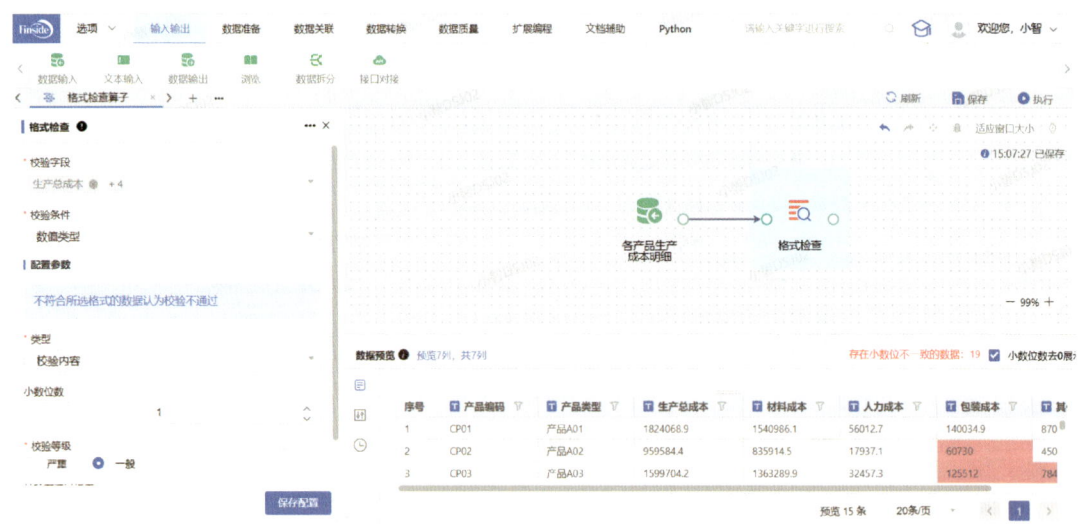

图4-15 格式检查算子配置页面

【视频教程】请扫描附录一中的二维码，观看本节学习视频。

4.3.5 值域检查

值域检查算子（如图4-16所示）适用于校验字段值是否在一定数值范围内，这个数值范围既可以是连续的数值范围，也可以是不连续的、枚举出的数值范围，例如1、2、5、6。值域检查算子配置说明如表4-5所示。

图4-16 值域检查算子

表4-5 值域检查算子配置说明

可配置项	说明
校验字段	选择需要校验的字段，支持同时选择多个字段。
校验条件	选择校验内容和校验方式，各校验条件说明如下： • 枚举值：可以校验字段的值是否是少量固定值之一，例如校验员工学历字段下的值是否是中专、大专、本科、研究生之一，支持选择"精准校验"和"模糊校验"两种校验方式： ①精准校验：校验严格，如定义值为"笔"时，数据中除了"笔"之外的数据均无法通过校验。 ②模糊校验：校验宽松，可根据定义值进行模糊匹配，如定义值为"笔"，数据中"圆珠笔""签字笔""毛笔"等包含该字符的数据都是正确数据，不包含"笔"的数据无法通过校验。 • 字典表：与枚举值校验逻辑相同，但可以校验大量固定值，也支持选择"精准校验"和"模糊校验"两种形式； • 数值范围校验：可以校验数值类型的数据是否处于指定数值范围中； • 日期范围校验：可以校验日期类型的数据是否处于指定日期范围中。
校验等级	设置该算子识别出的质量问题的严重等级，支持设置"严重"和"一般"两类等级，后续可在数据预览区和质量报告（需配置数据质量容器算子）中查看。
校验不通过提示	设置质量问题提示语，该提示语设置后可在数据预览区查看。

【快速任务 4-5】

请使用值域检查算子对 Excel 文件"01—财务部员工信息表.xlsx"进行数据校验，检查员工政治面貌是否存在填写错误的异常值。数据表可通过扫描附录三的二维码下载。

【操作指引】

①进入算法中心，点击"新建"，进入算子流配置页面；

②点击画布自动带出的"数据输入"算子，打开配置页面，选择本地上传文件或从数据网盘引用数据，输入 Excel 文件"01—财务部员工信息表.xlsx"；

③从算子选择区将"值域检查"算子拖拽至画布区，与"数据输入"算子连接；

④点击"值域检查"算子，在左侧算子配置区校验字段处选择"政治面貌"，校验条件选择"枚举值"，配置参数中匹配条件选择"精准校验"，枚举值输入"中共党员，共青团员，群众，预备党员"，校验等级选择"一般"，校验不通过提示输入"数据中存在错误值！"，点击"保存配置"，如图 4-17 所示；

⑤保存并执行算子流，在数据预览区查看算子流运算结果和质量检验结果。

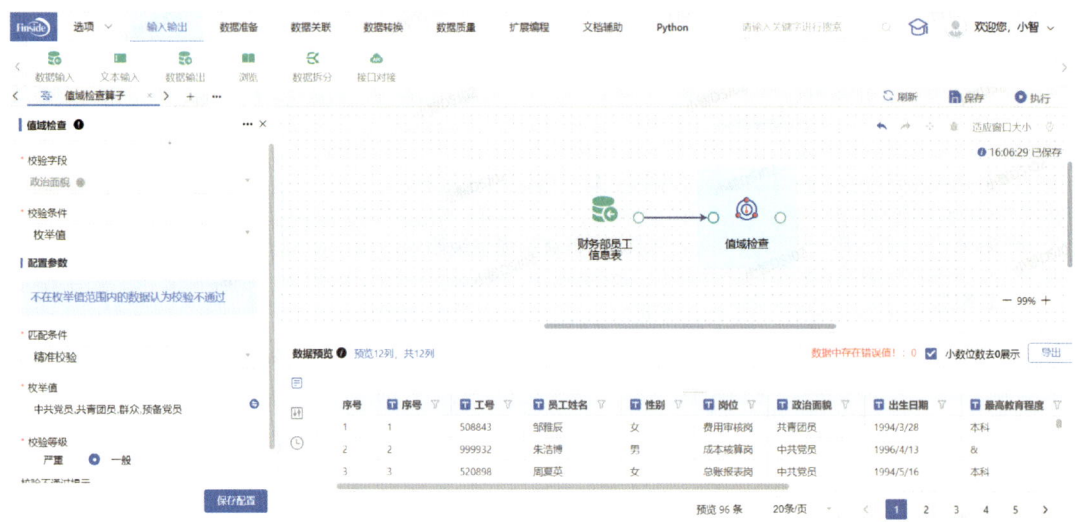

图 4-17　值域检查算子配置页面

【视频教程】请扫描附录一中的二维码，观看本节学习视频。

4.3.6　波动率检查

波动率检查算子（如图 4-18 所示）可计算指定字段下的数值相较于标准值的波动率，并校验波动值是否处于指定范围内，例如，计算 12 个月内各月材料价格相较于标准值的波动率，识别是否存在波动率超过 100% 的异常数据。波动率检查算子配置说明如表 4-6 所示。

第4章 数据清洗

图 4-18 波动率检查算子

表 4-6　　波动率检查算子配置说明

可配置项	说明
校验字段	选择需要校验的字段，支持同时选择多个字段。
配置参数	设置波动率校验标准值和范围，详细配置说明如下： ● 基准值：设置计算波动率的基准值； ● 波动率标准值：设置比较波动率是否超出标准的数值； ● 比较符号：支持以下比较符号，包括 >、<、≥、≤、= 和！=。
校验等级	设置该算子识别出的质量问题的严重等级，支持设置"严重"和"一般"两类等级，后续可在数据预览区和质量报告（需配置数据质量容器算子）中查看。
校验不通过提示	设置质量问题提示语，该提示语设置后可在数据预览区查看。

【快速任务 4-6】

请使用波动率检查算子对 Excel 文件"04—产品质量检验表.xlsx"进行数据校验，校验产品桌板厚度是否存在波动率超过 5% 的数据（基准值为 10cm）。数据表可通过扫描附录三的二维码下载。

【操作指引】

①进入算法中心，点击"新建"，进入算子流配置页面；

②点击画布自动带出的"数据输入"算子，在左侧算子配置区选择本地上传文件或从数据网盘引用数据，输入 Excel 文件"04—产品质量检验表.xlsx"，并将字段"桌板厚度""桌板长度"和"桌板宽度"目标类型修改为"数值"；

③从算子选择区将"波动率检查"算子拖拽至画布区，与"数据输入"算子连接；

④点击"波动率检查"算子，在左侧算子配置区校验字段处选择"桌板厚度"，配置参数中，基准值选择"数值"，输入数值"10"，波动率标准值输入"5"，比较符号选择

"<"，校验等级选择"一般"，校验不通过提示输入"桌板厚度存在异常值！"，点击"保存配置"，如图4-19所示；

⑤保存并执行算子流，在数据预览区查看算子流运算结果及产品质量检查结果。

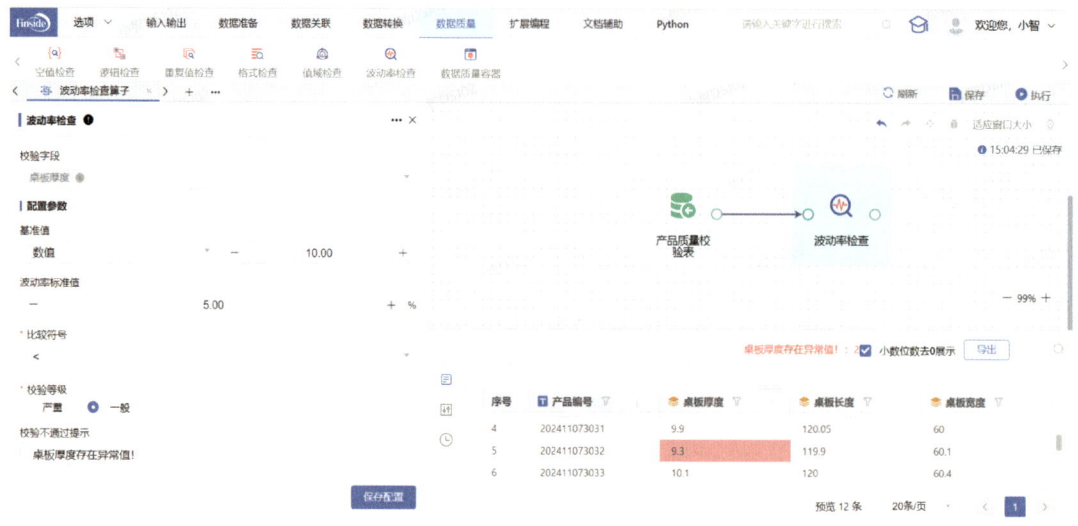

图4-19 波动率检查算子配置页面

【视频教程】请扫描附录一中的二维码，观看本节学习视频。

4.3.7 数据质量容器

数据质量容器算子（如图4-20所示）可以将画布上的数据质量类的算子打包成组。它就像文件夹，用户可以将数据质量类算子放在容器内，将这些数据质量算子组合。

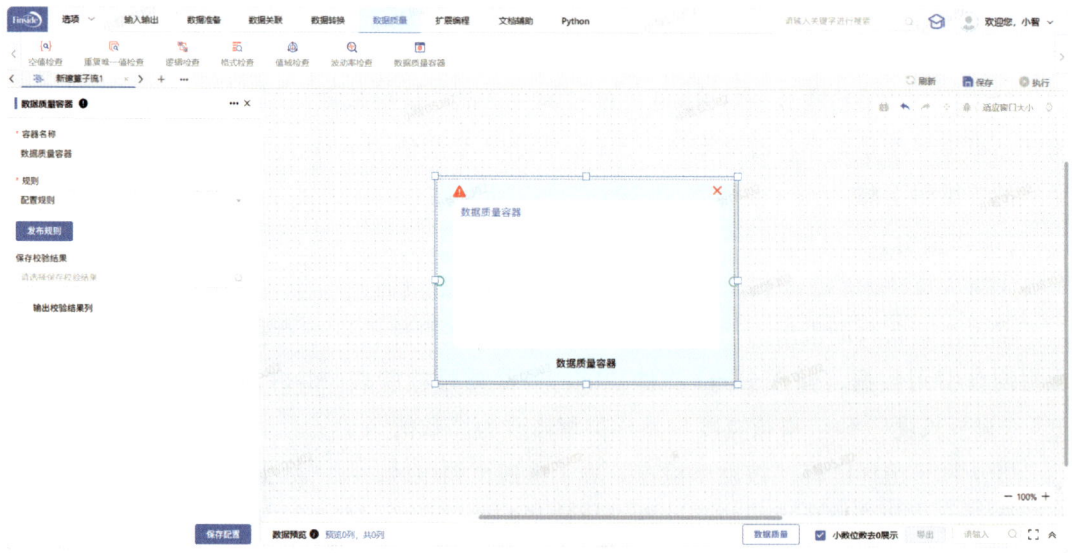

图4-20 数据质量容器算子

同一数据质量容器算子内的算子组合可视为一条数据校验规则，数据质量容器算子可将规则发布到其他算子流，让其他算子流复用该规则，也可以复用其他算子流发布的规则，节省配置时间。

数据质量容器算子配置说明如表 4–7 所示。

表 4–7　　　　　　　　　　数据质量容器算子配置说明

可配置项	说明
规则	选择发布数据校验规则或者复用校验规则。 ● 配置规则：将该数据质量容器算子配置好的算子组合作为校验规则，以供其他算子流引用； ● 复用规则：引用其他数据质量容器算子配置好的校验规则。
发布规则	可打开发布规则界面，选择发布规则至某条算子流及查看发布记录。首次配置好的数据质量容器无需发布，其他算子流的数据质量容器算子也可复用该规则（如图 4–21 所示）。 ● 发布：将规则发布至指定的算子流； ● 发布至全部算子流：将规则发布至全部的算子流； ● 发布记录：查看规则发布记录； ● 算子流查看界面：可以查看已经复用该数据质量容器算子规则的算子流。
选择复用规则	选择复用某条算子流的校验规则（如图 4–22 所示）。
更新规则	如果被复用规则的算子流更新了校验规则，使用该功能可以同步更新规则，与被复用规则的算子流保持一致。
输出校验结果列	勾选后，质量校验结果中会新增一列数据，用于展示该行中质量校验不通过的字段及提示。列名支持用户自定义配置。

图 4–21　数据质量容器算子规则发布界面

图 4-22 数据质量容器算子选择复用规则界面

此外，数据质量容器算子可总览或分等级查看容器内全部算子校验的结果（如图 4-23 所示），并将数据质量校验结果保存至数据网盘中（如图 4-24 所示），支持点击右上角的数据质量按钮分校验等级查看。

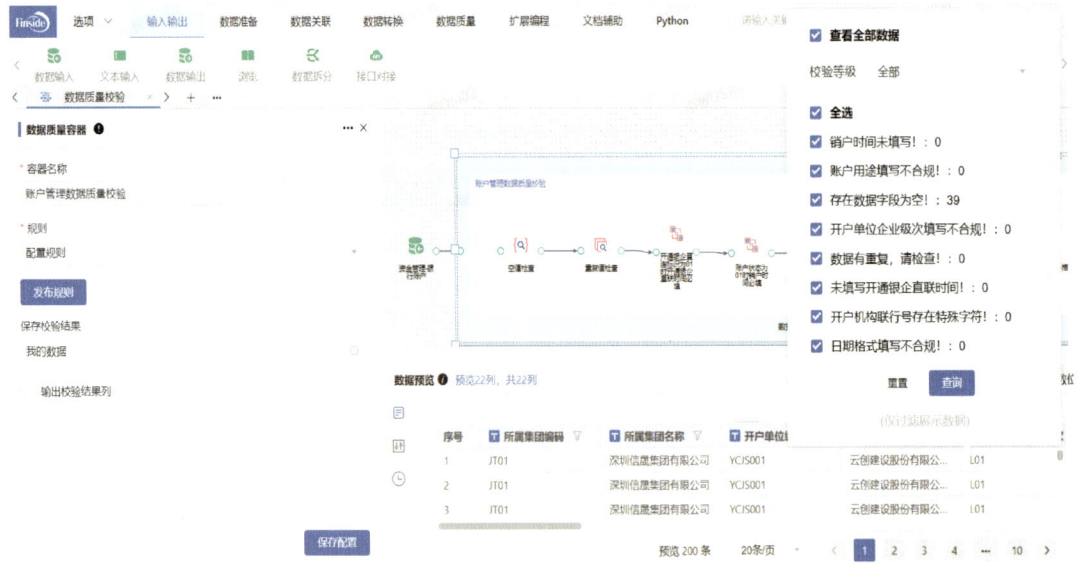

图 4-23 数据质量容器算子数据预览

第4章 | 数据清洗

图4-24 输出至数据网盘的校验结果

【快速任务4-7】

使用数据质量容器算子对 Excel 文件"01—财务部员工信息表.xlsx"进行质量校验，用数据质量容器算子将这些算子打包，发布校验规则，并将校验结果输出至数据网盘。数据表可通过扫描附录三的二维码下载。

【操作指引】

①进入算法中心，点击"新建"，进入算子流配置页面；

②点击画布自动带出的"数据输入"算子，打开配置页面，选择本地上传文件或从数据网盘引用数据，输入 Excel 文件"01—财务部员工信息表.xlsx"；

③从算子选择区将"数据质量容器"算子拖拽至画布区，与"数据输入"算子连接；

④从算子选择区将"空值检查"算子拖拽入数据质量容器，点击"空值检查"算子，在左侧算子配置区规则类型处选择"全表校验"，校验等级选择"严重"，校验不通过提示输入"存在数据缺失！"，点击"保存配置"，如图4-25所示；

图4-25 空值检查算子配置页面

97

⑤从算子选择区将"格式检查"算子拖拽入数据质量容器，与"空值检查"算子连接。点击"格式检查"算子，在左侧算子配置区校验字段处选择除"序号""工号"和"电子邮箱地址"以外的全部字段，校验条件选择"特殊字符校验"，校验等级选择"一般"，校验不通过提示输入"数据中存在特殊字符！"，点击"保存配置"，如图4－26所示；

图4－26　格式检查算子配置页面

⑥点击"数据质量容器"算子，将左侧算子配置区容器名称修改为"财务部员工信息表数据校验结果"，规则选择"配置规则"，保存校验结果选择"我的数据"，不勾选输出校验结果列，如图4－27所示；

图4－27　数据质量容器算子配置页面

⑦保存并执行算子流，在数据预览区查看算子流运算结果及数据质量校验结果；

⑧进入数据网盘，打开“我的数据”文件夹，查看保存的校验结果，如图 4－28 所示。

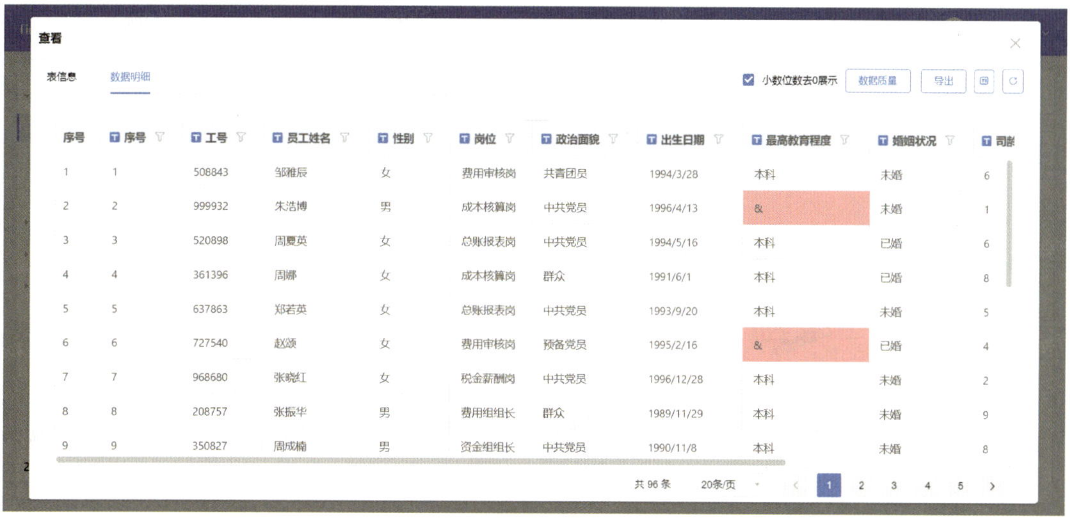

序号	序号	工号	员工姓名	性别	岗位	政治面貌	出生日期	最高教育程度	婚姻状况	司
1	1	508843	邹雅辰	女	费用审核岗	共青团员	1994/3/28	本科	未婚	6
2	2	999932	朱浩博	男	成本核算岗	中共党员	1996/4/13	&	未婚	1
3	3	520898	周夏英	女	总账报表岗	中共党员	1994/5/16	本科	已婚	6
4	4	361396	周娜	女	成本核算岗	群众	1991/6/1	本科	已婚	8
5	5	637863	郑若英	女	总账报表岗	中共党员	1993/9/20	本科	未婚	5
6	6	727540	赵颂	女	费用审核岗	预备党员	1995/2/16	&	已婚	4
7	7	968680	张晓红	女	税金薪酬岗	中共党员	1996/12/28	本科	未婚	2
8	8	208757	张振华	男	费用组组长	群众	1989/11/29	本科	未婚	9
9	9	350827	周成楠	男	资金组组长	中共党员	1990/11/8	本科	未婚	8

图 4－28　数据质量容器算子校验结果

【注意事项】

①配置时，需要先配置数据质量容器，再在容器中配置数据质量校验算子；

②删除容器，则容器中所有算子同步删除；移动容器，则容器中所有算子同步移动。

【视频教程】请扫描附录一中的二维码，观看本节学习视频。

4.4　基于财芯平台的数据清洗

在了解典型的数据质量问题后，我们可以有针对性地进行数据清洗。本节将详细介绍用于数据清洗的各个算子功能及其使用方法。

4.4.1　字段选择

字段选择算子（如图 4－29 所示）可以选择需要向后续算子输出哪些字段的数据、修改字段的目标类型、调整数值类字段的精度、调整字段顺序以及对字段进行重命名。字段选择算子配置说明如表 4－8 所示。

图 4-29 字段选择算子

表 4-8　　　　　　　　　字段选择算子配置说明

可配置项	说明
字段名称	展示字段的原名称。
目标类型	调整字段类型,支持选择文本、数值和日期时间三类。
小数位	如果字段是数值格式,可选择保留数值的小数位,通常默认为 4 位,最大可保留 10 位。
重命名	可对字段进行重命名。

【快速任务 4-8】

请使用字段选择算子将 Excel 文件"01—财务部员工信息表.xlsx"的字段"最高教育程度"重命名为"学历",并分别将"司龄"和"出生日期"的目标类型调整为"数值"和"日期时间"。数据表可通过扫描附录三的二维码下载。

【操作指引】

①进入算法中心,点击"新建",进入算子流配置页面;

②点击画布自动带出的"数据输入"算子,打开配置页面,选择本地上传文件或从数据网盘引用数据,输入 Excel 文件"01—财务部员工信息表.xlsx";

③从算子选择区将"字段选择"算子拖拽至画布区,与"数据输入"算子连接;

④点击"字段选择"算子,在左侧算子配置区取消勾选"序号"字段,将"最高教育程度"字段重命名为"学历",将"出生日期"字段的目标类型修改为"日期时间","司龄"字段的目标类型修改为"数值",小数位修改为"0",点击"保存配置",如图 4-30 所示;

⑤保存并执行算子流,在数据预览区查看算子流运算结果。

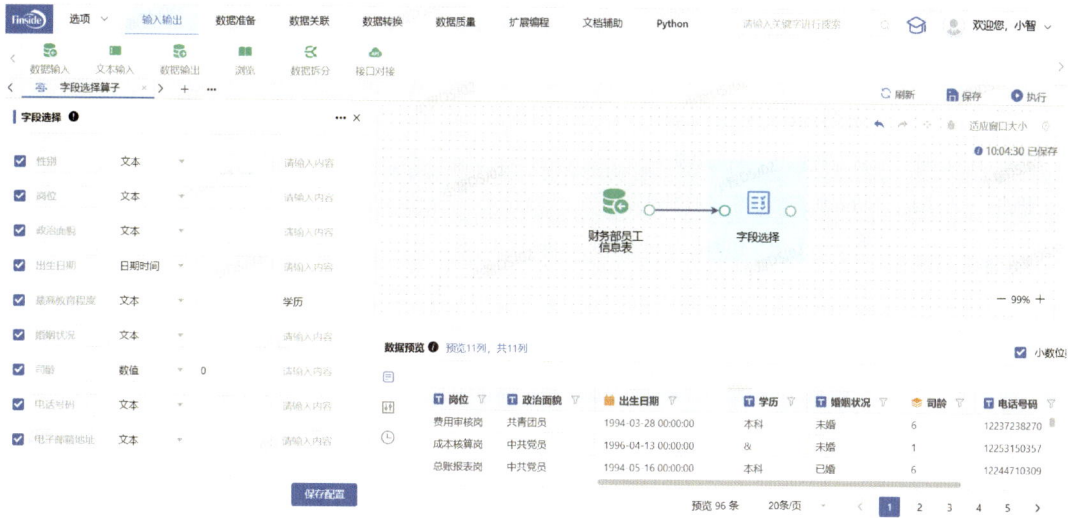

图4-30　字段选择算子配置页面

【视频教程】请扫描附录一中的二维码，观看本节学习视频。

4.4.2　数据清理

数据清理算子（如图4-31所示）可以用于对指定文本类型的字段进行清理和加工，去除指定字段中不规范内容。处理过程中，数据清理算子只会清理所勾选字段中的指定清除内容，表中的其他字段不会受影响，输出的结果会直接覆盖原列内容。数据清理算子配置说明如表4-9所示。

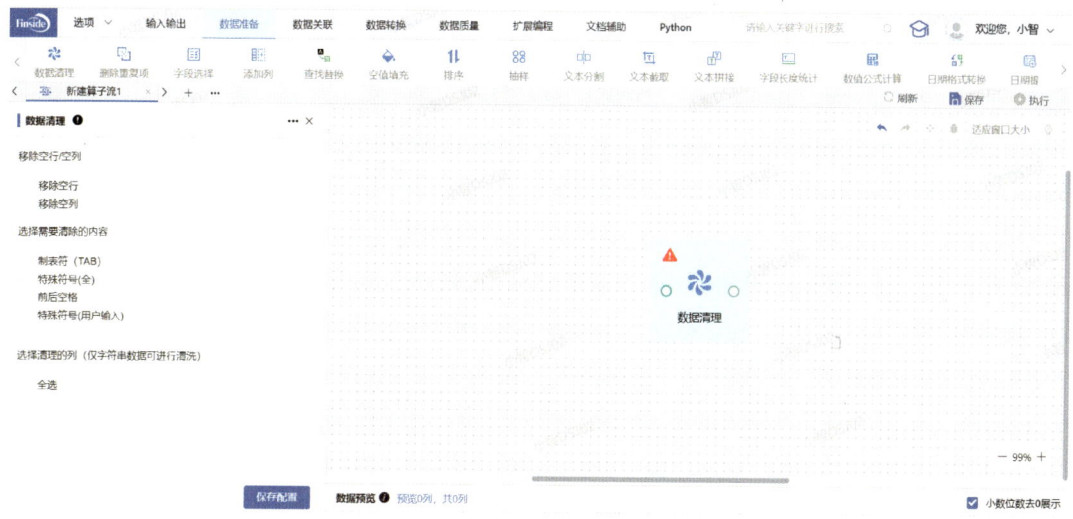

图4-31　数据清理算子

表 4-9　　　　　　　　　　　　　数据清理算子配置说明

可配置项	说明
移除 NULL 行	清除数值均为空的数据行。
移除 NULL 列	清除数值均为空的数据列。
制表符（TAB）	清除所选列中存在的制表符。
特殊符号（全）	将所选列中存在的特殊字符清除，包括：" " E ' [\ ] < > @ # $ % …… & * ^，? ! : ; ( ) { } / \ \ ，。！？；：、""（）\" ' ' 【】 | ~ · … _ — - — -] * ' " 。
前后空格	清除所选列中数据前后的空格。
特殊符号 （用户输入）	允许用户手动输入需要进行清洗的字符或者符号，支持增加多个需要进行清洗的符号。
选择清理的列	选择需要清洗的目标类型为文本的字段进行清理，目标类型为数值或者日期时间的字段不可选择。

【快速任务 4-9】

请使用数据清理算子对 Excel 文件 "01—财务部员工信息表.xlsx" 含有的特殊符号进行清洗。数据表可通过扫描附录三的二维码下载。

【操作指引】

①进入算法中心，点击 "新建"，进入算子流配置页面；

②点击画布自动带出的 "数据输入" 算子，打开配置页面，选择本地上传文件或从数据网盘引用数据，输入 Excel 文件 "01—财务部员工信息表.xlsx"；

③从算子选择区将 "数据清理" 算子拖拽至画布区，与 "数据输入" 算子连接；

④点击 "数据清理" 算子，在左侧算子配置区将需要清除的内容选择为 "特殊符号（全）"，勾选全部字段为清理的列，点击 "保存配置"，如图 4-32 所示；

⑤保存并执行算子流，在数据预览区查看算子流运算结果。

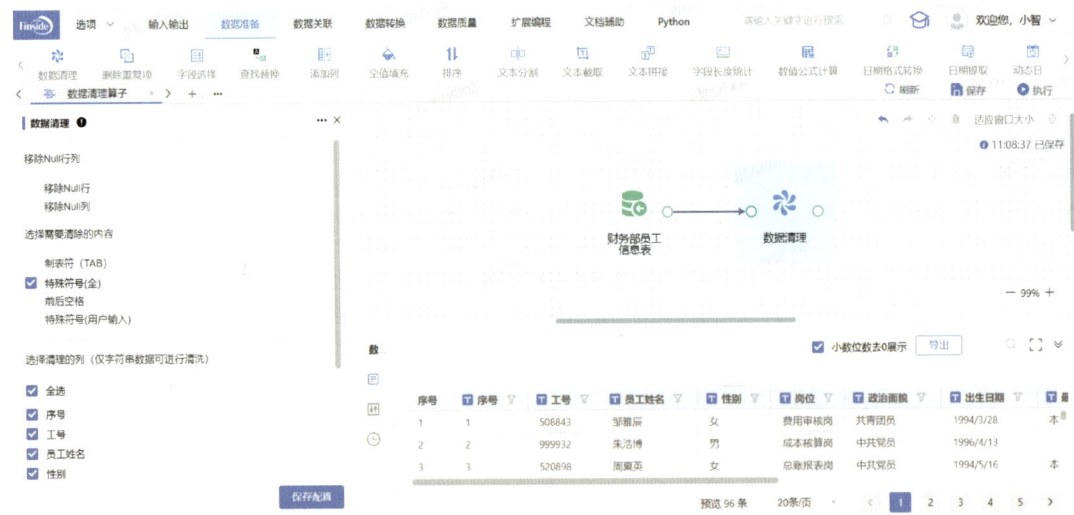

图 4-32　数据清理算子配置页面

【视频教程】请扫描附录一中的二维码，观看本节学习视频。

4.4.3 排序

排序算子（如图 4-33 所示）可以根据升序、降序或自定义序列对指定字段进行排序，支持按照不同的分组排序并输出排序序号，例如，在进行学生成绩排名时，按照学生考试的科目进行分组，在同一科目组内进行分数排名。排序后，算子还可以限制输出条数。排序算子配置说明如表 4-10 所示。

图 4-33 排序算子

表 4-10　　　　　　　　　　排序算子配置说明

可配置项	说明
分组排序	勾选分组排序后，可选择字段进行分组，算子会按照分组字段对数据先进行排序，再按照排序字段在各组内对数据进行排序。
排序字段	选择排序字段。
次序	选择排序方式，可选择"升序""降序""自定义序列"三种排序方式。只有当字段是文本类型时，可选择"自定义序列"。
自定义序列	输入序列关键字，算子会按照关键字进行排序，多个关键字使用英文分号隔开。
勾选"是否限制输出个数"	限制输出数量，可自定义输出个数，不修改自定义值的话则默认输出数为 20 条。
勾选"增加排序号字段到输出"	自定义排序字段，并输出该字段。

【快速任务 4-10】

请使用排序算子对 Excel 文件 "01—财务部员工信息表.xlsx" 以 "司龄" 字段对员工数据进行降序排序。数据表可通过扫描附录三的二维码下载。

【操作指引】

①进入算法中心，点击 "新建"，进入算子流配置页面；

②点击画布自动带出的 "数据输入" 算子，打开配置页面，选择本地上传文件或从数据网盘引用数据，输入 Excel 文件 "01—财务部员工信息表.xlsx"；

③从算子选择区将 "排序" 算子拖拽至画布区，与 "数据输入" 算子连接；

④点击 "排序" 算子，在左侧算子配置区排序字段处选择 "司龄"，次序选择 "降序"，点击 "保存配置"，如图 4-34 所示；

⑤保存并执行算子流，在数据预览区查看算子流运算结果。

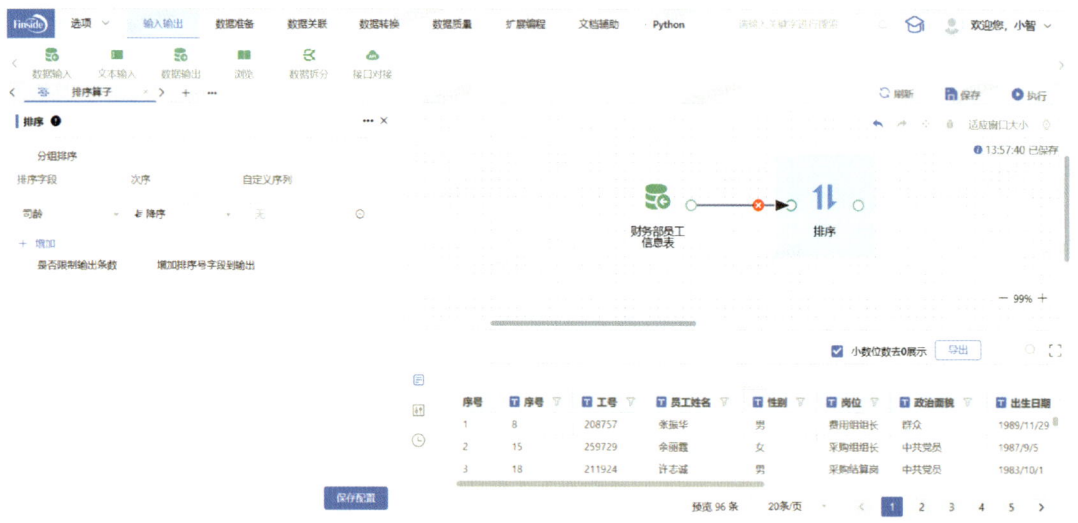

图 4-34　排序算子配置页面

【注意事项】

需注意，选择分组排序时，"限制输出个数" 将为每组限制输出的个数，输出的序号也会按照组内顺序进行排序。例如，对学生考试成绩按照科目分组进行降序排列，并限制输出 5 条，即输出前 5 名时，算子会输出各个科目的前 5 名，因此实际输出的数据总条数不是 5 条，数据排序的序号也不唯一。

【视频教程】请扫描附录一中的二维码，观看本节学习视频。

4.4.4　空值填充

空值填充算子（如图 4-35 所示）可以为指定字段的空值填充自定义的数据或参数，

有效解决数值缺失问题。需注意，空值填充算子会为指定字段下所有空值填充同一输入的数据或参数，不能分组填充，如果需要按条件填充数据，需要先用其他算子处理好数据，再进行填充。空值填充算子配置说明如表 4-11 所示。

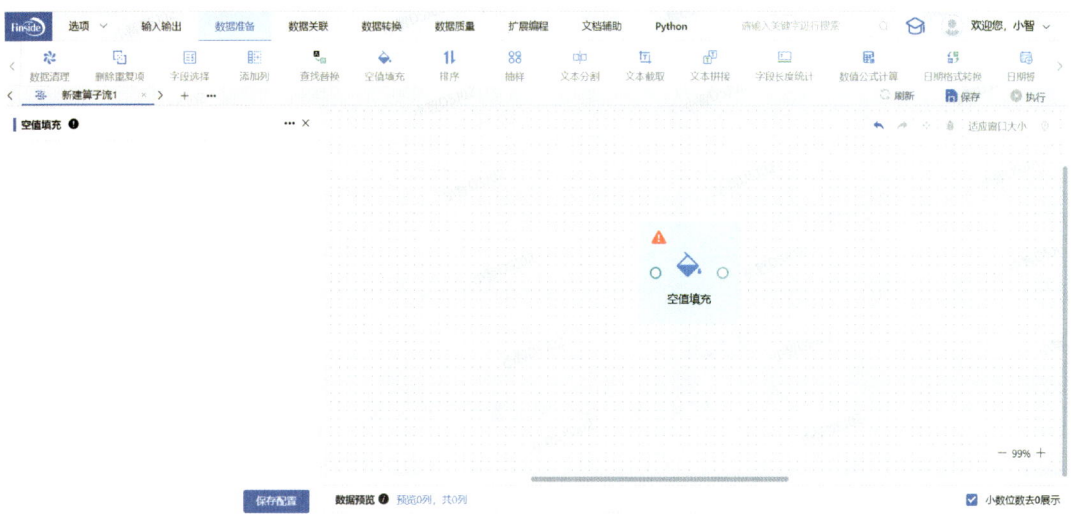

图 4-35　空值填充算子

表 4-11　　　　　　　　　　　　空值填充算子配置说明

可配置项	说明
输出字段	展示全部类型的字段。
填充值	可手动输入填充值，或者点击符号 🔄 切换为参数填充（详见 2.3.1.1 参数管理相关说明）。

【快速任务 4-11】

请使用空值填充算子对 Excel 文件 "05——差旅费报销数据.xlsx" 的 "业务类型" 字段进行填充，将所有空值填充为 "国内差旅费"。数据表可通过扫描附录三的二维码下载。

【操作指引】

①进入算法中心，点击 "新建"，进入算子流配置页面；

②点击画布自动带出的 "数据输入" 算子，打开配置页面，选择本地上传文件或从数据网盘引用数据，输入 Excel 文件 "05——差旅费报销数据.xlsx"；

③从算子选择区将 "空值填充" 算子拖拽至画布区，与 "数据输入" 算子连接；

④点击 "空值填充" 算子，将左侧算子配置区字段 "业务类型" 的填充值输入为 "国内差旅费"，点击 "保存配置"，如图 4-36 所示；

⑤保存并执行算子流，在数据预览区查看算子流运算结果。

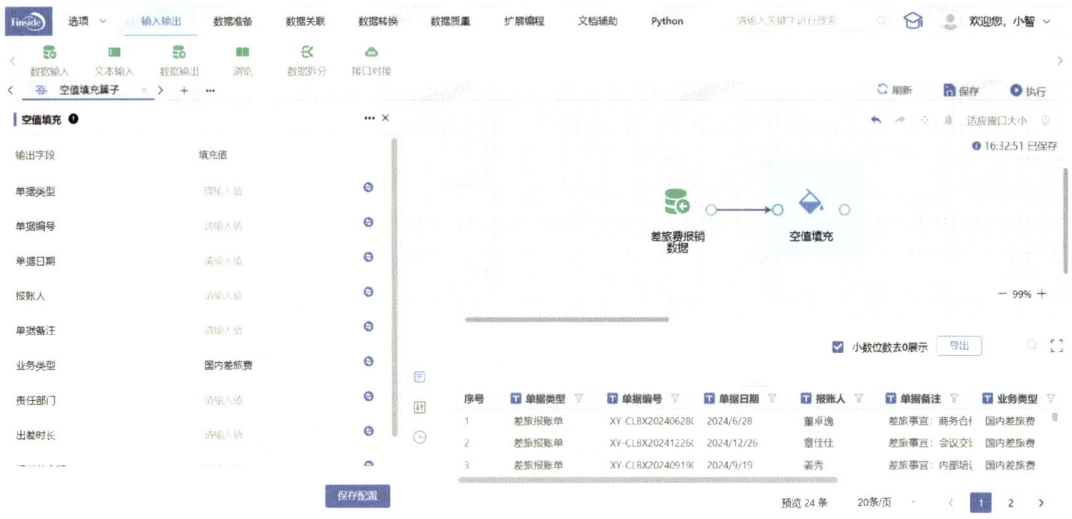

图 4-36 空值填充算子配置页面

4.4.5 过滤

过滤算子（如图 4-37 所示）可以设置过滤条件对数据进行筛选，保留业务处理中需要的有效数据。算子支持同时定义多组过滤条件，并支持设置"且"与"或"两类条件关系。

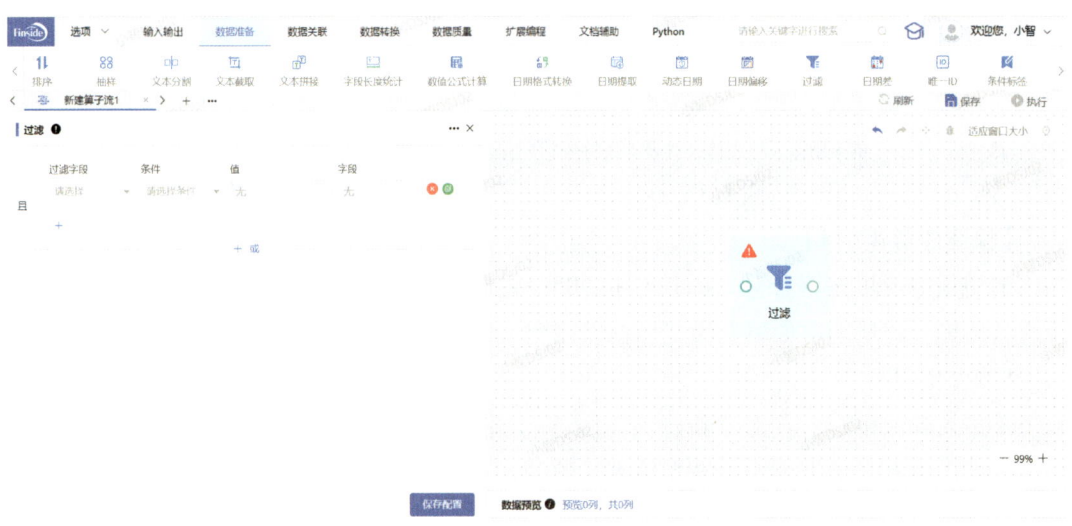

图 4-37 过滤算子

在设置过滤条件时，支持使用"值"与"字段"两种方式配置过滤条件，但二者只能选择其一。例如，比较流动负债和库存现金大小时，既可以选择用值，通过手动输入库存现金的数值，与流动负债进行大小比较；也可以通过引用包含流动负债值的字段，进行大小比较。

过滤算子配置说明如表 4-12 所示。

表 4 – 12　　　　　　　　　　　　　过滤算子配置说明

可配置项	说明
且 & 或	选择条件间的关系，同一组内的条件是且的关系，不同组之间的条件是或的关系。
过滤字段	选择用于过滤数值的字段，一个条件只能选取一个过滤字段。
条件	支持选择不同条件，比较过滤字段的数值和值之间的差别，比如选择过滤字段为年级，条件选择"属于"，值输入为"高一"和"高二"，算子即可过滤全部年级为高一或高二的数据。 目标类型为文本的字段支持选择为空/不为空、包含/不包含、属于/不属于和等于/不等于四类；目标类型为数值和日期时间的字段支持选择为空/不为空、等于/不等于、大于/大于等于、小于/小于等于。以下是对每种条件的详细说明： ● 为空/不为空：过滤指定字段下数值为空或者不为空的数据； ● 包含/不包含：过滤指定字段下数值包含指定值或者不包含指定值的数据； ● 属于/不属于："属于"条件可过滤指定字段下数值等于指定的一个或多个值中任意一个值的数据，"不属于"条件可过滤指定字段下的数值不等于全部值的数据； ● 等于/不等于："等于"条件可过滤指定字段下数值和指定值完全相等的数据，"不等于"条件可以过滤字段值的字符与指定值不相等的数据； ● 大于/大于等于：过滤指定字段下数值大于/大于等于指定值的数据； ● 小于/小于等于：过滤指定字段下数值小于/小于等于指定值的数据。 若条件为"为空"或"不为空"时，无需填写过滤值或者选择字段；若条件为"属于"或"不属于"时，只可使用值进行过滤，不可选择字段过滤。
值	可通过自定义输入或引用参数设置过滤值。 ● 自定义输入：可自行输入过滤值，可设置多个值，值与值之间使用英文分号隔开； ● 引用参数：可新增或者引用参数作为过滤值。
字段	支持选择字段，用字段下的值作为过滤值，适用于对比列数据，例如，比较多位学生的英语成绩是否比数学成绩高，而非对比单个数值时，就可以选择英语成绩为过滤字段，条件选择大于，字段选择数学成绩。
⊗	删除该条件行。
📋	复制该条件行。
+	在同一条件组内新增条件。
+ 或	新增条件组，该条件组与其他条件组为或的关系。

【快速任务 4 – 12】

请使用过滤算子对 Excel 文件"01—财务部员工信息表 . xlsx"进行过滤，筛选出所有政治面貌为"中共党员"且司龄 5 年及其以上的老员工。数据表可通过扫描附录三的二维码下载。

【操作指引】

①进入算法中心，点击"新建"，进入算子流配置页面；

②点击画布自动带出的"数据输入"算子，打开配置页面，选择本地上传文件或从数据网盘引用数据，输入 Excel 文件"01—财务部员工信息表.xlsx"；

③从算子选择区将"过滤"算子拖拽至画布区，与"数据输入"算子连接；

④点击"过滤"算子，在左侧算子配置区设置过滤条件如下，两条过滤条件之间为"且"的关系，设置完成后，点击"保存配置"，如图 4-38 所示；

过滤条件一：过滤字段"司龄"—条件"大于等于"—值"5"；

过滤条件二：过滤字段"政治面貌"—条件"等于"—值"中共党员"。

⑤保存并执行算子流，在数据预览区查看算子流运算结果。

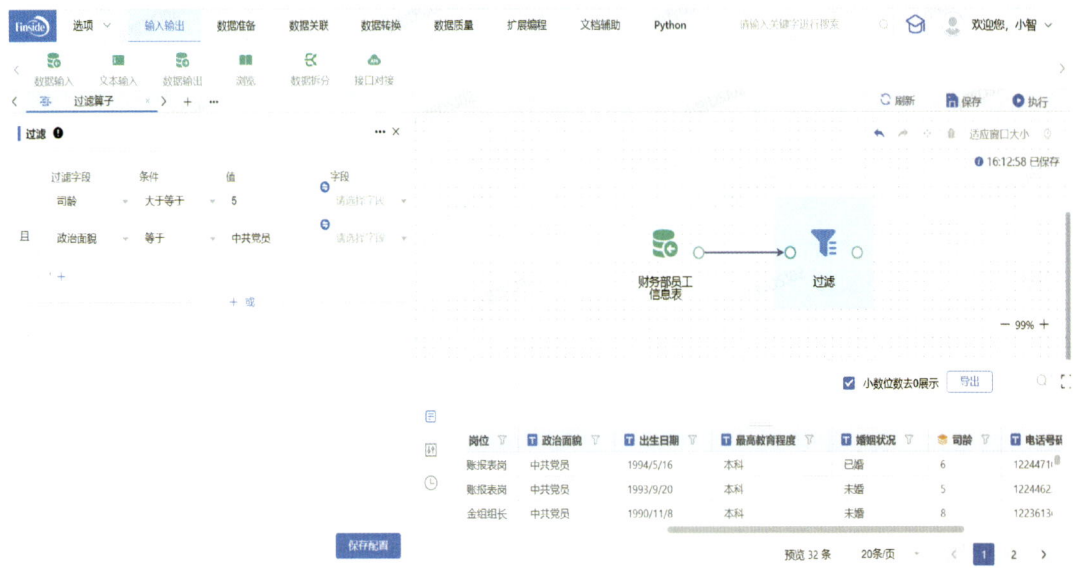

图 4-38　过滤算子配置页面

【视频教程】请扫描附录一中的二维码，观看本节学习视频。

4.4.6　添加列

添加列算子（如图 4-39 所示）可以新增字段，设置字段的目标格式并为该字段填充数值。支持一次新增多个列，用于补充数据或给数据打标签等场景。添加列算子配置说明如表 4-13 所示。

第4章 数据清洗

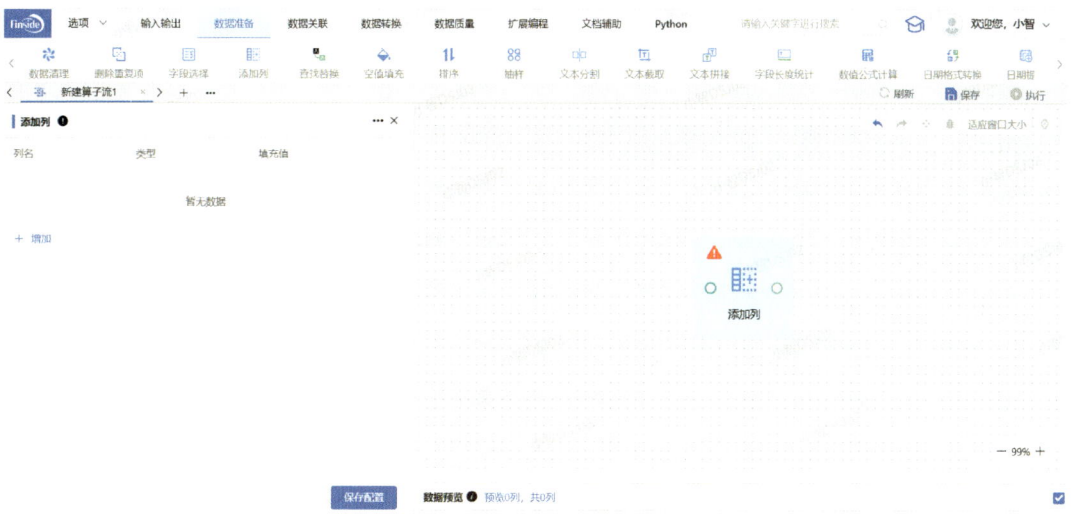

图4-39 添加列算子

表4-13 添加列算子配置说明

可配置项	说明
列名	输入新列的名称。
类型	选择新列的目标类型。
填充值	如果添加新列时，不填写填充值，则新增列中的数据默认为空值；若填写填充值，则默认该列下值均为填充值。填充值既支持手动输入数值，也支持选择参数填充，可通过点击按钮 ⇄ 切换。
⊖	删除该新增列。
+增加	点击添加新列。

【快速任务4-13】

请使用添加列算子对 Excel 文件"05—差旅费报销数据.xlsx"添加日期时间类型的新列"数据日期"，并通过设置参数填充列值为当前时间。数据表可通过扫描附录三的二维码下载。

【操作指引】

①进入算法中心，点击"新建"，进入算子流配置页面；

②点击画布自动带出的"数据输入"算子，打开配置页面，选择本地上传文件或从数据网盘引用数据，输入 Excel 文件"05—差旅费报销数据.xlsx"；

③从算子选择区将"添加列"算子拖拽至画布区，与"数据输入"算子连接；

④点击"添加列"算子，在左侧算子配置区列名处输入"数据日期"，类型选择"日期时间"，点击填充值输入框旁的 ⇄ 按钮，切换为引用参数，选择参数"当前日期时间"，点击"保存配置"，如图4-40所示；

⑤保存并执行算子流，在数据预览区查看算子流运算结果。

图 4－40　添加列算子配置页面

4.4.7　删除重复项

删除重复项算子（如图 4－41 所示）可删除所选字段下完全重复的数据，只保留一条数据，用户可指定单个或多个字段组合作为去重的依据，有效解决因人工重复录入等原因导致的数据质量问题。删除重复项算子配置说明如表 4－14 所示。

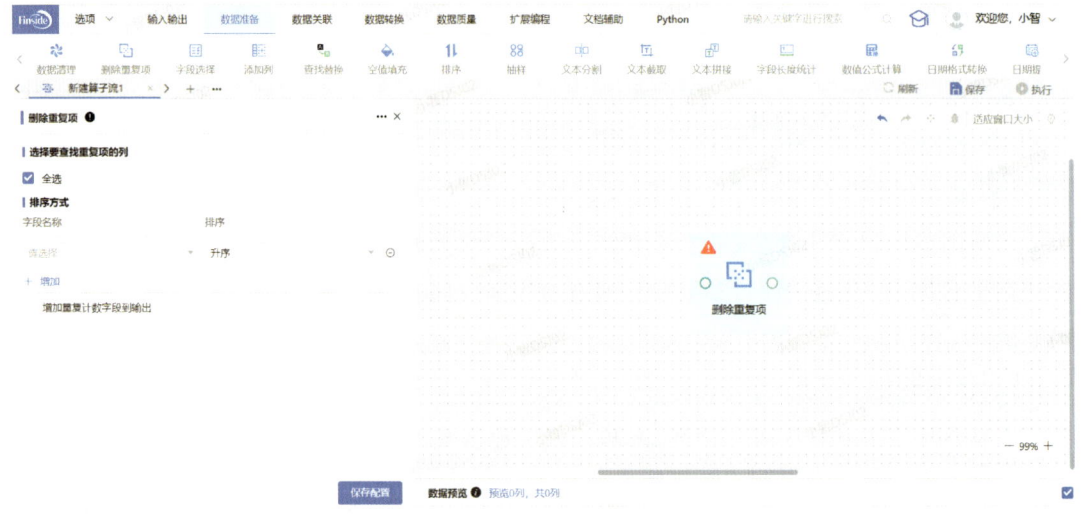

图 4－41　删除重复项算子

表 4－14　　　　　　　　　　删除重复项算子配置说明

可配置项	说明
选择要查找重复项的列	选择去重时依据的单个或多个字段。只有全部选择的字段下值都相同，算子才会视其为重复数据。

续表

可配置项	说明
排序方式	支持对重复数据按照指定字段进行排序，算子会先按照排序字段对重复的数据进行排序，排序后保留重复数据中的第一条数据，并删除其他重复数据。排序字段和去重字段不可重复，可选择多个字段进行排序。各配置项说明如下： • 字段名称：选择排序字段； • 排序：选择排序的顺序。可选择升序或者降序； • ⊖：删除该排序字段； • +增加：新增排序字段。 排序效果说明如下： • 单字段排序：例如，对"同学A，12岁"和"同学A，14岁"两条数据使用姓名作为查重字段，使用年龄进行降序排序，那么排序后第一条数据为"同学A，14岁"会被保留，"同学A，12岁"的数据则会被删除，如图4-42所示； • 多字段排序：在配置排序方式时，如果配置了多条排序方式，例如，以X字段为识别重复的条件，并对算子依次配置了A字段升序、B字段降序两个排序条件。那么系统将先按照A字段升序的条件对字段进行排序，保留首行数据，清除X字段值重复的数据行。如果A字段排序后存在多条重复值并列，算子将再按照B字段降序条件排序，进一步清除重复数据。例如，有"同学B，12岁，数学97分""同学B，12岁，数学98分"和"同学B，13岁，数学99分"三条数据时，使用姓名作为查看重复的条件，使用年龄增序、成绩降序作为排序条件，系统会保留"同学B，12岁，数学98分"的数据，如图4-43所示。
增加重复计数字段到输出	选择该项，可新增重复计数字段，支持自定义字段名称。该字段的值是重复计数的数值，例如某行数据的重复计数值为2，说明在去重前，存在一行与这行数值相同的数据。

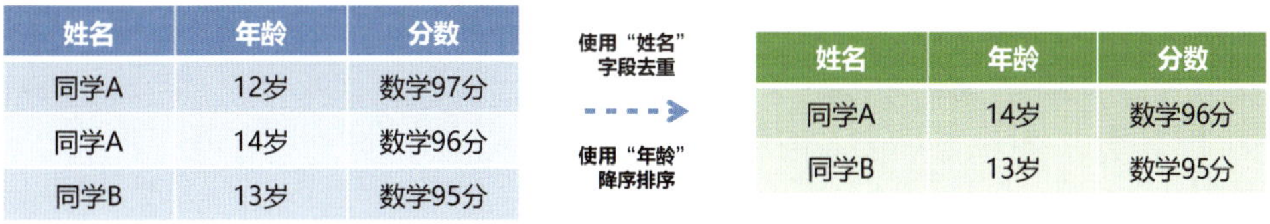

图4-42 单字段排序去重

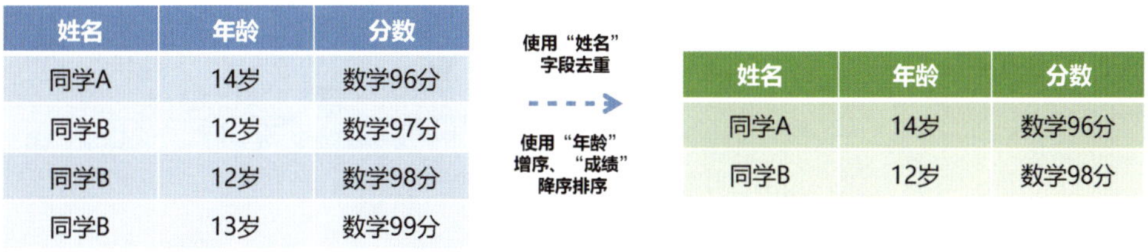

图4-43 多字段排序去重

【快速任务4-14】

请使用删除重复项算子对Excel文件"01—财务部员工信息表.xlsx"姓名重复的数据

进行去重,并保留重复数据中司龄最大的数据。数据表可通过扫描附录三中的二维码下载。

【操作指引】

①进入算法中心,点击"新建",进入算子流配置页面;

②点击画布自动带出的"数据输入"算子,打开配置页面,选择本地上传文件或从数据网盘引用数据,输入 Excel 文件 "01—财务部员工信息表.xlsx";

③从算子选择区将"删除重复项"算子拖拽至画布区,与"数据输入"算子连接;

④点击"删除重复项"算子,在左侧算子配置区选择要查找重复项的列为"员工姓名",排序方式处的字段名称选择"司龄",排序选择"降序",勾选"增加重复计数字段到输出",将重复计数字段名称输入为"重复计数",点击"保存配置",如图 4-44 和图 4-45 所示;

图 4-44 删除重复项算子配置页面

图 4-45 删除重复项算子配置页面(续)

⑤保存并执行算子流，在数据预览区查看算子流运算结果，如图 4 – 46 所示。

数据预览 预览13列，共13列　小数位数去0展示　导出

性别	岗位	政治面貌	出生日期	最高教育程度	婚姻状况	司龄	电话号码	电子邮箱地址	重复数据计数
女	收入核算岗	群众	1992/9/9	本科	未婚	6	12231458766	dingxia@xyqc.com	1
女	共享中心...	中共党员	1986/12/5	&	已婚	10	12268893814	dingjingru@xyqc.com	1
男	资金结算岗	群众	1990/3/12	本科	已婚	4	12231973667	wangangyi@xyqc.com	1
女	采购结算岗	中共党员	1990/7/28	本科	已婚	7	12246879125	wanyuanyuan@xyqc....	1
男	资金结算岗	中共党员	1999/7/23	本科	未婚	2	12252846216	renwenxuan@xyqc.c...	1
女	存货资产岗	群众	1990/6/18	&	已婚	7	12292103082	hejuanjuan@xyqc.com	1
女	成本核算岗	中共党员	1995/10/23	&	已婚	1	12292764438	heyahui@xyqc.com	1
女	采购组组长	中共党员	1987/9/5	&	已婚	9	12284472741	yulixia@xyqc.com	1
男	费用审核岗	中共党员	1991/2/22	本科	已婚	8	12255486325	yuhongshuo@xyqc.c...	1
男	收入核算岗	预备党员	1994/5/28	本科	已婚	5	12281349205	yupengfei@xyqc.com	1
男	税金薪酬岗	中共党员	1995/3/13	&	未婚	4	12268396478	houjunde@xyqc.com	1
男	存货资产岗	中共党员	1997/3/3	本科	未婚	3	12248396027	houyuankai@xyqc.com	1
男	采购结算岗	预备党员	1998/2/16	本科	未婚	2	12240187404	yuke@xyqc.com	1
女	成本核算岗	中共党员	1995/7/2	&	未婚	4	12252955300	fuzihan@xyqc.com	1
女	共享中心...	中共党员	1989/10/19	&	已婚	10	12288507017	liushiqi@xyqc.com	1
男	资金结算岗	群众	1996/4/17	本科	未婚	3	12264687651	lujingguo@xyqc.com	1
男	资金结算岗	预备党员	1993/7/2	本科	已婚	4	12254113793	lvrongxuan@xyqc.com	1

预览 94 条　20条/页　1 2 3 4 5

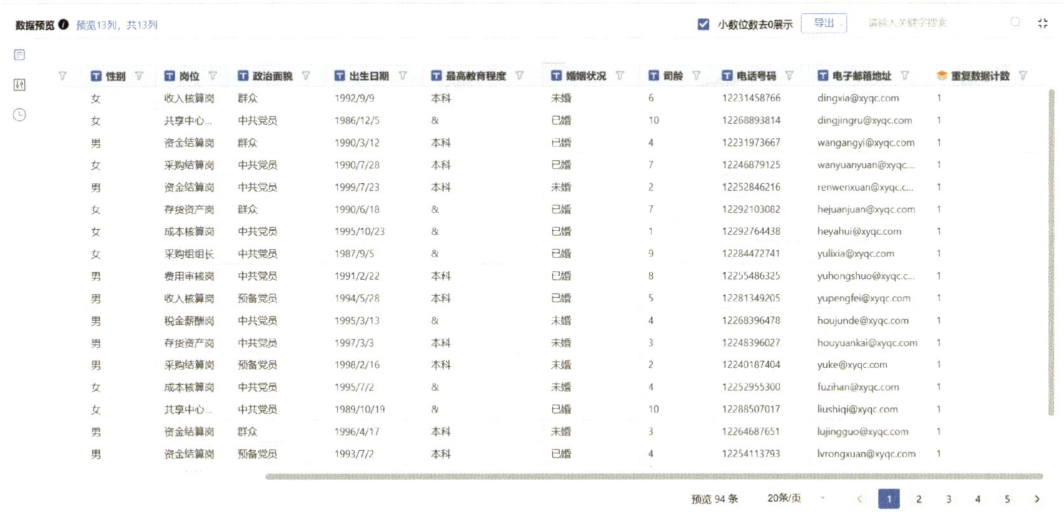

图 4 – 46　删除重复项算子数据预览

4.4.8　查找替换

查找替换算子（如图 4 – 47 所示）可以查找列中的特定字符、空格与空值，并将其统一替换成其他文本或空值。在使用查找替换算子时，算子会将查找列中所选字段转换为文本类型，再进行查找和替换。查找替换算子配置说明如表 4 – 15 所示。

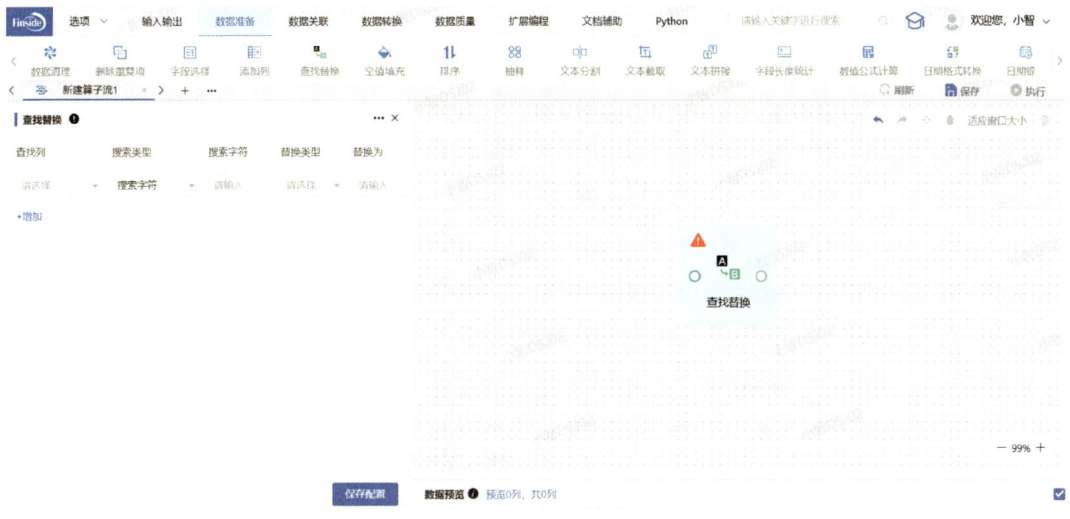

图 4 – 47　查找替换算子

表 4–15　　　　　　　　　　　　查找替换算子配置说明

可配置项	说明
查找列	选择需要替换处理的字段。
搜索类型	确定需要搜索查找列中的哪些类型的元素做替换，支持选择字符、空值和空格三种元素。
替换类型	可以选用用字符替换元素，或者直接将元素清除。
替换为	输入替换内容，或者选择替换参数，点击 ⇄ 可进行相互切换。
⊖	删除该查找替换行。
⊟	复制该查找替换行。
+增加	增加新的查找替换行。

【快速任务 4–15】

请使用查找替换算子将 Excel 文件"06—企业信用评级.xlsx"中的评级替换为对应的分数（A 级—20 分，B 级—15 分，C 级—10 分，D 级—5 分）。数据表可通过扫描附录三的二维码下载。

【操作指引】

①进入算法中心，点击"新建"，进入算子流配置页面；

②点击画布自动带出的"数据输入"算子，打开配置页面，选择本地上传文件或从数据网盘引用数据，输入 Excel 文件"06—企业信用评级.xlsx"；

③从算子选择区将"查找替换"算子拖拽至画布区，与"数据输入"算子连接；

④点击"查找替换"算子，在左侧算子配置区查找列处选择需要查找替换的字段"本次评级"与"上次评级"，搜索类型选择"搜索字符"，搜索字符处输入字母评级，替换类型选择"用文本替换"，替换为输入评级对应的分数，点击"保存配置"，如图 4–48 所示；

⑤保存并执行算子流，在数据预览区查看算子流运算结果。

图 4–48　查找替换算子配置页面

【视频教程】请扫描附录一中的二维码，观看本节学习视频。

4.4.9 日期格式转换

日期格式转换算子（如图 4-49 所示）可以将日期时间格式的字段转换成指定日期格式，例如将"2025 年 1 月 1 日"转换为"2025-01-01"，转换后新生成字段的目标类型为文本。日期格式转换算子配置说明如表 4-16 所示。

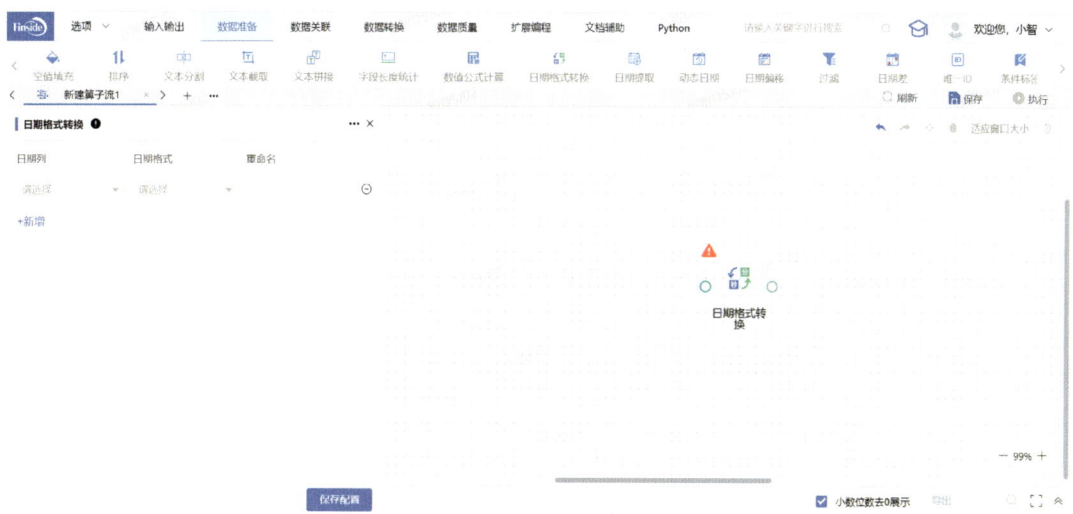

图 4-49 日期格式转换算子

表 4-16　　　　　　　　　　日期格式转换算子配置说明

可配置项	说明
日期列	选择需要转换格式的日期时间类型的字段。
日期格式	选择转换格式，支持选择多类日期格式，如 yyyy-MM-dd、yyyy 年 M 月、某年某月某日等。
重命名	对该字段进行重命名。

【快速任务 4-16】

请使用日期格式转换算子，将 Excel 文件"01—财务部员工信息表.xlsx"中字段"出生日期"的日期格式转换为"某年某月某日"。数据表可通过扫描附录三的二维码下载。

【操作指引】

①进入算法中心，点击"新建"，进入算子流配置页面；

②点击画布自动带出的"数据输入"算子，打开配置页面，选择本地上传文件或从数据网盘引用数据，输入 Excel 文件"01—财务部员工信息表.xlsx"，并将字段"出生日期"的目标类型修改为"日期时间"；

③从算子选择区将"日期格式转换"算子拖拽至画布区，与"数据输入"算子连接；

④点击"日期格式转换"算子，在左侧算子配置区日期列选择"出生日期"，日期格式选择"某年某月某日"，重命名输入"员工生日"，点击"保存配置"，如图 4-50

所示;

⑤保存并执行算子流,在数据预览区查看算子流运算结果。

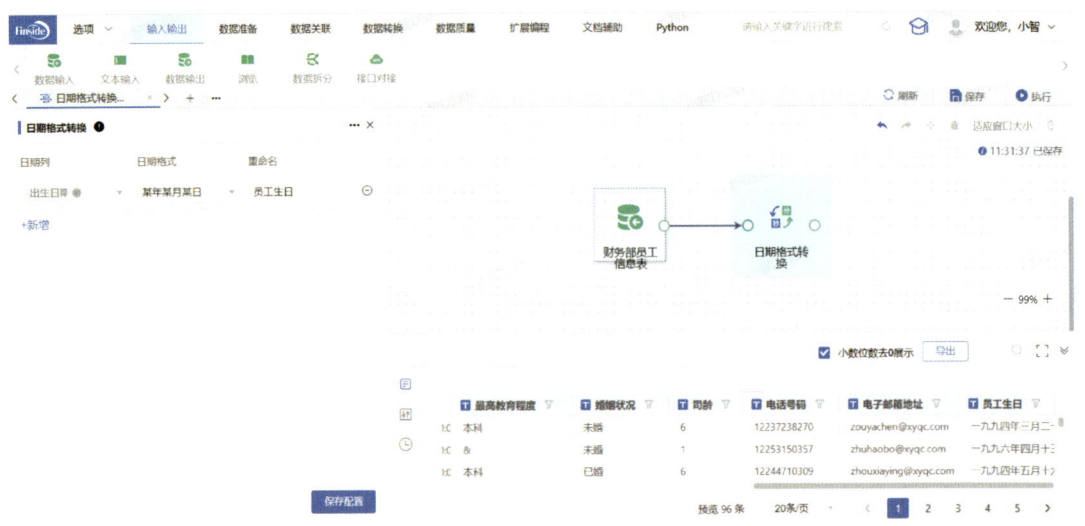

图 4-50 日期格式转换算子配置页面

✦ 本章小结

数据清洗是数据价值链中的关键步骤,分析人员可通过识别原始数据集中存在的数据质量问题,选择合适的数据清洗方法和清洗工具,解决数据中存在的缺失、异常、不一致、冗余等问题,提升数据质量,将原始数据集转化为可靠的、能够利用的目标数据。本章介绍了不同的数据质量问题和数据清洗方法,并基于财芯平台详细介绍了各类数据质量校验和数据清洗算子的使用方法和适用场景,辅以相应实操练习,帮助读者掌握数据质量校验和清洗的方式与步骤,以便更快、更好地完成数据清洗工作。

章节练习

一、单选题

1. 下列各项数据问题中,不属于数据质量问题的是(   )。

A. 数据中存在空值　　　　　　B. 数据中存在离群点

C. 数据中存在重复数据　　　　D. 数据样本采集量过于丰富

2. 过滤算子不支持以(   )的方式设定过滤值。

A. 手动输入　　　　　　　　　B. 选择字段

C. 配置公式　　　　　　　　　D. 引用参数

3. 使用数据质量容器算子输出数据质量校验结果时，系统会将结果保存在（　　）。

A. 算法中心—计划　　　　　　　B. 数据网盘—我的分享

C. 数据网盘—我的网盘　　　　　D. 算法中心—查看

二、多选题

1. 面对数据缺失问题，分析人员可以采用的清洗方式包括（　　）。

A. 计算填补　　　　　　　　　　B. 再次收集数据

C. 数据重构　　　　　　　　　　D. 不处理

2. 以下可用来清洗存在质量问题的原始数据的算子包括（　　）。

A. 数值公式计算算子　　　　　　B. 报文解析算子

C. 空值填充算子　　　　　　　　D. 日期格式转换算子

3. 以下可用来检验与标准值相差过大的异常数据的数据质量校验算子包括（　　）。

A. 波动率检查算子　　　　　　　B. 空值检查算子

C. 值域检查算子　　　　　　　　D. 重复值检查算子

4. 值域检查算子可配置的校验条件包括（　　）。

A. 字典表　　　　　　　　　　　B. 数值范围校验

C. 日期范围校验　　　　　　　　D. 枚举值

三、实训题

使用 Excel 文件 "18—超市销售数据（原始数据）.xlsx"，基于财芯平台完成以下实操练习。数据表可通过扫描附录三的二维码下载。

（1）使用数据质量类算子，对以下数据质量问题进行校验和识别，并将数据质量报告输出至数据网盘：

- 重复数据：根据订单编号，校验是否存在重复录入的订单数据；
- 格式错误：根据订单的销售日期，校验日期数据是否格式均为 "yyyy – MM – dd"；
- 金额错误：校验订单总金额是否满足 "单价 x 销售数量 – 优惠券优惠金额 – 会员优惠金额"；
- 逻辑错误：校验订单是否存在顾客非会员，却享受会员优惠金额的错误数据；
- 数据缺失：校验订单是否存在空值数据。

（2）使用数据清洗类算子，对练习（1）中识别出的数据问题进行清洗。

第 5 章 数据算法

学习目标

目标1：了解探索数据特征的方法

目标2：了解常见算法及其应用场景

目标3：熟练掌握算子流构建方式和各类算子使用方法

学习重点

- 集中趋势指标
- 离散趋势指标
- 分布形态指标

- 回归算法
- 分类算法
- 聚类算法
- 关联规则算法
- 时间序列算法
- 数据算法在财务领域的应用

- 新建算子流
- 数据准备类算子
- 数据关联类算子
- 数据转换类算子
- 扩展编程类算子
- 文档辅助类算子
- Python自定义算子
- 数据输出类算子

5.1 数据探索与数据算法

数据探索与数据算法是数据价值链中的两个核心环节。分析人员需要面向业务需求探索数据特征，选择合适算法并评估模型效果，不断优化、迭代算法，由浅入深地进行数据价值挖掘。

5.1.1 认识数据特征

数据探索是指通过使用统计分析方法探索数据内在结构和规律，了解数据集自身特点，以及数据间的相互关系。统计分析可以分为描述统计和推断统计两类：描述统计是研究数据采集、处理、汇总、图表描述、概括与分析等的统计方法；推断统计则是研究如何利用样本数据来推断总体特征的统计方法。

描述统计分析通过描述数据总体特征，可以达到认识数据总体规律的目的，为后续深入的分析奠定基础。例如：部门的平均绩效考核成绩是多少？部门绩效考核最高分和最低分之间存在多大差别？全部门绩效考核成绩的总体分布是什么形态？针对这三个层面的问题，描述统计分析对应的有三个维度的统计指标：集中趋势指标、离散趋势指标和分布形态指标（如图 5-1 所示）。

图 5-1 描述统计指标

5.1.1.1 集中趋势指标

集中趋势指标又称"数据的中心位置"，用以描述数据的集中趋势。例如：部门的平均绩效考核成绩是多少？部门的绩效考核成绩从低到高排列，处于最中间位置的员工考核成绩是多少？全部门取得哪一个考核成绩的人数最多？以上三个问题分别对应常用的三个集中趋势指标：算术平均数、中位数、众数。

（1）算术平均数

算术平均数又称均值，描述了数据的平均趋势，是最重要的数据集中趋势测量指标。算术平均数包括简单算术平均数和加权算术平均数。简单算术平均数用于未分组的原始数据，在不考虑权重的情况下，对所有数值赋予平等权重，进行简单的均值计算。加权算术平均数则是在赋予数值不同权重之后再进行加总平均。

算术平均数是一组数据内部的随机性和偶然性互相抵消得到的稳定数值，反映了数据的平均规律，不易受到抽样变动的影响。然而均值结果容易受到极端值的影响，例如，3 位学生的考试分数分别是 50 分、50 分和 95 分，算术平均数是 65 分，直观来看像是大部分学生考试都及格了，但实际上及格的学生只有 1 位，所以不能仅基于平均值去评判一组数据。

（2）中位数

中位数又称中值，是一组数据按照数值大小进行排列，处于数列中点的数值，可以将数据集合分为上下容量相等的两个部分。中位数只与中间位置的数据有关，不易受极端值影响，但也更容易丢失其他位置的数据信息，缺乏对整体数据集变动的敏感性。例如，3

位学生的考试分数分别是 50 分、60 分和 95 分，分数的中位数是 60 分，而如果将 95 分的学生分数修改为 65 分，考试分数的中位数还是 60 分，无法反映出数据集的变动情况。

（3）众数

众数是一组数据中出现次数最多的值，可以用于表达数据集中的趋势。众数不具有唯一性，与中位数类似，具有不受极端值影响、缺乏敏感性、不适合代数运算等特点。但当一组数据的波动水平较大时，说明一般水平对数据总体的代表性较差，那么集中趋势就不能够完整准确地描述这组数据。所以分析人员还需继续分析这组数据的波动水平，也就是离散趋势指标。

5.1.1.2　离散趋势指标

与集中趋势对应的另一个数据特征是离散趋势，它描述的是数据集中各观测值的离散程度，通常用离散趋势指标代表数据集离散趋势的程度。常用的离散趋势指标包括极差、标准差及方差等。

（1）极差

极差又称全距，是一组数据中最大值与最小值之差。需注意的是，极差虽然能表示一组数据的离散程度，但由于其完全由两个极值来决定，没有充分考虑中间数据的离散情况，因此数据量越大，极差的可信度越差。

（2）标准差

标准差和方差描述了均值周围的数据分布情况。方差是计算数据各数值与算术平均数离差的平方和的平均数，相对而言扩大了数据波动的程度，而标准差是方差的平方根，调整了方差的不足，因此使用范围相对更为广泛。

标准差通过计算各数据离差平方的平均数再开方的方法，充分考虑了所有观测值与均值的离散程度，避免了数据随机性的正负相抵，是重要的离散程度指标。标准差越小，数据离散程度越小。

通过计算集中趋势和离散趋势指标，分析人员能够对一组杂乱无序的数据进行简单的统计分析，得出一些基本结论。但由于人们对于文字描述的感知能力往往低于对图形描述的感知，因此分析人员还需进一步分析数据的分布形态指标，更直观地理解数据的分布特征。

5.1.1.3　分布形态指标

数据的分布形态各异，虽然通过描述性统计能大体掌握一组数据的分布特征，但对于这组数据分布的不均匀程度还无法进行定量描述。为了使数据分布更加具象，分析人员通常会通过计算峰度和偏度等分布形态指标，更准确地描述数据的分布特征。

（1）偏度

偏度是度量数据分布非对称程度的指标。偏度大于 0，称分布具有右偏离（正偏态）；偏度小于 0，称分布具有左偏离（负偏态）。偏度可以衡量随机变量的概率分布偏离正态分布的程度，直观看来就是密度函数曲线尾部的相对长度。很高的偏斜程度往往代表极端值或异常值的存在。

（2）峰度

峰度描述了数据分布形态的陡缓程度，可以理解为数据分布相较于标准正态分布的高矮程度。如果一组数据服从标准正态分布，则峰度系数等于 0。峰度可以代表方差在多大程度上是由于极端值的出现造成的，峰度越大，分布越"高"，尾部越"肥"。

描述性统计虽然内容较为基础，但在分析解决日常问题时却扮演着重要角色。面对统计采集的一系列数据信息，描述性统计分析利用简单的计算和直观的图形即可反映出数据的整体情况，同时能够展现数据特征、发现异常问题。

5.1.2 了解数据算法

算法是一系列有助于解决问题和实现目标的规则，代表着系统性的解题方法和策略。通过使用算法，分析人员可以在有限时间内对一定规范的输入进行分析，获得所要求的输出。例如，某企业为了计算产品成本，对材料成本、人力成本和包装成本进行加总和分摊，那么这种加总和分摊的方式就是算法。

常见的算法包括回归算法、分类算法、聚类算法、关联规则算法、时间序列算法五类。

5.1.2.1 回归算法

回归算法包括线性回归算法和非线性回归算法两类，是常见且易于理解的算法之一，其基本原理是利用回归分析，确定两个或者两个以上变量间的定量关系，常被用来预测市场规律或指标变化趋势。例如，某共享单车公司运营团队为了更加准确地进行广告投放，提升顾客对本公司共享单车的使用率，计划根据顾客填写的共享单车服务满意分数据，建立线性回归模型。通过分析顾客不同特征与服务满意分的关系，可以得知什么特征对服务满意分数的正向影响最大，进而可以选择拓展拥有这些特征的客户群体，从而达到提升共享单车使用量的目标。

5.1.2.2 分类算法

分类是人类认知事物最基本的方法。通过对事物进行分类，分析人员可以根据每个类别的特征快速识别每个具体的事物。其本质上是根据一定的标准，将一堆杂乱的事物归到不同的类别中，从而获得对事物的重新认知的过程。分类不仅是认识事物的基本方法，也可以作为数据分析的重要方法。

分类算法的基本功能是做预测，即通过运行算法、建立模型来预测未知对象的类别。例如，手机软件助手可以帮助用户将收到的无用短信和骚扰电话自动归类为垃圾短信及电话，从而帮助用户避免被骚扰信息打扰。分类算法被广泛应用于日常生活中，其中较为常见的包括 KNN 算法、Logistic 回归算法、决策树算法、BP 神经网络算法等。

（1）KNN 算法（K-近邻算法）

K-近邻（K-Nearest Neighbor，KNN）算法的基本思想可以通俗地理解为"近朱者赤，近墨者黑"。具体而言，当给定一个训练集和一个测试对象时，训练集中每一个数据都存在标签，即已知训练集中每一数据与所属分类的对应关系。如果想要判断测试对象的分类标签，首先需要计算出测试对象与训练集中每个对象的距离，此处最常用的是欧式距离或者曼哈顿距离；然后根据距离选择最近邻的 K 个对象，这 K 个对象中出现次数最多的标签即为测试对象的标签，以此类推完成分类，通常 K 值是不大于 20 的整数，一般采用交叉验证来进行确定。

KNN 算法在现实生活中的应用场景十分丰富，例如，电商企业和社交网站通过使用 KNN 算法对消费者分类，可以支持产品做更精准的营销。KNN 算法还可以帮助保险公司进行潜在客户的精准挖掘，帮助营销部门进行广告的精准投放，也可以帮助金融机构进行企业及个人的信用风险评判。

案例卡片： 用 KNN 算法预测咖啡新品能否成为明星产品

某咖啡连锁品牌近日在旗下一门店推出一款全新咖啡饮品 A，经过一个月的新品试卖后，门店想根据这款咖啡的价格以及一个月试卖期内的销售量来预测这款咖啡日后是否可以发展成门店的明星产品，为门店带来丰厚的收益。

为此，门店收集了往期推出过的六款咖啡新品在试卖期内的销售价格及销售量数据（如表 5-1 所示）。在这六款曾经的新品中，有三款咖啡饮品现在已成为门店的明星产品，每日销售量稳坐门店前三，另外三款咖啡饮品则没有获得顾客的太多青睐，经过一个月的新品试卖后销量持续走低。

表 5-1　　　　　　　　　各期咖啡新品销售数据

咖啡品类	销售价格（元）	月销售量（杯）	类型
燕麦焦糖玛奇朵	32	1122	明星产品
海盐拿铁	32	1036	明星产品
榛果拿铁	36	1012	明星产品
燕麦拿铁	39	825	非明星产品
抹茶拿铁	36	703	非明星产品
桂花摩卡	41	701	非明星产品
新品 A	35	982	?

将表 5-1 中的数据以坐标轴的形式表示，即用 x 轴表示咖啡销售价格，y 轴表示试卖期销售量，可以更加直观地看出明星产品和非明星产品分布范围的差别，如图 5-2 所示。

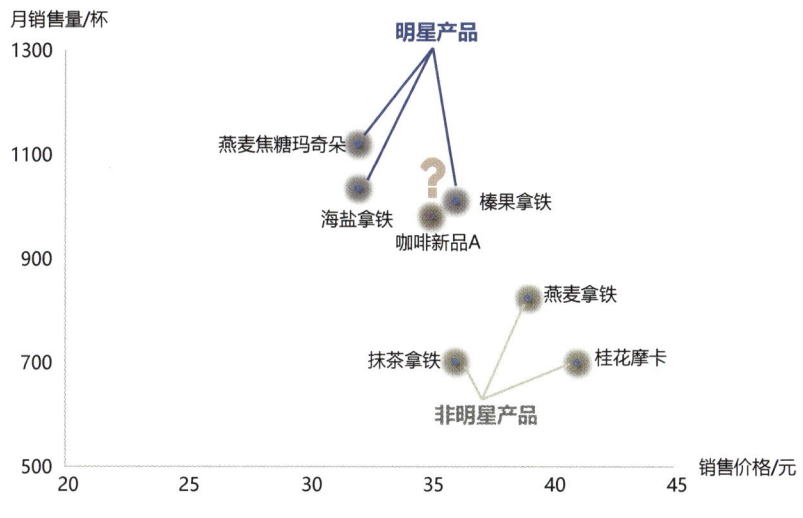

图 5-2 各期咖啡新品价格与销量分布

这时,要判断咖啡新品 A 是否能成为明星产品,就需要首先计算出咖啡新品 A 与训练集中每个对象的距离(此处重点展示算法原理省略距离的计算过程);然后需要确定 K 值,得到距离咖啡新品 A 最近的 K 个点都是哪些饮品,从而对 A 进行判断。

假定 K=3,即从训练集中选出三个点,通过计算得到与咖啡新品 A 最近的三个点分别是榛果拿铁、海盐拿铁和燕麦焦糖玛奇朵,而这三款饮品在日后都成为明星产品。那么,可以据此判断咖啡新品 A 也很可能成为明星产品。

(2) Logistic 回归算法

Logistic 回归算法是一种主要用于解决二分类问题的算法,即通过限制结果为"是"或"否",来估计某种事物发生的可能性。

Logistic 回归最早被丹尼尔·马丁在 1997 年用来预测公司破产及违约的概率。他从 1970—1977 年间大约 5700 家美联储成员银行中界定出 58 家困境银行,并从 25 个财务指标中选取总资产净利润率等 8 个财务比率进行公司破产与违约概率的预测,同时通过与 Z-Score 模型、ZETA 模型的对比,发现 Logistic 回归模型的预测能力最优。其后,Logistic 回归在信用风险评价分析机制方面得到了广泛应用。

除了信用风险分析,Logistic 回归在医学领域也得到了广泛应用,常被用于判断某种疾病发病与否,以及研究某种因素是否会导致某种疾病的发生。此外,该模型也拥有丰富的商业应用场景,例如,电商企业判断用户是否购买某种商品,平台企业估计某广告是否会被用户点击,以及企业判断某种方案被用户接受的可能性、某个投资决策是否有效等。

案例卡片： 利用 Logistic 回归建立企业财务风险预警模型[①]

以建立企业财务风险预警模型为例，从"中国上市公司财务指标分析数据库"中选取 23 家 2016 年制造业上市公司的数据指标，并对应地抽取 30 家 2016 年非上市公司的年报指标进行分组检验，判别其效果。

在总结以往预警模型构建的基础上，运用 Logistic 回归构建企业财务风险预警模型如下：

$$p = \frac{e^{Y_i}}{1 + e^{Y_i}}$$

其中，$Y_i = 6.924 + 1.148F_1 + 11.598F_2 + 1.162F_3$。

此模型中 F_1、F_2、F_3 三个因子分别代表不同的情况：F_1 表示企业的债务情况、F_2 表示企业的获利情况、F_3 表示企业的权益增长能力。p 值则用来表示企业处于财务困境的可能性，p 值越大，意味着企业处于财务困境的可能性越高。

通过上面的 Logistic 回归模型得出的结果对不同企业进行判定，用 0.5 作为临界值，如果 p 值比 0.5 小，就判定为正常企业，反之判定为财务困境企业，以此完成对企业经营情况的分类预测。

同时通过计算可得，该企业财务风险预警模型总体预测的准确率为 98.6%，说明可以通过企业财务风险预警模型判断企业是否会陷入财务困境，而后再去解决存在的问题，即上市企业通过建立预警模型能够有效防范财务风险。

（3）决策树算法

在企业经营管理过程中，经常遇到需要对若干个可行方案进行选择的场景，由于每个方案都可能存在几种好结果和坏结果，而每种结果出现的概率不一，因此使企业的决策胜算和风险并存。这种情况下，企业可以使用决策树算法进行方案分类，选择最优的决策方案。

决策树是机器学习中的一个树状预测模型。例如，银行可以根据客户的基本信息情况，搭建贷款偿还预测决策树，通过学习形成分类，据此对客户未来的贷款偿还能力进行预测，判断是否应该接受贷款申请。详细判断过程如图 5-3 所示，案例中贷款人主要具备三个属性：是否拥有房产，是否结婚，平均月收入。决策树上每一个内部节点都表示一个属性条件判断，"叶子"节点表示贷款用户是否具有偿还能力。例如，贷款人 A 没有房产，没有结婚，月收入 7000 元。那么通过决策树的根节点，银行可以预测贷款人 A 具备偿还贷款能力。

[①] 李长山. 基于 Logistic 回归法的企业财务风险预警模型构建 [J]. 统计与决策, 2018, 34（06）: 185-188.

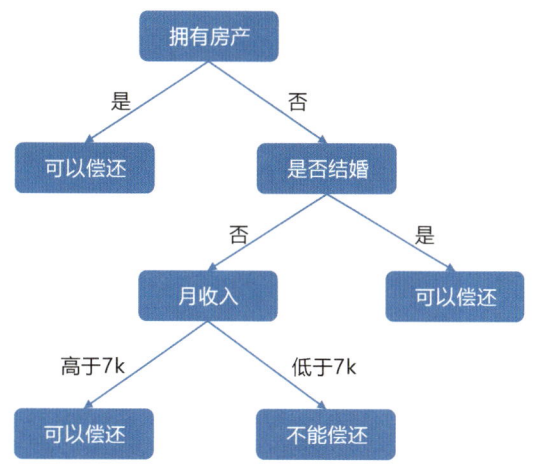

图 5-3 贷款偿还预测决策树

由上述案例可以看出，决策树自然还原了做决策的过程，将一个复杂的决策拆分成了一系列简单的选择，从而帮助分析人员直观地解释了决策的整个过程。

(4) BP 神经网络算法

反向传播（Back Propagation，BP）神经网络算法，顾名思义，是一种反向传播的神经网络算法，那它想要反向传播什么呢？答案是误差，这又引发了另一个问题，即为什么要用算法反向传播误差呢？

事实上，构建 BP 神经网络算法的过程主要分为两个阶段：第一阶段是信号的前向传播。信号输入后通过隐藏层作用于输出层节点，经过非线性变换，产生输出信号。如果实际输出与期望输出不相符，则转入误差的反向传播过程；第二阶段是误差的反向传播。将输出的误差通过隐藏层向输入层逐层反传，并将误差分摊给各层所有单元，以从各层获得的误差信号作为调整各单元权重的依据。

通过调整输入层节点与隐藏层节点的联接强度和隐藏层节点与输出层节点的联接强度以及阈值，使误差沿梯度方向下降，经过反复学习训练，不断调节权重，最终将误差降低到可以接受的范围，获得训练完善的神经网络算法。

神经网络的基础架构至少由三层神经元构成，每层神经元里面有若干个神经元点，相邻层之间的神经元相互连接，每一层神经元内部不连接。例如，使用 BP 神经网络算法对上市公司经营状况进行分类，其神经网络基础架构如图 5-4 所示。该架构通过多次的前向传播和反向传播得到一个每股收益、每股净资产、净资产收益率以及每股现金流量（输入层）与上市公司经营状况（输出层）之间的对应关系，即训练学习好的神经网络模型。在此模型中，输入某家上市公司的相应指标，可直接输出其经营状况，即经营状况"好""正常"或者"差"。

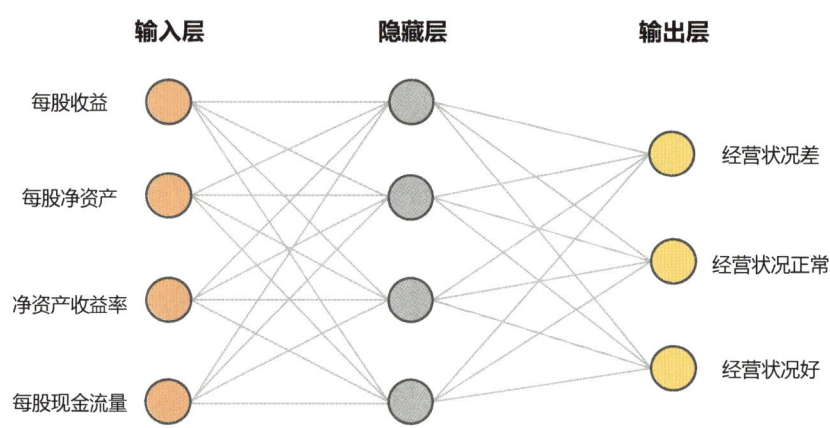

图 5-4　分类上市公司经营状况神经网络架构

5.1.2.3 聚类算法

聚类和分类一样，都是人们在认识复杂事物和寻找规律时，通过将多个分散的事物归集为不同的类别，从而降低分析难度、简化问题的方法。但与分类不同的是，聚类过程中，分析人员并不关心将事物分至了哪个类别，更关心将哪些相似的事物归集到一起。

想要具体区分聚类算法和分类算法，需要涉及机器学习中的另一组概念：监督学习与无监督学习。机器学习的训练方法主要包括监督学习、无监督学习及强化学习等。

其中，监督学习是利用已标记类别的有限训练数据集对模型进行训练，使模型可以从训练集中学习、优化，从而实现分析人员可使用该模型对训练集以外的新数据进行分类的目的。在监督学习中，有两个训练数据集，一部分被标记为"狗"，一部分被标记为"猫"，如果输入一张新的图片，机器可学习已有标签的数据集当中的分类规律，将新图片打上"狗"或"猫"的标签，如图 5-5 所示。

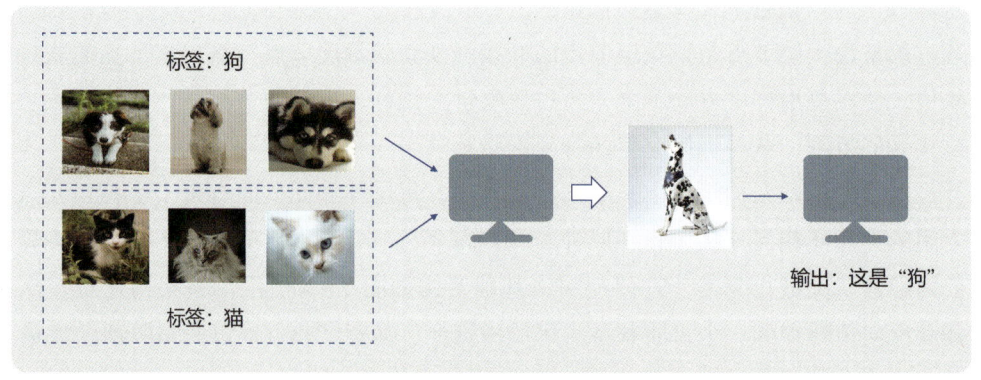

图 5-5　监督学习过程示例

无监督学习是利用无标记的有限数据集，让模型学习未标记数据中的规律。在无监督学习下，机器无需已经打好标签的训练数据集，它通过对训练集的不断学习，可以自动识别训练集中存在两个类别的图片，如果再输入一张新的图片，机器可以根据已形成的分类规则将其进行自动分类，但是此时机器并不能给新图片打上"狗"或"猫"的标签，如图5-6所示。

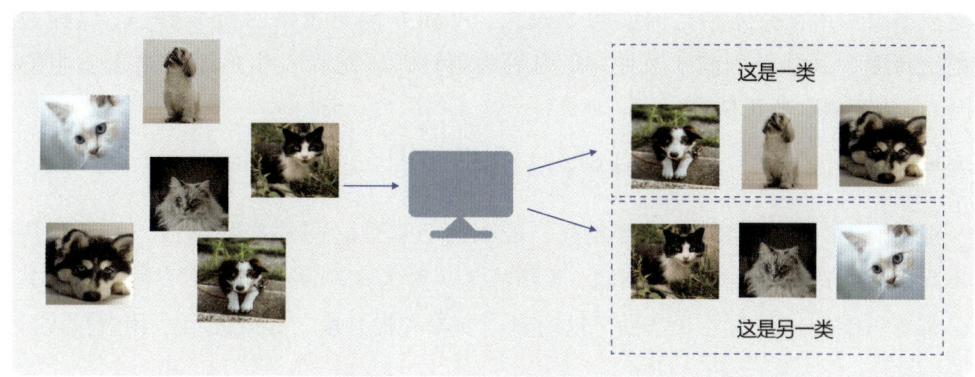

图5-6 无监督学习过程示例

回归和分类都属于典型的监督学习算法，而聚类则属于典型的无监督学习算法，由此可见分类和聚类的区别。分类作为一种监督学习方法，必须事先明确各个类别的信息，并且所有待分类项都有一个类别与之对应。而聚类的目标只是把相似的东西聚到一起，并不需要明确类别的信息，也不需要明确所有的待分类项都有对应的类别。

K-Means算法是一种常用的聚类算法，其逻辑是对于给定的样本集，按照样本之间的距离大小，将样本集划分为K个簇，让簇内的点尽量紧密地连在一起，而让簇间的距离尽量大。K-Means的算法过程可以简单理解为以下步骤：

（1）从N个样本数据中随机选取K个对象作为初始的聚类中心；

（2）分别计算每个样本到各个聚类中心的距离，将对象分配到距离最近的聚类中；

（3）所有对象分配完成后，重新计算K个聚类的中心；

（4）与前一次计算得到的K个聚类中心比较，如果聚类中心发生改变，转步骤（2），否则转步骤（5）；

（5）当聚类中心不再发生变化时停止并输出聚类结果。

聚类分析可以对无标签样本进行分析，因此实际应用十分广泛。在营销活动中，聚类能够帮助市场分析人员从客户库中发现不同的客户群，找到用户画像相似的人群，可以量身定制方案进行定向推销或者发现新的潜在用户；在保险业务中，聚类分析可以帮助保险公司分析平均赔付率较高的人群，研究相似特征，从而达到鉴别风险、个性化定价以及识别骗保行为的目的；在电商公司中，聚类分析可识别具有相似用户行为的客户，并分析用户的共同特征，帮助公司了解自己的客户，从而使公司产品能够更好地服务于客户。

5.1.2.4 关联规则算法

关联规则算法也称为购物篮分析，该算法最初设计的目的是发现超市销售数据库中不同的商品之间的关联关系。关联规则算法是通过机器学习的方式寻找数据间的关联性，并

对数据进行必要的转换。那么，分析人员在实际中使用关联规则算法进行分析时，应该如何获取两个事件的关联强度呢？

这里需要引入支持度和置信度两个概念。A 和 B 同时发生的概率 P(A,B) 称为关联规则的支持度。假设 A 为前项事件，B 为后项事件，B 在 A 发生的基础之上发生的概率 P(B|A) 为关联规则的置信度。

$$P(B|A) = \frac{P(A,B)}{P(A)}$$

一般情况下，支持度和置信度越高，说明两个事件之间的关联越强。但仅观察置信度，不足以说明这种强关联性。例如，B 产品是一种大众产品，那么不管顾客购买其他哪种产品都有可能会一起购买 B 产品。这时就需要参考提升度。提升度可以用置信度除以 B 发生的概率进行计算，即 $\frac{P(A|B)}{P(B)}$。只有当提升度大于 1 的时候，才能说明购买 A 的客户比其他客户更有可能去购买 B，此时才有必要向客户推荐 B。

例如，当人们登录某购物网站购买图书时，会发现每本书的销售页面都会显示消费者经常一起进行购买的图书商品。这种推荐机制运用到的正是关联规则算法。购物网站会将消费者购买的所有图书看作是一个购物篮，分析篮中几本书同时出现的概率，例如读者买了 A 书籍再买 B 书籍的条件概率和置信度，以此作为依据再推荐其他相关书籍，从而实现交叉销售。购物篮分析可以让企业在销售过程中找到具有关联关系的商品，更有根据地去实行产品营销，而不是凭借销售人员的感觉和经验。

5.1.2.5 时间序列算法

回归算法主要通过回归分析来建立不同变量之间的函数关系，即因果关系，来考察事物之间的联系。然而，对于某些变量来说，由于影响其发展变化的因素有很多，或者造成主要影响的变量的数据难以收集，这种情况下，分析人员难以通过构建因果回归模型去发现事物之间的变化发展规律，而时间序列算法很好地解决了这个问题。建立时间序列模型时，分析人员无需建立因果关系模型，只需要研究该事物过去发展的历史记录，即可探索该变量自身的发展规律。

时间序列是常用的预测方法之一，在现实中应用十分广泛，例如预测利率波动、收益率变化、股市行情等。除了较为传统的移动平均法、指数平均法外，实际中常用的时间序列模型有两种，包括自回归移动平均模型（Autoregression Moving Average Model，ARMA 模型）和自回归差分移动平均模型（Autoregressive Integrated Moving Average Model，ARIMA 模型）。

在介绍具体的模型之前，首先需要介绍的是，时间序列按照统计特性可以分为平稳序列及非平稳序列。其中，平稳序列指不存在周期性、趋势性且方差和均值不随时间变化的序列，即基本不包含与时间、季节相关趋势的序列。非平稳序列是指包含趋势、季节性或周期性的序列，它可能只含有其中的一种成分，也可能是几种成分的组合①。

ARMA 模型是常用于拟合平稳序列的模型，它由线性回归发展而来，但不是用 x 预测 y，而是用 y 当期之前各期来预测 y 本身，因此被称为自回归。ARMA 模型可细分为自回归模型（Autoregression Model，AR 模型）、移动平均模型（Moving Average Model，MA 模型）以及 ARMA 模型。其中，MA 模型与 AR 模型大同小异，但并不是历史时序值的线性组合，而是历史白噪声的线性组合；ARMA 模型则由自回归部分和移动平均部分共同构成。

当时间序列为非平稳时间序列时，则需要采用 ARIMA 模型。ARIMA 模型包括三个部分，AR、I、MA。其中，I 为单整阶数，非平稳序列通过几次差分将其转化为平稳序列就称之为几阶单整，因此，ARIMA 模型实质也是 AR 模型和 MA 模型的组合。

事实上，大多数经济社会问题都是具有明显长期趋势或季节变动的非平稳时间序列，这时，分析人员就需要对原序列进行差分运算使其变动平稳，然后再对差分序列建立 ARI-MA 模型。ARIMA 模型能够在数据模式未知的情况下找到适合数据所应用的模型，因此在经济和金融领域得到了广泛的应用。

然而，需要注意的是，时间序列模型仅是依据变量自身时间序列的数据做出的预测，这就意味着应用此类模型的前提是其他影响因素变化不大，因此时间序列模型更适合做短期预测。相应地，利用模型向前预测的时期越长，预测的误差也将会越大，这也是时间预测的典型特点。

5.1.2.6 数据算法在财务领域的应用

算法是一系列有助于解决问题和实现目标的规则，会计其实本质上也是一种算法。传统财务算法构建表现在会计恒等式和会计科目上，如"资产＝负债＋所有者权益""有借必有贷，借贷必相等"。在企业纷繁复杂的经济业务中，"以会计准则为基础的会计政策体系＋会计科目＋会计账户＋会计报表"共同形成了企业价值体现的工具，在此基础上，会计科目进一步细分，同时增加客户、供应商、部门、员工等核算维度，构成了传统的财务算法。

随着企业管理的快速发展，财务的算法得到了扩展，如图 5-7 所列举的，在资金管理、税务管理、预算管理、成本管理、绩效管理等职能背后，不管是授信额度如何管理、税务风险如何预警，还是产品收入如何进行预算推演等，这些过程中都蕴含着许多算法。未来，财务是经营算法的天下，财务通过经营过程中采集的内外部数据，帮助企业制定经营的算法，支持经营管理的"自动驾驶"②。

不同算法依据自身的特性会在不同场景、不同应用目标下发挥作用。在具体决策场景下，需要从分析目标出发，基于数据集和实际情况，选择契合度最高的算法。同样，在使用过程中，也需要充分考虑问题的实际情况，以算法为工具，服务于问题解决与经营决策。

---

① 百度百科. 非平稳序列 [EB/OL].
② 中兴新云. 陈虎：财务数字新基建——财务的算力、算法和数据 [EB/OL].

资金管理	税务管理	预算管理	成本管理	绩效管理	销售管理	采购管理	资产管理	风险管理	薪酬&激励管理
支付欺诈	税务分析	产品收入预算推演	目标成本指标体系建立	绩效考核指标体系建立	市场需求匹配度分析	供应商信用评级	资产设备维修预测	风险分析	薪酬调整辅助分析
授信/担保额度管理	纳税筹划	经营成本预算推演	最优库存模型建立	经营业绩分析	销售预测	采购风险预警	资产设备效能分析	风险评估	薪酬多维分析
短期现金流收支预测	税务风险预警	现金流量预算推演	成本分摊计算	绩效多维分析	客户信用评级				
短期现金流管理		损益和资产负债表预算推演	供应商价格评价		客户画像及精准营销				
投融资管理		预算多维分析	成本多维分析		销售多维分析				
资金风险预警									

图 5-7 数据算法在财务领域的应用举例

📋 案例卡片： 应收账款信用风险管理

某综合通信信息解决方案提供商，为电信运营商、政企客户和消费者提供技术与产品解决方案。该企业面对客户所采取的销售收款模式是由客户预先支付 10% 的预付款，其余款项在订单完成和交付后按约定支付。由于项目周期较长，应收账款的回款周期通常也较长，占用资金量较大，所以存在较大的信用风险，财务部门需要对应收账款采取相应的管理手段，以降低信用风险。

信用风险是指交易对方不履行到期债务的风险。为对信用风险进行有效管理，财务部门采取的主要措施是根据客户资信情况，管控对其授信的额度（给予客户的最大延期支付限额），对于资信情况表现不佳的客户，降低授信额度，从而降低信用风险，改善应收账款回收情况。为此，财务部门选择应用分类算法构建客户违约（不履行到期债务）概率模型，并在此基础上建立授信额度计算模型，如表 5-2 所示。

表 5-2　　　　　　　　　　　授信额度计算模型

违约概率调整系数 （T1）	信用评级调整系数 （T2）	财务授信额度 （X）	最终授信额度 （L）
T1 = 1 - 违约概率 p	根据信用评级得到信用评级调整系数 T2	根据财务评级得到财务授信额度 X	L = T1 × T2 × X （最高 1 亿元）

● 建立违约概率模型

构建违约概率模型是为了计算出不同客户的违约概率 p，以得到违约概率调整系数（T1），T1 是授信额度计算模型中调整财务授信额度的关键系数。

根据上述应用目标，首先，财务部门选择运用 Logistic 回归算法来构建违约概率模型，并以企业历史客户数据为样本，其中的 70% 为训练集，20% 为测试集，剩余 10% 为验证集。其次，选择营业周期、现金周期、存货周转天数、应收账款周转天数、应付账款周转天数、存货周转率这六个影响客户违约概率的重要因素，作为模型训练的参数。最后，利用训练集初步构建起违约概率模型，通过测试集和验证集反复测验模型的有效性并进行调优，以构建出最终的违约概率模型。通过该模型，可计算得出违约概率 p，从而得到 T1。

- 计算最终授信额度

除需得到 T1 之外，财务部门还需要设计信用与财务评级体系，根据客户的资信情况进行信用评级、财务评级，从而得到信用评级调整系数（T2）、财务授信额度（X），最终通过授信额度计算模型（L = T1 × T2 × X）得出不同客户的授信额度，实现对应收账款的信用风险进行管理，提升应收账款周转效率，改善经营现金流量。

案例卡片： 销售量与订货量预测

对于餐饮企业而言，门店需要重点关注每日新鲜食材的订货量，既要保证食材充足，又要避免食材剩余过多而造成浪费。某餐饮企业就时常面临这样的困扰，因为它们通常仅凭经验来决定每日的食材订货量，因此屡屡面临无法保证精准订货的风险。实际上，每日食材的订货量应取决于每日各菜品的销售量，因此，科学预测每日销售量是精准配备食材、提高门店利润率的关键。

- 模型选择

基于以上背景，该企业希望可以根据旗下某门店各菜品的历史销售量，预测未来一周内的销售量。从历史数据来看，门店销售量受季节更替因素的影响，大致依照固定周期呈规则性变化，因此，该门店选择应用时间序列算法中的 ARIMA 模型（如图 5 – 8 所示），以设计构建销售量预测模型，并应用规则模型将一些非常规因素也考虑进预测中。

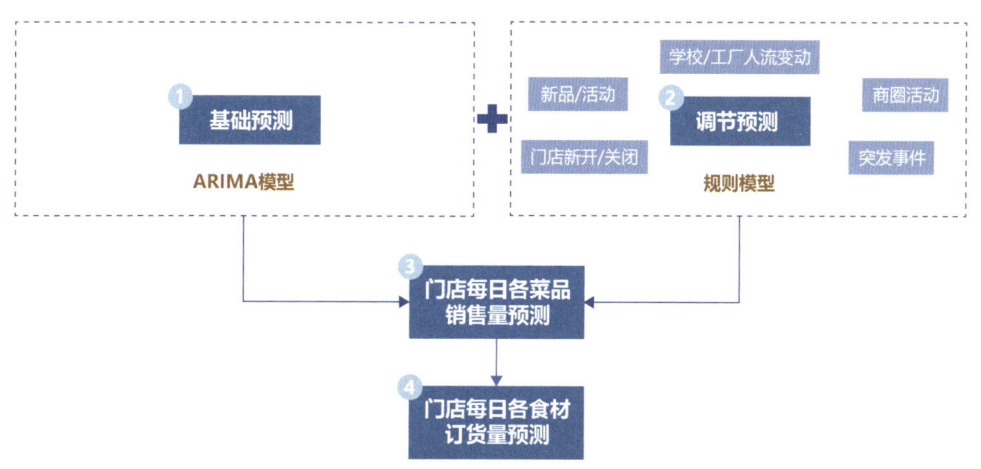

图 5 – 8　销售量与订货量预测模型

- 基础预测

在正式构建模型之前，该门店收集了自开业以来各菜品的销售量历史数据，将这些非

结构化数据转化成结构化数据，同时处理异常值与缺失值，设置变量属性。之后，通过应用 ARIMA 模型，调整目标参数，不断修正优化，构建出销售量的基础预测模型，基于历史数据推断出未来各菜品的销量走势。

- 调节预测

由于一些非常规的因素也会对门店销售量产生一定影响，如新菜品上市、促销活动、周边同类门店变动、学校/工厂/商圈人流变动及停水停电等突发事件，因此，在基础预测模型之上，还需要考虑到这些非常规因素，以提高模型预测的准确性与合理性。为此，门店通过搜集、分析非常规因素，利用规则模型调节预测量，对基础预测模型进行校正，进而获得最终的销售量预测模型。

- 自动预测，支持决策

根据最终调节校正后的销售量预测模型预测出每日菜品销售量，并基于菜品销售量与所需食材的数量关系，可以获得门店每日所需的食材量，为门店订购食材提供重要参考。

基于以上销售量预测模型，可以帮助餐饮企业完成各菜品销售量的科学预测，进而精准、合理地预订食材，促进以销定产、产销结合，降低企业的综合运营成本。同时，科学的销售量预测，也减少了食材短缺的情况，并确保向顾客提供以新鲜食材烹饪的菜肴，提高门店的服务质量和顾客满意度，进一步提升销售量与收益。

通过对以上应用场景的简单介绍可以看出，商业环境下数据持续增值，数据算法作为深度挖掘数据价值的工具，在财务工作中的应用场景逐渐丰富，正在颠覆着财务传统的工作模式及企业运营决策的方式，进而实现对财务向数智化经营管理职能转变的有效支撑，以及企业向洞察驱动型转变的高效赋能。

5.2 基于财芯平台的算法搭建

在财芯平台，数据探索和算法搭建工作主要在算法中心完成。算法中心具备输入输出、数据准备、数据关联、数据转换、数据质量、扩展编程、文档辅助、Python 自定义算子等多种类型的算子，分析人员通过拖拽连接，可将不同算子有机组合，形成随时可修改、可复用、可追溯的算法模型。

5.2.1 新建算子流

算子流是多个算子相互连接形成的算法模型，一条完整的算子流通常包括数据输入、数据加工和数据输出三部分，可按照算子连接的顺序对数据进行流程式加工、转换、计算和分析，实现对数据价值的深度挖掘。

【快速任务 5-1】

新建算子流，使用过滤算子筛选出 Excel 文件"01—财务部员工信息表.xlsx"中所有司龄大于 3 年的员工数据,并将算子流保存在新建文件夹中。数据表可通过扫描附录三的二维码下载。

【操作指引】

①进入算法中心,点击"新建",进入算子流配置页面;

②点击画布自动带出的"数据输入"算子,打开配置页面,选择本地上传文件或从数据网盘引用数据,输入 Excel 文件"01—财务部员工信息表.xlsx",并将字段"司龄"的目标类型修改为"数值",如图 5 – 9 所示;

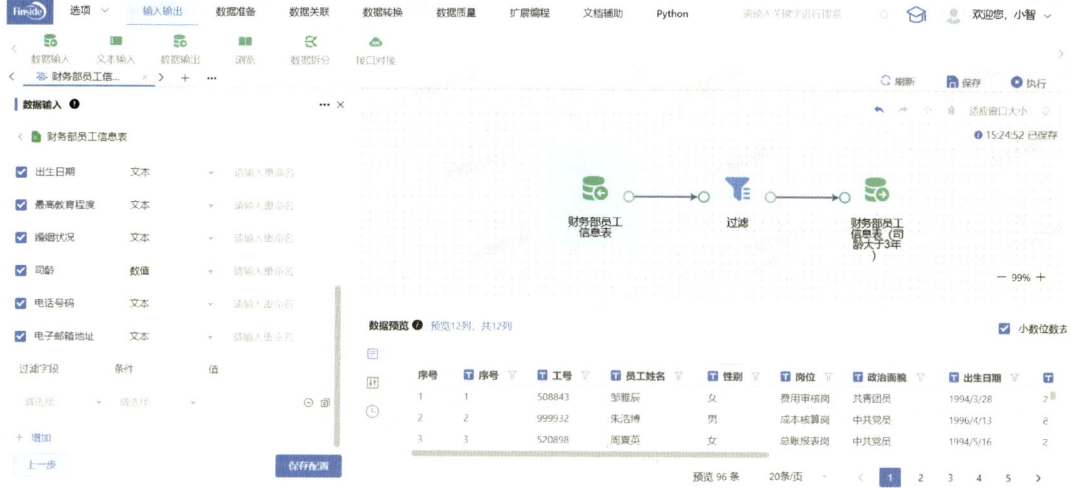

图 5 – 9　数据输入算子配置页面

③从算子选择区将"过滤"算子拖拽至画布区,与"数据输入"算子连接;

④点击"过滤"算子,在左侧算子配置区将过滤字段设置为"司龄",条件选择"大于",值输入"3",点击"保存配置",如图 5 – 10 所示;

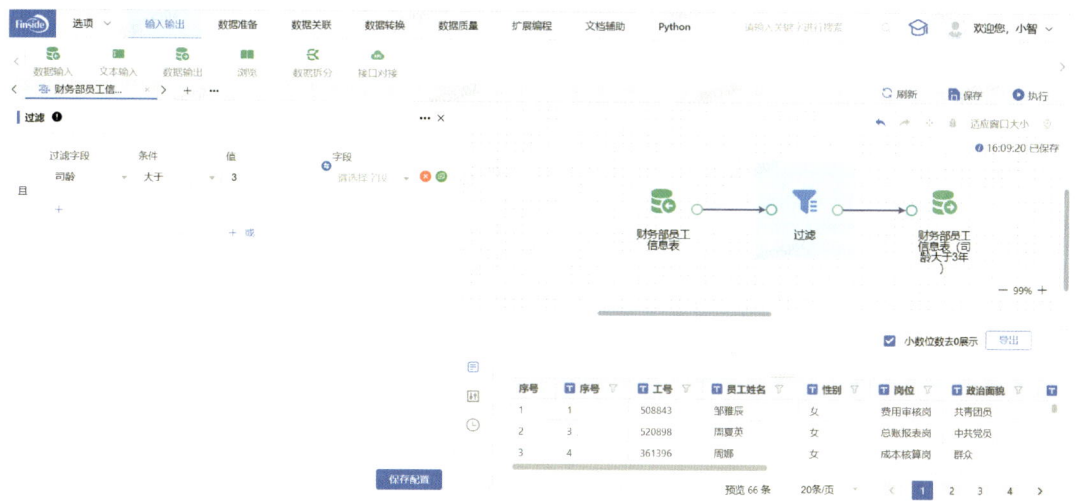

图 5 – 10　过滤算子配置页面

⑤从算子选择区将"数据输出"算子拖拽至画布区,与"过滤"算子连接;

⑥点击"数据输出"算子,在左侧算子配置区打开"我的数据"文件夹,将鼠标移动至文件夹末尾,依次点击"+""新建表",表名称输入为"财务部员工信息表(司龄大于3年)",点击"确定"。选中新建的数据表,输出选项选择"覆盖",点击"保存配置",如图5-11所示;

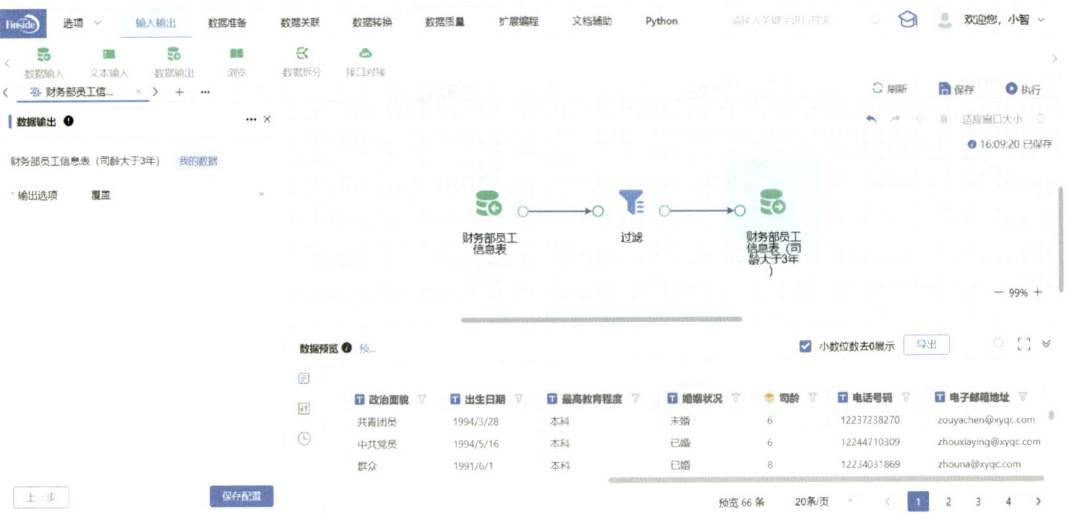

图5-11　数据输出算子配置页面

⑦双击算子流的页签名,将算子流名称修改为"财务部员工信息筛选",如图5-12所示;

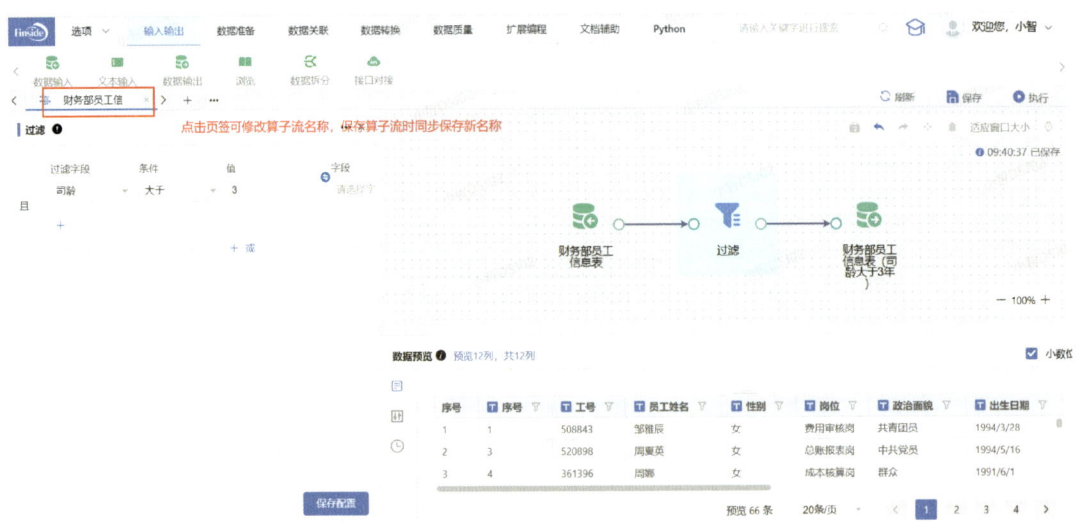

图5-12　修改算子流名称页面

⑧点击"保存",打开选择文件目录页面,点击"我的网盘"中"算子流"文件夹右侧的"＋",新建"数据分析"文件夹,如图 5－13 所示。选中"数据分析"文件夹,点击"确定",将该算子流保存至文件夹下;

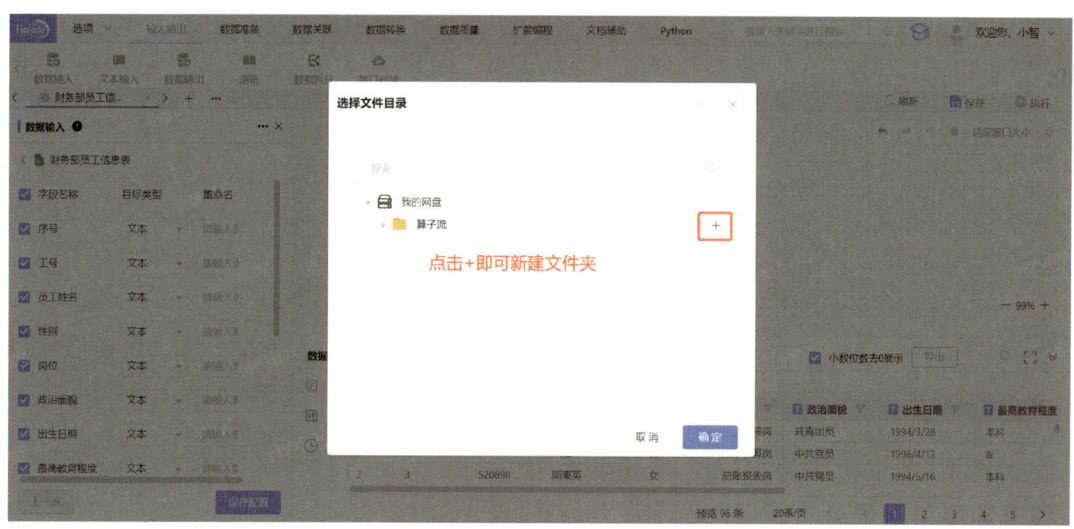

图 5－13　保存算子流页面

⑨点击"执行",执行算子流,在数据预览区查看算子流运算结果。
【注意事项】
①修改算子流名称后,还需要点击"保存",才能保存新算子流名称;
②新建的算子流只有保存后才能执行,否则,无法通过执行查看及输出数据分析结果。

5.2.2　数据准备类算子

数据准备类算子可用于数据清洗与算法搭建。有关清洗的数据准备算子已经在第 4 章集中介绍过,本节主要介绍用于探索数据特征和搭建算法的算子,如文本拼接、日期提取、条件标签等。

5.2.2.1　抽样

抽样算子(如图 5－14 所示)可用于对数据进行随机抽样,用户可自行设定分组和样本数,并通过设置随机种子确保输出重复样本。抽样算子配置说明如表 5－3 所示。

随机种子是用户设置的固定数值,只要给定相同的随机种子,抽样算子将始终产生相同的随机数序列,确保抽样过程透明,不存在人为干扰,可重复验证抽样结果。例如,在财务审计中,某企业每月需从 1000 张发票中随机抽取 100 张发票审计,此刻就可以使用随机种子抽样,有效解决发票抽查的透明性和可复现性问题。若不使用随机种子,每次抽样结果不可追溯,无法确保抽样过程透明公开,导致复核困难,降低审计报告可信度。而

图 5-14 抽样算子

表 5-3　　　　　　　　　　抽样算子配置说明

可配置项	说明
分组字段	选择分组字段，对数据进行分组。分组后，系统会在各组分别进行抽样。
样本类型	选择抽样类型，设定抽样个数，支持"随机 N 行"和"随机 N% 行"两种类型。抽样数 N 可通过手工输入、动态参数和前序算子三种方式设置。当抽样数大于数据总量时，系统会抽取与展示全部数据。
确定性输出	设置控制确定性输出的随机种子，可输入大于等于 1 的整数作为随机种子，最大 15 位。点击 ⇄ 可切换模式，引用参数作为随机种子。

通过固定的随机种子，系统可生成唯一且稳定的样本，确保在不同时间、不同使用者抽样时，只要使用相同随机种子和抽样算法，就能抽出相同的抽样结果，便于复核与外部审计验证。

【快速任务 5-2】

请使用抽样算子随机抽取 Excel 文件 "01—财务部员工信息表.xlsx"中 3 名员工的数据。数据表可通过扫描附录三的二维码下载。

【操作指引】

①进入算法中心，点击"新建"，进入算子流配置页面；

②点击画布自动带出的"数据输入"算子，打开配置页面，选择本地上传文件或从数据网盘引用数据，输入 Excel 文件 "01—财务部员工信息表.xlsx"；

③从算子选择区将"抽样"算子拖拽至画布区，与"数据输入"算子连接；

④点击"抽样"算子，在左侧算子配置区不选择分组字段，样本类型选择"随机 N 行"，N 选择"手动输入"，值输入"3"，不勾选"确定性输出"，点击"保存配置"，如

图 5-15 所示;

⑤保存并执行算子流,在数据预览区查看算子流运算结果。

图 5-15　抽样算子配置页面

5.2.2.2　文本分割

若字段列下值结构相似,都包含相同符号,文本分割算子(如图 5-16 所示)可以将所选列的值以此符号为分割线,将数据拆分为两列或多列,分割出文本中的特定信息。例如格式为 "ABC@ DEF@ G" 的数值,可使用文本分割算子以@符号为分割线,将数据切分为 "ABC" "DEF" 和 "G"。文本分割算子配置说明如表 5-4 所示。

图 5-16　文本分割算子

表 5-4　　　　　　　　　　　　　文本分割算子配置说明

可配置项	说明
分割列	想要进行分割的列。
分割符号	分割列将按照分割符号进行拆分，分割符号需要为分割列数据中存在的符号，也支持按照空格分割。
新增列数	分割后的数据最大分割列数。例如"ABC@ DEF@ G"依照@分割最多可分为3列，若只填写1列，则只有分割值"ABC"为新列的值。
新增列名后缀起始值	新增列将在分割列名后加数字后缀，起始值可自由选择。例如，列名为"邮箱"，新增2列，起始值选择"1"，则新增列名称为"邮箱1"和"邮箱2"。

【快速任务 5-3】

请使用文本分割算子将 Excel 文件"01—财务部员工信息表.xlsx"的字段"出生日期"进行切割，以获取各个员工的出生年份（如员工生日为"1997-01-01"，使用算子从中提取出"1997"作为该员工出生年份）。数据表可通过扫描附录三的二维码下载。

【操作指引】

①进入算法中心，点击"新建"，进入算子流配置页面；

②点击画布自动带出的"数据输入"算子，打开配置页面，选择本地上传文件或从数据网盘引用数据，输入 Excel 文件"01—财务部员工信息表.xlsx"；

③从算子选择区将"文本分割"算子拖拽至画布区，与"数据输入"算子连接；

④点击"文本分割"算子，在左侧算子配置区分割列选择"出生日期"，分割符号输入"/"，新增列数输入"1"，新增列名后缀起始值输入"1"，点击"保存配置"，如图 5-17 所示；

⑤保存并执行算子流，在数据预览区查看算子流运算结果。

图 5-17　文本分割算子配置页面

5.2.2.3 文本截取

文本截取算子（如图 5 – 18 所示）可以按照指定方式截取文本类型字段的值，获得所需的信息。其处理逻辑和文本分割算子类似，区别在于文本截取算子按照文本中的符号或者位置截取其中一段文本数据，而文本分割算子则是根据符号将文本切分成几段。文本截取算子配置说明如表 5 – 5 所示。

图 5 – 18　文本截取算子

表 5 – 5　　　　　　　　　　　文本截取算子配置说明

可配置项	说明
添加列	添加新列，新列的值是截取后的数据。
覆盖列	用截取后的数据覆盖截取列原本的值。
截取列	需要截取文本的列，可与覆盖列为同列。
截取类型	选择截取类型，可按照字符位置截取或符号截取。
截取位置	支持选择"按位置截取"和"按符号截取"两种文本截取方式。 ● 按位置截取：可设置从头部或尾部的第几个字开始截取； ● 按符号截取：从第几个指定的字符开始截取，截取到第几个指定的字符结束。
截取长度	当选择按位置截取时，可以调整截取字符的长度。
截取后	可选择截取后的值是保留还是清除。 ● 保留：截取后的值赋值到新列或添加列； ● 清除：截取后的值清除，剩余的值赋值到新列或添加列。

【快速任务 5 – 4】

请使用文本截取算子对 Excel 文件"07—企业客商信息表.xlsx"的字段"客商名称"

进行处理，从客商名称中提取客商所属地区信息（如客商名称为"山西省太原市天联软件有限公司"，使用算子从中提取出"山西省太原市"作为该客商的所属地区）。数据表可通过扫描附录三的二维码下载。

【操作指引】

①进入算法中心，点击"新建"，进入算子流配置页面；

②点击画布自动带出的"数据输入"算子，打开配置页面，选择本地上传文件或从数据网盘引用数据，输入 Excel 文件"07—企业客商信息表.xlsx"；

③从算子选择区将"文本截取"算子拖拽至画布区，与"数据输入"算子连接；

④点击"文本截取"算子，在左侧算子配置区选择"添加列"，输入添加列名称"所属地区"，截取列选择"客商名称"，截取类型选择"按符号截取"，截取位置的起始设置为从第 1 个位置开始，但不填写截取符号，并勾选"含起始位置"（即从数据第一个字符开始截取，并保留第一个字符），结束位置设置为从第 1 个"市"结束，勾选"含结束位置"，勾选截取后的"保留"，点击"保存配置"，如图 5 – 19 所示；

⑤保存并执行算子流，在数据预览区查看算子流运算结果。

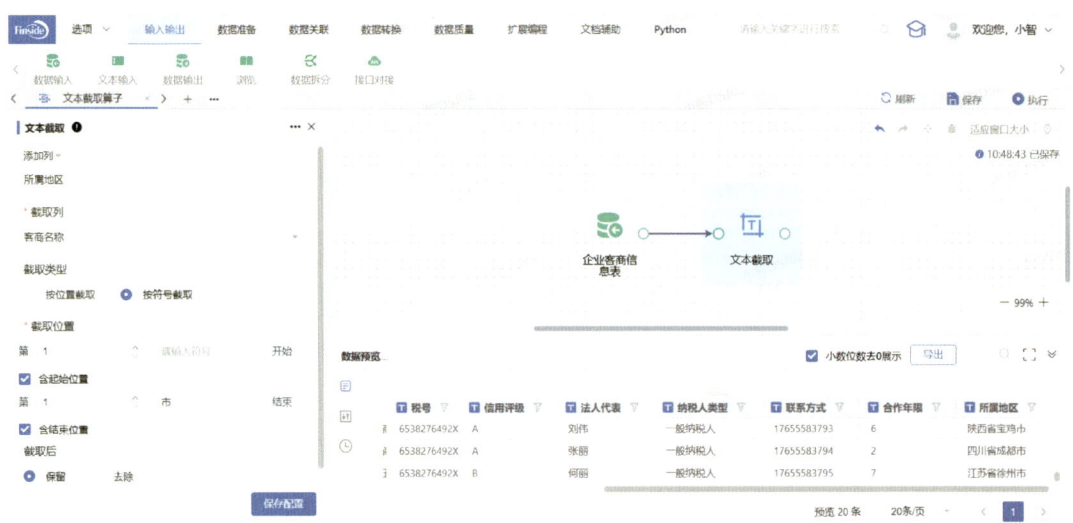

图 5 – 19　文本截取算子配置页面

5.2.2.4　文本拼接

文本拼接算子（如图 5 – 20 所示）可以将所选字段的值和其他字段值或手动输入的值进行拼接，形成新的值，例如，将员工姓名和所属部门信息进行拼接，获取"员工 – 部门"格式的数据。文本拼接算子配置说明如表 5 – 6 所示。

第5章 数据算法

图 5-20　文本拼接算子

表 5-6　　　　　　　　　　　　文本拼接算子配置说明

可配置项	说明
添加列	添加新列并对新列进行命名，新列值为拼接后的数据。
覆盖列	选定原有列，拼接后的数据会直接覆盖原列数据。
拼接内容展示	选择文本字段，编写拼接公式。此处可以手动输入字符进行拼接，也可引用平台内置的参数，如当前日期、当前年等。例如，当企业邮箱统一为员工姓名拼音拼接邮箱后缀时，只需在拼接内容展示区域填入员工姓名拼音字段，并在字段后手动输入邮箱后缀即可。
引用列	可选择输入文本截取算子的所有字段，双击字段名称即可将字段填入拼接区。需注意，在配置算子拼接规则时，字段只能通过引用列区域添加，不可通过手动输入字段名引用字段。
引用参数	可点击引用平台内设置好的文本或日期时间类型的参数，也可点击"+新增参数"，设置新参数并引用。

【快速任务 5-5】

请使用文本拼接算子对 Excel 文件"07—企业客商信息表.xlsx"的字段"合作年限"进行处理，将纯数字转换为"数字+年"的展示形式（如合作年限为"5"，使用算子将其转换为"5年"）。数据表可通过扫描附录三的二维码下载。

【操作指引】

①进入算法中心，点击"新建"，进入算子流配置页面；

②点击画布自动带出的"数据输入"算子，打开配置页面，选择本地上传文件或从数据网盘引用数据，输入 Excel 文件"07—企业客商信息表.xlsx"；

③从算子选择区将"文本拼接"算子拖拽至画布区，与"数据输入"算子连接；

④点击"文本拼接"算子，在左侧算子配置区选择"覆盖列"，覆盖列选择"合作年限"，在"拼接内容展示"处输入文本拼接内容"'合作年限'年"，点击"保存配置"，

如图 5-21 所示；

⑤保存并执行算子流，在数据预览区查看算子流运算结果。

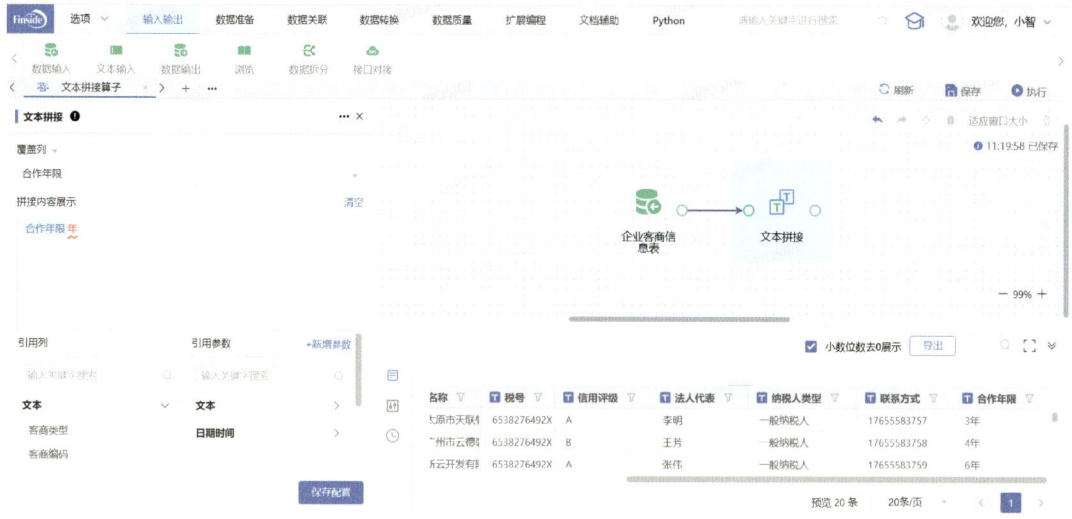

图 5-21　文本拼接算子配置页面

5.2.2.5　字段长度统计

字段长度统计算子（如图 5-22 所示）可以统计数据的字符长度，再根据新增列或覆盖列的方式展示字段长度统计值。分析人员可以通过统计字段值的长度，检查其是否符合要求，例如，检查客户信息中手机号码是否都为 11 位，或统计顾客评价的字符长度分布。字段长度统计算子配置说明如表 5-7 所示。

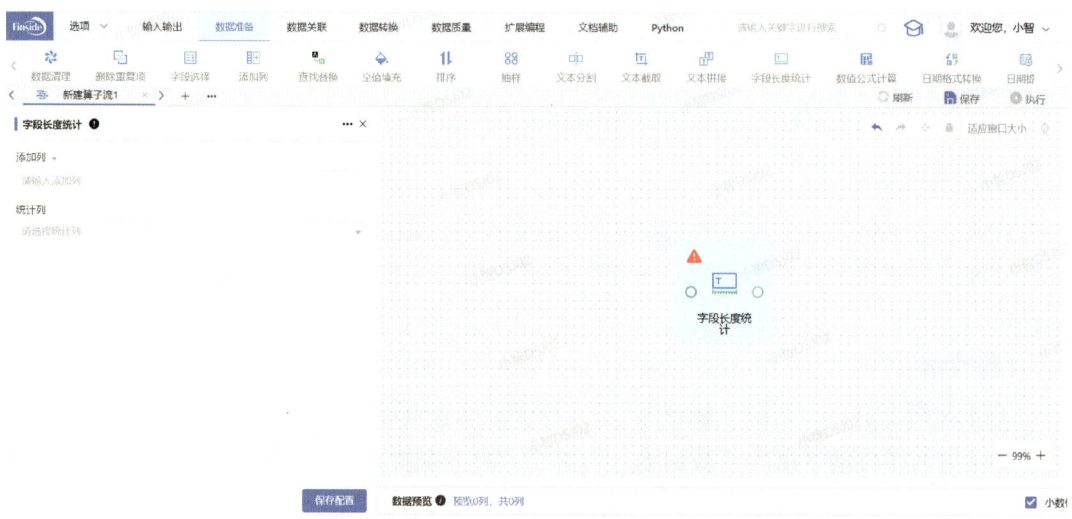

图 5-22　字段长度统计算子

表 5-7　　　　　　　　　　字段长度统计算子配置说明

可配置项	说明
添加列	添加新列，新一列的值即为字段统计长度。
覆盖列	选定原有字段，用字段统计长度替换原有字段下的值。
统计列	选择需要统计字符长度的字段。

【快速任务 5-6】

请使用字段长度统计算子统计 Excel 文件"07—企业客商信息表.xlsx"中的字段"联系方式"的字符长度。数据表可通过扫描附录三的二维码下载。

【操作指引】

①进入算法中心，点击"新建"，进入算子流配置页面；

②点击画布自动带出的"数据输入"算子，打开配置页面，选择本地上传文件或从数据网盘引用数据，输入 Excel 文件"07—企业客商信息表.xlsx"；

③从算子选择区将"字段长度统计"算子拖拽至画布区，与"数据输入"算子连接；

④点击"字段长度统计"算子，在左侧算子配置区选择"添加列"，输入添加列名称"字符长度"，统计列选择"联系方式"，点击"保存配置"，如图 5-23 所示；

⑤保存并执行算子流，在数据预览区查看算子流运算结果。

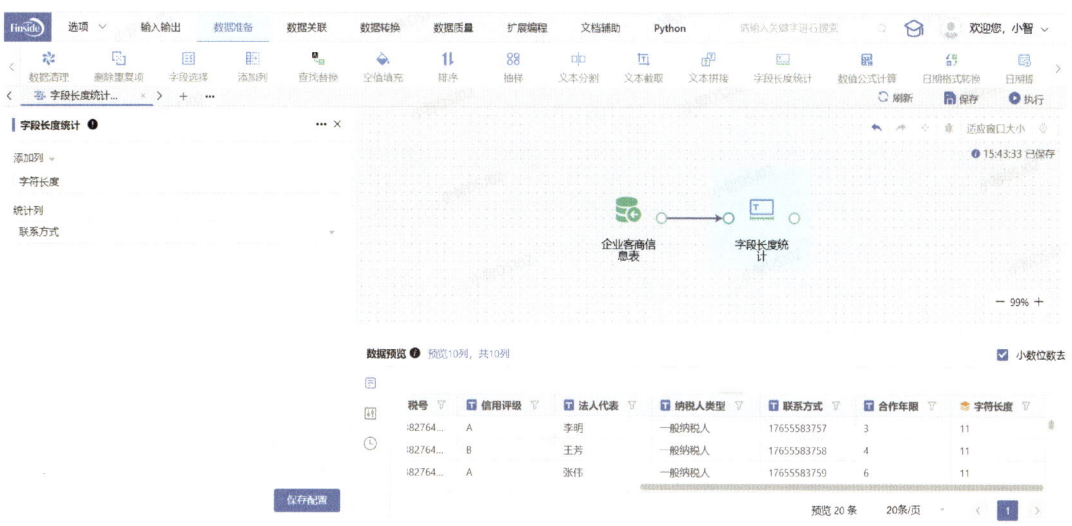

图 5-23　字段长度统计算子配置页面

5.2.2.6　数值公式计算

数值公式计算算子（如图 5-24 所示）可以配置多个计算公式，对数值类型的字段进行加减乘除及基本函数处理，功能类似 Excel 的公式，但算子内所有公式配置可视化，无需点选单元格查看。用户可以通过添加新列或者覆盖原有列两种方式输出计算后的结果，同时其他数据列仍会保留。数值公式计算算子配置说明如表 5-8 所示。

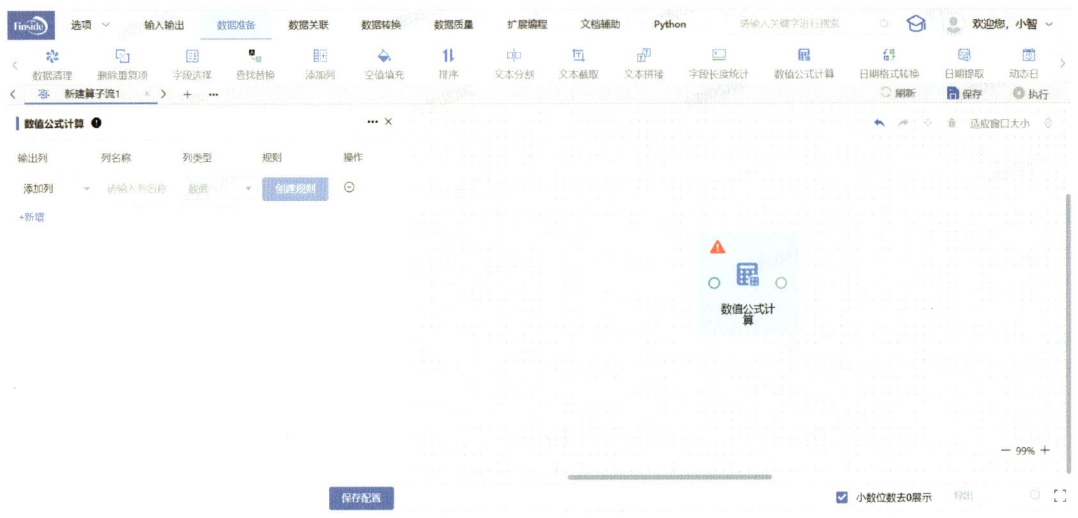

图 5-24　数值公式计算算子

表 5-8　　　　　　　　　　数值公式计算算子配置说明

可配置项	说明
输出列	选择处理后的数据的输出方式，支持选择"添加列"或者"覆盖列"两类方式。 ● 添加列：添加新列，新列的值是计算得出的数据。 ● 覆盖列：不添加新列，用计算得出的数据覆盖指定列原本的数值。
列名称	当选择输出列为添加列时，需要输入新列名称；当选择输出列为覆盖列时，此处下拉选择类型为数值的原有列，无法修改列名称。
列类型	无论输出列为添加列还是覆盖列，类型都默认为数值类型。
创建规则	点击"创建规则"或"编辑规则"，在弹出的规则界面，可以配置该字段的函数规则，可以选择添加数值、文本、函数和符号配置公式。 ● 规则区：在此区域配置计算公式，可点击添加字段和参数，手动输入或点击添加函数和运算符号； ● 字段：支持点选数值类型的字段； ● 参数：支持点击输入数值类型的参数，参数来自【算法中心—采集—参数管理】； ● 函数：支持点击输入求和、平均值、最大值、最小值、绝对数等函数。选择函数，算子底部可自动带出函数说明与使用示例供参考； ● 符号：支持点击输入加、减、乘、除等运算符号。
⊖	删除相应字段。
+新增	创建新的字段。

【快速任务 5-7】

请使用数值公式计算算子计算 Excel 文件"03—各产品生产成本明细.xlsx"中材料成本在生产总成本中的占比。数据表可通过扫描附录三的二维码下载。

【操作指引】

①进入算法中心，点击"新建"，进入算子流配置页面；

②点击画布自动带出的"数据输入"算子，打开配置页面，选择本地上传文件或从数据网盘引用数据，输入 Excel 文件"03—各产品生产成本明细.xlsx"，并将字段"生产总成本"和"材料成本"的目标类型修改为"数值"；

③从算子选择区将"数值公式计算"算子拖拽至画布区，与"数据输入"算子连接；

④点击"数值公式计算"算子，在左侧算子配置区选择"添加列"，列名称输入"材料成本占比"，点击"创建规则"，输入规则"材料成本/生产总成本"，点击"保存"。设置完成后，点击"保存配置"，如图 5-25 和图 5-26 所示；

⑤保存并执行算子流，在数据预览区查看算子流运算结果。

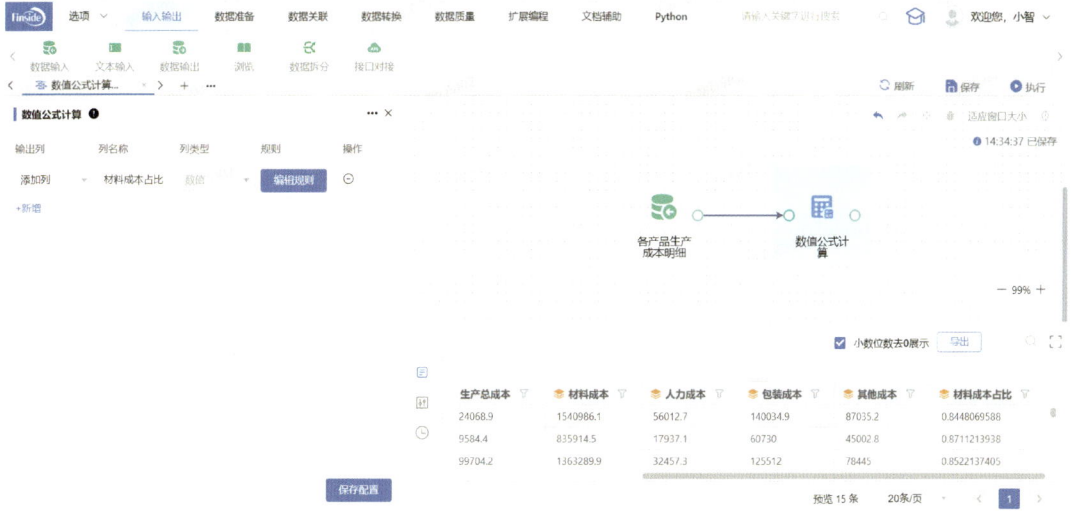

图 5-25 数值公式计算算子配置页面

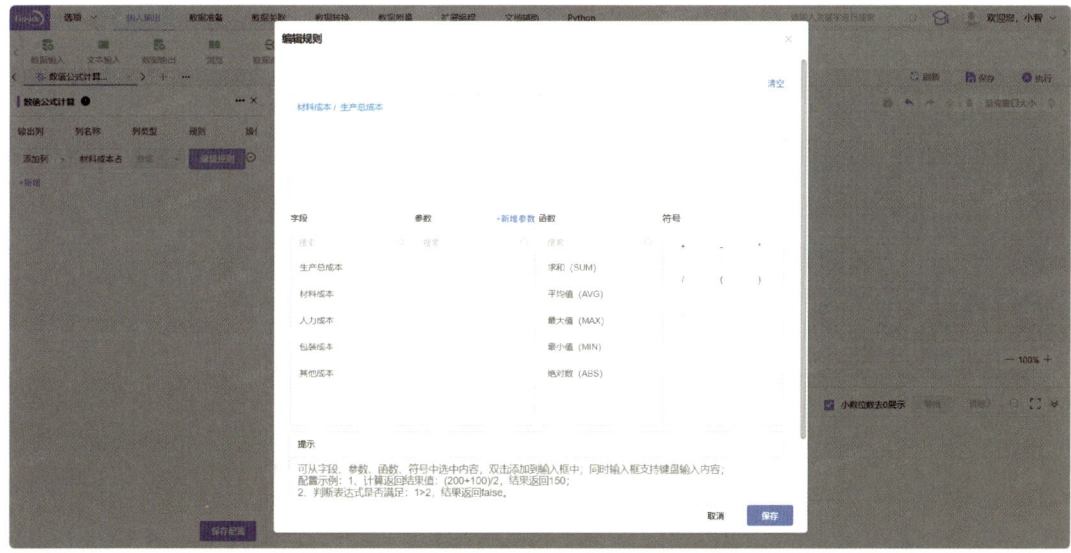

图 5-26 数值公式计算算子创建规则页面

5.2.2.7 日期提取

日期提取算子（如图 5-27 所示）可以提取日期格式字段中的年度、月度、季度、周数等数据，例如，分析人员可以从订单时间中提取落单月份或季度数据，对销售数据进行季节性分析。日期提取算子配置说明如表 5-9 所示。

图 5-27　日期提取算子

表 5-9　　　　　　　　　　　日期提取算子配置说明

可配置项	说明
添加列	添加新列，新增列的值为原日期中提取出的数据。
覆盖列	选择原有字段，日期提取出的数据会覆盖该字段原有的值。
来源列	选择需要提取的日期类型字段。
转换类型	选择提取日期数据的类型，支持选择年度、季度、月份、周数、日期等，例如选择对"2024-12-23"这个日期提取日数据，算子会提取日数据"23"。

【快速任务 5-8】

请使用日期提取算子获取 Excel 文件"05—差旅费报销数据.xlsx"中字段"单据日期"中的月份数据（如单据日期为"2024-5-14"，使用算子从中提取出"5"作为该单据的报销月份）。数据表可通过扫描附录三的二维码下载。

【操作指引】

①进入算法中心，点击"新建"，进入算子流配置页面；

②点击画布自动带出的"数据输入"算子，打开配置页面，选择本地上传文件或从数据网盘引用数据，输入 Excel 文件"05—差旅费报销数据.xlsx"，将字段"单据日期"的目标类型修改为"日期时间"；

③从算子选择区将"日期提取"算子拖拽至画布区，与"数据输入"算子连接；

④点击"日期提取"算子，在左侧算子配置区选择"添加列"，输入添加列名称"报销月份"，来源列选择"单据日期"，转换类型选择"月份"，点击"保存配置"，如图 5-28 所示；

⑤保存并执行算子流，在数据预览区查看算子流运算结果。

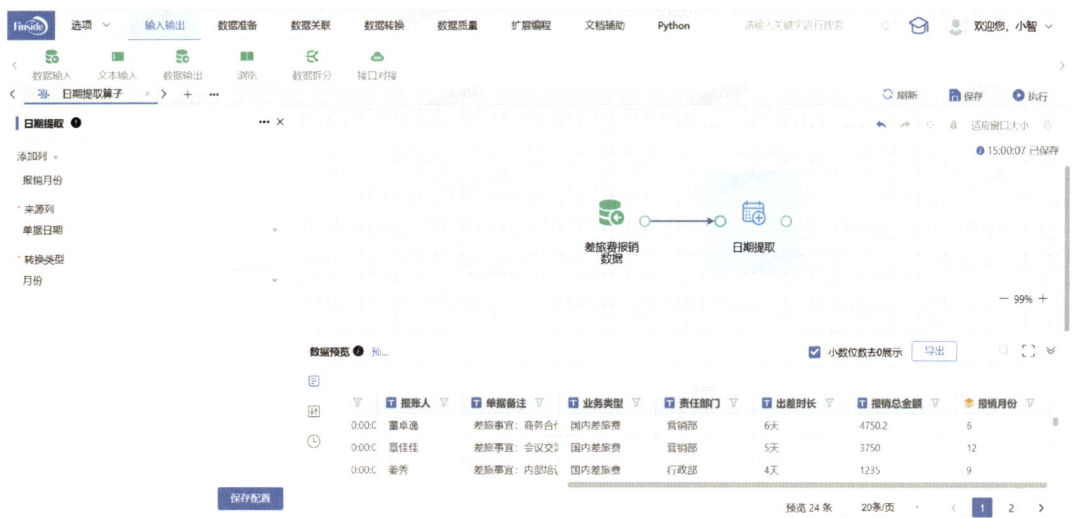

图 5-28　日期提取算子配置页面

5.2.2.8　动态日期

动态日期算子（如图 5-29 所示）可以配置日期的动态取值，支持选择当前时间或指定日期。用户可使用该算子添加当前日期数据，再使用其他算子计算固定日期到当前日期之间的日期差。动态日期算子配置说明如表 5-10 所示。

图 5-29　动态日期算子

表 5–10　　　　　　　　　　　　动态日期算子配置说明

可配置项	说明
添加列	添加新列，新增列的值为动态日期。
覆盖列	选择原有字段，动态日期数据会覆盖该字段列原有的值。
列取值	选择动态日期取值为当前时间、当前日期的偏移值或指定日期。 • 当日：选取执行算子流时的当前日期为值； • 指定日期：根据配置的取值规则生成日期值，点击左上角小字 偏 可切换为固定值或当前日期的偏移值。若配置固定值，用户可填写固定日期值；若配置偏移值，系统会以当前日期为基准进行偏移计算。0 代表不偏移，正数代表增加，负数代表减少。例如，当前日期为 2024–12–30，设置偏移值为 0 年 0 月 –1 天，则偏移后的日期为 2024–12–29。

【快速任务 5–9】

请使用动态日期算子获取系统当前日期，作为数据采集日期，添加入 Excel 文件"05—差旅费报销数据.xlsx"。数据表可通过扫描附录三的二维码下载。

【操作指引】

①进入算法中心，点击"新建"，进入算子流配置页面；

②点击画布自动带出的"数据输入"算子，打开配置页面，选择本地上传文件或从数据网盘引用数据，输入 Excel 文件"05—差旅费报销数据.xlsx"；

③从算子选择区将"动态日期"算子拖拽至画布区，与"数据输入"算子连接；

④点击"动态日期"算子，在左侧算子配置区选择"添加列"，输入添加列名称"数据日期"，列取值选择"当日"，点击"保存配置"，如图 5–30 所示；

⑤保存并执行算子流，在数据预览区查看算子流运算结果。

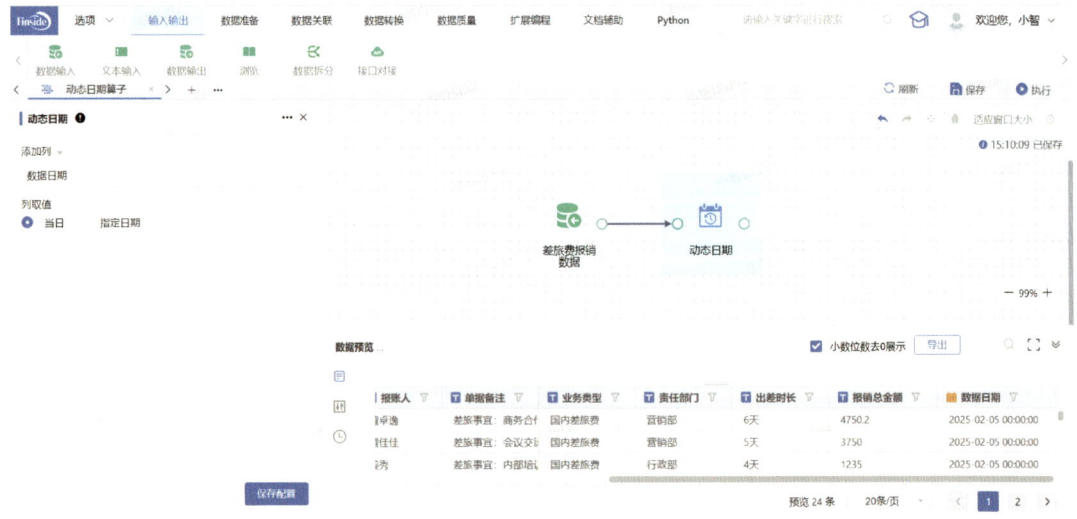

图 5–30　动态日期算子配置页面

5.2.2.9 日期偏移

日期偏移算子（如图 5-31 所示）可以将日期值按照指定规则向前或向后偏移取值。例如，在计算每个会员的会员有效期间时，由于各个会员成为会员的时间不同，会员期间相同，均为一个月或一年等，分析人员可使用日期偏移算子，根据客户成为会员的日期，计算出每个客户的会员到期时间，从而统计会员期内客户消费次数和金额，制定相应的营销策略。日期偏移算子配置说明如表 5-11 所示。

图 5-31 日期偏移算子

表 5-11　　　　　　　　　　日期偏移算子配置说明

可配置项	说明
添加列	添加新列，新增列的值为偏移后的日期。
覆盖列	选择原有字段，偏移后的日期会覆盖该字段列原有的值。
日期列	选择想要偏移处理的日期类型字段。
偏移至	可对日期列进行年、月、天的偏移，0 代表不偏移，正数代表增加，负数代表减少。例如，当日期数据为"2024-12-30"，偏移值为"-3"时，偏移后的日期为"2024-12-27"。

【快速任务 5-10】

请使用日期偏移算子将 Excel 文件"09—超市会员信息表.xlsx"中的会员注册日向未来偏移一年，计算出这些会员的到期日期。数据表可通过扫描附录三的二维码下载。

【操作指引】

①进入算法中心，点击"新建"，进入算子流配置页面；

②点击画布自动带出的"数据输入"算子，打开配置页面，选择本地上传文件或从数据网盘引用数据，输入 Excel 文件"09—超市会员信息表.xlsx"，将字段"会员注册日"的目标类型修改为"日期时间"；

③从算子选择区将"日期偏移"算子拖拽至画布区，与"数据输入"算子连接；

④点击"日期偏移"算子,在左侧算子配置区选择"添加列",输入添加列名称"会员到期日",日期列选择"会员注册日",偏移至输入"1年",点击"保存配置",如图5-32所示;

⑤保存并执行算子流,在数据预览区查看算子流运算结果。

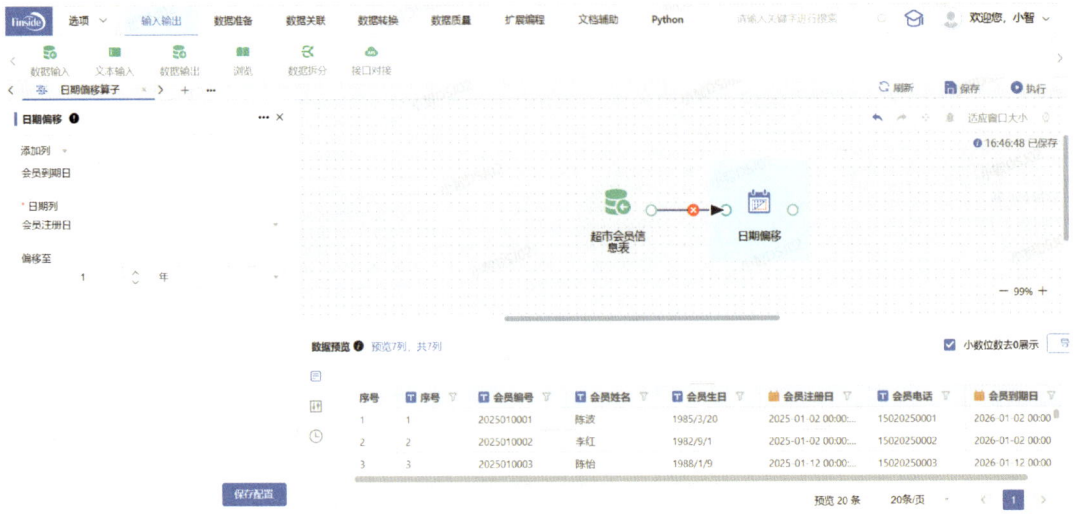

图5-32 日期偏移算子配置页面

5.2.2.10 日期差

日期差算子(如图5-33所示)可以计算两个日期之间的差值,并转换为指定的日期单位进行展示。例如,分析人员可使用该算子计算员工入职日期到分析日期之间的日期差,从而获取员工在职工龄。日期差算子配置说明如表5-12所示。

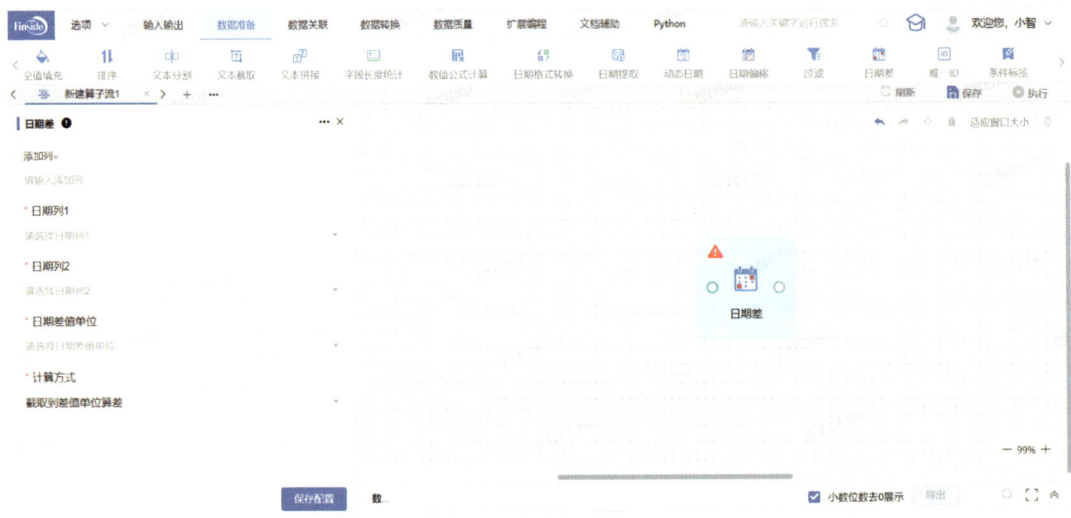

图5-33 日期差算子

表 5-12 日期差算子配置说明

可配置项	说明
添加列	添加新列,新增列的值为日期差。
覆盖列	选择原有字段,日期差会覆盖该字段列原有的值。
日期列	选择需要求差值的日期,计算逻辑为日期 2 减日期 1。
日期差值单位	可选择想要计算差值的单位,支持按照年、季度、月、周、天、时、分、秒等单位计算。此处日期差依照实际日历进行计算,例如 2024-03-12 和 2024-03-15 为 3 月的同一周,那么日差为 3 天,周差为 0 周,月差为 0 月。
计算方式	算子支持选择两种计算方式:截取到差值单位算差和完整日期时间算差。选择完整日期时间算差时,可以剔除节假日计算日期差。 • 截取到差值单位算差:该方法表示计算时,会先预处理所有日期值,将差值单位中选择的单位后的值都取为 0,然后再做差。例如: 日期 1 = 2024-05-27 10:20:57; 日期 2 = 2024-06-28 22:19:03。 选择差值单位为"天",计算方式选择"截取到差值单位算差",则计算时只会计算 2024-05-27 00:00:00 和 2024-06-28 00:00:00 之间的时间差,计算结果为 32 天,不会计算两个日期时、分、秒不同导致的天数差。 • 完整日期时间算差:该方法指先算秒差,再按照单位计算。例如: 日期 1 = 2024-05-27 10:20:57; 日期 2 = 2024-06-28 22:19:03。 选择差值单位为"天",计算方式选择"完整日期时间算差",不选择剔除节假日,此时会计算两个日期时、分、秒不同导致的天数差,计算结果为 32.5 天; 小数位计算逻辑解释: 差值分 = 秒差/60,差值时 = 秒差/60/60,差值天 = 秒差/60/60/24,差值周 = 天差/7,差值月 = 天差/30,差值季度 = 天差/90,差值年 = 天差/365。 • 剔除节假日作差:若计算时间差时,需要剔除节假日,例如,按天发放员工差旅补贴时,节假日不发放补贴,因此需要剔除节假日,此时计算方式选择"完整日期时间算差",勾选"剔除节假日",上传自定义节假日范围数据表,指定被剔除时间的开始时间字段和结束时间字段,即可剔除。例如: 日期 1 = 2024-05-27 10:20:57; 日期 2 = 2024-06-28 22:19:03。 需剔除 2024-05-31 00:00:00 到 2024-06-02 00:00:00 之间的时间,可点击"模板示例",下载模板,如表 5-13 所示: 表 5-13 模板示例 | 剔除开始时间 | 剔除结束时间 | | --- | --- | | 2024-05-31 00:00:00 | 2024-06-02 00:00:00 | 将该表上传至数据网盘,将其配置入算子,将列 1 指定为剔除开始时间,列 2 指定为剔除结束时间即可。

续表

可配置项	说明
计算方式	注意： 剔除节假日时，需要确保节假日范围表中的日期时间没有交集重复，否则可能重复剔除。例如，节假日范围表里面有两行数据，分别是 2024/10/01－10/07，2024/10/02－10/07，而待扣除的日期为 2024/10/01－2024/10/31，算子计算时会匹配到两个扣除范围，因此扣掉 13 天。

【快速任务 5－11】

请使用日期差算子计算 Excel 文件"05—差旅费报销数据.xlsx"中字段"单据日期"和"出差日期"之间的日期差。数据表可通过扫描附录三的二维码下载。

【操作指引】

①进入算法中心，点击"新建"，进入算子流配置页面；

②点击画布自动带出的"数据输入"算子，打开配置页面，选择本地上传文件或从数据网盘引用数据，输入 Excel 文件"05—差旅费报销数据.xlsx"，将字段"单据日期"和"出差日期"的目标类型修改为"日期时间"；

③从算子选择区将"日期差"算子拖拽至画布区，与"数据输入"算子连接；

④点击"日期差"算子，在左侧算子配置区选择"添加列"，输入添加列名称"日期差"，日期列 1 选择"出差日期"，日期列 2 选择"单据日期"，日期差值单位选择"天"，计算方式选择"截取到差值单位算差"，点击"保存配置"，如图 5－34 所示；

⑤保存并执行算子流，在数据预览区查看算子流运算结果。

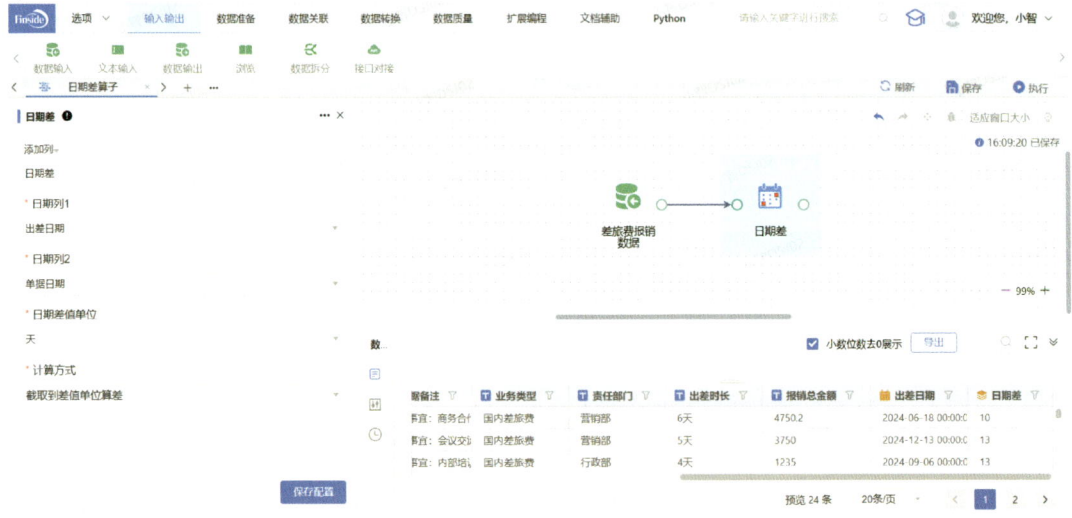

图 5－34　日期差算子配置页面

5.2.2.11　唯一 ID

唯一 ID 算子（如图 5－35 所示）可以给每行数据分配一个唯一的标识符，从而便于检索、引用或存储数据。算子可以生成简单序号或 32 位数字和字母组成的复杂标识符，以确保数据具有唯一标识符，避免重复，方便大批量数据输出与检索。唯一 ID 算子配置说明如表 5 – 14 所示。

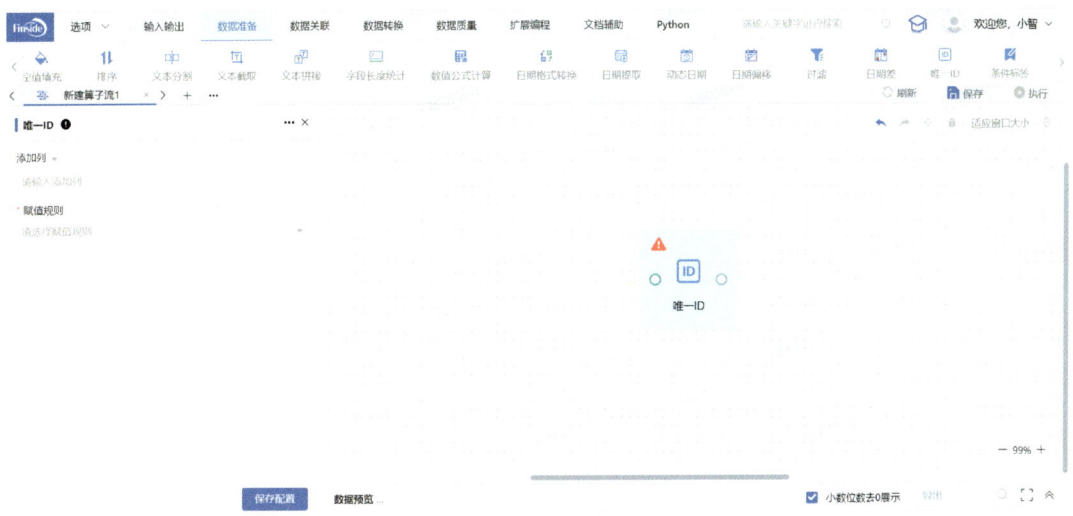

图 5 – 35　唯一 ID 算子

表 5 – 14　　　　　　　　　　唯一 ID 算子配置说明

可配置项	说明
添加列	添加新列，新增列的值为唯一值。
覆盖列	选择原有字段，唯一值会覆盖该字段列原有的值。
赋值规则	可选择自增序列和 UUID 两种规则。 ● 自增序列：以起始值为第一个值，逐一自增 1，起始值最大为 9999； ● UUID：为每行生成一组长度为 32 位的通用唯一标识符，标识符由数字和小写字母组成。

【快速任务 5 – 12】

请使用唯一 ID 算子为 Excel 文件"05—差旅费报销数据.xlsx"中各报销单据生成唯一标识符。数据表可通过扫描附录三的二维码下载。

【操作指引】

①进入算法中心，点击"新建"，进入算子流配置页面；

②点击画布自动带出的"数据输入"算子，打开配置页面，选择本地上传文件或从数据网盘引用数据，输入 Excel 文件"05—差旅费报销数据.xlsx"；

③从算子选择区将"唯一 ID"算子拖拽至画布区，与"数据输入"算子连接；

④点击"唯一 ID"算子，在左侧算子配置区选择"添加列"，输入添加列名称"标识符"，赋值规则选择"UUID"，点击"保存配置"，如图 5 – 36 所示；

⑤保存并执行算子流，在数据预览区查看算子流运算结果。

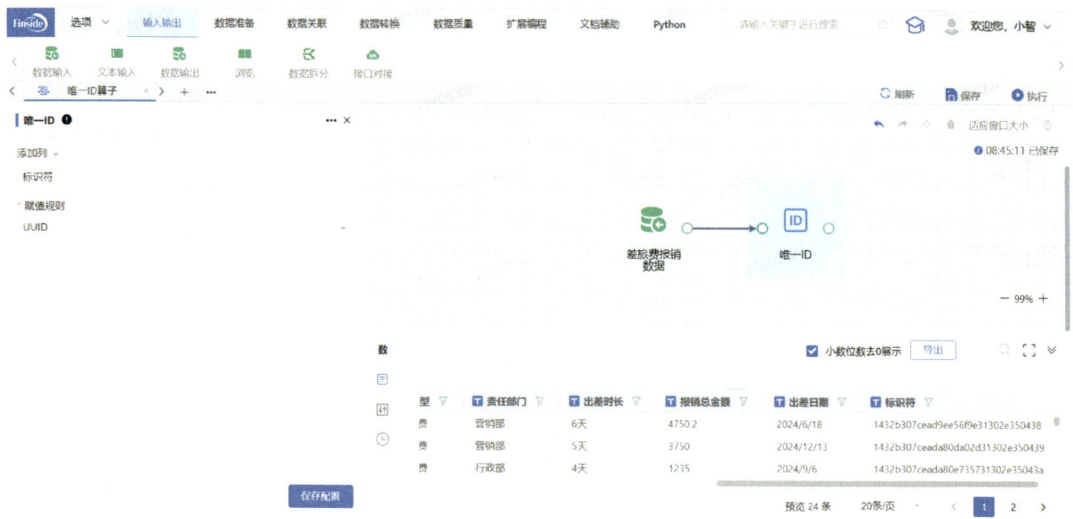

图 5-36 唯一 ID 算子配置页面

5.2.2.12 条件标签

条件标签算子（如图 5-37 所示）可以根据不同的过滤条件，给数据行打上不同的数据标签，帮助用户进行多维数据分析。条件标签算子配置说明如表 5-15 所示。

图 5-37 条件标签算子

表 5-15 条件标签算子配置说明

可配置项	说明
添加列	添加新列，新增列的值为标签值。
覆盖列	选择原有字段，标签值会覆盖该字段列原有的值。

续表

可配置项	说明
标签名称	选择打标签的方式，设置标签名称，支持选择"输入文本"和"引用字段"两类标签名称。标签最少设置两个，当设置两个标签时，只需要为标签1设置过滤条件，满足条件的打标签1，其余不满足条件的打标签2，多个标签原理相同。 ● 输入文本：手动输入标签名称； ● 引用字段：引用字段相应行的数值作为标签名称。
标签规则	通过配置过滤字段和过滤条件，筛选需打上相应标签的数据行。过滤条件设置逻辑可参考第4章第4节中过滤算子的说明进行配置。
➕	点击按钮即可新增条件标签。
🗐	点击按钮即可复制该条件标签。
✖	点击按钮即可删除该条件标签。
⌃	点击按钮即可收起该标签内容。

【快速任务5-13】

请使用条件标签算子为 Excel 文件 "02—培训考试分数.xlsx" 中各员工考试分数进行评价打标签（85分以上为优秀，71—85分为良好，60—70分为一般，60分以下为不及格）。数据表可通过扫描附录三的二维码下载。

【操作指引】

①进入算法中心，点击"新建"，进入算子流配置页面；

②点击画布自动带出的"数据输入"算子，打开配置页面，选择本地上传文件或从数据网盘引用数据，输入 Excel 文件 "02—培训考试分数.xlsx"，将字段"最终成绩"的目标类型修改为"数值"；

③从算子选择区将"条件标签"算子拖拽至画布区，与"数据输入"算子连接；

④点击"条件标签"算子，在左侧算子配置区选择"添加列"，输入添加列名称"考试评价"，配置标签名称及打标签条件如下所示。操作完成后，点击"保存配置"，如图5-38所示；

标签1：标签文字选择"输入文本"，标签名称输入"优秀"，条件设置为：过滤字段"最终成绩（满分100）"—条件"大于"—值"85"；

标签2：标签文字选择"输入文本"，标签名称输入"良好"，条件设置如下，条件间为"且"的关系：

● 条件1：过滤字段"最终成绩（满分100）"—条件"小于等于"—值"85"；

● 条件2：过滤字段"最终成绩（满分100）"—条件"大于"—值"70"。

标签3：标签文字选择"输入文本"，标签名称输入"一般"，条件设置如下，条件间为"且"的关系：

● 条件1：过滤字段"最终成绩（满分100）"—条件"小于等于"—值"70"；

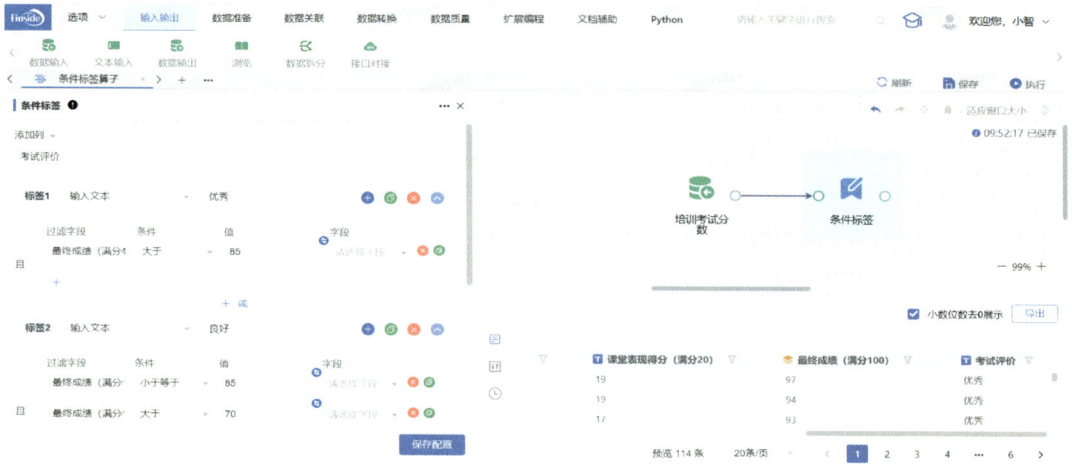

图 5-38　条件标签算子配置页面

- 条件 2：过滤字段"最终成绩（满分 100）"—条件"大于等于"—值"60"。

标签 4：标签文字选择"输入文本"，标签名称输入"不及格"。

⑤保存并执行算子流，在数据预览区查看算子流运算结果。

5.2.3　数据关联类算子

数据关联类算子可将不同表的数据合并为同一张表，支持用户设置不同的合并条件，并提供类型丰富的合并方式以选择。

5.2.3.1　关联合并

关联合并算子（如图 5-39 所示）可以将两张拥有相同字段的表，按照该相同字段的值是否相同进行交叉合并，并将合并后的数据显示在同一张表格中，支持左关联、右关联、交集、差集、并集等多种连接方式，可满足不同业务场景需要。关联合并算子配置说明如表 5-16 所示（默认算子左侧上接口输入的数据为 A 表，下接口输入的数据为 B 表）。

图 5-39　关联合并算子

表5-16　关联合并算子配置说明

可配置项	说明
连接方式	选择两表关联方式，支持选择左关联、右关联、交集、差集、并集等五种连接方式。各连接方式差异说明如下： ● 左关联：以 A 表为主，关联 B 表数据，关联后的数据包含 A 表所有数据以及 B 表中与 A 表合并字段匹配的数据（如图 5-40 所示）； 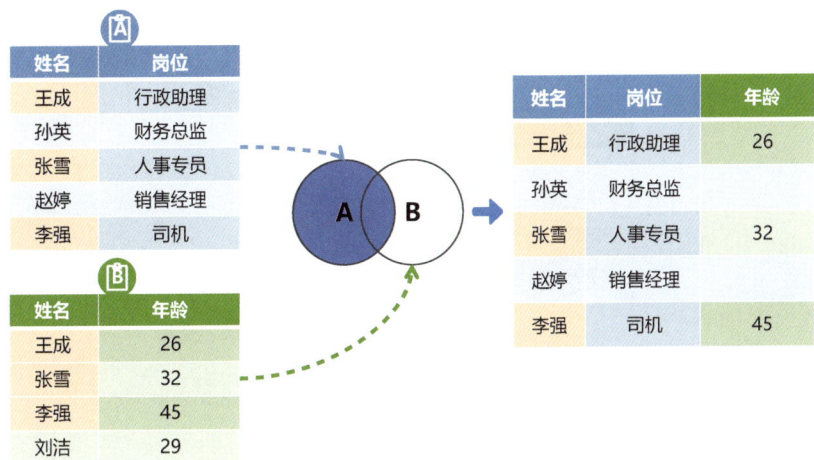 图 5-40　左关联 ● 右关联：以 B 表为主，关联 A 表数据，关联后的数据包含 B 表所有数据以及 A 表中与 B 表合并字段匹配的数据（如图 5-41 所示）； 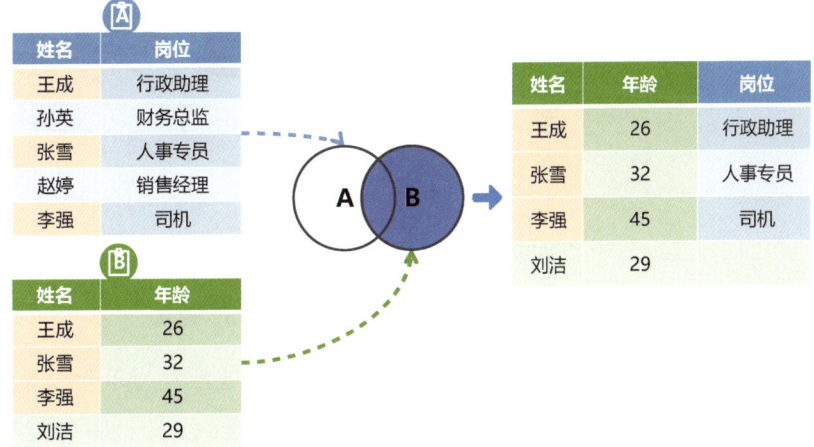 图 5-41　右关联 ● 交集：只输出 A 表与 B 表的合并字段匹配的数据（如图 5-42 所示）；

续表

可配置项	说明
连接方式	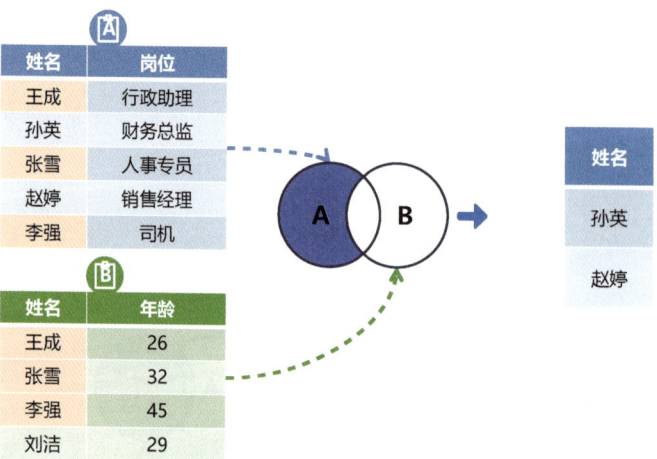 图 5－42　交集 - 差集：要求 A、B 两表字段数必须相等，输出 A 表中合并字段与 B 表完全不匹配的数据行（如图 5－43 所示）； 图 5－43　差集 - 并集：无论合并字段是否匹配，合并和输出 A 表和 B 表中的所有数据，未匹配上的数据以空值展示（如图 5－44 所示）。

续表

可配置项	说明
连接方式	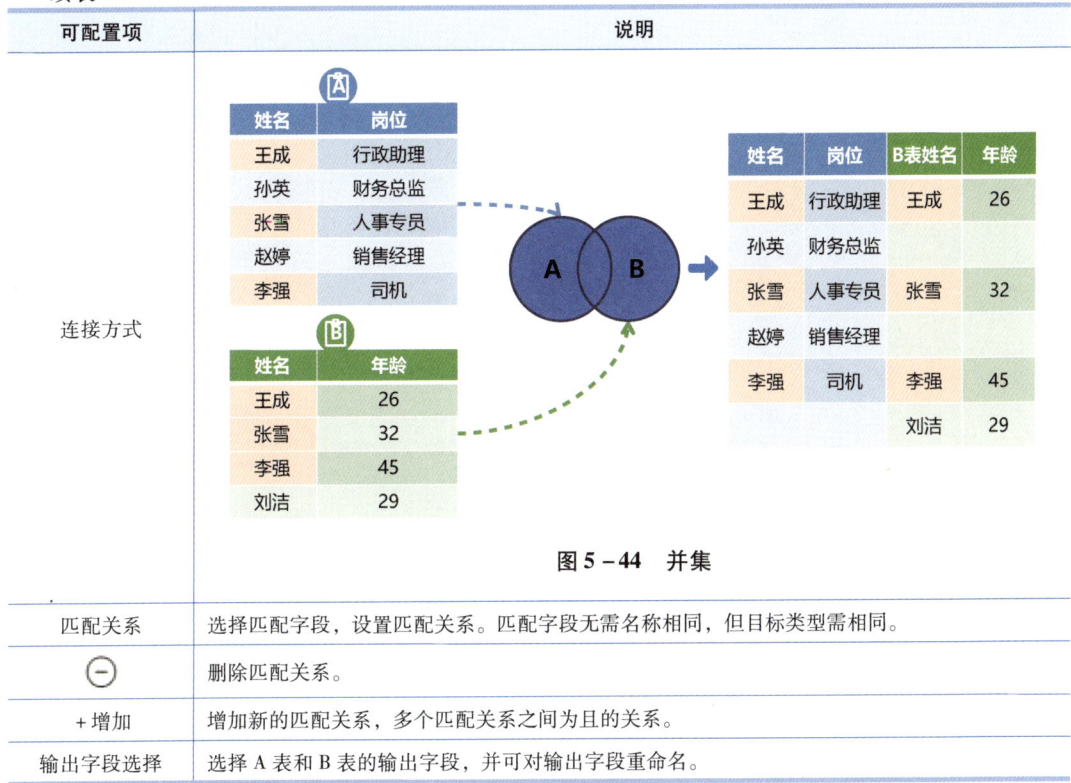 图 5-44　并集
匹配关系	选择匹配字段，设置匹配关系。匹配字段无需名称相同，但目标类型需相同。
⊖	删除匹配关系。
+增加	增加新的匹配关系，多个匹配关系之间为且的关系。
输出字段选择	选择 A 表和 B 表的输出字段，并可对输出字段重命名。

【快速任务 5-14】

请使用关联合并算子利用字段"员工工号"合并 Excel 文件"01—财务部员工信息表.xlsx"和"09—考核成绩表.xlsx"。数据表可通过扫描附录三的二维码下载。

【操作指引】

①进入算法中心，点击"新建"，进入算子流配置页面；

②点击画布自动带出的"数据输入"算子，打开配置页面，选择本地上传文件或从数据网盘引用数据，输入 Excel 文件"01—财务部员工信息表.xlsx"；

③从算子选择区将第二个"数据输入"算子拖拽至画布区，点击算子，在左侧算子配置区选择本地上传文件或从数据网盘引用数据，输入 Excel 文件"09—考核成绩表.xlsx"；

④从算子选择区将"关联合并"算子拖拽至画布区，上端口连接输入"01—财务部员工信息表.xlsx"的"数据输入"算子，下端口连接输入"09—考核成绩表.xlsx"的"数据输入"算子；

⑤点击"关联合并"算子，左侧算子配置区连接方式选择"左关联"，匹配关系选择"工号=工号"，输出字段选择中 A 表勾选全部字段，B 表勾选"考核成绩"字段，点击"保存配置"，如图 5-45 所示；

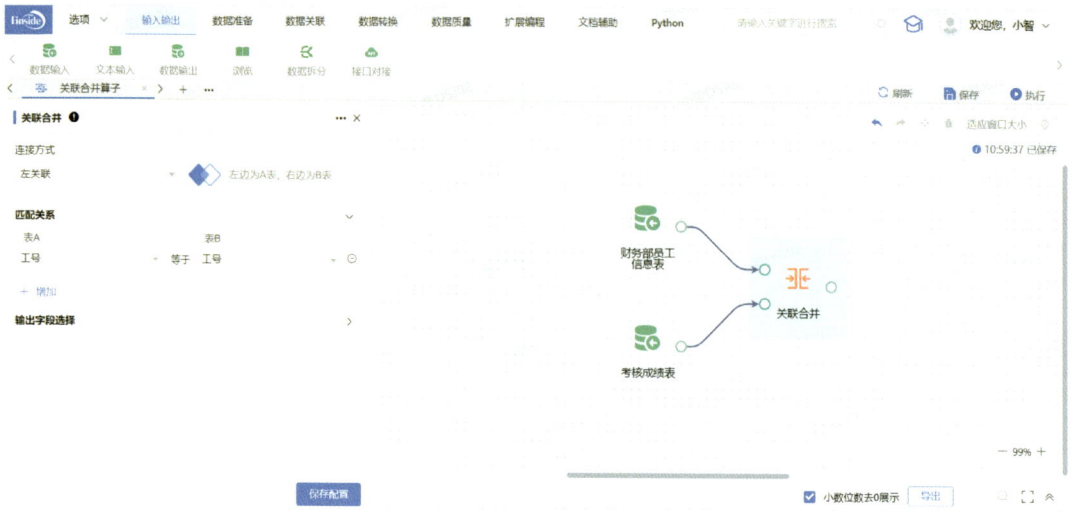

图 5－45　关联合并算子配置页面

⑥保存并执行算子流，在数据预览区查看算子流运算结果，如图 5－46 所示。

姓名	性别	岗位	政治面貌	出生日期	最高教育程度	婚姻状况	司龄	电话号码	电子邮箱地址	考核成绩
	女	共享中心主任	中共党员	1989/10/19	&	已婚	10	12288507017	liushiqi@xyqc.com	9.2
	女	共享中心副主	中共党员	1986/12/5	&	已婚	10	12268893814	dingjingru@xyqc.com	8.8
	男	共享中心副主	中共党员	1982/11/6	本科	已婚	10	12292213119	sunruibo@xyqc.com	9.4
	女	共享中心副主	中共党员	1985/6/1	本科	已婚	10	12291834537	kongqiutong@xyqc.com	9.6
	男	费用审核岗	群众	1990/10/1	本科	未婚	9	12238267464	panhuahui@xyqc.com	9.4
	男	费用组组长	群众	1989/11/29	本科	未婚	9	12238266202	zhangzhenhua@xyqc.co	8.1
	男	采购结算岗	中共党员	1983/10/1	本科	已婚	9	12283723650	xuzhicheng@xyqc.com	8.8
	男	存货资产岗	群众	1986/3/5	本科	已婚	9	12258403508	lixuesong@xyqc.com	9.9
	女	收入核算岗	中共党员	1990/10/1	本科	已婚	9	12252235186	huyinghua@xyqc.com	9.1
	男	系统管理岗	中共党员	1990/10/26	本科	已婚	9	12236441675	likaihai@xyqc.com	9.1
	男	资金结算岗	群众	1996/4/17	本科	未婚	3	12264687651	lujingguo@xyqc.com	7.3
	男	收入成本组组	中共党员	1988/4/27	&	未婚	9	12224149932	laixiangyu@xyqc.com	8.4
	女	采购组组长	中共党员	1987/9/5	&	已婚	9	12284472741	yulixia@xyqc.com	9.6
	女	流程制度岗	群众	1988/6/30	本科	未婚	9	12284391383	due@xyqc.com	8.9
	女	税金薪酬岗	群众	1997/8/27	本科	未婚	3	12205498721	shenyumei@xyqc.com	8.2
	男	费用审核岗	中共党员	1992/4/26	本科	已婚	8	12254874698	jiangguan@xyqc.com	7.1
	男	费用审核岗	中共党员	1991/2/22	本科	已婚	8	12255486325	yuhongshuo@xyqc.com	7.7

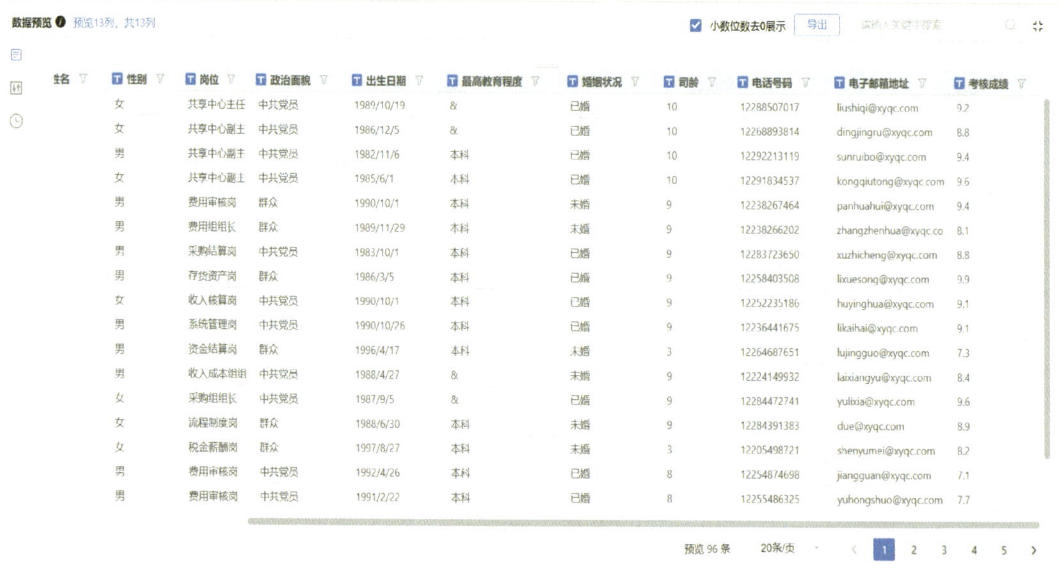

图 5－46　关联合并算子执行结果

【视频教程】请扫描附录一中的二维码，观看本节学习视频。

5.2.3.2　多表关联

多表关联算子（如图 5－47 所示）和关联合并算子功能相似，可以将多张拥有相同字段的表，按照该相同字段的值是否相同进行交叉合并，并将合并后的数据显示在同一张表格中，支持多种连接方式。多表关联算子配置说明如表 5－17 所示。

图 5-47　多表关联算子

表 5-17　　　　　　　　　多表关联算子配置说明

可配置项	说明
连接方式	选择多表关联方式，支持选择外关联、交集、差集、并集等连接方式。各连接方式差异说明如下（详细图解可参考关联合并算子的配置说明）： ● 外关联：以基准表为主，关联多表数据，关联后的数据包含基准表所有数据以及其他表中与基准表合并字段匹配的数据； ● 交集：只输出多张表合并字段均匹配的数据； ● 差集：要求合并的多张表字段数必须相等，输出基准表中合并字段与其他表完全不匹配的数据行； ● 并集：无论合并字段是否匹配，合并并输出全部表的所有数据，未匹配上的数据以空值展示。
基准表	连接方式为"外关联"或"差集"时，从输入算子的多张数据表中选择基准表。
匹配列	选择作为合并字段的匹配列，仅可选择多个表之间的命名相同、目标类型相同的公共字段。
输出字段选择	选择多表合并后的输出字段，并可对输出字段重命名。

【快速任务 5-15】

请使用多表关联算子利用字段"员工工号"合并 Excel 文件"01—财务部员工信息表.xlsx""10—春节福利表.xlsx"和"11—邮寄地址表.xlsx"。数据表可通过扫描附录三的二维码下载。

【操作指引】

①进入算法中心，点击"新建"，进入算子流配置页面；

②点击画布自动带出的"数据输入"算子，打开配置页面，选择本地上传文件或从数据网盘引用数据，输入 Excel 文件"01—财务部员工信息表.xlsx"；

③从算子选择区将两个"数据输入"算子拖拽至画布区，点击算子打开配置页面，选

择本地上传文件或从数据网盘引用数据，分别输入 Excel 文件"10—春节福利表.xlsx"和"11—邮寄地址表.xlsx"；

④从算子选择区将"多表关联"算子拖拽至画布区，与三个"数据输入"算子相连接；

⑤点击"多表关联"算子，左侧算子配置区连接方式选择"外关联"，基准表选择"01—财务部员工信息表.xlsx"，匹配列选择字段"工号"，输出字段勾选"01—财务部员工信息表.xlsx"的全部字段，"10—春节福利表.xlsx"的字段"春节福利"和"11—邮寄地址表.xlsx"的字段"邮寄地址"，点击"保存配置"，如图 5-48 所示；

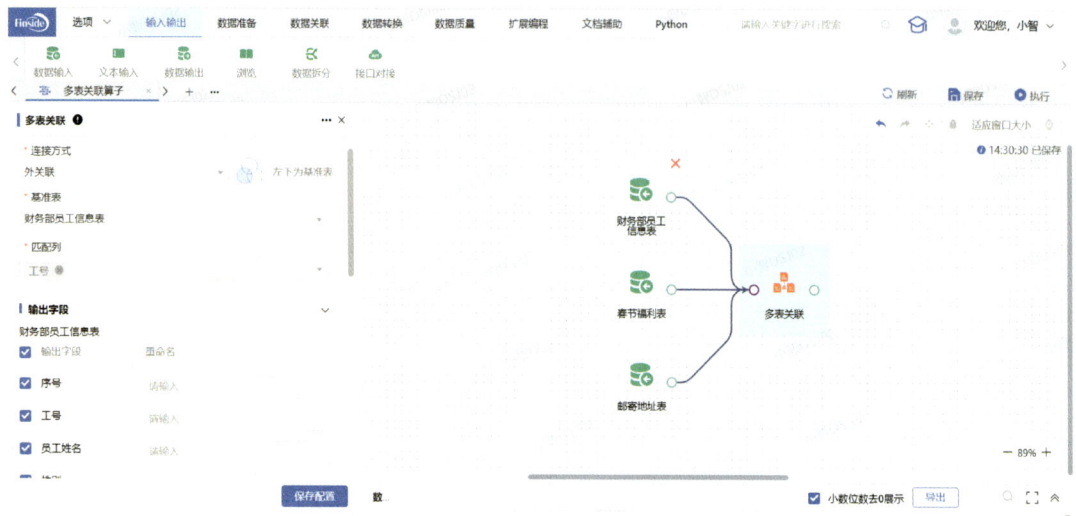

图 5-48　多表关联算子配置页面

⑥保存并执行算子流，在数据预览区查看算子流运算结果，如图 5-49 所示。

图 5-49　多表关联算子执行结果

【视频教程】请扫描附录一中的二维码,观看本节学习视频。

5.2.3.3 数据并表

数据并表算子(如图 5 – 50 所示)可以将多张表中的数据按照列名相同的字段进行合并,也支持直接将多张表中的数据按照列顺序进行合并,适用于多个表格字段相同,仅需上下拼接合并数据的分析场景。数据并表算子配置说明如表 5 – 18 所示。

图 5 – 50　数据并表算子

表 5 – 18　　　　　　　　　　数据并表算子配置说明

可配置项	说明
合并原则	支持选择"列名匹配"和"列顺序匹配"两种合并方式。 • 列名匹配:按照【输出表设计】的配置创建本算子的输出表,将接入当前算子的表与输出表【列名+列类型】相同的列,对应的数据行合并到同一列中,匹配不上的字段则展示为空; • 列顺序匹配:按照【输出表设计】的配置创建本算子的输出表,将接入当前算子的表与输出表【列顺序+列类型】相同的列,对应的数据行合并到同一列中,匹配不上的字段则展示为空。
输出表设计	构建数据并表算子的输出表,设定输出字段的名称与类型。设计完成后,数据并表算子会输出合并表中与输出表字段一致的数据。
+从输出表获取字段信息	选择合并表中的一张表作为字段来源表,以该表为蓝本构建输出表。
+自定义新增列	为输出表新增一列。

【快速任务 5－16】

请使用数据并表算子合并 Excel 文件"12—2021 年产销数据表.xlsx"和"13—2022 年产销数据表.xlsx"。数据表可通过扫描附录三的二维码下载。

【操作指引】

①进入算法中心，点击"新建"，进入算子流配置页面；

②点击画布自动带出的"数据输入"算子，打开配置页面，选择本地上传文件或从数据网盘引用数据，输入 Excel 文件"12—2021 年产销数据表.xlsx"；

③从算子选择区将第二个"数据输入"算子拖拽至画布区，点击算子打开配置页面，选择本地上传文件或从数据网盘引用数据，输入 Excel 文件"13—2022 年产销数据表.xlsx"；

④从算子选择区将"数据并表"算子拖拽至画布区，与两个"数据输入"算子相连接；

⑤点击"数据并表"算子，在左侧算子配置区合并原则处选择"列名匹配"，点击"＋从输入表获取字段信息"，字段来源表选择任意表，点击"保存配置"，如图 5－51 所示；

⑥保存并执行算子流，在数据预览区查看算子流运算结果。

图 5－51　数据并表算子配置页面

【视频教程】请扫描附录一中的二维码，观看本节学习视频。

5.2.3.4　Vlookup

Vlookup 算子（如图 5－52 所示）可以根据合并字段，将 B 表中合并字段值相同的数据合并到 A 表，作用与 Excel 中的 Vlookup 函数相似，但与 Excel 不同的是，算子支持多条件一次性匹配，同时可对输出字段进行重命名。

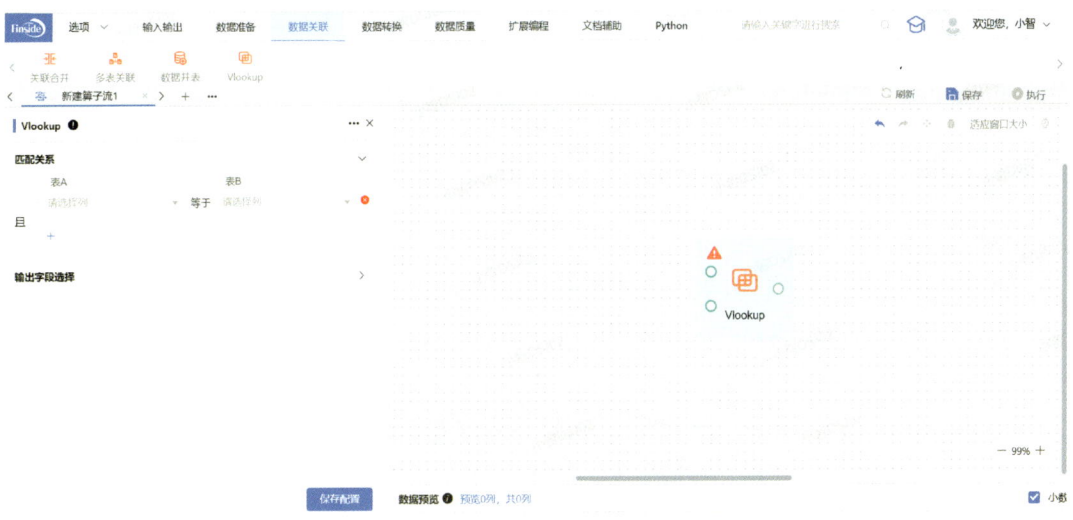

图 5-52 Vlookup 算子

它和关联合并算子的左关联效果相似，但 Vlookup 算子只会在原有字段条数基础上新增列数据，不会追加行数据；关联合并算子会新增列数据，同时也会增加行数据。合并差异如图 5-53 所示。

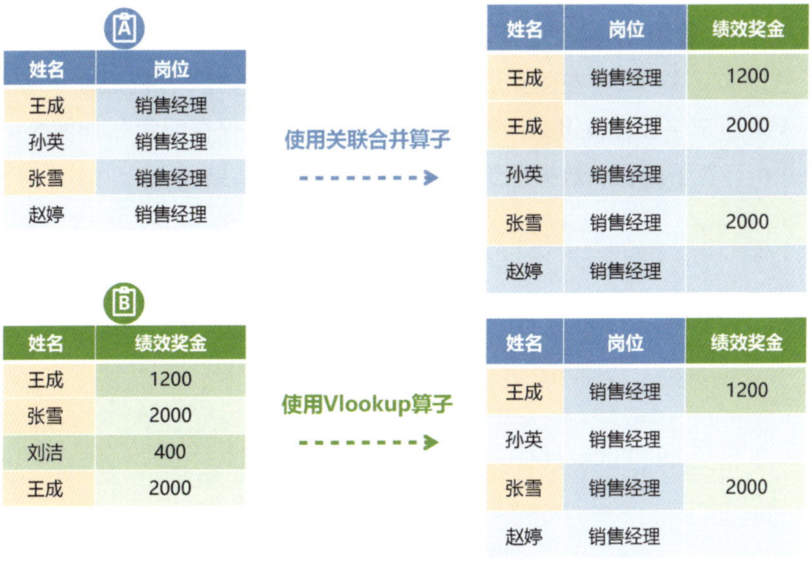

图 5-53 两张表用不同算子合并结果

Vlookup 算子配置说明如表 5-19 所示（默认算子左侧上接口输入的数据为 A 表，下接口输入的数据为 B 表）。

表 5-19　　　　　　　　　　　　　　Vlookup 算子配置说明

可配置项	说明
匹配关系	选择匹配字段，设置匹配关系。匹配字段无需名称相同，但目标类型需相同。
✖	删除匹配关系。
＋	增加新的匹配关系，多个匹配关系之间为且的关系。
输出字段选择	选择两表合并后各表的输出字段，并可对输出字段重命名。

【快速任务 5-17】

请使用 Vlookup 算子利用字段"考核成绩"合并 Excel 文件"09—考核成绩表.xlsx"和"14—考核等级方案.xlsx"。数据表可通过扫描附录三的二维码下载。

【操作指引】

①进入算法中心，点击"新建"，进入算子流配置页面；

②点击画布自动带出的"数据输入"算子，打开配置页面，选择本地上传文件或从数据网盘引用数据，输入 Excel 文件"09—考核成绩表.xlsx"，将字段"考核成绩"的目标类型修改为"数值"；

③从算子选择区将第二个"数据输入"算子拖拽至画布区，点击算子打开配置页面，选择本地上传文件或从数据网盘引用数据，输入 Excel 文件"14—考核等级方案.xlsx"，将字段"考核成绩"的目标类型修改为"数值"；

④从算子选择区将"Vlookup"算子拖拽至画布区，上端口连接输入"09—考核成绩表.xlsx"的"数据输入"算子，下端口连接输入"14—考核等级方案.xlsx"的"数据输入"算子；

⑤点击"Vlookup"算子，在左侧算子配置区匹配关系处选择"考核成绩＝考核成绩"，输出字段选择 A 表全部字段以及 B 表"考核等级"字段，点击"保存配置"，如图 5-54 所示；

⑥保存并执行算子流，在数据预览区查看算子流运算结果。

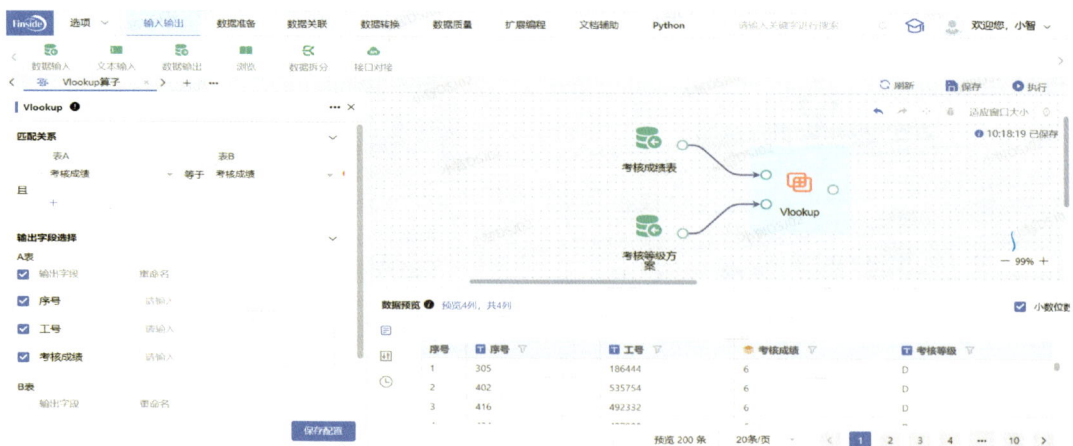

图 5-54　Vlookup 算子配置页面

【视频教程】请扫描附录一中的二维码，观看本节学习视频。

5.2.4 数据转换类算子

数据转换类算子可对数据进行行列转换，以及做一些常见的数据处理，例如数据透视、累加、同比、环比等。

5.2.4.1 行转列

行转列算子（如图 5-55 所示）可以对数据进行转置，将表中指定字段对应的值由横向数据行转换成纵向数据列。

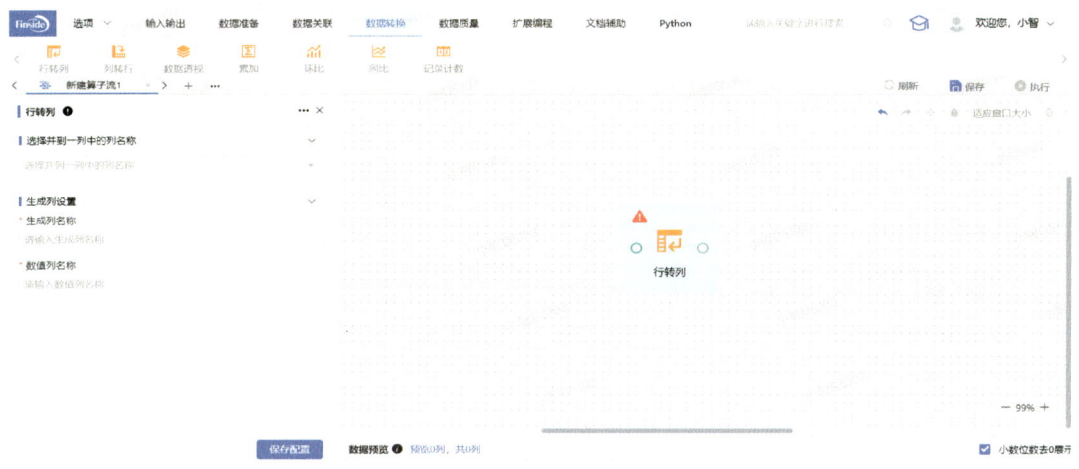

图 5-55　行转列算子

以图 5-56 中的表格为例，将"姓名"和"性别"下的行数据转为列数据，设置原表头字段合并后的列名称为"字段"，设置原表头字段下的数据合并后的列名称为"数据"。行转列算子转换效果如图 5-56 所示。

图 5-56　行转列算子效果示意

行转列算子配置说明如表 5-20 所示。

表 5-20　　　　　　　　　　行转列算子配置说明

可配置项	说明
选择并到一列中的列名称	指需要从表头转换列数值的字段（如图 5-56 中的姓名与性别）。选择需要转换的字段时，未被选到的字段，将按照所选字段的数量倍数展开。
生成列名称	展示在"选择并到一列中的列名称"处所选字段的名称（如图 5-56 中展示的字段列）。
数值列名称	展示在"选择并到一列中的列名称"处所选字段的数值（如图 5-56 中展示的数据列）。

【快速任务 5-18】

请使用行转列算子将 Excel 文件"15—2021—2022 年产销数据表.xlsx"（如表 5-21 所示）中的字段"生产量"与"销售量"从行数据转换为列数据。数据表可通过扫描附录三的二维码下载。

表 5-21 　　　　　　　　　2021—2022 年产销数据表（部分）

时间	类型	生产量	销售量
2021/01/31	大型客车	504	694
2022/01/31	大型客车	978	519
2021/01/31	中型客车	438	535
2022/01/31	中型客车	644	408
……	……	……	……

【操作指引】

①进入算法中心，点击"新建"，进入算子流配置页面；

②点击画布自动带出的"数据输入"算子，打开配置页面，选择本地上传文件或从数据网盘引用数据，输入 Excel 文件"15—2021—2022 年产销数据表.xlsx"；

③从算子选择区将"行转列"算子拖拽至画布区，与"数据输入"算子连接；

④点击"行转列"算子，在左侧算子配置区选择并到一列中的列名称处勾选字段"生产量"与"销售量"，生成列设置中，生成列名称输入"产销类型"，数值列名称输入"数量"，点击"保存配置"，如图 5-57 所示；

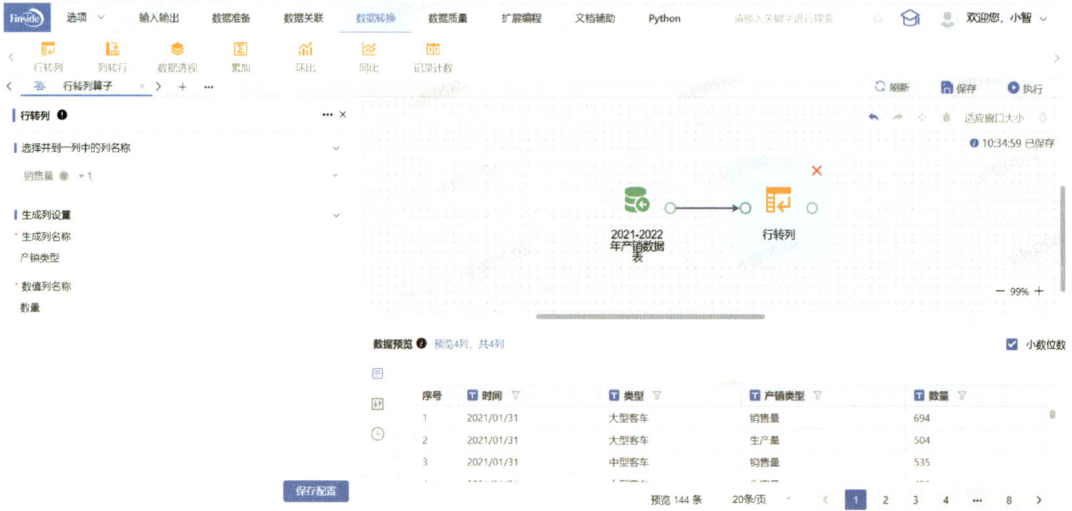

图 5-57　行转列算子配置页面

⑤保存并执行算子流，在数据预览区查看算子流运算结果，如图 5-58 所示。

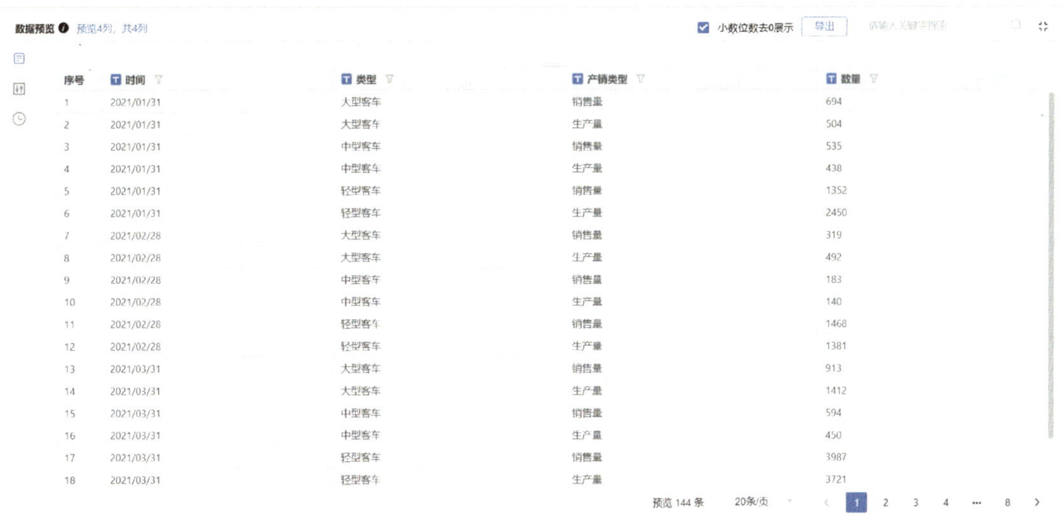

数据预览 预览4列，共4列 小数位数去0展示 导出

序号	时间	类型	产销类型	数量
1	2021/01/31	大型客车	销售量	694
2	2021/01/31	大型客车	生产量	504
3	2021/01/31	中型客车	销售量	535
4	2021/01/31	中型客车	生产量	438
5	2021/01/31	轻型客车	销售量	1352
6	2021/01/31	轻型客车	生产量	2450
7	2021/02/28	大型客车	销售量	319
8	2021/02/28	大型客车	生产量	492
9	2021/02/28	中型客车	销售量	183
10	2021/02/28	中型客车	生产量	140
11	2021/02/28	轻型客车	销售量	1468
12	2021/02/28	轻型客车	生产量	1381
13	2021/03/31	大型客车	销售量	913
14	2021/03/31	大型客车	生产量	1412
15	2021/03/31	中型客车	销售量	594
16	2021/03/31	中型客车	生产量	450
17	2021/03/31	轻型客车	销售量	3987
18	2021/03/31	轻型客车	生产量	3721

预览 144 条 20条/页 1 2 3 4 ··· 8

图 5－58　行转列算子执行结果

【视频教程】请扫描附录一中的二维码，观看本节学习视频。

5.2.4.2　列转行

列转行算子（如图 5－59 所示）可将表中某列的数据提取为字段名，即转换成表头，同时获取其他列的列数值作为新列下的行数值，即将纵向数据转为横向数据。

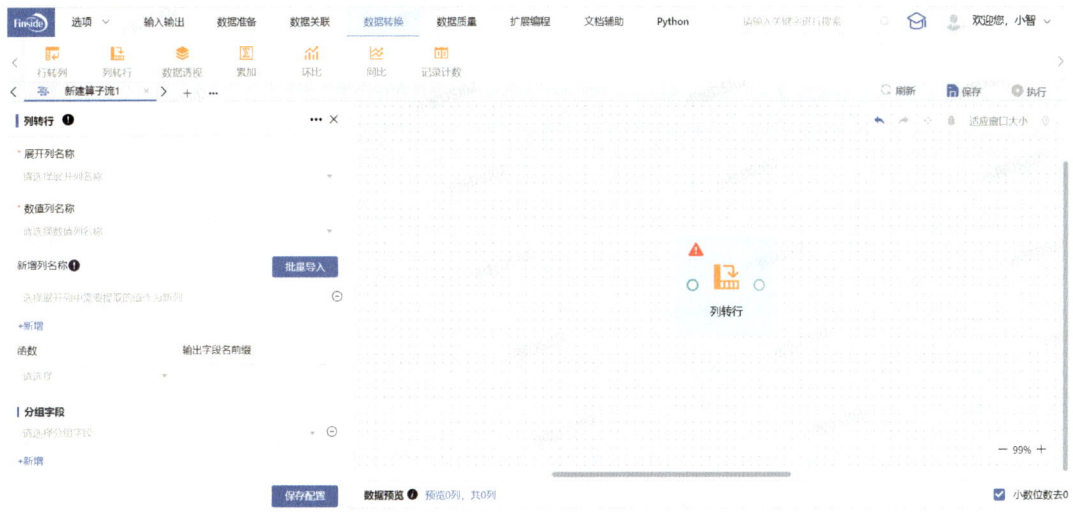

图 5－59　列转行算子

以图 5－60 中的表格为例，将表头“姓名”下的数据作为表头展开，变成新表头“同学 A”和“同学 B”，将新表头对应的“性别”数据从原本的列数据转换为新表头下的行数据。列转行算子转换效果如图 5－60 所示。

姓名	性别
同学A	男
同学B	女

列转行
- - →

姓名	性别	同学A	同学B
同学A	男	男	
同学B	女		女

图 5–60 列转行算子效果示意

列转行算子配置说明如表 5–22 所示。

表 5–22　　　　　　　　列转行算子配置说明

可配置项	说明
展开列名称	选择要展开为表头的列（如图 5–60 中的字段"姓名"）。
数值列名称	选择取值，用于取得展开后新列下对应的行数据（如图 5–60 中的字段"性别"）。
新增列名称	输入展开列内原有的数据作为新增列的字段名称，填写 n 个值，则对应新增 n 列数据，支持批量导入。点击"批量导入"时，系统会打开新文本窗口，将需要导入的数值粘贴在内，并按照个数分行，即可导入。点击 ⊖，可删除值，点击"+新增"，可新增值。
函数	可根据数值列的字段类型选择不同类型的函数，对行数据进行处理，非必填项。只有当选择的数值列为数值类型时，算子才可选择求和、均值两类函数。
输出字段名前缀	根据所选函数自动生成输出字段名前缀。如果不填写该项，则最终输出的列名称与新增列名称相同。
分组字段	填写函数后，可选择字段作为排序和分组的依据，非必填项。

【快速任务 5–19】

请使用列转行算子对 Excel 文件"12—2021 年产销数据表.xlsx"进行处理，计算大型客车、中型客车和轻型客车 2021 年各自的总生产量。数据表可通过扫描附录三的二维码下载。

【操作指引】

①进入算法中心，点击"新建"，进入算子流配置页面；

②点击画布自动带出的"数据输入"算子，打开配置页面，选择本地上传文件或从数据网盘引用数据，输入 Excel 文件"12—2021 年产销数据表.xlsx"，将"生产量"和"销售量"两个字段的目标类型修改为"数值"；

③从算子选择区将"列转行"算子拖拽至画布区，与"数据输入"算子连接；

④点击"列转行"算子，在左侧算子配置区的展开列名称处选择"类型"，数值列名称选择"生产量"，在新增列名称处中新增三列，分别输入列名称"大型客车""中型客车"和"轻型客车"，函数选择"求和"，输出字段名前缀保持为空，不选择分组字段，点击"保存配置"，如图 5–61 所示；

⑤保存并执行算子流，在数据预览区查看算子流运算结果。

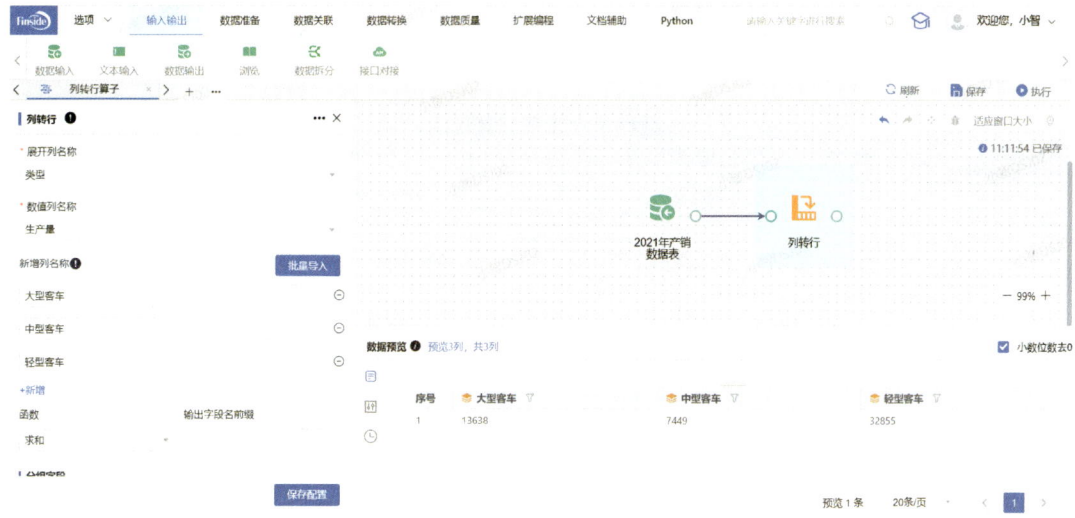

图 5-61　列转行算子配置页面

【注意事项】

①展开列名称和数值列名称不能选择同样的字段。

②新增列名称必须是展开列中已有的值，不填写的项目将不会出现在结果表中。

5.2.4.3　数据透视

数据透视算子（如图 5-62 所示）可以将同一类型数据进行分组汇总后输出，其运算逻辑是按照分组字段将原始数据分组，然后在每个分组内，对选择的字段按照指定函数进行数据处理，如求和、计数等，最终输出分组统计后的结果。

图 5-62　数据透视算子

它与 Excel 中的【数据透视表】功能类似："分组字段"对应数据透视表中的"行"，"统计字段"对应数据透视表中的"值"，"处理函数"对应数据透视表中的"值汇总方式"。

数据透视算子配置说明如表 5-23 所示。

表 5-23　　　　　　　　　数据透视算子配置说明

可配置项	说明
分组字段	选择用于分组的字段，可设置多个分组字段，点击"+新增"可新增分组字段。
处理字段	选择需要使用函数处理的字段。同一字段可以选择多次，即同一字段可以设置多个统计规则。
函数	支持选择计数、非空值计数、非重复值计数、非重复且非空值计数、空值计数、字符拼接、求和、均值、最大值、最小值等多个函数。不同目标类型的字段可选择的函数种类不同，例如文本类型的字段无法选择求和及均值等类函数。
输出字段名	编辑输出字段名称选择函数后，系统自动生成输出字段名，格式为"函数名+原字段名"，用户可在这个基础上进行编辑修改。

数据透视算子的各类函数功能说明如表 5-24 所示。

表 5-24　　　　　　　　　函数功能说明

函数	说明	支持字段类型
计数	对所选的处理字段列下的全部数值进行计数，一个值算为1个数。	文本、数值、日期时间
空值计数	对所选的处理字段列下的空值进行计数。	文本、数值、日期时间
非空值计数	对所选的处理字段列下的空值以外的数值进行计数。	文本、数值、日期时间
去重计数	对所选的处理字段列下的数值进行去重计数。例如，对 A，B，C，A 四个名称进行去重计数，计数结果为3。	文本、数值、日期时间
去重且非空值计数	对所选的处理字段列下的数值进行去重、去空值计数。	文本、数值、日期时间
非重复值计数	对所选的处理字段列下的数值统计未重复数值的个数。重复值会被计数0，非重复值计数1次，单个空值计数1，多个空值计数0。例如，对 A，B，C，A 四个名称进行非重计数，计数结果为2，A 因为存在重复值计数为0。	文本、数值、日期时间
非重复且非空值计数	对所选的处理字段列下的数值统计未重复且非空值数值的个数。重复值和空值计数为0，非重复且非空值计数为1。	文本、数值、日期时间
字符拼接	合并、拼接显示所选字段列中的所有值。	文本
求和	对所选的处理字段求和。	数值
均值	对所选的处理字段列求平均值。	数值
最大值	对所选的处理字段列求最大值。	数值、日期时间
最小值	对所选的处理字段列求最小值。	数值、日期时间

【快速任务 5-20】

请使用数据透视算子对 Excel 文件"12—2021 年产销数据表.xlsx"（如表 5-25 所

第5章 | 数据算法

示）进行处理，用"类型"作为分组字段，分别计算各类型客车2021年的总销售量和各月的平均销售量。数据表可通过扫描附录三的二维码下载。

表 5-25　　　　　　　　2021 年产销数据表（部分）

时间	类型	生产量	销售量
2021/01/31	大型客车	504	694
2021/01/31	中型客车	438	535
2021/01/31	轻型客车	2450	1352
……	……	……	……

【操作指引】

①进入算法中心，点击"新建"，进入算子流配置页面；

②点击画布自动带出的"数据输入"算子，打开配置页面，选择本地上传文件或从数据网盘引用数据，输入 Excel 文件"12—2021 年产销数据表.xlsx"，将"生产量"和"销售量"两个字段的目标类型修改为"数值"；

③从算子选择区将"数据透视"算子拖拽至画布区，与"数据输入"算子连接；

④点击"数据透视"算子，在左侧算子配置区的分组字段处选择"类型"，统计字段处配置两条统计规则，第一条为"处理字段'销售量'—函数'求和'—输出字段名'总销售量'"，第二条为"处理字段'销售量'—函数'均值'—输出字段名'各月平均销售量'"，点击"保存配置"，如图 5-63 所示；

⑤保存并执行算子流，在数据预览区查看算子流运算结果。

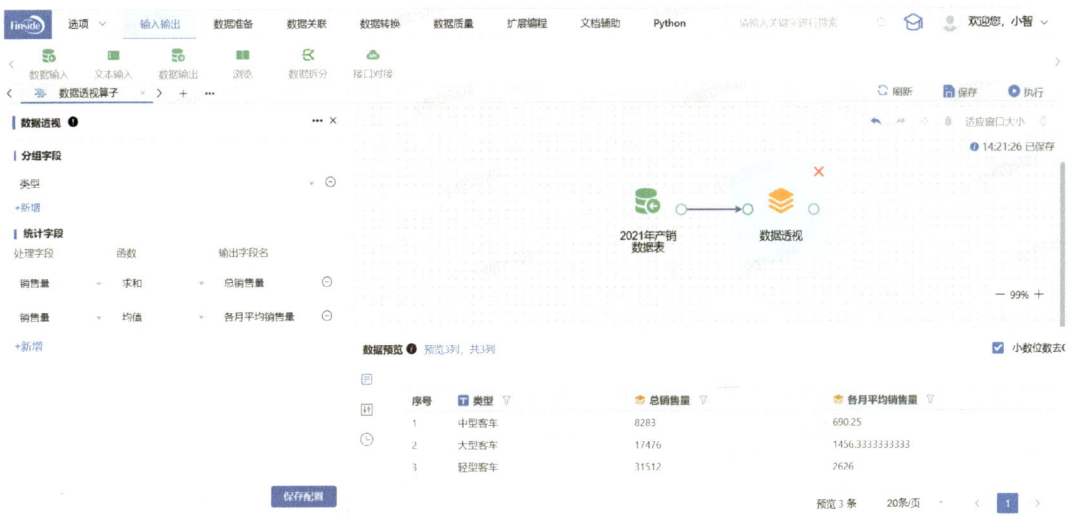

图 5-63　数据透视算子配置页面

【视频教程】请扫描附录一中的二维码，观看本节学习视频。

5.2.4.4 累加

累加算子（如图 5-64 所示）可以计算指定字段在指定时间维度下的累加值。算子运算逻辑是按照分组字段对数据分组，然后根据时间维度划分原始数据，再进行累加计算，并输出计算后的结果。累加算子配置说明如表 5-26 所示。

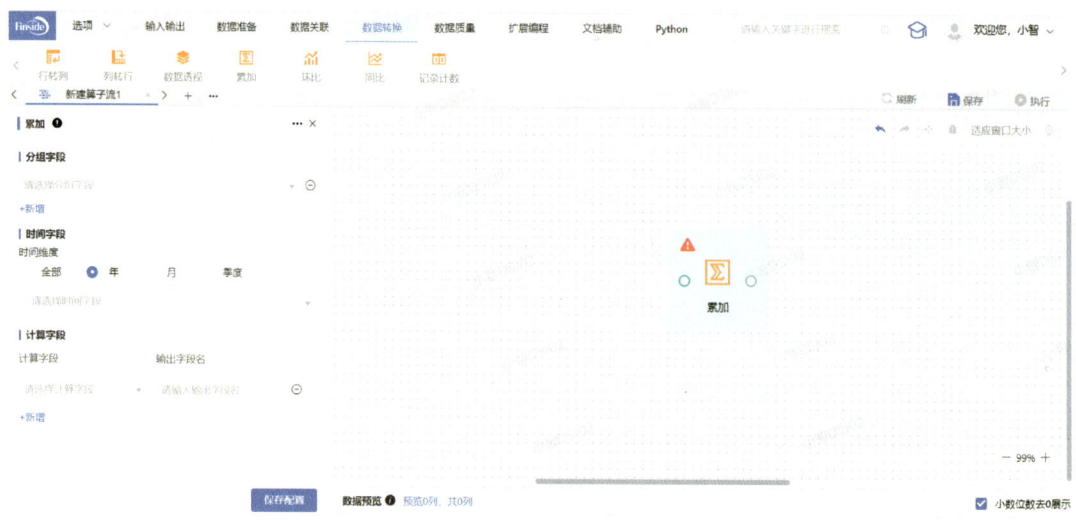

图 5-64　累加算子

表 5-26　　　　　　　　　　　　累加算子配置说明

可配置项	说明
分组字段	选择用于分组的字段，可设置多个分组字段，点击"+新增"可新增分组字段。
时间字段	选择划分时间维度的字段，只有类型为日期时间的字段可选择。
时间维度	选择累加的时间维度，支持"全部""季""年"和"月"四种维度。 • 年：根据所选的时间字段，按年度对计算字段进行累加； • 季：根据所选的时间字段，按季度对计算字段进行累加； • 月：根据所选的时间字段，按年度+月度对计算字段进行累加； • 全部：根据所选的时间字段，对计算字段进行累加，如果时间字段具体到时分秒，那么累加时也会具体到时分秒。
计算字段	选择需要累加计算的字段，只有类型为数值的字段可选择。
输出字段名	设置累加计算后的字段名称，默认输出字段的名称为"字段名称+累加"，也可自定义输出字段名称。

【快速任务 5-21】

请使用累加算子对 Excel 文件"15—2021—2022 年产销数据表.xlsx"（如表 5-27 所示）进行处理，用"类型"作为分组字段，分别计算各类型客车每年的总生产量。数据表可通过扫描附录三的二维码下载。

表 5-27　　　　　　　　2021—2022 年产销数据表（部分）

时间	类型	生产量	销售量
2021/01/31	大型客车	504	694
2022/01/31	大型客车	978	519
2021/01/31	中型客车	438	535
2022/01/31	中型客车	644	408
……	……	……	……

【操作指引】

①进入算法中心，点击"新建"，进入算子流配置页面；

②点击画布自动带出的"数据输入"算子，打开配置页面，选择本地上传文件或从数据网盘引用数据，输入 Excel 文件"15—2021—2022 年产销数据表.xlsx"，将字段"时间"的目标类型修改为"日期时间"，将字段"生产量"的目标类型修改为"数值"；

③从算子选择区将"累加"算子拖拽至画布区，与"数据输入"算子连接；

④点击"累加"算子，在左侧算子配置区的分组字段处选择"类型"，时间维度选择"年"，时间字段选择"时间"，计算字段选择"生产量"，输出字段名输入"各年生产量"，点击"保存配置"，如图 5-65 所示；

⑤保存并执行算子流，在数据预览区查看算子流运算结果。

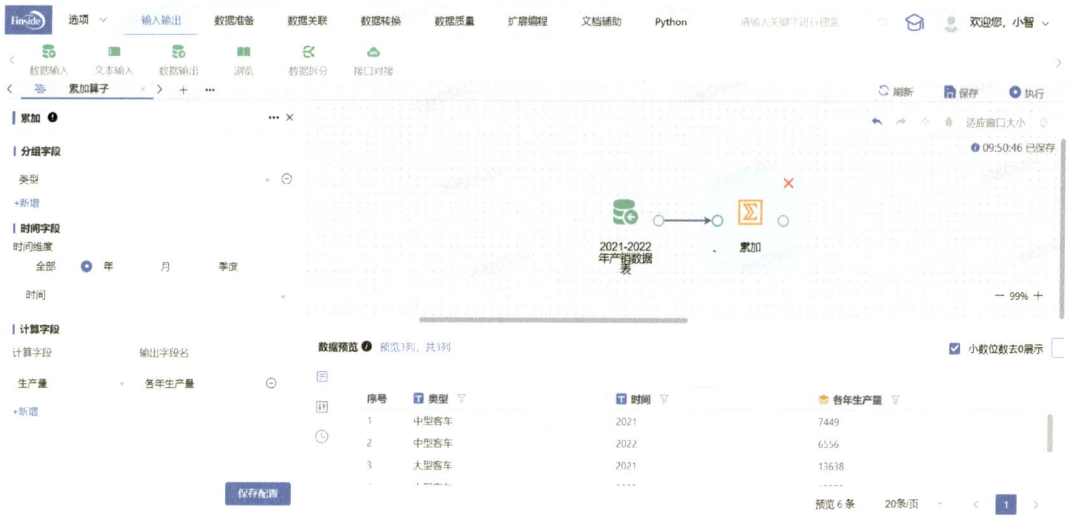

图 5-65　累加算子配置页面

【视频教程】请扫描附录一中的二维码，观看本节学习视频。

5.2.4.5　环比

环比算子（如图 5-66 所示）可以计算指定字段在指定时间维度下的环比值，例如计算某地区 GDP 总值相较于上月的增长率。环比算子配置说明如表 5–28 所示。

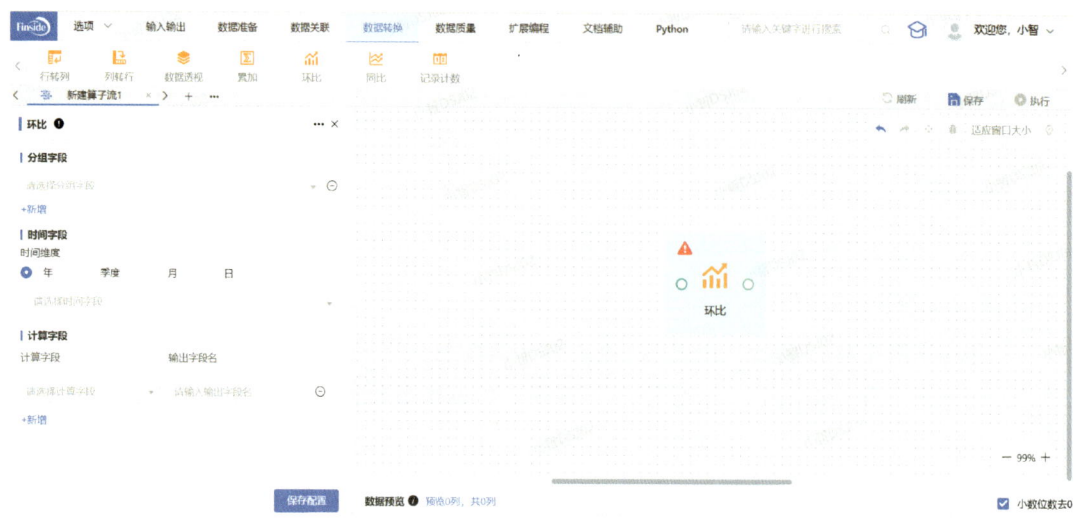

图 5–66 环比算子

表 5–28 环比算子配置说明

可配置项	说明
分组字段	选择用于分组的字段，可设置多个分组字段，点击"+新增"可新增分组字段。
时间字段	选择划分时间维度的字段，只有类型为日期时间的字段可选择。
时间维度	选择环比的时间维度，支持"年""季度""月""日"四种维度。
计算字段	选择需要环比计算的字段，只有类型为数值的字段可选择。
输出字段名	设置环比计算后的字段名称，默认输出字段的名称为"字段名称+环比"，也可自定义输出字段名称。

【快速任务 5–22】

请使用环比算子对 Excel 文件"15—2021—2022 年产销数据表.xlsx"进行处理，用"类型"作为分组字段，计算各类型客车各月生产量和销售量同比。数据表可通过扫描附录三的二维码下载。

【操作指引】

①进入算法中心，点击"新建"，进入算子流配置页面；

②点击画布自动带出的"数据输入"算子，打开配置页面，选择本地上传文件或从数据网盘引用数据，输入 Excel 文件"15—2021—2022 年产销数据表.xlsx"，将字段"时间"的目标类型修改为"日期时间"，将字段"生产量"和"销售量"的目标类型修改为"数值"；

③从算子选择区将"环比"算子拖拽至画布区，与"数据输入"算子连接；

④点击"环比"算子，在左侧算子配置区的分组字段处选择"类型"，时间维度选择"月"，时间字段选择"时间"，计算字段选择"生产量"和"销售量"，输出字段名分别输入"各月生产量环比"和"各月销售量环比"，点击"保存配置"，如图 5–67 所示；

⑤保存并执行算子流,在数据预览区查看算子流运算结果。

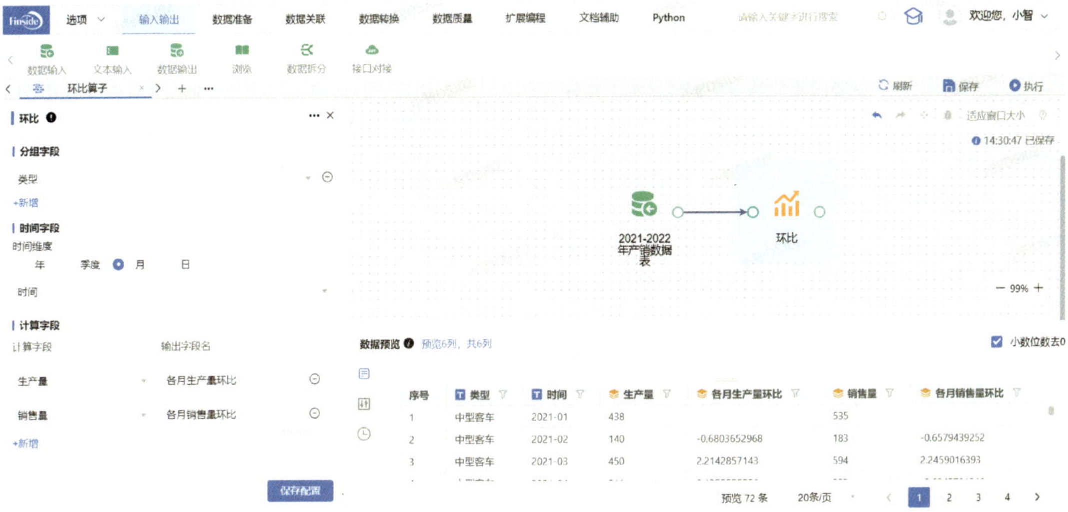

图 5-67 环比算子配置页面

5.2.4.6 同比

同比算子(如图 5-68 所示)可以计算指定字段在指定时间维度下的同比值,例如计算销售额年同比增长率。同比算子配置说明如表 5-29 所示。

图 5-68 同比算子

表 5-29　　　　　　　　　　同比算子配置说明

可配置项	说明
分组字段	选择用于分组的字段,可设置多个分组字段,点击"+新增"可新增分组字段。
时间字段	选择划分时间维度的字段,只有类型为日期时间的字段可选择。
时间维度	选择同比的时间维度,支持"年""季度""月"三种维度。

续表

可配置项	说明
计算字段	选择需要同比计算的字段，只有类型为数值的字段可选择。
输出字段名	设置同比计算后的字段名称，默认输出字段的名称为"字段名称+同比"，也可自定义输出字段名称。

【快速任务 5-23】

请使用同比算子对 Excel 文件"15—2021—2022 年产销数据表.xlsx"进行处理，用"类型"作为分组字段，计算各类型客车 2022 年生产量同比增长率。数据表可通过扫描附录三的二维码下载。

【操作指引】

①进入算法中心，点击"新建"，进入算子流配置页面；

②点击画布自动带出的"数据输入"算子，打开配置页面，选择本地上传文件或从数据网盘引用数据，输入 Excel 文件"15—2021—2022 年产销数据表.xlsx"，将字段"时间"的目标类型修改为"日期时间"，将字段"生产量"和"销售量"的目标类型修改为"数值"；

③从算子选择区将"同比"算子拖拽至画布区，与"数据输入"算子连接；

④点击"同比"算子，在左侧算子配置区的分组字段处选择"类型"，时间维度选择"年"，时间字段选择"时间"，计算字段选择"生产量"和"销售量"，输出字段名分别输入"生产量同比"和"销售量同比"，点击"保存配置"，如图 5-69 所示；

⑤保存并执行算子流，在数据预览区查看算子流运算结果。

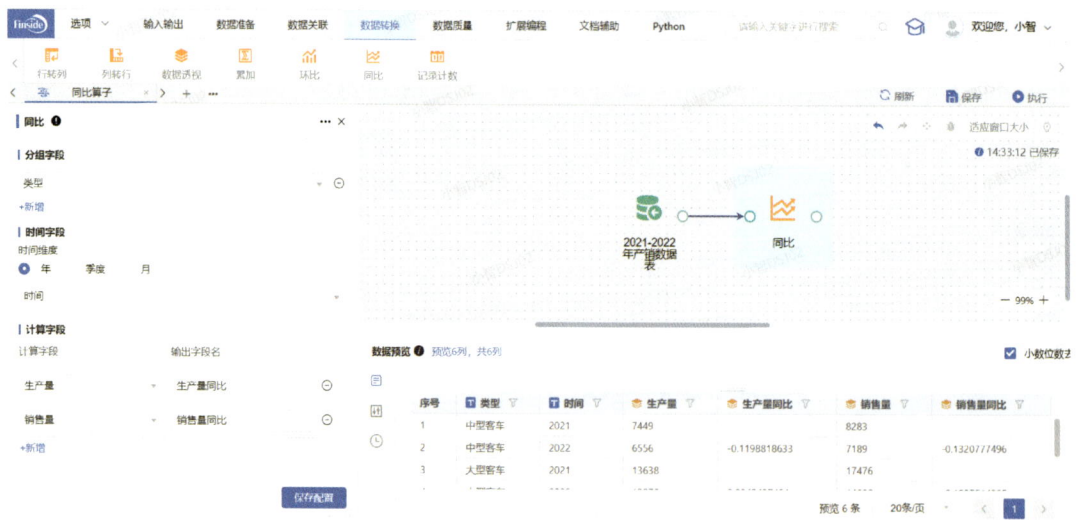

图 5-69 同比算子配置页面

5.2.4.7 记录计数

记录计数算子（如图 5-70 所示）可以统计数据总行数，输出计数结果。该算子无需配置，连接即可使用。

第5章 数据算法

图 5-70 记录计数算子

【快速任务 5-24】

请使用记录计数算子统计 Excel 文件 "09—考核成绩表.xlsx"中的总数据条数。数据表可通过扫描附录三的二维码下载。

【操作指引】

①进入算法中心，点击"新建"，进入算子流配置页面；

②点击画布自动带出的"数据输入"算子，打开配置页面，选择本地上传文件或从数据网盘引用数据，输入 Excel 文件 "09—考核成绩表.xlsx"；

③从算子选择区将"记录计数"算子拖拽至画布区，与"数据输入"算子连接；

④保存并执行算子流，在数据预览区查看算子流运算结果，如图 5-71 所示。

图 5-71 记录计数算子执行结果

5.2.5 扩展编程类算子

扩展编程类算子能提供较为丰富且复杂的数据处理功能,帮助用户进一步拓展数据分析的边界。

5.2.5.1 函数

函数算子(如图 5 – 72 所示)功能与数值公式计算算子类似,支持配置多个函数,对数值、文本或日期时间类型的字段进行多种类型的函数处理,如 IFS 函数、RAND 函数或 Contains 函数等。函数算子配置说明如表 5 – 30 所示。

图 5 – 72　函数算子

表 5 – 30　　　　　　　　　　函数算子配置说明

可配置项	说明
输出列	可选择算子处理后的数据的输出方式,支持选择"添加列"或者"覆盖列"两种方式。 ● 添加列:添加新列,新列的值是计算得出的数据。 ● 覆盖列:不添加新列,用计算得出的数据覆盖指定列原本的数值。
列名称	输出列为添加列时,需要输入新列名称;输出列为覆盖列时,下拉选择原有列,无法修改列名称。
列类型	输出列为添加列时,可修改列类型;输出列为覆盖列时,无法修改列类型。
创建规则	点击"创建规则",在弹出的创建规则界面,可以配置该字段的函数规则。其编辑框与数值公式计算算子的公式编辑框类似,可以选择添加字段、参数、函数和符号。 ● 字段:支持点选数值类型的字段; ● 参数:支持点击输入数值类型的参数,参数来自【算法中心—采集—参数管理】; ● 函数:支持点击输入数值函数、文本函数、日期时间函数和通用函数。选择函数,算子底部可自动带出函数说明与使用示例供参考; ● 符号:支持点击输入加、减、乘、除等运算符号和语句。

续表

可配置项	说明
⊖	删除相应字段。
＋新增	创建新的字段。

【快速任务 5-25】

请使用函数算子对 Excel 文件"01—财务部员工信息表.xlsx"进行处理，为不同司龄的员工授予不同称号（司龄大于等于 8 年的员工授予"功勋员工"称号，司龄大于等于 5 年的员工授予"卓越员工"称号，司龄大于等于 3 年的员工授予"杰出员工"称号，其他员工则授予"星光员工"称号）。数据表可通过扫描附录三的二维码下载。

【操作指引】

①进入算法中心，点击"新建"，进入算子流配置页面；

②点击画布自动带出的"数据输入"算子，打开配置页面，选择本地上传文件或从数据网盘引用数据，输入 Excel 文件"01—财务部员工信息表.xlsx"，将字段"司龄"的目标类型改为"数值"；

③从算子选择区将"函数"算子拖拽至画布区，与"数据输入"算子连接；

④点击"函数"算子，在左侧算子配置区选择"添加列"，列名称输入"荣誉称号"，列类型选择"文本"，点击"创建规则"，在弹出的创建规则页面中展开通用函数，双击"IFS"函数，将其添加至表达式内容区，通过点击添加字段和符号，配置函数：IFS（司龄≥8,'功勋员工',司龄≥5,'卓越员工',司龄≥3,'杰出员工','星光员工'），点击"保存"。设置完成后，点击"保存配置"，如图 5-73 和图 5-74 所示；

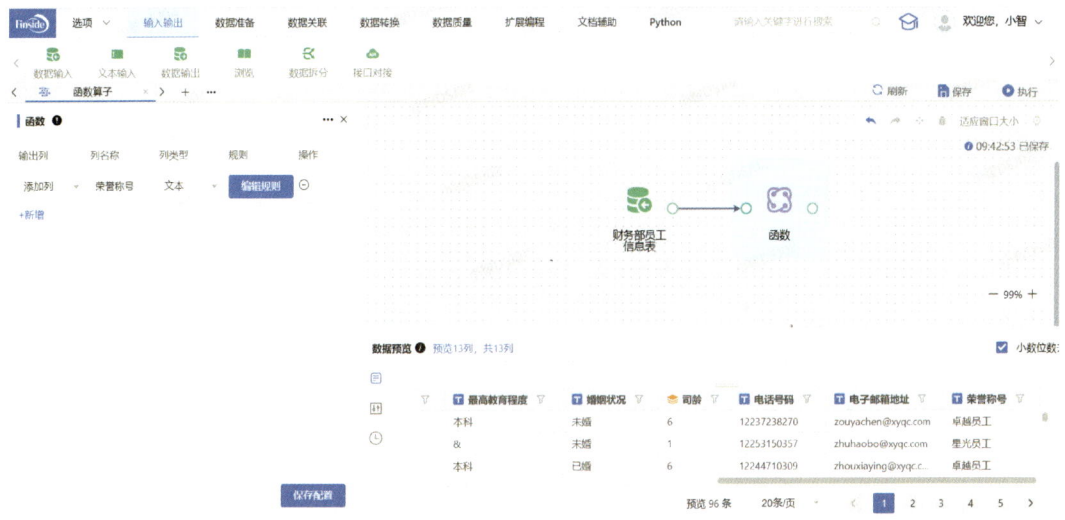

图 5-73 函数算子配置页面

图 5-74 函数算子创建规则页面

⑤保存并执行算子流,在数据预览区查看算子流运算结果,如图 5-75 所示。

图 5-75 函数算子执行结果

【视频教程】请扫描附录一中的二维码,观看本节学习视频。

5.2.5.2 多字段函数

多字段函数算子(如图 5-76 所示)与函数算子的功能相似,不同之处在于多字段函数算子可批量对多个字段做同样的函数处理。多字段函数算子配置说明如表 5-31 所示。

第5章 数据算法

图 5-76　多字段函数算子

表 5-31　　　　　　　　　　多字段函数算子配置说明

可配置项	说明
计算字段	选择打包计算的字段，选择好后，配置计算规则时可使用特殊的计算字段配置规则，被选作计算字段的所有字段都会按照该规则进行计算。
输出列	选择输出列的方式，包括覆盖原列和复制原列两种。如果选择覆盖原列，计算出的数值会取代原来字段下的数值；如果选择复制原列，算子会复制原列作为新列，将计算结果作为新列的值。
并添加	当输出列选择"复制原列"时，可以设置字段名的后缀或前缀，使其与原列不重名。
修改输出列类型	选择列的目标类型，提供文本、日期时间、数值三种类型。
计算规则	点击"未配置"，在弹出的创建规则界面，可以配置该字段的函数规则。其编辑框与数值公式计算算子和函数算子的公式编辑框类似，可以选择添加字段、参数、函数和符号。 ● 数值：可双击选择计算字段或者原有字段添加到规则中； ● 参数：可双击选择文本或日期时间等参数添加到规则中； ● 函数：可双击选择数值函数、文本函数和日期时间函数添加到规则中。选择函数，创建规则底部可自动带出函数说明与使用示例供参考； ● 符号：单击可添加运算符号及语句词汇等。

【快速任务 5-26】

请使用多字段函数算子计算 Excel 文件"03—各产品生产成本明细.xlsx"（如表 5-32 所示）中各产品的不同类型成本占生产总成本之比。数据表可通过扫描附录三的二维码下载。

表 5-32　　　　　　　　各产品生产成本明细（部分）

生产总成本	材料成本	人力成本	包装成本	其他成本
1824068.9	1540986.1	56012.7	140034.9	87035.2
959584.4	835914.5	17937.1	60730.0	45002.8
1599704.2	1363289.9	32457.3	125512	78445.0
……	……	……	……	……

【操作指引】

①进入算法中心，点击"新建"，进入算子流配置页面；

②点击画布自动带出的"数据输入"算子，打开配置页面，选择本地上传文件或从数据网盘引用数据，输入 Excel 文件"03—各产品生产成本明细.xlsx"，将字段"生产总成本""材料成本""人力成本""包装成本"和"其他成本"的目标类型修改为"数值"；

③从算子选择区将"多字段函数"算子拖拽至画布区，与"数据输入"算子连接；

④点击"多字段函数"算子，在左侧算子配置区计算字段处选择"材料成本""人力成本""包装成本"和"其他成本"，输出列选择"复制原列"，并添加"占比"作为"后缀"，勾选"修改输出列类型"，设置目标类型为"数值"，点击"未配置"，输入计算公式"计算字段/生产总成本"，点击"保存"。设置完成后，点击"保存配置"，如图 5-77 和图 5-78 所示；

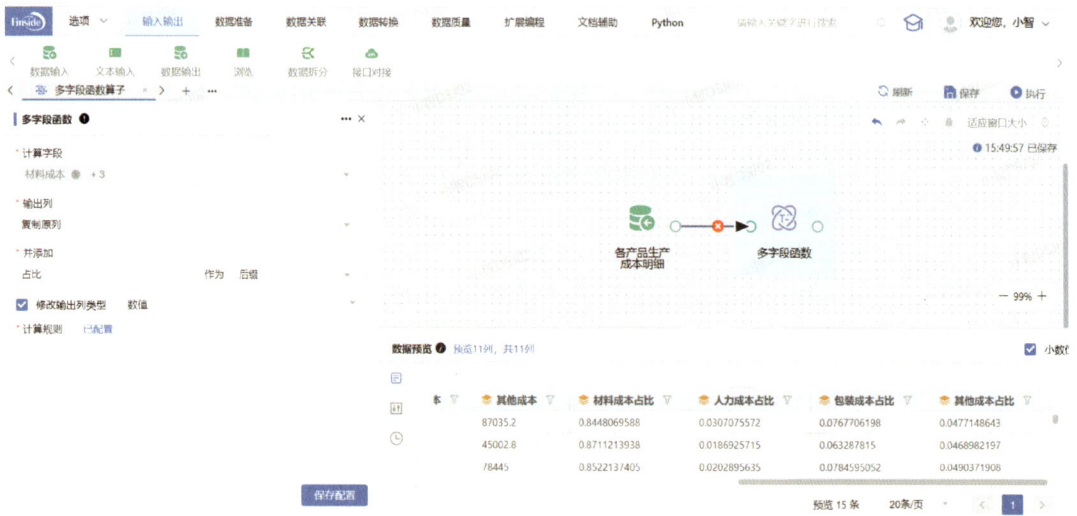

图 5-77　多字段函数算子配置页面

第5章 数据算法

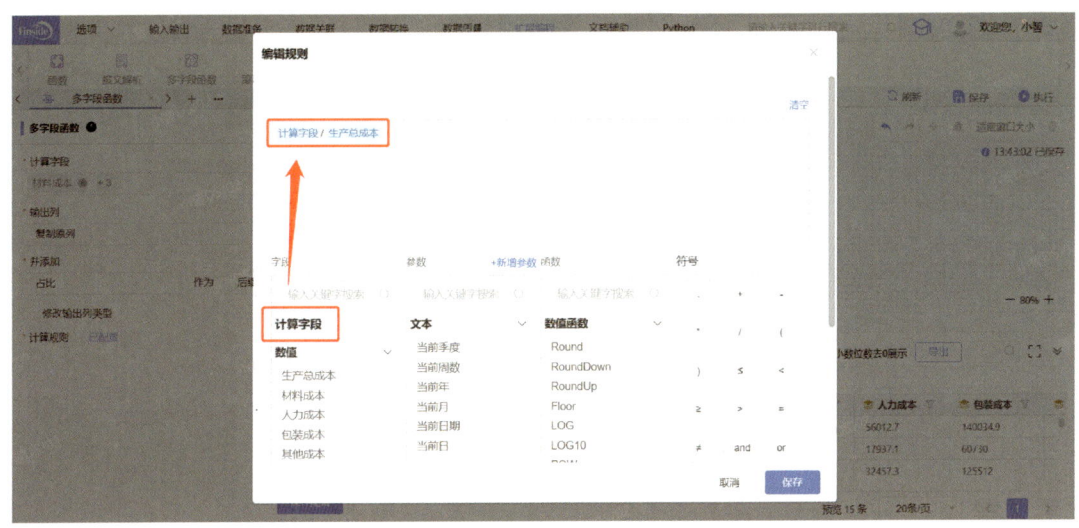

图 5-78 多字段函数算子创建规则页面

⑤保存并执行算子流，在数据预览区查看算子流运算结果，如图 5-79 所示。

生产总成本	材料成本	人力成本	包装成本	其他成本	材料成本占比	人力成本占比	包装成本占比	其他成本占比
1824068.9	1540986.1	56012.7	140034.9	87035.2	0.8448069588	0.0307075572	0.0767706198	0.0477148643
959584.4	835914.5	17937.1	60730	45002.8	0.8711213938	0.0186925715	0.063287815	0.0468982197
1599704.2	1363289.9	32457.3	125512	78445	0.8522137405	0.0202895635	0.0784595052	0.0490371908
1304552.6	1113324.7	24675.2	102494	64058.7	0.8534149562	0.0189146839	0.0785663989	0.049103961
800230.3	684466.3	13457	62920	39387	0.855336645	0.016816409	0.0786273651	0.0492195809
743830.2	636159	12498.2	58568	36605	0.8552476089	0.0168024907	0.0787384002	0.0492115002
864079.2	759801.3	15023.4	50733	38521.5	0.8793190485	0.0173866007	0.0587133679	0.0445809829
1937060	1563209.2	43976.2	183962.3	145912.3	0.8070009189	0.0227025492	0.0949698512	0.0753266806
2218817.2	1893405.6	42187.1	174292	108932.5	0.8533400588	0.0190133284	0.0785517617	0.0490948511
816937.6	702641	15071.2	59616.6	39608.8	0.860091395	0.01844841403	0.0729757083	0.0484844865
2681465.1	2284772.7	54905.9	210330	131456.5	0.8520613227	0.0204760823	0.0784384626	0.0490241324
670132	575382.9	11247.8	52409	31092.3	0.8586112885	0.0167844544	0.0782069801	0.046397277
556454.8	459634.2	11319.4	55670.2	29831	0.826004556	0.0203419936	0.1000444241	0.0536090263
624978.7	517260.2	13036.7	59791.8	34890	0.8276445261	0.0208594309	0.0956701404	0.0558259025
1165649.4	1023524.3	20771.8	70127.1	51226.2	0.8780721716	0.017819938	0.0601614002	0.0439464904

图 5-79 多字段函数算子执行结果

5.2.5.3 滚动函数

滚动函数算子（如图 5-80 所示）和函数算子相似，可通过选择字段创建公式计算指标，不同之处在于：滚动函数算子创建公式时，可通过设计引用指定字段前 N 行或者后 N 行数值，使用不同字段的差行数据来计算结果，例如使用 A 字段第一行的数据与 B 字段第二行的数据做运算。

需要注意的是，滚动函数计算时的行顺序取决于前序算子输出的数据顺序，不会因为滚动函数算子自身的分组效果发生改变。

185

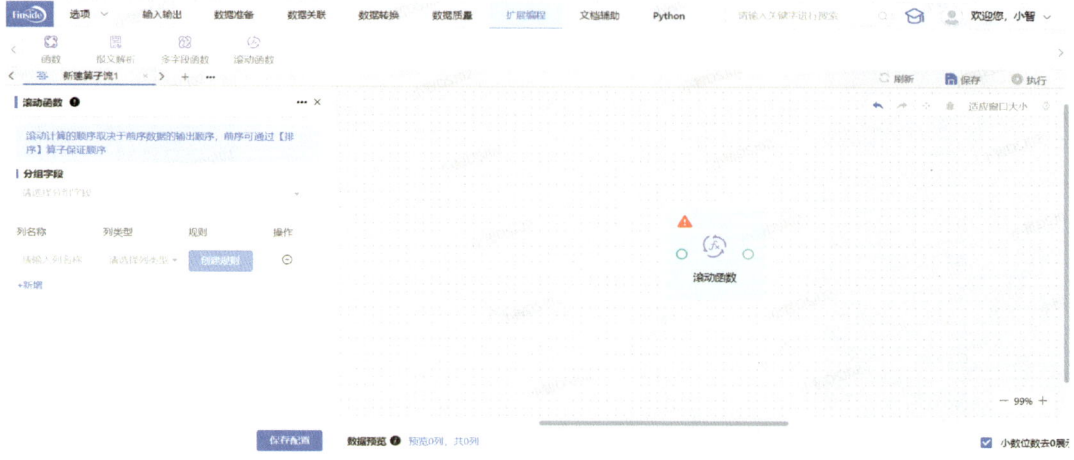

图 5-80　滚动函数算子

滚动函数算子配置说明如表 5-33 所示。

表 5-33　　　　　　　　滚动函数算子配置说明

可配置项	说明
分组字段	选择分组依据的字段，算子根据该字段下的值进行分组。
列名称	输入列名称。
列类型	选择列的目标类型，提供文本、日期时间、数值三种类型。
创建规则	点击"创建规则"，在弹出的创建规则界面，可以配置该字段的函数规则。其编辑框与数值公式计算算子和函数算子的公式编辑框类似，可以选择添加字段、参数、函数和符号。 • 数值：可双击选择原有字段添加到规则中，每个字段可设置前 N 行或者后 N 行，也可不设置； • 参数：可双击选择参数添加到规则中； • 函数：可双击选择数值函数、文本函数和日期时间函数添加到规则中。选择函数，创建规则底部可自动带出函数说明与使用示例供参考； • 符号：单击可添加运算符号及语句词汇等。
⊖	删除相应字段。
+新增	创建新的字段。

【快速任务 5-27】

请使用滚动函数算子计算"16—存款及利率统计表.xlsx"（如表 5-34 所示）中 A 公司和 B 公司各自 2020—2024 年的存款复利终值。数据表可通过扫描附录三的二维码下载。

表 5-34　　　　　　　　存款及利率统计表（部分）

单位	日期	存入本金	利率
A 公司	2020/1/1	11000	5%
A 公司	2021/1/1	12000	6%
A 公司	2022/1/1	23000	7%
……	……	……	……

第5章 数据算法

【操作指引】

①进入算法中心,点击"新建",进入算子流配置页面;

②点击画布自动带出的"数据输入"算子,打开配置页面,选择本地上传文件或从数据网盘引用数据,输入 Excel 文件"16—存款及利率统计表.xlsx",将"日期"字段的目标类型修改为"日期时间",将"存入本金"和"利率"两个字段的目标类型修改为"数值";

③从算子选择区将"滚动函数"算子拖拽至画布区,与"数据输入"算子连接;

④点击"滚动函数"算子,在左侧算子配置区分组字段处选择"单位",列名称输入"复利终值",列类型选择"数值",点击"创建规则",输入计算公式"([前 1 行]:复利终值+存入本金)*(1+利率)",点击"保存"。设置完成后,点击"保存配置",如图 5-81 和图 5-82 所示;

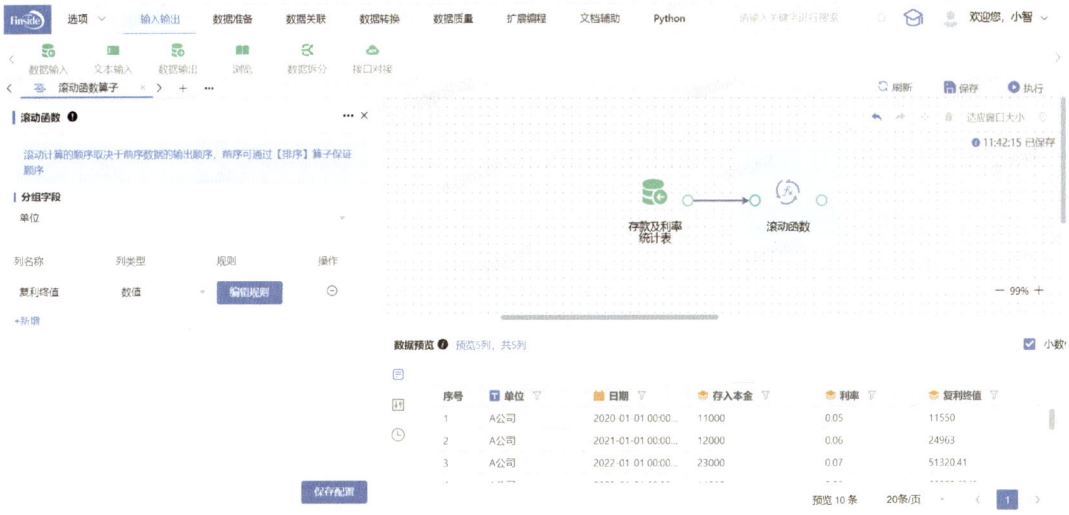

图 5-81　滚动函数配置页面

图 5-82　滚动函数算子创建规则页面

⑤保存并执行算子流，在数据预览区查看算子流运算结果，如图 5-83 所示。

序号	单位	日期	存入本金	利率	复利终值
1	A公司	2020-01-01 00:00:00	11000	0.05	11550
2	A公司	2021-01-01 00:00:00	12000	0.06	24963
3	A公司	2022-01-01 00:00:00	23000	0.07	51320.41
4	A公司	2023-01-01 00:00:00	11000	0.06	66059.6346
5	A公司	2024-01-01 00:00:00	5000	0.05	74612.61633
6	B公司	2020-01-01 00:00:00	20000	0.05	21200
7	B公司	2021-01-01 00:00:00	18000	0.07	41944
8	B公司	2022-01-01 00:00:00	34000	0.1	83538.4
9	B公司	2023-01-01 00:00:00	15000	0.06	104450.704
10	B公司	2024-01-01 00:00:00	22000	0.06	134037.74624

图 5-83 滚动函数算子执行结果

5.2.5.4 报文解析

报文解析算子（如图 5-84 所示）用于解析 JSON、XML 或键值对格式的报文数据，将其从报文树状结构转换为表格形式承载数据。其通常搭配接口对接算子使用，将从接口获取的数据转换为可以分析的数据表格式。报文解析算子配置说明如表 5-35 所示。

图 5-84 报文解析算子

表 5-35 报文解析算子配置说明

选项	说明
请求 ID 字段	选择前序输入的文本字段为请求 ID 字段。
解析字段	选择解析字段，指定待解析的报文。
报文格式	选择报文格式，支持选择"JSON""XML""键值对"三种格式。
报文模板	输入报文模板。

【操作指引】
①进入算法中心,点击"新建",进入算子流配置页面;
②点击画布自动带出的"数据输入"算子,打开配置页面,选择本地上传文件或从数据网盘引用数据,输入接口连通所需要的 API key 或者 token 数据;
③将"接口对接"算子拖拽至画布区,与"数据输入"算子连接。点击"接口对接"算子,在左侧算子配置区进行算子配置;
④配置完成后,保存并执行算子流,即可通过 API 获取对应数据;
⑤将"报文解析"算子拖拽至画布区,与"接口对接"算子连接。点击"报文解析"算子,在左侧算子配置区依次选择"请求 ID 字段""解析字段",并选择报文格式,输入报文模板。输入完成后,点击"下一步";
⑥配置查询内容,选择输出字段,勾选完成后,点击"保存配置";
⑦执行算子流,查看报文解析后的数据结果。

5.2.6 文档辅助类算子

文档辅助类算子可用于在算子流中插入说明性内容,以及帮助用户以邮件附件形式分享数据。

5.2.6.1 邮件发送

邮件发送算子(如图 5-85 所示)可以将算子流运算的数据以邮件附件的形式发送到接收人的邮箱,同时输入邮件收件人及邮件正文。邮件发送算子配置说明如表 5-36 所示。

图 5-85 邮件发送算子

表 5-36　　　　　　　　　　　　　邮件发送算子配置说明

可配置项	说明
选择数据表	展示所有接入邮件发送算子的前序算子，支持勾选选择发送哪些前序算子的数据，并对这些算子数据形成的附件进行命名。
邮件内容	配置邮件主送人、抄送人、密送人、邮件主题和邮件正文内容，支持对邮件内容进行简单排版。 ● 收件人：点击主送、抄送和密送行末尾的"＋"可打开选择人员界面。人员姓名和邮箱信息存储在地址簿中，既支持从根据组织信息自动生成的企业地址簿中选取，也支持自行添加地址簿和收件人信息。选择人员信息后，点击对应收件人类型左侧的"＞"按钮即可添加收件人，点击"＜"按钮即可移除已选中的收件人，如图 5-86 所示； 图 5-86　选择人员界面 ● 主题：输入邮件主题； ● 正文：输入邮件正文，并设置邮件排版。

【快速任务 5-28】

请使用邮件发送算子将 Excel 文件"09—考核成绩表.xlsx"发送至财务部负责人邮箱。数据表可通过扫描附录三的二维码下载。

【操作指引】

①进入算法中心，点击"新建"，进入算子流配置页面；

②点击画布自动带出的"数据输入"算子，打开配置页面，选择本地上传文件或从数据网盘引用数据，输入 Excel 文件"09—考核成绩表.xlsx"；

③从算子选择区将"邮件发送"算子拖拽至画布区，与"数据输入"算子连接；

④点击"邮件发送"算子，在左侧算子配置区选择数据表为"考核成绩表"，附件名称输入"员工考核成绩表"。点击主送行末尾的添加按钮，打开选择人员页面，点击"新增地址簿"，输入新地址簿名称"X 公司地址簿"。选中新地址簿，点击"新增收件人"，姓名输入"财务部负责人"，邮箱地址输入任意可正常使用的邮箱地址。输入完成后，选择该人员邮箱，点击主送区域左侧的">"按钮即可添加收件人。添加完成后，点击"确认"。邮件主题输入"员工考核成绩表，请查收"，邮件正文输入"尊敬的财务部负责人，附件中是公司全体员工本年考核成绩表，请您查收!"，点击"保存配置"，如图 5 – 87 所示；

⑤保存并执行算子流，查看算子流发送出的邮件。

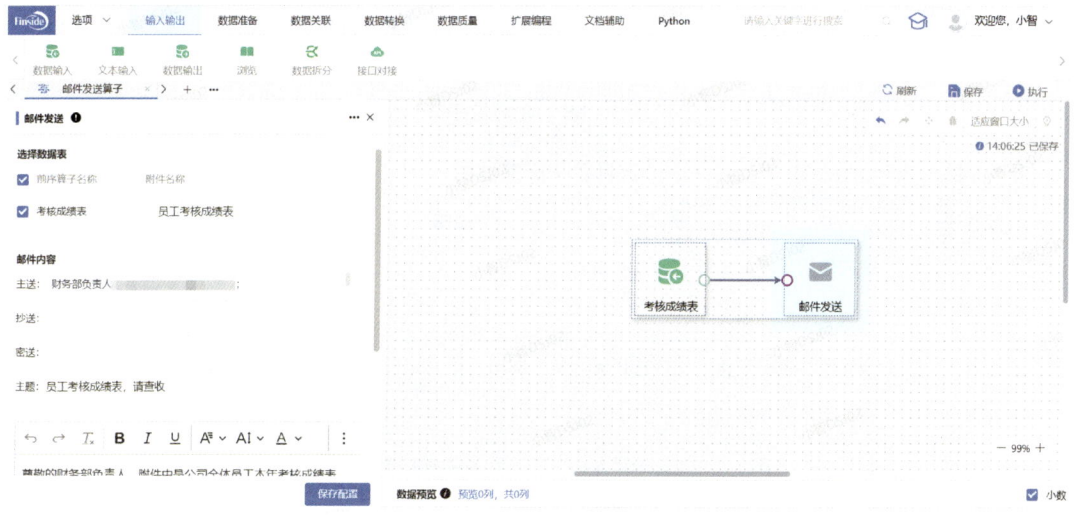

图 5 – 87　邮件发送算子配置页面

【视频教程】请扫描附录一中的二维码，观看本节学习视频。

5.2.6.2　注释

注释算子（如图 5 – 88 所示）可以在工作流画布添加注释或图像，为日后参考提供注释或解释过程。画布区点击此算子，出现虚线边框时，可拖拽调整注释算子的大小和位置。用户可以自定义设置文本内容，设置对齐方式和文字方向，调整文本颜色、边框形状、字体颜色、背景颜色和边框颜色等，并可上传图片作为注释背景。注释算子配置说明如表 5 – 37 所示。

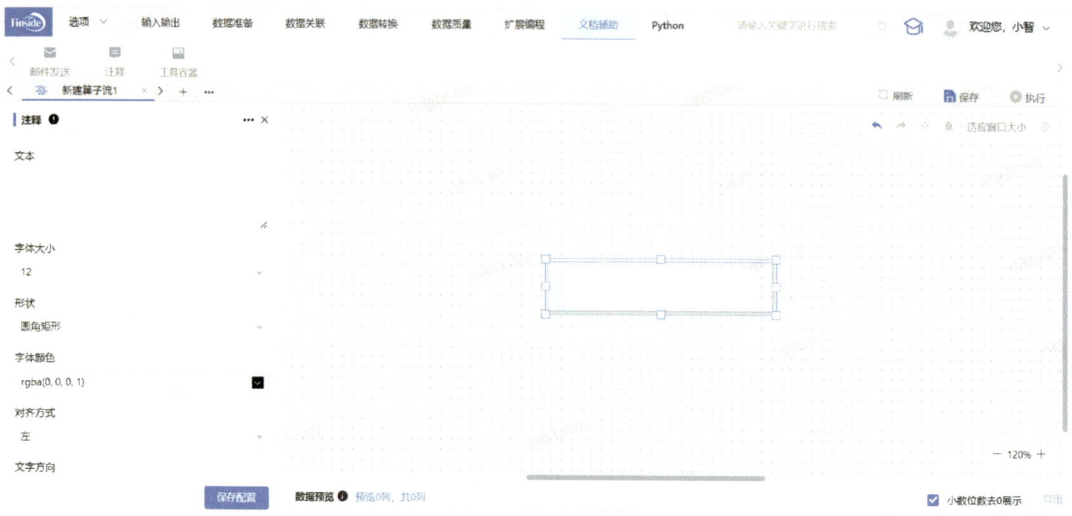

图 5-88 注释算子

表 5-37　　　　　　　　　　注释算子配置说明

可配置项	说明
文本	输入使用注释算子展示的文本内容。
字体大小	设置文本的字体大小。
形状	设置注释算子形状，支持选择无形状、圆角矩形和矩形三类。
字体颜色	设置文本的字体颜色。
对齐方式	设置文本对齐方式，支持选择左、中心、右等多种方式。
文字方向	选择文字横向排列还是纵向排列。
背景颜色	选择注释算子背景颜色。
边框颜色	选择注释算子的边框颜色。
背景图像	上传图片，使用图片填充注释算子的背景。

【快速任务 5-29】

请使用数据输入算子将 Excel 文件"01—财务部员工信息表.xlsx"输入算子流，并使用注释算子添加文字说明。数据表可通过扫描附录三的二维码下载。

【操作指引】

①进入算法中心，点击"新建"，进入算子流配置页面；

②点击画布自动带出的"数据输入"算子，打开配置页面，选择本地上传文件或从数据网盘引用数据，输入 Excel 文件"01—财务部员工信息表.xlsx"；

③从算子选择区将"注释"算子拖拽至画布区，放置于"数据输入"算子下方；

④点击"注释"算子，在左侧算子配置区文本处输入"输入财务部员工信息表"，依次对字体大小、形状、字体颜色、对齐方式、文字方向、背景颜色、边框颜色等样式进行

配置,点击"保存配置";

⑤点击"注释"算子,拖拽至合适位置,将算子调节至合适大小;

⑥保存算子流,查看注释算子添加后的效果,如图 5-89 所示。

图 5-89 注释算子配置页面

5.2.6.3 工具容器

工具容器算子(如图 5-90 所示)与数据质量容器算子功能相似,它可以将画布上的数据质量类的算子打包成组,进行整理和划分。它不仅像文件夹,可以将各种类型的算子放在容器内,同时也像开关,支持对这些算子进行统一启用和禁用。用户可使用容器算子对画布上多条算子流进行打包,并分模块对算子流进行使用管理。工具容器算子配置说明如表 5-38 所示。

图 5-90 工具容器算子

表 5-38　　　　　　　　　　　　工具容器算子配置说明

可配置项	说明
填充颜色	设置工具容器算子的背景填充色。
边框颜色	设置工具容器算子的边框颜色。
禁用	勾选后禁用工具容器内打包的算子。禁用时，执行算子流时将不会执行容器打包的算子。如果容器后还连接着其他算子，由于容器已禁用，不会输出数据，因此后序算子也不会正常执行。
重置为默认值	重置工具容器算子的设置为默认设置。

【快速任务 5-30】

请使用工具容器算子对算子流进行打包，并查看启用和禁用工具容器算子对算子流的影响。数据表可通过扫描附录三的二维码下载。

【操作指引】

①进入算法中心，点击"新建"，进入算子流配置页面；

②点击画布自动带出的"数据输入"算子，打开配置页面，选择本地上传文件或从数据网盘引用数据，输入 Excel 文件"01—财务部员工信息表.xlsx"；

③从算子选择区将"工具容器"算子拖拽至画布区，放置在"数据输入"算子之后；

④从算子选择区将"记录计数"算子拖拽至画布区，放置在"工具容器"算子之中，与"数据输入"算子连接；

⑤保存并执行算子流，点击"记录计数"算子，在数据预览区查看算子流运算结果，如图 5-91 所示；

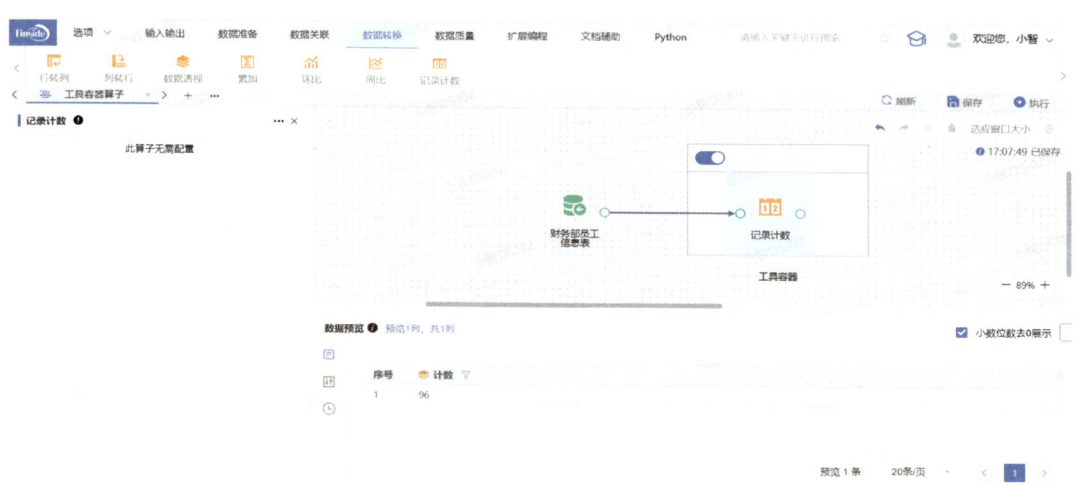

图 5-91　启用工具容器算子执行效果

⑥点击"工具容器"算子，在左侧算子配置区勾选"禁用"，点击"保存配置"。再次执行算子流，点击"记录计数"算子，在数据预览区查看禁用容器后，算子流的运算结果如图 5-92 所示。

第5章 数据算法

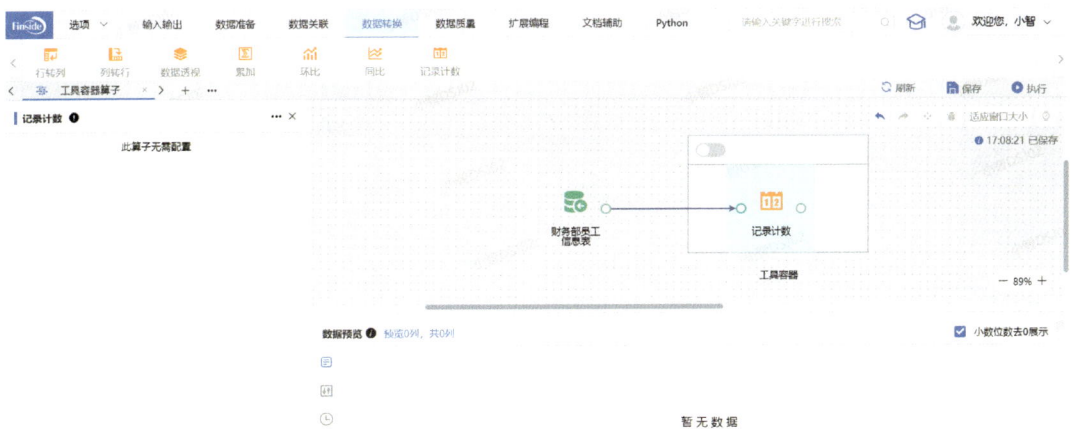

图 5-92 禁用工具容器算子执行效果

【注意事项】

删除工具容器，则容器中所有算子同步删除；移动容器，则容器中所有算子同步移动。

5.2.7 Python 自定义算子

Python 自定义算子（如图 5-93 所示）可满足用户 DIY 算子的需求，通过编写 Python 语句制作所需算子，支持保存、共享该算子给其他算子流复用，也支持将该算子彻底转交给其他用户。

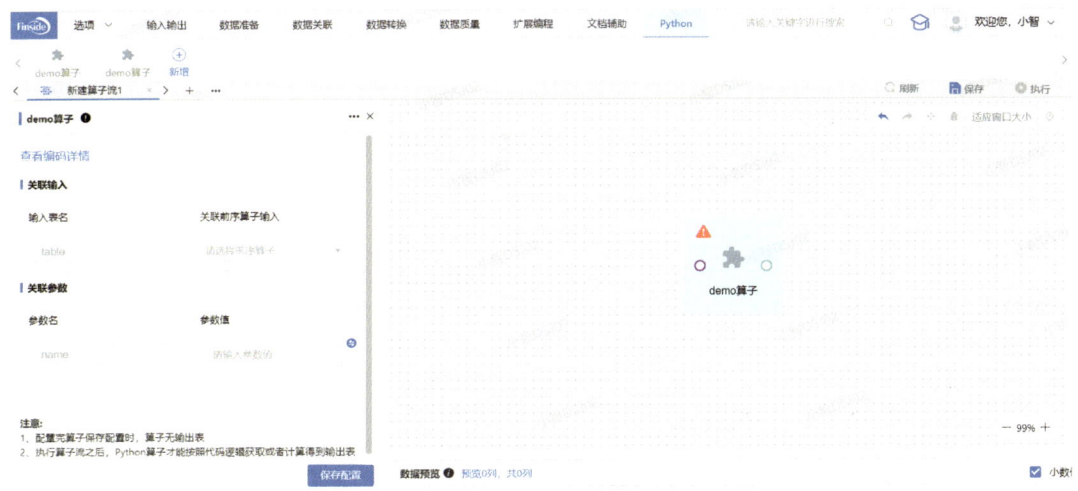

图 5-93 Python 自定义算子

算子新增、配置及管理说明如下：

（1）新增算子

点击 Python 算子页签下的"新增"按钮，进入新增算子界面，如图 5-94 所示。

195

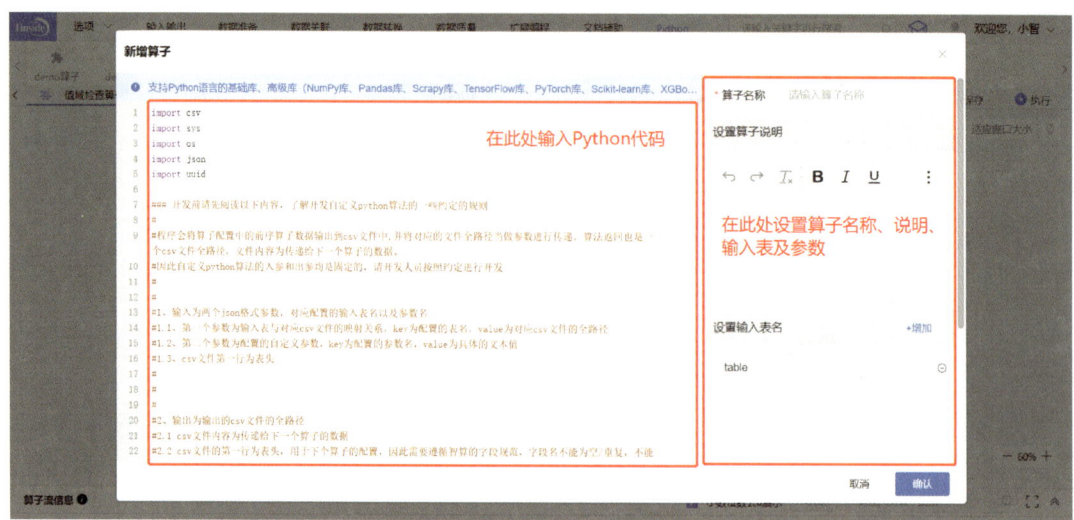

图 5-94 Python 算子新增界面

左侧可输入和编辑 Python 代码，编辑区会自动带出语句编写说明，并在最下方展示代码 demo，作用是为输入数据表的第一列数据拼接参数值。例如，第一列为员工姓名时，参数值为员工职位，使用该 demo 代码可获得员工姓名和职位拼接后的数据。

右侧可设置新增算子的算子名称、算子功能说明、代码中使用的输入表表名和参数名。设置完成后，点击"确认"，即可将新算子增加到算子选择区的 Python 页签下，如图 5-95 所示。

图 5-95 新增的 Python 算子

（2）配置算子

添加所需要的 Python 自定义算子后，算子使用方法和其他算子相同，只需拖拽至画布上，与其他算子连接并配置即可使用。Python 算子配置说明如表 5-39 所示。

表 5–39　　　　　　　　　　　　Python 算子配置说明

可配置项	说明
关联输入	设定 Python 算子代码中使用的数据表是哪个前序算子输入的数据表。
关联参数	设置 Python 算子代码中使用的参数的值,支持手动输入和引用参数两种方式,点击 ⇌ 即可切换不同方式。

（3）管理算子

将鼠标悬浮在算子选择区的 Python 页签上,点击 ✿ 按钮进行统一管理,管理页面如图 5–96 所示,管理页面按钮功能说明如表 5–40 所示。

图 5–96　Python 算子管理

表 5–40　　　　　　　　　　　　管理页面按钮功能说明

按钮	说明
新增	新增 Python 自定义算子。
转交全部算子	将本账号全部的 Python 算子转交给其他用户。
排序	设置 Python 算子的排列顺序。
算子名称	点击已创建的 Python 算子名称,即可打开该算子的代码页面。
关联算子流	查看当前算子被哪些算子流所使用。
操作菜单	选中 Python 算子,点击右键,可打开操作菜单,支持删除算子或将算子的所有权转交给其他用户。
全部清空	清空全部 Python 算子的被选中状态。

【快速任务5-31】

请新增一个 Python 自定义算子,并使用算子自带的 demo 代码对 Excel 文件"01—财务部员工信息表.xlsx"进行数据处理(demo 代码的作用是为数据表第一列数据拼接用户设定的参数,用户可自定义参数值)。数据表可通过扫描附录三的二维码下载。

【操作指引】

①进入算法中心,点击"新建",进入算子流配置页面;

②点击画布自动带出的"数据输入"算子,打开配置页面,选择本地上传文件或从数据网盘引用数据,输入 Excel 文件"01—财务部员工信息表.xlsx";

③在算子选择区点击切换至 Python 页签,并点击"新增",进入自定义算子配置界面。在左侧区域可查看 demo 代码的内容,在右侧输入算子名称为"demo 算子",输入算子说明为"为数据表第一列数据拼接指定内容",点击"确认",完成新增算子,如图5-97所示;

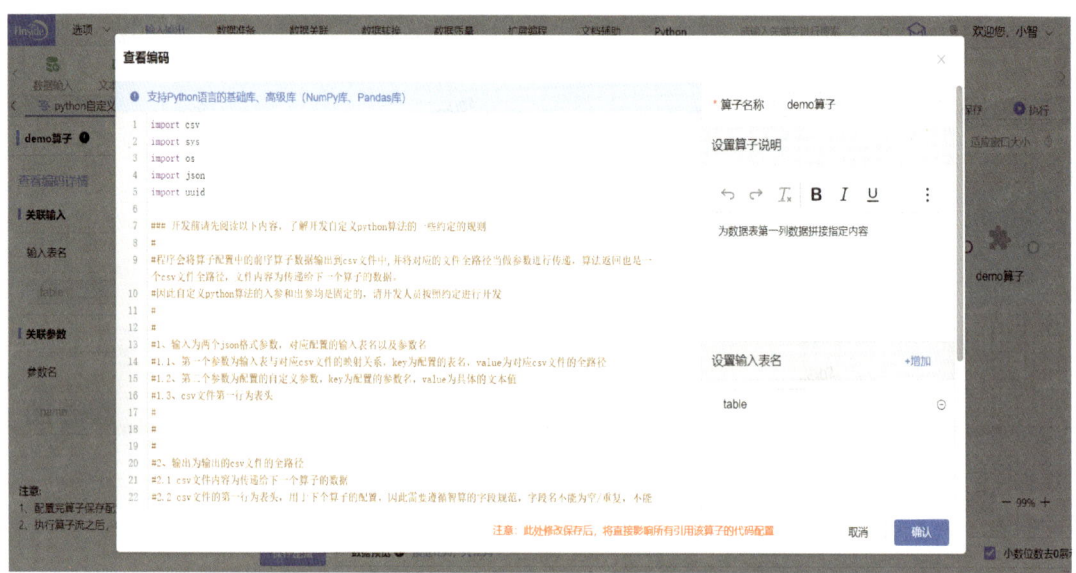

图5-97　新增 Python 算子页面

④从算子选择区将"demo 算子"拖拽至画布区,与"数据输入"算子连接;

⑤点击"demo 算子",在左侧算子配置区设置输入表为"财务部员工信息表",输入参数值为"号",算子即可为第一列序号拼接文本"号",将序号"1"修改为序号"1号",完成后点击"保存配置";

⑥保存并执行算子流,在数据预览区查看算子流运算结果,如图5-98所示。

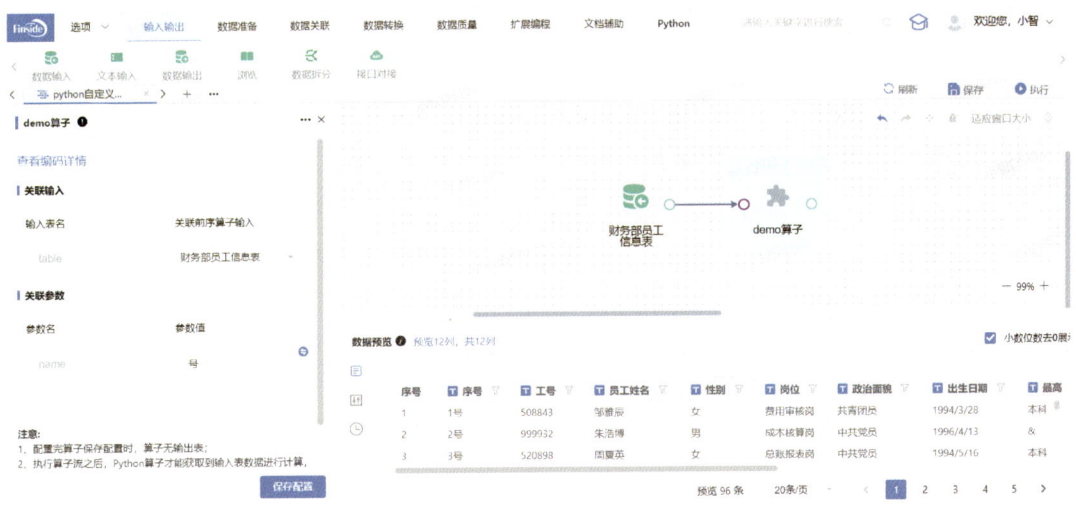

图 5-98　Python 算子执行结果

5.2.8　数据输出类算子

数据输出类算子用于预览全量数据，以及将算子流处理过后的数据输出至指定位置存储，或根据映射关系将数据拆分发送给不同用户。本节主要介绍用于预览数据和输出数据的三个算子。

5.2.8.1　浏览

浏览算子（如图 5-99 所示）用于在数据预览区查看连接的前序算子输出的全量数据，并支持查看每一列的空值统计信息。该算子无需配置，连接即可使用。

图 5-99　浏览算子

【快速任务 5-32】

请使用浏览算子查看 Excel 文件"09—考核成绩表.xlsx"的全部数据。数据表可通过扫描附录三的二维码下载。

【操作指引】

①进入算法中心，点击"新建"，进入算子流配置页面；

②点击画布自动带出的"数据输入"算子，打开配置页面，选择本地上传文件或从数据网盘引用数据，输入 Excel 文件"09—考核成绩表.xlsx"；

③展开数据预览区，此时可看到由于数据量超过 200 条，因此数据预览区只可预览 200 条数据，其他数据如未打开调试模式，则不可查看，如图 5–100 所示；

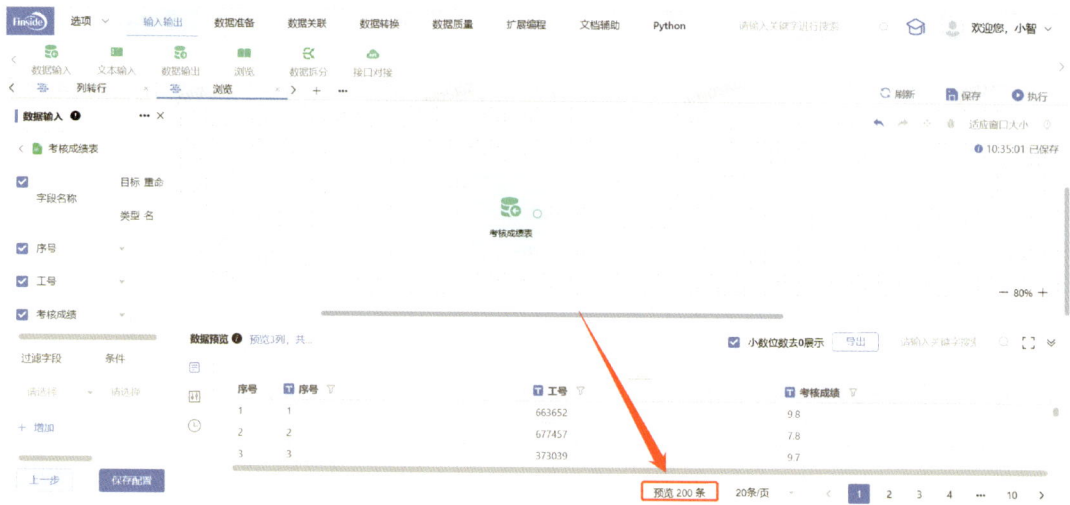

图 5–100　数据输入算子的数据预览结果

④从算子选择区将"浏览"算子拖拽至画布区，与"数据输入"算子连接；

⑤保存并执行算子流，算子流执行成功后，点击"浏览算子"，展开数据预览区，可查看考核成绩表的全部数据，并查看各列下空值和非空值的统计结果，如图 5–101 所示。

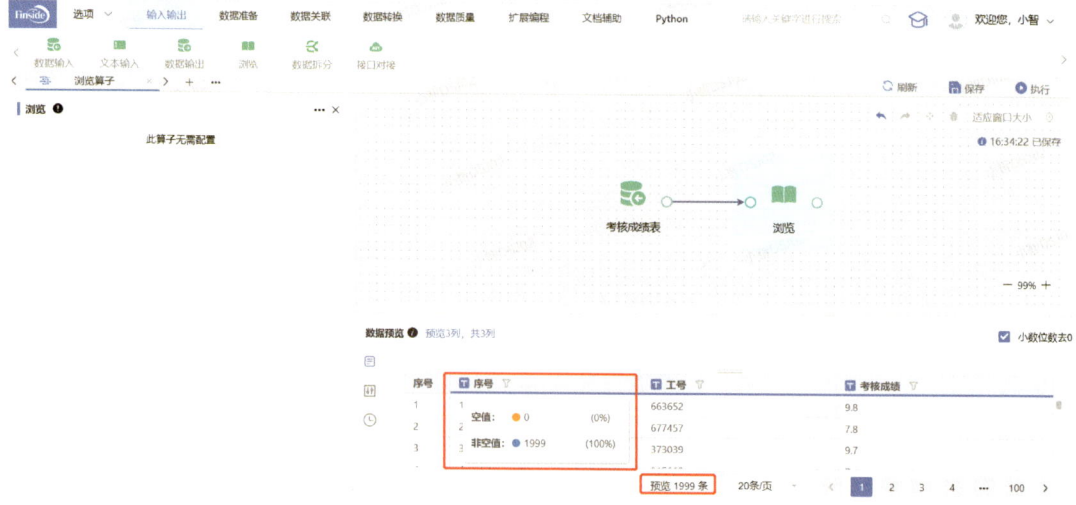

图 5–101　浏览算子的数据预览结果

5.2.8.2 数据输出

数据输出算子（如图 5-102 所示）是算子流的数据出口，用于接收算子流中处理完成的数据，将数据输出至数据网盘或指定数据库。数据输出算子配置说明如表 5-41 所示。

图 5-102　数据输出算子

表 5-41　　　　　　　　　数据输出算子配置说明

可配置项	说明
更多输出方式	支持选择两种数据输出方式（如果不切换方式，则默认输出方式为方式一）。 ● 方式一：用户可在数据网盘选择或新增一个表，或者在已有数据连接中选择或新增一个表，后续执行的数据均固定保存在所选择的这个表中。选择该方式输出数据时，如果算子流 1 月底执行一次、2 月底执行一次，则对应输出表只保留 2 月底执行后的最新输出数据。 ● 方式二：用户可设置规则，自动生成并保存不同时点执行结果的多张表。选择该方式输出数据时，如果算子流 1 月底执行一次、2 月底执行一次，1 月执行数据保存为一张表，2 月执行数据保存为另一张表，用户可以分别查看到 1 月和 2 月的数据。 相关配置说明： ①自定义表名：设置输出表表名； ②表生成频率：设置数据表生成的频率，支持选择"每天""每月"和"每年"三种； ③表名称预览：预览生成输出表的名称，默认名称为"自定义表名 + 当前时间"； ④保存表目录：选择将生成表保存至数据网盘的哪个文件夹下； ⑤当前更新表信息：查看最新生成表的信息。
数据网盘	选择方式一时，可将数据表输出并存储到数据网盘"我的数据"文件夹中、"数据连接"文件夹连接的数据库中或"分享给我"的文件夹中。
财经数据中心 数据标准模块	选择方式一时，可将数据表输出并存储到财经数据中心的数据标准模块。

续表

可配置项	说明
输出选项	可选择"追加""覆盖""更新并追加"和"条件追加"四种数据输出方式。 • 追加：在保留原有数据的基础上，追加算子流处理后的新数据，不对原有数据产生影响； • 覆盖：先清除原有数据，再将新的数据输出到所选数据库表中； • 更新并追加：更新是替换数据中指定字段的数据，更新并追加是更新与追加二者的结合。选择"更新并追加"的输出选项时，可选择"匹配"或"更新"字段。系统会先将输出的字段与数据库里或表里字段进行匹配，如果可以匹配到，则用当前数据更新"更新"字段的值；如果没匹配到，则追加。 • 条件追加：条件指配置的过滤条件，条件追加是条件与追加二者的结合。选择"条件追加"的输出选项时，会出现配置过滤条件的配置框，根据用户配置的条件先将输出目标表内筛选出来的数据清空，然后将本次数据追加输出至目标表。

【快速任务 5 – 33】

请使用数据输出算子，将 Excel 文件 "01—财务部员工信息表.xlsx" 输出至数据网盘的"我的数据"文件夹中。数据表可通过扫描附录三的二维码下载。

【操作指引】

①进入算法中心，点击"新建"，进入算子流配置页面；

②点击画布自动带出的"数据输入"算子，打开配置页面，选择本地上传文件或从数据网盘引用数据，输入 Excel 文件 "01—财务部员工信息表.xlsx"；

③从算子选择区将"数据输出"算子拖拽至画布区，与"数据输入"算子连接；

④点击"数据输出"算子，在左侧算子配置区打开"我的数据"文件夹，将鼠标移动至文件夹末尾，依次点击"+""新建表"，输入表名称"财务部员工信息表—新"，选中新建的数据表，输出选项选择"覆盖"，点击"保存配置"，如图 5 – 103 所示；

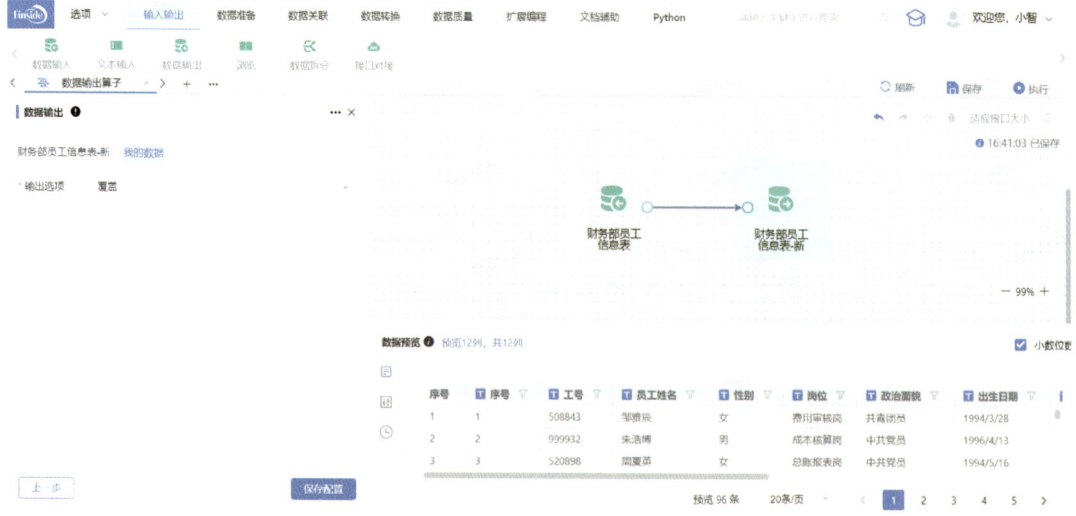

图 5 – 103 数据输出算子配置页面

⑤保存并执行算子流,在数据网盘中查看保存的新数据表,如图 5-104 所示。

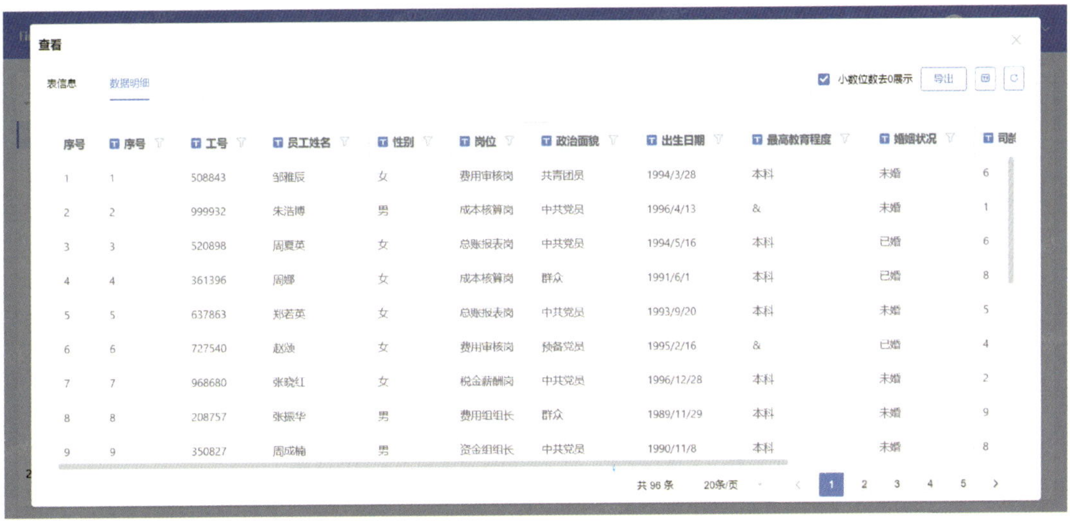

图 5-104 数据网盘新输出表预览页面

【视频教程】请扫描附录一中的二维码,观看本节学习视频。

5.2.8.3 数据拆分

数据拆分算子(如图 5-105 所示)可将数据按照自选维度拆分,分为多个表进行输出,支持邮件发送或数据共享等输出方式。例如,分析人员在统计完成各部门的员工绩效后,可使用数据拆分算子对数据按照部门维度进行拆分,并将拆分后数据分别发送到各部门负责人的邮箱当中,节省手动拆分数据、发送邮件的时间。数据拆分算子配置说明如表 5-42 所示。

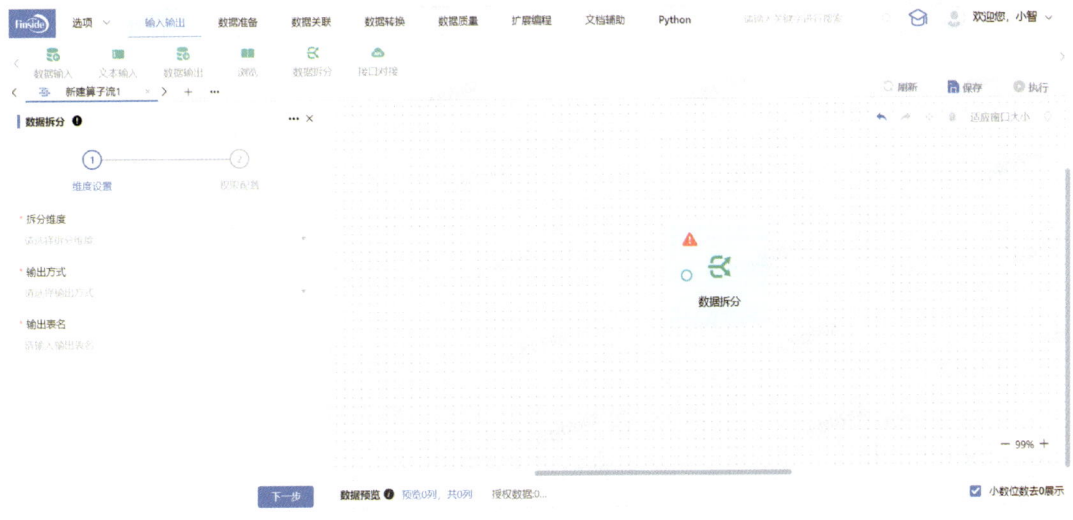

图 5-105 数据拆分算子

表 5-42　　　　　　　　　　　数据拆分算子配置说明

可配置项	说明
拆分维度	将前序算子数据按照维度拆分，维度为前序算子数据中的字段。
输出方式	拆分后的数据输出方式，可选"邮件发送"和"数据网盘"两种方式。 ● 邮件发送：选择该输出方式时，完成权限分配后执行算子流，拆分好的数据便会发送至用户邮箱； ● 数据网盘：选择该输出方式时，完成权限分配后执行算子流，拆分好的数据会保存在数据网盘中。右键点击拆分好的文件，选择"发布"，便可将文件分配给用户了，被分配用户可在其数据网盘右上角"待接收数据"处查收拆分的数据。
输出表名	拆分后输出表的名称。
授权方式	为将拆分后的数据分配给不同员工，需要在算子中建立数据和员工之间的一对一映射关系，以便算子依据映射关系进行分配。可选权限映射表和手工授权两种方式： ● 权限映射表：从数据网盘引用包含拆分维度和每个拆分维度对应分发用户的映射表，并指定权限维度和授权用户对应数据表哪个字段。可点击"模板示例"，下载模板，参考模板编制权限映射表； ● 手工授权：对权限范围和被授权用户进行手工分配。权限范围是维度的值，例如，当维度是部门维度时，维度值是部门名称，那么需要将财务部的数据授权给员工 A 时，权限范围就填写为"财务部"。

【快速任务 5-34】

使用数据拆分算子对 Excel 文件"17—各部门本月明星员工信息表.xlsx"进行拆分，并将拆分后的数据使用手工授权分配给不同部门的负责人。数据表可通过扫描附录三的二维码下载。

【操作指引】

①进入算法中心，点击"新建"，进入算子流配置页面；

②点击画布自动带出的"数据输入"算子，打开配置页面，选择本地上传文件或从数据网盘引用数据，输入 Excel 文件"17—各部门本月明星员工信息表.xlsx"；

③从算子选择区将"数据拆分"算子拖拽至画布区，与"数据输入"算子连接；

④点击"数据拆分"算子，在左侧算子配置区拆分维度处选择"所属部门"，输出方式选择"数据网盘"，输出表名输入"本月明星员工信息表"，点击"下一步"。授权方式选择"手工授权"，权限范围输入各部门的名称，如"研发部""财务部"，授权用户选择接收数据的用户，点击"保存配置"，如图 5-106 所示；

⑤保存并执行当前算子流；

⑥进入数据网盘，打开"我的数据"文件夹下的"数据拆分"文件夹，找到以算子流名称命名的文件夹，查看拆分后的数据。选中需要授权给对应用户查看的数据，点击鼠标右键，选择"发布"，即可将拆分数据发送到对方数据网盘，如图 5-107 所示。

第5章 数据算法

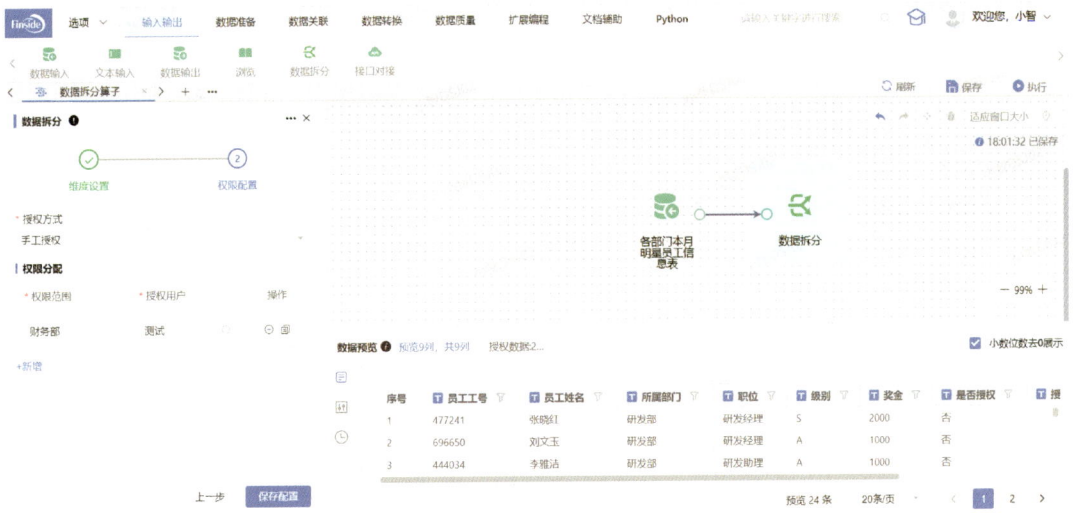

图 5-106 数据拆分算子配置页面

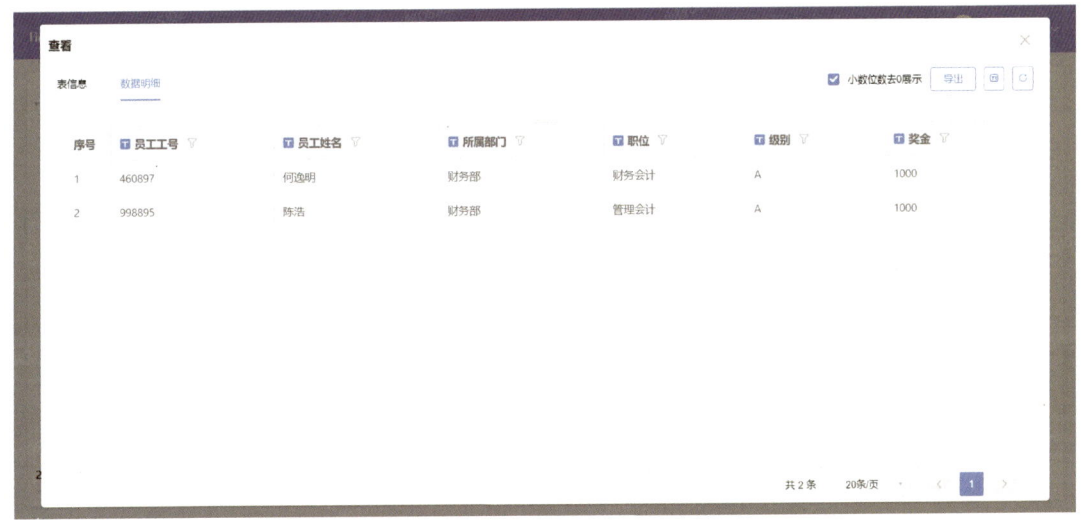

图 5-107 数据网盘中已拆分好数据的预览页面

✦ 本章小结

　　数据探索与数据算法作为数据价值链中的重要两环，完成了数据从清洗"干净"到最终呈现的有效转换，能够助力数据价值的深度挖掘与体现。本章围绕数据探索与数据算法，分别对认识数据特征、了解数据算法和基于财芯平台如何搭建数据算法进行了具体介绍。数据探索部分介绍了统计分析的三类指标，包括集中趋势指标、离散趋势指标和分布形态指标；数据算法介绍了回归算法、分类算法、聚类算法、关联规则算法、时间序列算法等多类算法；财芯平台实操部分介绍了适用于深度分析数据的算子，包括数据准备类算

子、数据关联类算子、数据转换类算子、扩展编程类算子、文档辅助类算子、Python 自定义算子等。读者可根据具体应用场景进行算子选择和编排，可视化构建适宜、高效、自动化的算法模型。

章节练习

一、单选题

1. 以下选项中，属于描述数据离散趋势统计指标的是（   ）。
   A. 算术平均数   B. 众数
   C. 峰度   D. 极差

2. 如果想要统计分析部门各员工的绩效分数分布形态，并观察极端值对数据的影响，应该选用的统计指标是（   ）。
   A. 偏度   B. 算术平均数
   C. 标准差   D. 极差

3. 以下各项数据算法当中，不属于分类算法的是（   ）。
   A. KNN 算法   B. K – Means 算法
   C. Logistic 回归算法   D. 决策树算法

4. 同为通过对事物分类来认知事物的算法，分类算法和聚类算法最显著的差别在于（   ）。
   A. 分类算法是对事物的属性进行分类，聚类算法是将同属性的事物分为一类
   B. 分类算法由人工完成，聚类算法由计算机完成
   C. 分类算法属于监督学习算法，聚类算法属于无监督学习算法
   D. 分类算法是机器学习算法，聚类算法是人工智能算法

5. 某销售鲜花和时令礼品的公司想要通过分析 2000 年到 2024 年的鲜花成本与价格，预测 2025 年上半年鲜花成本和价格的变动趋势，该公司应选用（   ）。
   A. 回归算法   B. 时间序列算法
   C. 聚类算法   D. Logistic 回归算法

6. 如果想要解决二分类问题，以下各项算法中最适合选用的是（   ）。
   A. BP 神经网络算法   B. K – Means 算法
   C. 决策树算法   D. Logistic 回归算法

二、多选题

1. 以下选项中，属于机器学习中监督学习算法的有（   ）。
   A. 回归算法   B. 时间序列算法
   C. 分类算法   D. 聚类算法

2. 以下各类时间序列模型中，适合用于分析平稳序列的模型包括（   ）。

A. AR 模型　　　　　　　　　　B. ARIMA 模型

C. MA 模型　　　　　　　　　　D. ARMA 模型

3. 以下各类算子中，可以设置计算规则，利用多个字段构建公式，完成字段间的加减乘除的算子包括（   ）。

A. 数据透视算子　　　　　　　　B. 数值公式计算算子

C. 函数算子　　　　　　　　　　D. 滚动函数算子

4. 使用环比算子计算时，可以选择的时间维度包括（   ）。

A. 年　　　　　　　　　　　　　B. 季度

C. 月　　　　　　　　　　　　　D. 日

三、实训题

1. Excel 文件"19—超市销售数据.xlsx"和"20—超市产品列表.xlsx"记录了某超市一周内的销售订单数据，该超市以销售蔬菜、水果和日用品为主营业务，旗下共有三家门店。请使用两张表格，通过财芯平台构建算子流，计算出表格 5-43 中的销售指标。数据表可通过扫描附录三的二维码下载。

表 5-43　　　　　　　　　　　超市业绩销售指标

指标名称	标签	期间	指标说明
销售额	/	周	计算本月超市全体门店的销售额。
	门店	周	计算本月超市下属各门店的销售额。
	产品类别	周	计算本月超市各类别产品的销售额，产品类别主要包括蔬菜、水果和日用品三类。
	产品	周	计算本月超市各种产品的销售额，如草莓、毛巾等。
	客户	周	计算本月会员类客户和非会员客户各自的销售额。
毛利率	/	周	计算本月超市整体的销售毛利率。
	门店	周	计算本月超市下属各门店的销售毛利率。
	产品类别	周	计算本月超市各类别产品的销售毛利率。

2. 新星科技公司是一家提供物联网服务的股份有限公司，拥有近千名员工，在西安、长沙、上海等多地设立有子公司。由于近两年业务迅速扩张，人员规模快速增长，公司总部和各子公司对办公场地需求激增，均租用了当地专业写字楼多间办公室，每月形成固定、大额的房屋租赁费支出。为了实施精细化管理，实现经营、财务与激励的有效结合，公司制定了房租分摊规则，将房租在各子公司及其下属部门之间进行分摊。

为科学、公平地进行费用分摊，新星科技公司要求按照以下标准，对总部及下属子公司的房租费用进行混合分摊。请基于财芯平台，使用 Excel 文件"21—公司总部分摊比例.xlsx""22—租赁信息.xlsx"和"23—部门数据.xlsx"，完成西安子公司的费用分摊工作。

（1）总部租金分摊：根据子公司的收入比例将总部房租分摊至子公司，再按照各部门人数占子公司总人数之比，将总部租金分摊至各部门；

（2）办公室租金分摊：根据西安子公司各部门使用办公室情况，将办公室房租分摊至各个部门，例如，某部门使用办公室 A，该部门人数是办公室 A 总员工数的三分之一，则向该部门分摊办公室 A 三分之一的租金。各办公室使用情况如表 5-44 所示；

表 5-44　　　　　　　　　　西安子公司各办公室使用情况

办公室编码	办公室名称	使用部门
XA01	A301	运行中心——财务管理团队、物流部、售后服务部；生产中心——生产四部、生产五部、采购一部、采购二部；营销中心——国内销售一部
XA02	C101	研发中心——硬件一部；运营中心——行政部；生产中心——生产一部、生产二部、工程部；营销中心——国内销售二部
XA03	B101	研发中心——硬件二部；研发中心——测试部；运营中心——人力资源部、仓储部；生产中心——品质部；营销中心——市场一部、国际销售一部
XA04	E303	研发中心——软件一部、软件二部、软件三部、硬件三部；运营中心——数据中心；生产中心——生产三部、维修部；营销中心——市场二部

（3）部门租金加总：将部门分摊的总部租金和办公室租金进行加总，计算该部门承担的总房租费用。

第 6 章 数据管理

学习目标

目标1：了解企业常见数据管理策略

目标2：熟练掌握财芯平台数据网盘使用方法

学习重点

- 数据存储
- 数据分享与使用

- 数据管理
- 数据分享
- 数据导出

6.1 数据存储、分享与使用

随着区块链、物联网、5G、AI 等新技术广泛普及和应用，我国社会数据生产规模快速增长。2024 年《全国数据资源调查报告》显示，我国数据生产总量达 41.06 泽字节（1ZB 约等于 1 万亿 GB），同比增长 25%，相当于 1000 多万个中国国家图书馆的数字资源总量[①]。作为生产运营的核心要素之一，数据与企业的数智化转型和长远发展密不可分。然而，企业数据管理仍存在诸多问题。《2023—2024 中国财务数字化报告》显示，仅 32.72% 的企业在数据管理方面取得了一定成效；仅 5.53% 的受调研企业除企业内部数据以外，也能够充分利用外部数据[②]。如何有效管理企业数据，深入挖掘数据价值，充分发挥数据潜力，是企业当下面临的重要问题。

为最大程度发挥数据价值，企业应对数据采用严密的管理策略，以确保数据的安全性、可用性和可靠性。本节将数据管理分为数据存储、数据分享与使用两个方面，对企业常见的管理策略进行介绍。

（1）数据存储

数据存储是指对数据进行存储和安全备份。在采集数据后，企业需要根据数据类型、数据量和用途，兼顾数据存储可拓展性、性能和成本，选择合适的存储方案，如关系型数

---

① 全国数据资源调查工作组. 全国数据资源调查报告［R］. 福州：国家工业信息安全发展研究中心，2025.
② IMA，中兴新云，厦门国家会计学院. 2023—2024 中国财务数字化报告［R］，2023.

据库、非关系型数据库、数据仓库、数据湖等，并制定数据加密和数据访问策略，确保数据可以分权限被安全使用。此外，企业需要安排数据备份周期，确保可从备份中安全恢复数据，避免因为员工操作不当或者地震等自然灾害导致数据彻底损失，致使企业遭受重大经济损失。

在数据过时或不再使用后，为满足管理、审计等方面的需求，企业或许需要利用数据归档技术对数据进行长期存储。例如，《会计档案管理办法》（财政部国家档案局令第79号）规定，会计档案的保管期限分为永久、定期两类。定期保管期限一般分为10年和30年。做好数据归档可以确保企业在需要时能够提供完整的财务记录，避免法律风险。

企业应根据数据的使用频率和重要性，明确定义数据归档的时间、位置和时长，将不常用但需要保留的数据迁移到低成本的存储设备中。同时，企业需要确保归档数据的可检索性和可恢复性，以应对可能的数据使用需求。

（2）数据分享与使用

数据分享与使用是对数据进行组织内或跨组织的分享、访问、展示和分析。它既可以在组织内部进行，例如企业通过分析多部门共同收集的资金往来、合同履行等数据获取客户偏好信息；又可以跨组织进行，例如企业向合作方展示近年销售业绩和增长情况，以吸引更多优质客户或供应商。

企业需要针对不同级别的数据和数据处理场景，明确数据的使用者和用途。对于内部数据需求，企业需建立起相应的内部审批流程，严格分配数据查看和使用权限；对于外部数据需求，企业可以通过API、数据交换协议和数据集成平台共享数据，并限制各类数据使用者的权限范围。

6.2 基于财芯平台的数据管理

财芯平台数据网盘是连接各种数据资源的智慧枢纽，如用户在财芯平台创建的数据表、报表、算子流和数据连接。通过数据网盘，用户可以在企业内部分享数据资源，实时与他人在线协作；也可以对外与合作方进行安全、高效的数据共享。

数据网盘的操作区域大致可分为三部分，分别是目录区、操作栏和文件区，如图6-1所示，功能类似于电脑中的文件夹。

（1）目录区

目录区可查看和管理存储在数据网盘的数据、报表、算子流、数据连接、分享给他人的文件和他人分享的文件夹，并确认目前网盘存储容量的占用情况。将鼠标挪到相应文件夹末端，点击"…"，可对文件夹进行重命名或删除；点击"+"，即可在该文件夹下新建文件夹，如图6-2所示。初始文件夹不可删除，例如"我的数据""我的报表""算子流"和"数据连接"。

图 6-1　数据网盘界面说明

图 6-2　数据网盘目录区

（2）操作栏

不同文件夹的操作栏功能不同，如图 6-3 和图 6-4 所示。

图 6-3　"我的数据"文件夹操作栏

(3) 文件区

文件区展示目录区选中文件夹下的全部文件，用户可查看文件的基本信息，预览文件，并通过右键打开管理菜单，对文件进行移动、复制、删除等操作，如图6-5所示。

图6-5 管理菜单

6.2.1 数据存储

6.2.1.1 我的数据

"我的数据"文件夹主要用于存储和管理通过本地上传、数据连接等方式获取的原始数据，以及算子流输出的结果数据。下面将介绍如何对该文件夹中的数据进行查看、编辑与管理。

(1) 数据查看与编辑

点击文件夹表格名称，即可查看和编辑表格内容，不同上传路径的表格的查看界面不同。

以"新增数据源"路径上传的表格为例，其预览界面的明细页签分为"表信息"和"数据明细"两部分（如图6-6和图6-7所示）。"表信息"页签可查看数据表基本信息和当前引用该数据表的算子流，并修改数据表结构；"数据明细"页签可查看数据表内容，支持用户对数据进行筛选、编辑、导出等操作。

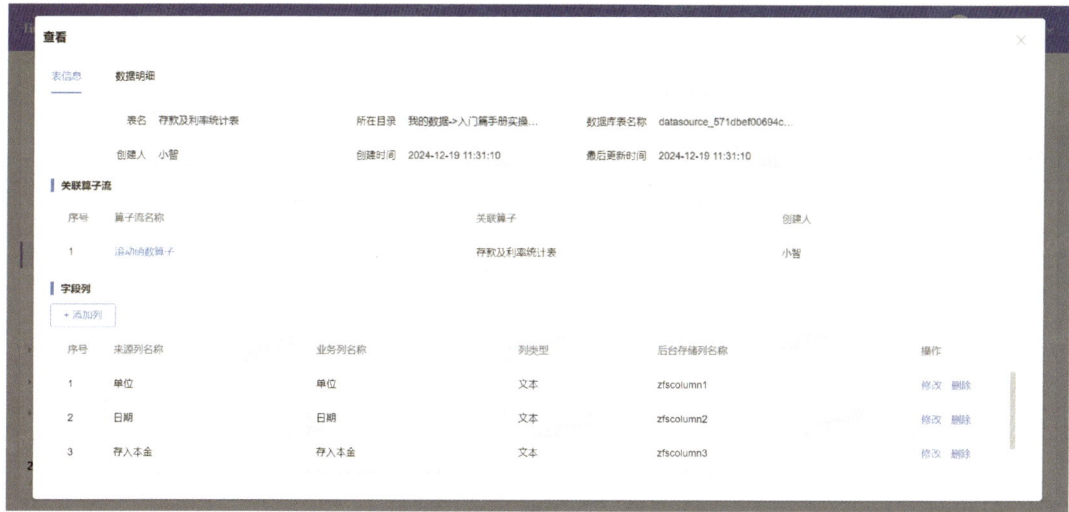

图 6-6 表信息页签

图 6-7 数据明细页签

(2) 数据管理

进入"我的数据"文件夹，可以通过操作栏和管理菜单对文件进行管理，操作栏在界面上方，选择文件或文件夹，点击鼠标右键可打开管理菜单。功能说明详见表 6-1 和表 6-2。

- 操作栏

表 6-1　　　　　　　　　　　操作栏按钮功能说明

按钮	说明
📁	接收他人向自己转交的数据，可对文件进行导出、接收到指定位置和标记已读等操作。
搜索栏	在指定文件夹中通过使用文件名搜索需要的文件。

续表

按钮	说明
上传文件	支持上传多类格式的文件和文件夹，包括文本文件、表格文件、演示文稿文件、图片文件等，详见第 3 章。
新增数据源	支持通过本地上传、数据连接、文本输入和文件导入四种方式向数据网盘导入数据表，详见第 3 章。
上传记录	查看从"上传文件"路径上传的文件上传记录和上传进度，可将表格文件解析为算子流可使用的数据表。
导入记录	查看从"新增数据源"上传的数据表导入记录，以及"上传文件"路径导入的表格文件解析为数据表的记录。
转交全部文件	将自己账号中全部数据资产，包括数据表、算子流、报表和数据连接，转交给其他用户。
☰	点击切换视图，☰ 为列表视图，▦ 为图标视图。

- 管理菜单

表 6－2　　　　　　　　　　　管理菜单按钮功能说明

按钮	说明
智能问数	将数据上传至 AI 对话窗口，支持用户对话式查询数据内容，并以图表形式展示查询指标，分析数据规律，给出决策建议。
预览	预览"上传文件"路径传入网盘的文件。
分享	将文件或文件夹加入"我的分享"文件夹，分享给其他人查阅和使用，分享后在"我的网盘——我的数据"和"我的分享"两个菜单中都可以查看该文件或文件夹。
链接分享	生成文件的分享链接，被分享人无需分享权限，仅凭链接即可查看数据内容。
更新	更新本地上传或通过数据库连接获取的数据表。 • 更新本地上传的数据表：如果表格内容变化，可以重新上传、覆盖旧表，以完成表格更新。 　①更新：设置更新策略，支持选择多种更新方式。上传时，上传数据表的表头要与被覆盖的原数据表表头一致； 　②更新日志：点击查看更新日志。 • 更新数据库获取的表格：数据库原始表更新后，可以同步更新存储在数据网盘的数据表。 　①更新：更新数据表内容； 　②更新配置：选择更新方式，支持全量覆盖、增量追加、更新并追加三类更新方式（如图 6－8 所示）； 　③更新日志：点击查看更新日志。
下载	下载"上传文件"路径输入网盘的文件。
导出	导出"新增数据源"路径输入数据网盘的表格。导出时可选择导出类型为 Excel 或 CSV，并可选择导出字段及数据格式。文件大小超过 10MB 的表格会进行离线导出，离线导出表格的进度可在【个人中心——我的下载】处查看。

续表

按钮	说明
移动	将文件或文件夹移动到其他文件夹之中。
复制	复制文件。
重命名	修改文件名称。
转交所有权	将文件或文件夹转交给其他用户使用。
导入为数据表	将从"上传文件"路径输入的 Excel 或 CSV 文件解析为数据表,以供算子流调用。
创建报表	基于数据表创建报表文件。
发布/取消发布	发布/取消发布数据至财经数据中心。
删除	删除文件或文件夹。

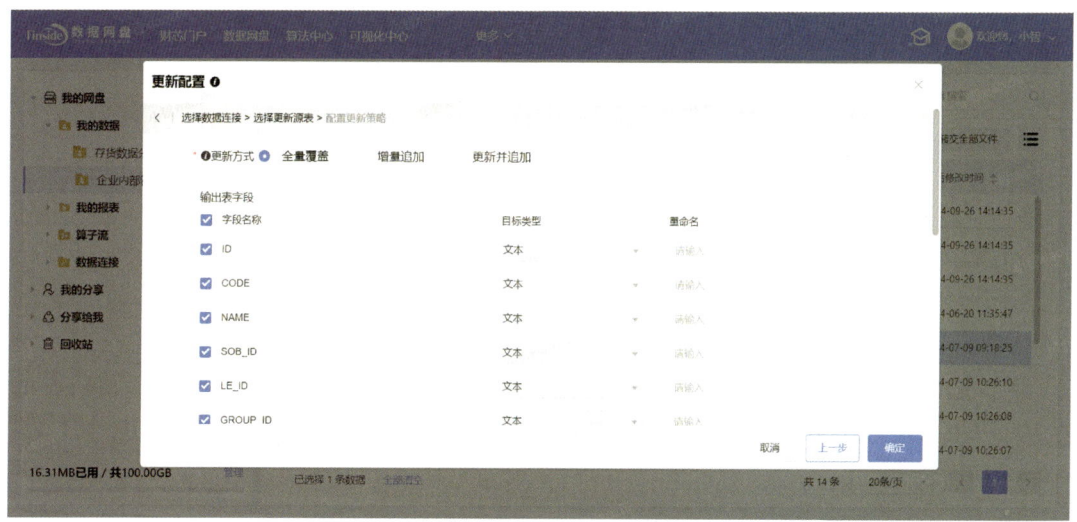

图 6-8　数据表更新配置页面

6.2.1.2　我的报表

"我的报表"用于存储、管理上传至系统中的报表数据,提供编辑、分享、导出报表等功能,可以通过操作栏和管理菜单对报表进行管理,操作栏在界面上方,选择报表或文件夹,点击鼠标右键可打开管理菜单。功能说明详见表 6-3 和表 6-4。

(1) 操作栏

表 6-3　　　　　　　　　　　　　操作栏按钮功能说明

按钮	说明
	接收他人向自己转交的数据,可对文件进行导出、接收到指定位置和标记已读等操作。
搜索栏	在指定文件夹中通过使用文件名搜索需要的文件。
导入	导入报表数据,需注意系统仅支持上传 ZIP 格式文件,用户需将报表文件压缩成 ZIP 格式文件后再进行上传。导入后,系统会展示导入成功/失败的文件数。

续表

按钮	说明
转交全部文件	将自己账号中全部数据资产，包括数据表、算子流、报表和数据连接，转交给其他用户。
☰	点击切换视图，☰ 为列表视图，▦ 为图标视图。

（2）管理菜单

表 6-4　　　　　　　　　　　管理菜单按钮功能说明

菜单	说明
编辑	对报表进行编辑。
分享	将报表或文件夹加入"我的分享"文件夹，分享给其他人查阅和使用，分享后在"我的网盘——我的报表"和"我的分享"两个菜单中都可以查看该文件或文件夹。
导出	导出选中的报表数据。可选择按照报表最新版本（含暂存）或最新正式版本进行导出，格式可选择 Excel、CSV、PDF 和配置文件四种格式。
移动	将报表或文件夹移动到其他文件夹之中。
复制	对报表进行复制，并选择复制到哪个文件夹中。
重命名	对报表进行重命名。
转交所有权	将报表或文件夹转交给其他用户使用。
发布	将报表发布至财经数据中心。
删除	删除报表或文件夹。

6.2.1.3　算子流

"算子流"文件夹主要用于存储和管理用户自己创建的算子流/算子流组合，可以通过操作栏和管理菜单对文件进行管理，操作栏在界面上方，选择算子流/算子流组合，点击鼠标右键可打开管理菜单。功能说明详见表 6-5 和表 6-6。

（1）操作栏

表 6-5　　　　　　　　　　　操作栏按钮功能说明

按钮	说明
📥	接收他人向自己转交的数据，可对文件进行导出、接收到指定位置和标记已读等操作。
搜索栏	在指定文件夹中通过使用文件名搜索需要的文件。
导入算子流	导入本地保存的算子流文件。系统支持一次导入多个算子流文件，最大导入上限为 100 个。
运行记录	查看算子流的运行记录，可以再次运行算子流和查看日志。
转交全部文件	将自己账号中全部数据资产，包括数据表、算子流、报表和数据连接，转交给其他用户。
☰	点击切换视图，☰ 为列表视图，▦ 为图标视图。

(2) 管理菜单

表 6-6　　　　　　　　　　　管理菜单按钮功能说明

菜单	说明
打开	打开选中的算子流/算子流组合，进入算子流编辑页面。
运行	执行选中的算子流/算子流组合，最多可选择 10 条。
分享	将算子流/算子流组合或文件夹加入"我的分享"文件夹，分享给其他人查阅和使用，分享后在"我的网盘——算子流"和"我的分享"两个菜单中都可以查看该文件或文件夹。
链接分享	生成算子流/算子流组合的分享链接。使用该链接，无需分享权限，被分享人仅凭链接即可查看被分享的算子流/算子流组合。
导出	选择需要导出的算子流/算子流组合，点击"导出"，平台可将算子流/算子流组合导出到本地，文件形式为压缩包。
移动	将算子流/算子流组合或文件夹移动到其他文件夹之中。
复制	对算子流/算子流组合进行复制，并选择复制到哪个文件夹中。
重命名	修改选中算子流/算子流组合或文件夹的名称。
转交所有权	将算子流/算子流组合或文件夹转交给其他用户使用。
删除	删除算子流/算子流组合或文件夹。

6.2.1.4　数据连接

"数据连接"用于存储、管理数据库连接，具有启用、禁用、分享、导出数据库连接等功能，可以通过操作栏和管理菜单对数据库连接进行管理，操作栏在界面上方，选择数据连接或文件夹，点击鼠标右键可打开管理菜单。功能说明详见表 6-7 和表 6-8。

(1) 操作栏

表 6-7　　　　　　　　　　　操作栏按钮功能说明

按钮	说明
▼	接收他人向自己转交的数据，可对文件进行导出、接收到指定位置和标记已读等操作。
搜索栏	在指定文件夹中通过使用文件名搜索需要的文件。
新增数据连接	选择数据库类型，填写数据库信息，即可建立数据连接。第 3 章中详细介绍了如何使用数据连接获取数据表，此处不再赘述。
导入数据连接	用户可导入含有数据连接信息的压缩包，系统会自动将文件导入至当前选定目录。
转交全部文件	将自己账号中全部数据资产，包括数据表、算子流、报表和数据连接，转交给其他用户。
≡	点击切换视图，≡ 为列表视图，▦ 为图标视图。

(2) 管理菜单

表 6-8　　　　　　　　　　　管理菜单按钮功能说明

菜单	说明
启用	启用数据连接，同步启用所有使用该数据连接的数据表和算子流。
禁用	禁用数据连接，同步禁用所有使用该数据连接的数据表及算子流。
分享	将数据连接或文件夹加入"我的分享"文件夹，分享给其他人查阅和使用，分享后在"我的网盘——数据连接"和"我的分享"两个菜单中都可以查看该数据连接或文件夹。
移动	将数据连接或文件夹移动到其他文件夹之中。
复制	对数据连接进行复制，并选择复制到哪个文件夹中。
导出	导出选中的数据连接。
转交所有权	将数据连接或文件夹转交给其他用户使用。
删除	删除数据连接或文件夹。

6.2.1.5 回收站

为避免误删重要资料，用户删除的文件和文件夹会暂时存储在回收站中，存储期限为 100 天。保存到期后，系统会自动清除以释放存储空间。用户也可以手动清空回收站，永久删除其中的内容，如图 6-9 所示。

图 6-9　回收站

6.2.2　数据分享

6.2.2.1　我的分享

"我的分享"文件夹（如图 6-10 所示）用于展示分享给他人的数据表、算子流、报表或者数据连接，可以增加分享文件和管理分享对象。功能说明详见表 6-9 和表 6-10。

第6章 数据管理

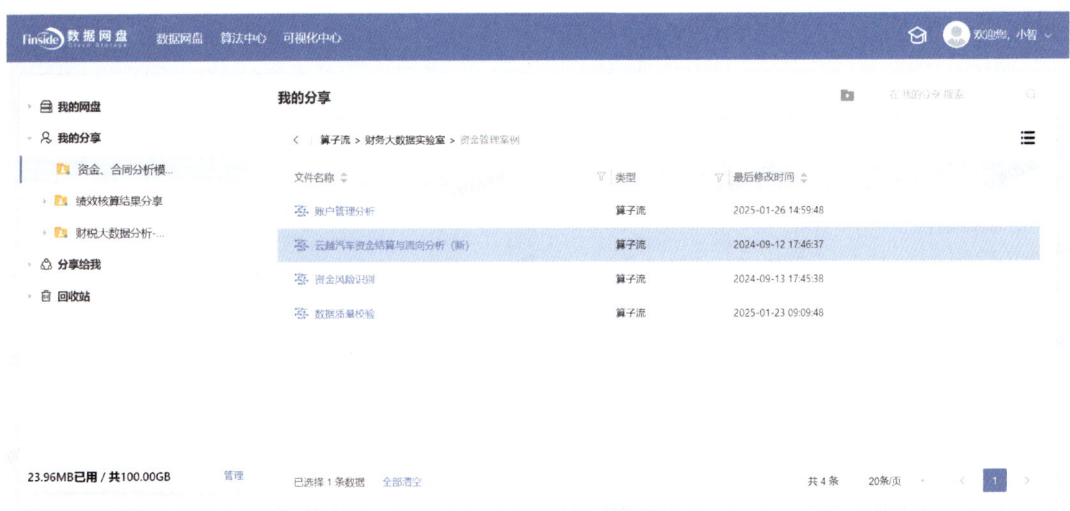

图 6-10 我的分享

(1) 操作栏

表 6-9　　　　　　　　　　　操作栏按钮功能说明

菜单	说明
	接收他人向自己转交的数据，可对文件进行导出、接收到指定位置和标记已读等操作。
搜索栏	在指定文件夹中通过使用文件名搜索需要的文件。
新增分享文件	可将数据网盘中"我的数据"文件夹下的数据资产添加至该文件夹，包括数据表、算子流和数据连接。
分享管理	增加分享用户并设置用户对该文件夹的权限，支持设置查看和管理两类。
	点击切换视图， 为列表视图， 为图标视图。

(2) 管理菜单

表 6-10　　　　　　　　　　管理菜单按钮功能说明

菜单	说明
使用记录	选中分享文件右键打开菜单，点击"使用记录"查看分享文件被哪些用户查看及使用过。
移除	选中分享文件右键打开菜单，点击"移除"，取消分享。

6.2.2.2　分享给我

"分享给我"文件夹（如图 6-11 所示）用于展示其他人分享给用户的文件，功能说明详见表 6-11 和表 6-12。

图 6–11　分享给我

（1）操作栏

表 6–11　　　　　　　　　　　操作栏按钮功能说明

菜单	说明
	接收他人向自己转交的数据，可对文件进行导出、接收到指定位置和标记已读等操作。
搜索栏	在指定文件夹中通过使用文件名搜索需要的文件。
分享管理	查看当前文件夹分享人和分享情况，并增加新的分享用户，设置新用户对该文件夹的权限。当被授权当前文件夹的查看权限时，只可新增具有查看权限的分享用户；当具有管理和查看权限时，可新增具有管理或查看权限的分享用户。
	点击切换视图，　　为列表视图，　　为图标视图。

（2）管理菜单

表 6–12　　　　　　　　　　　管理菜单按钮功能说明

菜单	说明
复制	将选中的分享文件复制到"我的网盘"中指定位置。
运行	当选中的分享文件是算子流或算子流组合时，可运行该算子流或算子流组合查看运行结果。
导出	导出当前选中的分享文件。

6.2.3　数据导出

6.2.3.1　保存至本地

用户将数据从财芯平台导出到本地，可有效实现数据备份，保障数据安全，便于与非平台用户共享数据。

【快速任务6–1】

请从数据网盘导出算子流至本地保存。

【操作指引】

①进入数据网盘，打开"算子流"文件夹；

②选择需要导出到本地的算子流，点击鼠标右键，在管理菜单中选择"导出"，即可将文件下载至本地。

6.2.3.2 存入数据库

财芯平台的数据连接支持连接多种类型的数据库，例如 MySQL、Oracle 等。与数据源建立连接后，用户不仅可以获取数据库中的数据用于分析，同时也可以将处理好的数据存入数据库中，进行数据存储与归档。

【快速任务6–2】

请使用"数据输出"算子，将 Excel 文件"01—财务部员工信息表.xlsx"通过数据连接，输出至数据库中新建的表格中（数据连接创建方式详见第3章）。数据表可通过扫描附录三的二维码下载。

【操作指引】

①进入算法中心，点击"新建"，进入算子流配置页面；

②点击画布自动带出的"数据输入"算子，打开配置页面，选择本地上传文件或从数据网盘引用数据，输入 Excel 文件"01—财务部员工信息表.xlsx"；

③从算子选择区将"数据输出"算子拖拽至画布区，与"数据输入"算子连接；

④点击"数据输出"算子，在左侧算子配置区展开"我的网盘"列表，打开"数据连接"文件夹，选择目标数据库对应的数据连接，选择接入表为"新建表"，输入工作表名称，选择输出方式为"覆盖"，点击"保存配置"，如图6–12所示；

⑤保存并执行算子流，打开数据库，查看数据导出效果。

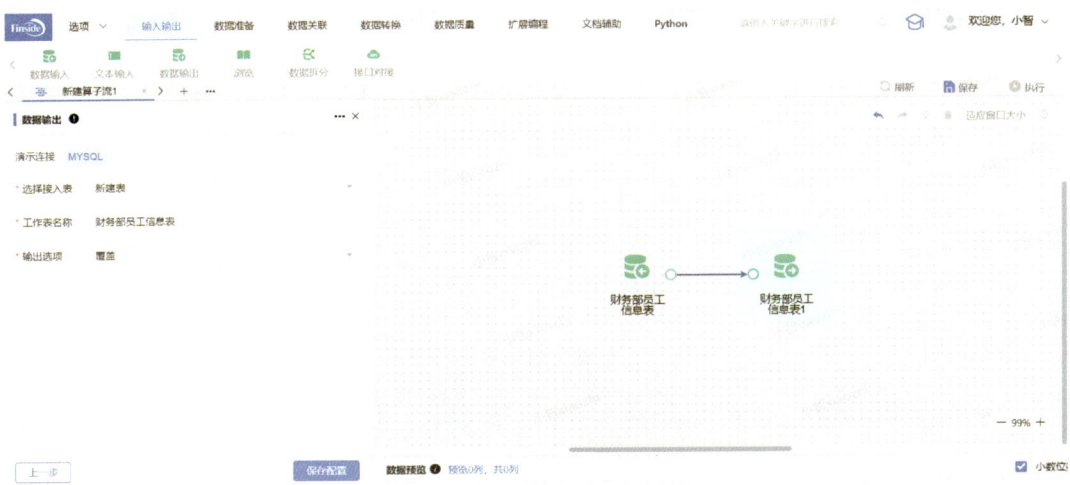

图6–12 数据输出算子配置页面

本章小结

随着企业数据规模不断增长、数据类型不断丰富，企业需要建立数据全生命周期管理体系，将数据从资源转化为资产，实现数据资产在企业各部门的安全共享和使用，充分利用数据资产创造价值。本章聚焦数据生命周期管理，介绍了企业在不同阶段的管理策略，并详细讲解了如何使用财芯平台数据网盘对数据资源进行统一管理。

章节练习

一、单选题

1. 数据网盘"新增数据源"功能不能采集数据的是（　　）。
   A. 图片　　　　　　　　　　B. 本地表格
   C. 数据库数据　　　　　　　D. 数据量极少的在线表格

2. 在数据网盘，用户可以通过管理菜单对数据表进行的操作不包括（　　）。
   A. 删除　　　　　　　　　　B. 重命名
   C. 转交　　　　　　　　　　D. 图片形式分享

3. 在财芯平台删除数据后，这些数据在回收站保留的时间是（　　）。
   A. 180 天　　　　　　　　　B. 150 天
   C. 120 天　　　　　　　　　D. 100 天

二、多选题

1. 数据网盘中，"我的网盘"下默认的文件夹包括（　　）。
   A. 我的算法　　　　　　　　B. 我的数据
   C. 算子流　　　　　　　　　D. 数据连接

2. 在数据网盘使用"新增数据源"采集数据时，可采集的数据源包括（　　）。
   A. 数据库　　　　　　　　　B. 网页爬虫
   C. 本地文件　　　　　　　　D. API

三、实训题

参考表 6-13，基于财芯平台完成以下实操练习。

表 6-13　　　　　　　　　　招聘人员信息表

序号	姓名	性别	出生年月	常住地	学历
1	赵先生	男	1995/4/25	北京	本科
2	钱女士	女	1995/9/5	天津	硕士

续表

序号	姓名	性别	出生年月	常住地	学历
3	王先生	男	1988/2/4	济南	本科
4	李女士	女	1989/3/17	上海	大专
5	葛女士	女	1992/7/9	苏州	本科
6	黄先生	男	1985/10/30	深圳	硕士

（1）通过数据网盘中的"新增数据源——文本输入"功能，将表格录入至数据网盘；

（2）查看练习（1）中录入的数据表明细，添加新字段为"到岗情况"，并填充字段值为"已到岗"；

（3）将练习（1）中录入的数据表添加至"我的分享"文件夹，并设置一位分享用户，权限为"查看"。

下篇

应用篇
▼

　　对数据分析技能与工具的学习，最终都要落脚到实际应用中。应用篇聚焦企业实务，将企业运营管理中真实的决策场景和分析需求提炼成具体案例，帮助分析人员巩固工具篇所学，深化数据分析思维，进一步掌握财芯平台的使用方法。

　　本篇共包括两章：第 7 章选取企业财务分析、司库管理、税务管理、共享运营四个场景，介绍企业在这些场景的管理需求，展示具有针对性的指标模型示例，以及如何借助财芯平台进行指标模型落地和数据可视化；第 8 章从企业常见的分析场景中选取合同多维分析和差旅多维分析两个场景作为实践案例，引导分析人员进行场景解析和数据分析实践。

第 7 章 数智化场景应用

学习目标

目标1：了解财务分析数智化场景应用

目标2：了解司库管理数智化场景应用

目标3：了解税务管理数智化场景应用

目标4：了解共享运营数智化场景应用

学习重点

- 财务报表分析、财务经营分析、财务风险分析、专题分析等分析场景域的指标模型及实践应用

- 银行账户、资金结算、票据管理、资金集中、应收应付、投融资、金融子公司等分析场景域的指标模型及实践应用

- 税务管理、进销项发票管理和税务风险管理等分析场景域的指标模型及实践应用

- 任务量、任务时效以及任务质量等分析场景域的指标模型及实践应用

7.1 财务分析数智化

7.1.1 财务分析数智化概述

在国家战略引领与技术革新突破的双重驱动下，企业财务管理正迎来数智化转型的重要机遇。2022 年 3 月，国务院国资委《关于中央企业加快建设世界一流财务管理体系的指导意见》强调，构建智能前瞻的财务数智体系，统筹制定全集团财务数智化转型规划。2025 年，国务院国资委推行穿透式监管，其核心在于通过主体穿透、业务穿透和数据穿透，构建"全级次、全链条、全过程、全要素"的监管闭环，其背后是对企业实时数据获取、深度分析和风险识别能力的更高要求。

面对国家政策的大力倡导与企业自身发展的迫切需求，企业亟须加快财务数智化转型，构建科学的财务分析指标体系，依托数智化平台实现对关键指标的动态监测、智能预警、业务穿透式分析，从而赋能企业快速捕捉业务异常波动、敏锐识别潜在风险，为经营决策、风险防控及高效监管提供更可靠、更科学的支撑，助力企业实现数智化转型的战略目标。

7.1.2　财务分析数智化指标模型

企业财务分析主要聚焦于企业盈利能力、资产质量、偿债能力、运营效率、潜在风险与未来增长潜力等方面。基于中兴新云多年实践与行业案例，我们设计搭建了超过160个指标模型，覆盖财务经营分析、财务报表分析、财务风险、专题分析四大财务分析场景域，高效、精细地刻画出企业财务分析全景图。以下介绍部分指标模型，如图7-1所示。

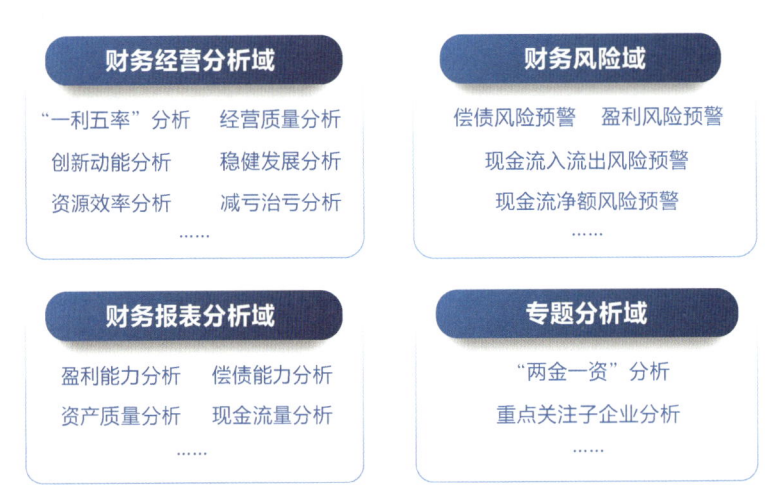

图7-1　财务分析数智化指标模型示例

（1）财务经营分析域

● "一利五率"分析：计算利润总额、净资产收益率、资产负债率、营业收现率、全员劳动生产率、研发经费投入强度，全面衡量企业经营质量、财务风险和长期发展能力；

● 经营质量分析：计算营业收入、净利润、营业收入利润率、盈余现金保障倍数，反映企业经营的规模效益和质量效益；

● 创新动能分析：计算科技支出总额、科技投入比率、三新业务收入占比，评估企业科研创新和管理创新水平；

● 稳健发展分析：计算营业利润增长率、净利润增长率、带息负债比率、现金流量与负债比率，反映企业发展和增长情况；

● 资源效率分析：计算总资产周转率、营运资金周转率、应收账款及合同资产周转率、应付账款周转率，评估企业资产管理效率和运营能力；

- 减亏治亏分析：计算亏损企业数量、亏损企业金额等，监测企业亏损规模及变化趋势，辅助管理层制定针对性扭亏措施。

（2）财务报表分析域

- 盈利能力分析：计算净利润、总资产报酬率、净资产收益率、毛利率等指标，直观反映企业的经营业绩和盈利能力；
- 资产质量分析：计算总资产周转率、资产现金回收率等指标，评估企业资产管理效率；
- 偿债能力分析：计算速动比率、流动比率、现金流动负债比率、资产负债率等指标，判断企业是否存在流动性风险或过度负债风险；
- 现金流量分析：计算经营活动、筹资活动以及投资活动的现金流净额，判断企业现金流量的充足性和可持续性。

（3）财务风险域

- 偿债风险预警：设置资金安全线预警、流动比率下滑预警，对企业可能无法按时偿还的债务进行风险预警；
- 盈利风险预警：设置利润总额低于预算目标预警、净利润下滑预警、资产周转率下滑预警，及时反映企业盈利能力波动情况；
- 现金流入流出风险预警：设置应收账款风险监测、应付账款逾期提醒以及30天内即将到期应付账款提示，对企业现金流入和流出存在的风险进行预警；
- 现金流净额风险预警：设置经营现金流量为负预警以及经营现金流量未达预算目标预警，监测企业现金流入流出情况。

（4）专题分析域

- "两金一资"分析：计算两金一资总量、应收账款总额、存货总额和合同资产总额，反映企业两金一资规模；计算两金一资与营收增幅差异排名以及两金占流动资产比率排名，监测企业资金占用效率，判断业务增长质量；针对两金一资进行多维分析来推动企业减少资金占压，降低运营成本和风险；
- 重点关注子企业分析：设置资产负债率警戒线/管控线，直观展示超标企业数量及占比，实现对风险企业的精准识别和动态监控，并进一步分析超标企业资产负债率、带息负债比率、营业现金比率以及流动比率等核心财务指标，多维度反映子企业的实际财务状况。

7.1.3 财务分析数智化实践应用

企业完成指标模型设计后，可依托财芯平台实现多源头数据的高效采集与整合，构建算法模型，进行数据可视化，形成从数据采集、模型构建到可视化展示的完整链路，实现指标模型的全面落地。

以盈利能力分析为例：首先，通过数据库直连、API配置、采集机器人等方式从核算系统中获取不同公司的三大报表数据，利用数据并表算子将不同公司报表合并后，基于报表项目将数据划分为盈利概况模块（收入模块、成本模块）、管理/销售费用模块、财务费用模块三大模块，以便后续计算指标。其次，利用列转行算子、字段选择算子调整数据结构，使其适配各类指标的计算需求。再次，使用数值公式计算与数据透视算子计算营业收入、净利润等关键指标，并使用条件标签算子为指标添加相应的业务标签。最后，将所有处理结果合并输出，形成完整的盈利能力分析报告，直观反映企业盈利状况（如图7-2所示）。

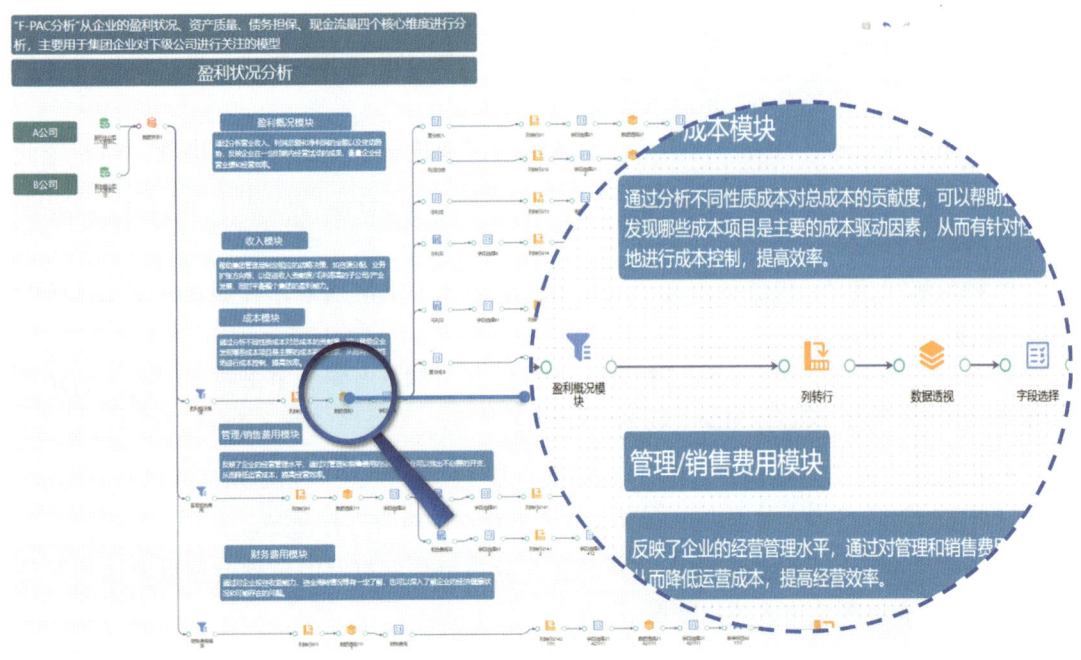

图7-2 盈利能力分析算子流

以杜邦分析为例：通过数据库直连、API配置、采集机器人等方式从核算系统中获取资产负债表及利润表。进行初步数据清洗后，筛选出与杜邦分析相关的关键报表项目。运用列转行、数据透视、函数和关联合并等算子将筛选后的报表科目转换为杜邦分析所需的核心指标，如总资产周转率、销售净利率、权益乘数等，逐层分解权益净利率，揭示影响企业盈利能力的关键因素，帮助企业深入了解盈利模式，优化经营策略（如图7-3所示）。

完成指标计算后，企业可借助财芯平台可视化中心快速搭建可视化大屏。财务分析大屏设计以管理需求为导向，采用"总体评价+专项分析"的模式，中央区域使用雷达图直观展示企业在盈利回报、资产运营、持续发展、风险防控四大维度的综合表现，周围分布指标走势图和对比分析图，既保证整体经营状况一目了然，又能满足各层级管理者对专项数据的深入分析需求。通过设置智能跳转下钻，管理者可随时点击任一指标深入查看明细数据，层层挖掘数据价值。此外，系统支持按预设周期自动更新数据看板，当市场环境或企业经营出现波动时，大屏可实时反馈关键指标变化，帮助管理者快速定位问题，科学制定应对策略（如图7-4所示）。

第7章 数智化场景应用

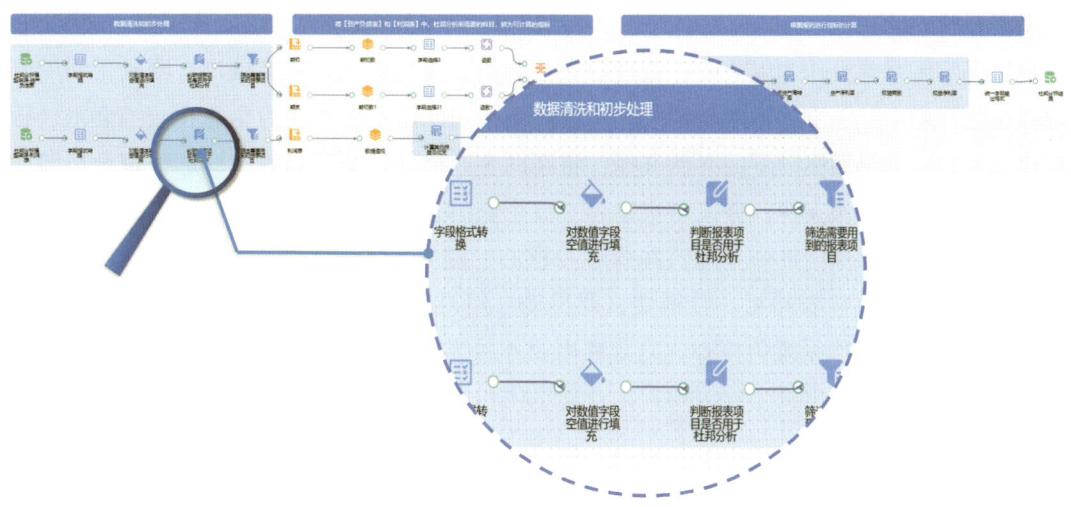

图7-3 杜邦分析算子流

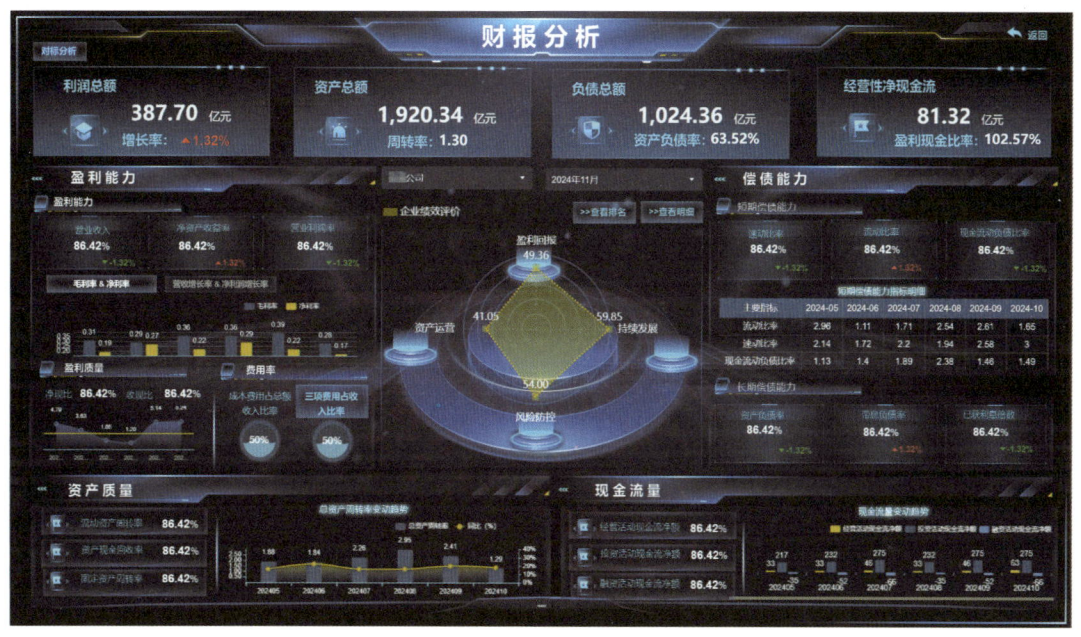

图7-4 财务分析可视化大屏示例

7.2 司库管理数智化

7.2.1 司库管理数智化概述

2022年1月,国务院国资委正式印发《关于推动中央企业加快司库体系建设进一步加强资金管理的意见》(国资发财评规〔2022〕1号,以下简称"司库1号文"),提出企业要将司库体系建设作为促进财务管理数智化转型升级的切入点和突破口,明确了司库管理在企业管理中至关重要的战略地位。建设高水平司库体系已然成为企业在政策要求、数智化变革等因素全面驱动下的必然选择,将帮助企业提升资金管理效率、加强资金风险防控、强化战略与决策支撑,夯实培育世界一流企业的管理基础。

国资委以司库如何加强金融资源管理为核心,提出了11点关键建设内容,旨在实现对资金等金融资源"看得见、管得住、调得动、用得好"。其中,"加强战略决策支持管理"要求企业以司库系统为核心,充分利用业务系统数据,建立从资金后端到业务前端的全流程分析模型,实现资金分析场景化、动态化和智能化,为企业重大经营投资活动提供决策支持。

司库1号文将企业主要资金风险划分为资金舞弊风险、合规性风险、流动性风险、金融市场风险四类,要求企业把防范资金风险作为资金管理的重中之重,按照"统一管理、分级授权""不相容岗位分离"和"事权、财权分离"的原则,通过信息系统固化和规范资金管理内控流程,全面防范资金舞弊、合规性风险、流动性风险和金融市场风险。

目前,大型企业集团因经营规模大、产业链条长、业态复杂多样等特性,为金融资源的高效管理和统筹配置带来了更多挑战,企业资金舞弊、违规开展融资性贸易、违规支付、违规担保等司库风险事件频发,加之信息传递的延时性和不透明性,进一步加剧了司库管理的难度。

面对挑战,企业应依托司库体系,通过挖掘风险因素、评估风险阈值、建立风险模型,针对不同种类的资金风险,构建相应的风险管理机制,形成事前预警、事中监控、事后分析的风险管理闭环,使风险防控由被动转向主动。借助数智化平台进行数据采集、数据算法、数据可视化全流程建设,对资金数据进行多维度、全方位分析研判,及时识别及预警风险隐患,赋能司库管理效能提升,加强战略决策支撑。

7.2.2 司库管理数智化指标模型

企业司库数智化指标模型聚焦资金集约管理、资金动态监控、资金运营效率提升、资金成本节约、资金风险防控五大关注点,基于中兴新云多年实践与行业案例,我们设计搭建了超过180个指标模型,覆盖银行账户、资金结算、票据管理、授信担保、应收应付、综合投融资、金融子公司等七类分析场景域。以下介绍部分指标模型,如图7-5所示。

(1) 银行账户域

● 合作银行覆盖率分析:基于账户数量、账户余额等统计合作银行覆盖率;

● 账户余额分布:通过对账户余额币种分布、银行分布、境内外地区分布等进行分析,统计资金分布情况,透视资金及业务集中情况,为企业提供风险管理建议;

● 资金余额突降预警:从集团总余额的维度进行统计分析,当资金余额同比下降幅度超过一定比例时,系统进行资金流动性预警提示。

银行账户域	资金结算域	票据管理域	应收应付域
合作银行覆盖率分析 账户余额分布 资金余额突降预警 ……	资金流向动态监控 融资性贸易预警 支付风险监控 ……	应收票据结构分析 票据承兑人风险预警 应付票据结构分析 ……	应收对象风险分析 应收账款规模分析 应收账龄分析 ……

综合投融资域	授信担保域	金融子公司域	
融资金额分析 对外借款对象违规预警 ……	融资成本节约 贷款银行分布 ……	财务公司风险预警 证券公司风险预警	保理公司风险预警 保险公司风险预警
		……	

图 7-5　司库管理数智化指标模型示例

（2）资金结算域

• 资金流向动态监控：从行业、地区、企业性质等维度，对企业资金流向进行动态监控与分析，强化企业资金风险防控；

• 融资性贸易预警：实时监控以贸易业务为名，实为出借资金，无商业实质的违规业务，防范融资性贸易；

• 支付风险监控：建立付款用途管控、重复支付、同一对象高频付款等支付风险模型，助力企业全面防范资金支付风险。

（3）票据管理域

• 应收票据结构分析：对企业应收账款类型分布、期限结构分布、到期期限结构分布等进行分析，综合评估资金需求与票据融资结构合理性，助力企业防范资金流动性风险；

• 票据承兑人风险预警：建立承兑人逾期风险、银行风险、黑名单风险等预警模型，评估票据交易对手风险，防范票据逾期、交易对手支付违约等潜在风险；

• 应付票据结构分析：对收票人集中度、应付票据期限结构分布、应付票据到期期限结构分布等进行分析，评估企业资金需求与票据融资结构合理性，精准预测企业未来资金流量。

（4）应收应付域

• 应收对象风险分析：通过对应收账款结构、重点关注企业应收欠款、票据承兑人逾期企业应收账款等风险进行分析，监控客商信用状况，及时进行风险巡查，降低企业坏账风险；

• 应收账款规模分析：对企业应收账款集中度、规模等进行分析，获取前十家客户应收账款金额及其占总应收账款比例，控制应收账款规模，预防逾期风险；

- 应收账龄分析：对企业应收账款账龄与余额按照 1 年、1—2 年、2—3 年、3 年以上等进行统计分析，掌握长龄应收账款情况，提示企业及时回收长龄应收账款。

（5）综合投融资域

- 融资金额分析：从融资金额、综合融资成本率等维度对企业融资金额整体情况进行全方位的分析，帮助企业及时掌握融资情况；
- 对外借款对象违规预警：通过对超合并范围借款、无股权关系企业借款、超比例借款、对金融公司借款等对外借款违规事项的监测，及时进行预警。

（6）授信担保域

- 融资成本节约：通过计算融资利率与基准利率产生的率差成本，掌握融资成本节约情况；
- 贷款银行分布：主要统计企业贷款银行分布情况。

（7）金融子公司域

- 财务公司风险预警：对财务公司资本充足率、流动性比率等进行预警，确保财务公司的财务稳健和可持续发展，确保企业资本充足，维持良好的流动性；
- 保理公司风险预警：对受让同一债务人的应收账款、不良资产、集体风险准备金进行预警，确保商业保理公司合规经营，防范风险；
- 证券公司风险预警：对净资本变化、风险覆盖率、资本杠杆率、流动性覆盖率等进行预警，确保证券公司合规经营，防范化解风险；
- 保险公司风险预警：对保险公司核心偿付能力充足率、风险综合评级等进行预警，监控保险公司偿付能力，确保保险公司合规经营。

7.2.3 司库管理数智化实践应用

以低效账户分析为例：通过数据库直连、API 配置、采集机器人等方式，定期获取企业银行账户、汇率、资金交易流水等数据，使用删除重复项、过滤、关联合并、数据透视等算子，将近 N 个月交易明细数据与银行数据表进行匹配，并筛选出账户余额折合人民币后小于等于×万元的账户数量、占比、明细等数据，即可实现低效账户实时监控与预警，帮助企业严格控制银行账户数量，及时进行低效账户清理（如图 7-6 所示）。

以交易对手监测预警为例：通过数据库直连、API 配置、采集机器人等方式，定期自动获取企业交易资金流水，结合交易方工商信息、失信企业名单、企业重点关注名单、企业黑名单等外部数据，对流水进行关联合并，筛选出与风险对象的交易笔数与金额，提炼客商信用画像，提示客商信用风险，防范企业资金往来风险（如图 7-7 所示）。

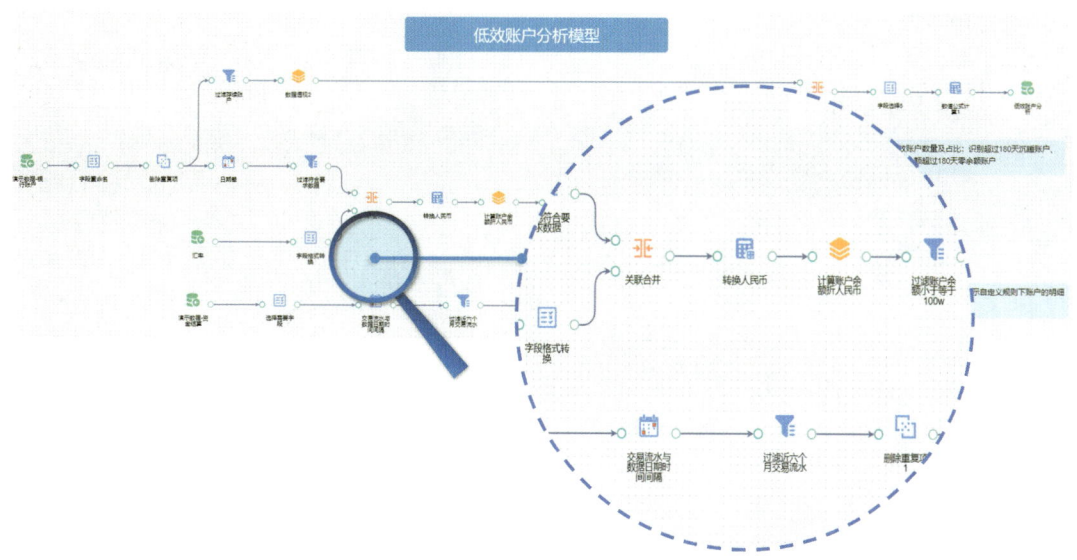

图 7-6 低效账户分析算子流

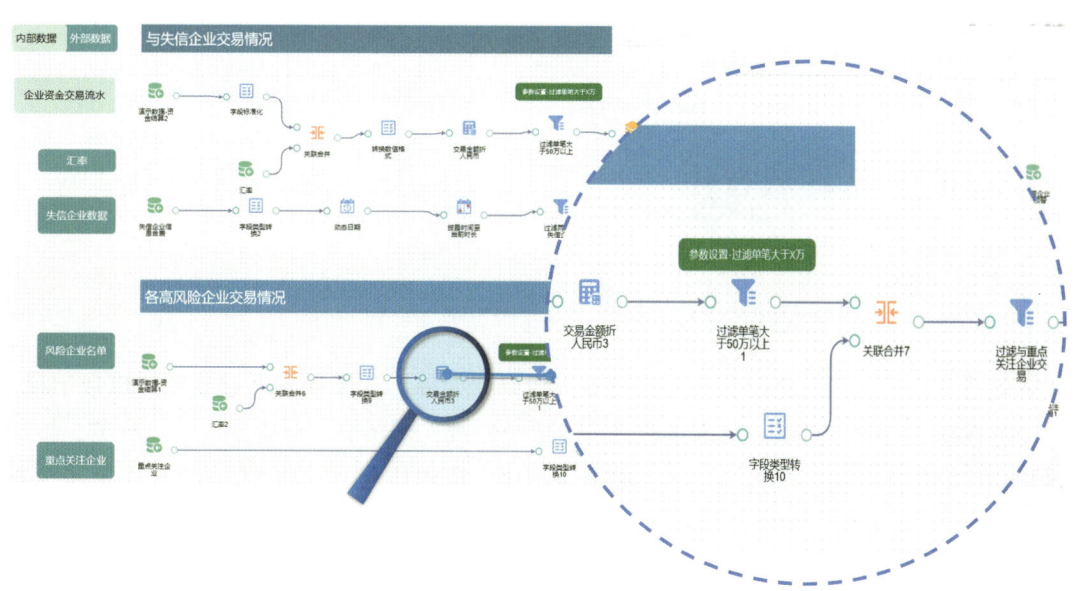

图 7-7 交易对手监测预警算子流

在搭建指标模型后,结合管理需求,企业可围绕资金结算、银行贷款、投融资、应收应付票据等业务主题配置可视化大屏(如图 7-8 所示),开展多维度、全方位展示与分析,通过数据穿透层层洞悉,实现对银行账户、资金结算、应收应付、综合投融资、授信担保等信息的实时监控和预警,为经营管理决策提供数据支持,助力企业司库建设"看得见、管得住、调得动、用得好"。

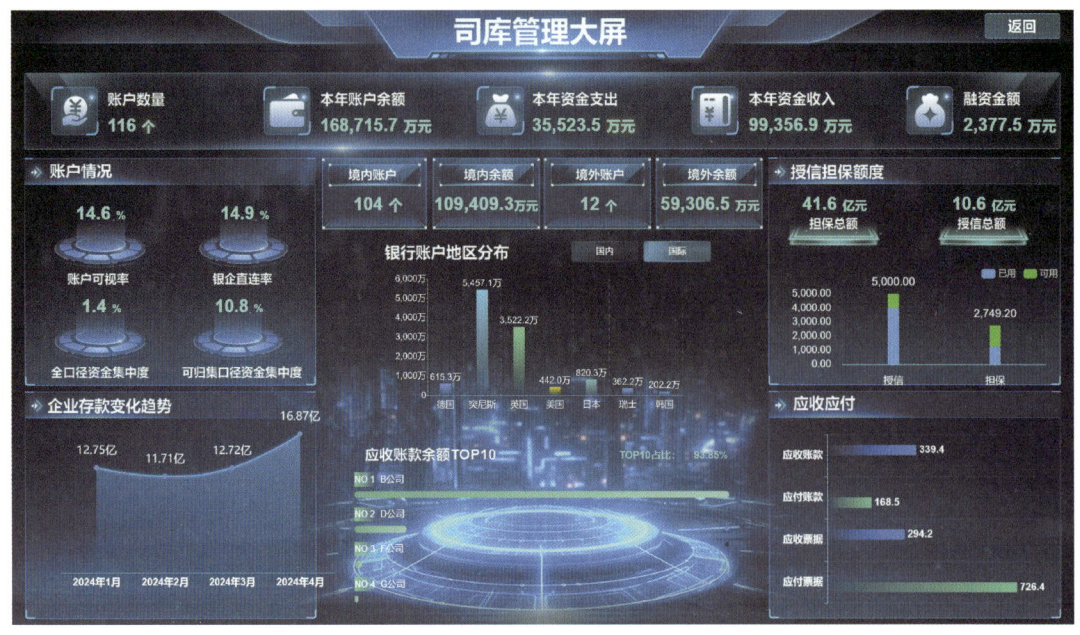

图 7-8 司库管理可视化大屏

7.3 税务管理数智化

7.3.1 税务管理数智化概述

随着金税工程四期建设启动，我国将从"以票控税"逐渐探索并过渡到"以数治税"的税务数智化时代。目前，我国正在进行发票全领域、全环节、全要素电子化改革，持续推广应用电子凭证会计数据标准，未来将通过法人税费信息"一户式"、自然人税费信息"一人式"智能归集，实现对同一企业或个人不同时期、不同税种、不同费种之间，以及同规模、同类型企业或个人相互之间税费匹配等情况的自动分析监控。

未来，我国将更加注重在企业的收入、成本费用、利润、库存、纳税额、银行账户和社保等方面的稽查。相关政策的陆续出台标志着国家税务监管将越来越严格，税务违法成本将越来越高，企业必将面临更加复杂的税务风险。

为顺应国家税务数智化发展的潮流，企业需提升税务管理水平，持续优化内部流程，采用先进的税务管理平台，确保税务数据的准确性和实时性，提高合规性和透明度，以应对更严格的监管要求。企业需要将管理问题划分为不同决策场景，重视数据治理和数据集成，搭建税务管理指标模型，引入数智化技术平台，完成税务数智化实践落地。

7.3.2 税务管理数智化指标模型

税收税负、进销项发票和风险管理等是企业在税务管理方面持续关注的重点。基于中兴新云多年实践与行业案例,我们设计搭建了超过 80 个指标模型,聚焦税务管理、进销项发票管理和税务风险管理等三个分析场景域。以下介绍部分指标模型,如图 7-9 所示。

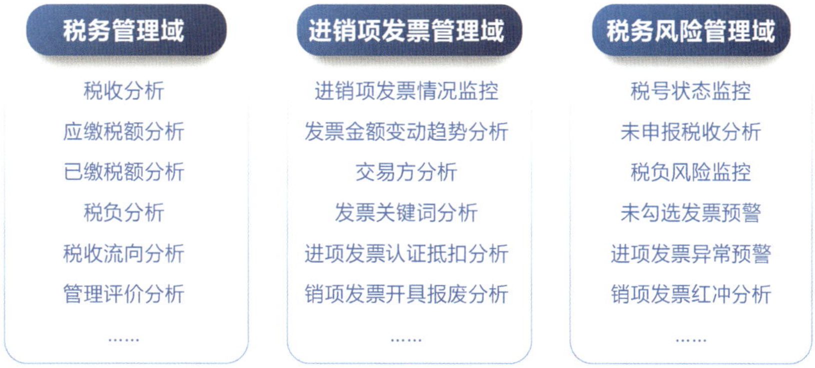

税务管理域	进销项发票管理域	税务风险管理域
税收分析	进销项发票情况监控	税号状态监控
应缴税额分析	发票金额变动趋势分析	未申报税收分析
已缴税额分析	交易方分析	税负风险监控
税负分析	发票关键词分析	未勾选发票预警
税收流向分析	进项发票认证抵扣分析	进项发票异常预警
管理评价分析	销项发票开具报废分析	销项发票红冲分析
……	……	……

图 7-9 税务管理数智化指标模型示例

(1) 税务管理域

• 税收分析:计算应税收入、应纳税额、税源地分布等指标,便于管理层直观了解企业纳税总额和明细情况,预测企业税收成本;

• 应缴税额分析:分税种、纳税主体等维度展示纳税明细,便于管理层通过明细项判断各维度的税额增减情况,针对不同分公司或不同税种制订税收计划,加强税收管理;

• 已缴税额分析:对各税种已缴纳税额进行分析,动态展现集团税务状况;

• 税负分析:关注企业税负率变动趋势,帮助管理者把控企业税负水平,对整体税负情况进行监控;

• 税收流向分析:便于管理者了解税额分布情况,通过各纳税主体分布,判断企业与税局关系的紧密程度;

• 管理评价分析:统计纳税人信用等级、高新技术企业占比等指标,根据企业管理诉求,在指标低于某一数值时进行预警。

(2) 进销项发票管理域

• 进销项发票情况监控:计算总体进项/销项发票的张数、金额、可抵扣税额,动态监控企业进项/销项发票的基本情况;

• 发票金额变动趋势分析:分析进项税额变动率,帮助管理者探查企业是否存在隐匿收入或虚增进项的情况;

- 交易方分析：监控企业内部开票的张数与金额，同时也监控企业进项发票的张数与金额，分析交易中可能存在的风险；
- 发票关键词分析：对于进项发票开具项目进行分析，抓取企业采购关键词，并对不符合企业生产情况的发票及其关联的报账单进行监控与预警；
- 进项发票认证抵扣分析：统计进项发票收到张数、发票类型、认证张数、发票金额及抵扣税额，帮助企业掌握进项发票认证操作情况；
- 销项发票开具报废分析：统计销项发票开具张数、报废张数、开具金额及税额，帮助企业掌握销项发票开具操作情况。

（3）税务风险管理域
- 税号状态监控：动态监测税号状态，便于企业及时掌握异常税号情况，并做出应对和调整；
- 未申报税收分析：通过申报完成率、未申报税种分析等指标，反映集团整体税收情况并提示目前未完成申报的企业信息，提醒报税员及时申报；
- 税负风险监控：监控整体税负情况，并用标准税负率做预警监控，便于管理者及时反应，制订税收调整计划；
- 未勾选发票预警：监控企业进项发票勾选状态，对未勾选大额进项发票及时预警，降低企业当期税收成本；
- 进项发票异常预警：对发票进行是否重复报销、是否造假等方面的校验，帮助企业防范进项发票合规风险；
- 销项发票红冲分析：通过统计发票红冲数量、红冲率等指标，对企业虚增收入情况进行监控和预警。

7.3.3 税务管理数智化实践应用

以税负分析为例：获取税表数据和纳税基础信息集成至财芯平台后，对数据进行清洗和归档。使用条件标签算子，根据报表类型高效完成数据打标签，计算出各类指标后，将结果输出至财经数据中心进行存储与共享。每月从税局获取最新数据后，算子流自动执行，高效输出最新指标，减轻人工计算负担，帮助企业实时掌控税负情况（如图7-10所示）。

以税号状态监控为例：通过接口获取各纳税主体的基础信息和纳税信息，使用数据透视算子对数据进行分类统计，获取应连通税号企业和已连通税号企业的相关数据，筛选出税号应连未连的企业，并对企业名称进行文本处理，帮助企业实时监控税号状态，了解目前有哪些下属企业未连通税号（如图7-11所示）。

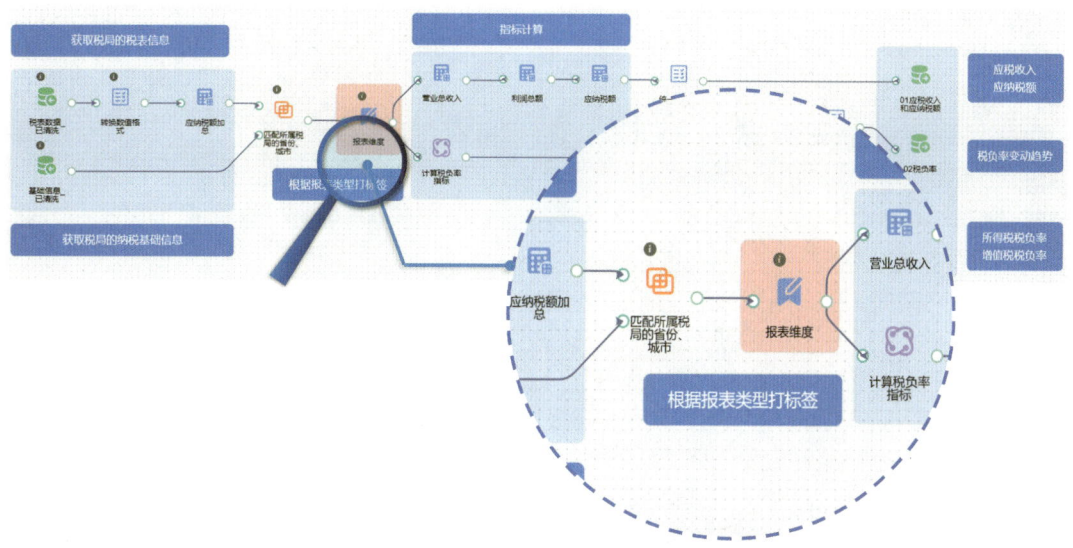

图7-10 税负分析算子流

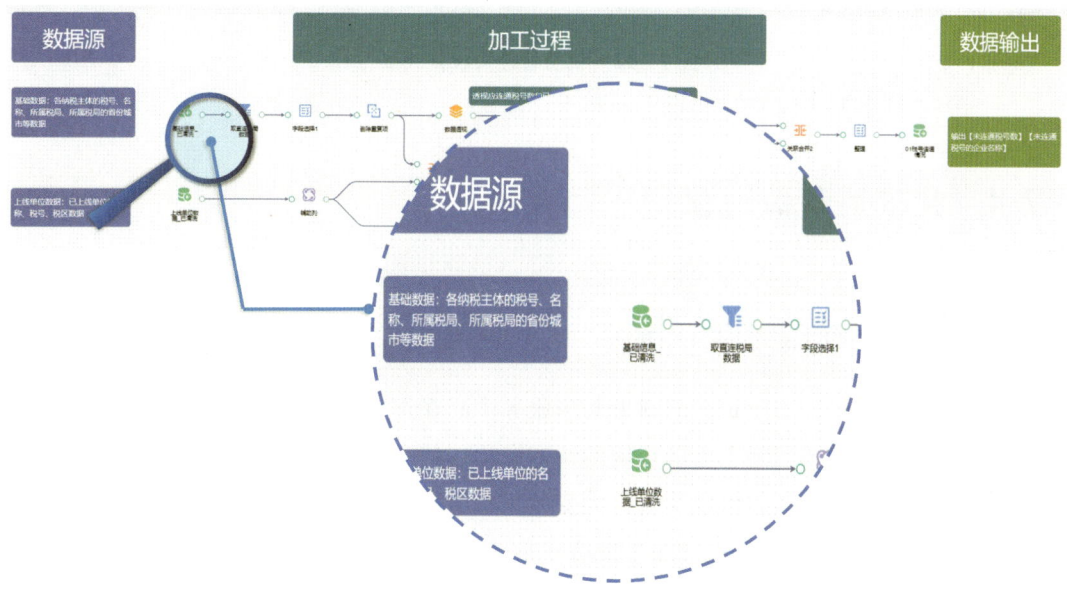

图7-11 税号状态监控算子流

完成指标计算后，可利用财芯平台的可视化中心完成最终的可视化大屏构建。设计大屏时，需根据管理需要划分大屏展示内容，选取合适的组件进行数据展示。例如，构建涉税风险和管理评价大屏，左侧为税务风险展示，右侧为管理评价，从税号、应税收入、纳税金额、税额税负变动率、纳税申报、发票使用变动率等多方面全面展示涉税风险，并使用不同组件直观展示不同类型风险的关键信息（如图7-12所示）。

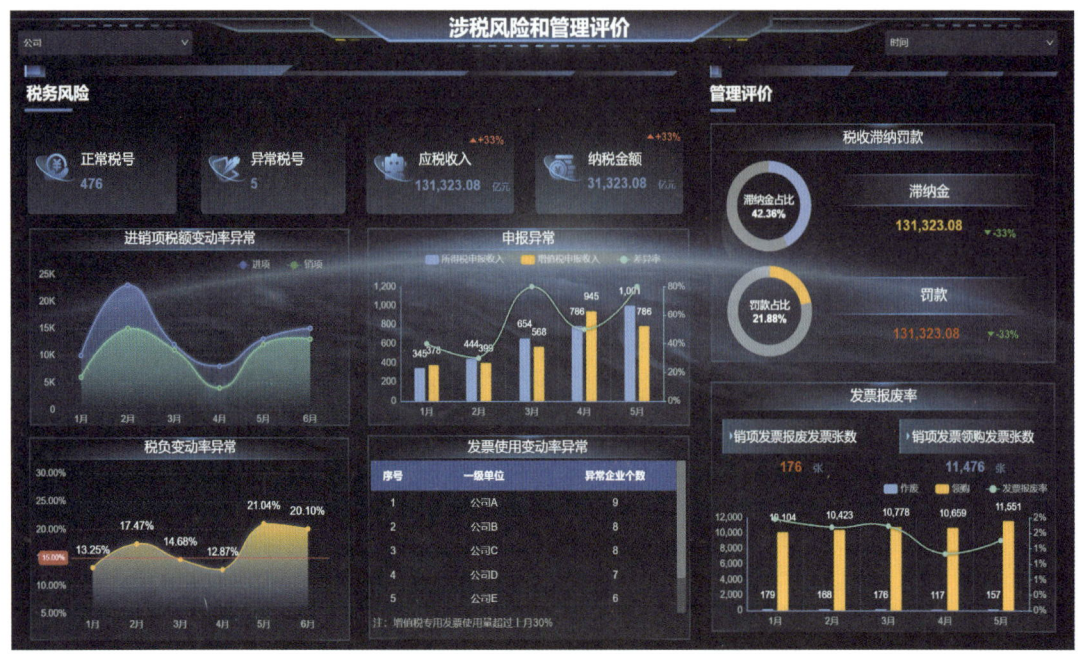

图 7-12　税务管理可视化大屏

7.4　共享运营数智化

7.4.1　共享运营数智化概述

历经二十年发展，中国企业的财务共享服务中心在建设运营方面逐渐成熟，形成了独具本土特色的业务模式。随着市场环境的快速变化、信息技术的不断革新，共享服务中心在价值定位、业务运营等方面经历着巨大变革。《2024 年中国共享服务领域调研报告》显示，71.18% 的受调研企业将共享服务中心定位为数据中心，越来越多的共享服务中心将数据服务和财务专家咨询等服务纳入了业务范围[①]。与此同时，相关国家政策也在积极指引共享服务中心进行数智化转型。2022 年，国务院国资委印发《关于中央企业加快建设世界一流财务管理体系的指导意见》，指出企业应积极探索依托财务共享实现财务数字化转型的有效路径，推进共享模式、流程和技术创新，从核算共享向多领域共享延伸，从账务集中处理中心向企业数据中心演进。2024 年 11 月，财政部会计司发布《关于进一步加强管理会计应用的指导意见》，提出企业应提升财务共享服务中心自动化、智能化、无人化水平，推动财务数智化转型落地。

---

① 中兴新云，ACCA，厦门国家会计学院. 2024 中国共享服务领域调研报告［R］，2024.

未来，共享服务中心应借助数智化技术实现对自身业务运营的监控，整合企业内外部数据，提供更加丰富的数据服务，最终发展成为企业的数据中心与计算中心。

7.4.2 共享运营数智化指标模型

效率、质量、满意度、成本一直以来都是共享服务中心的运营目标。基于中兴新云多年实践与行业案例，我们设计搭建了超过 150 个指标模型，聚焦于任务监控、时效监控以及质量监控等三个分析场域。以下介绍部分指标模型，如图 7-13 所示。

图 7-13　共享运营数智化指标模型示例

（1）任务监控域

● 各法人任务量监控：统计不同法人主体当前月度审单量、变动趋势、排名情况，监控各法人主体单据工作量及审核效率；

● 任务流转环节处理量监控：根据共享运营中心任务流转节点展示工作量情况，并结合人员配置情况展示人效变化，例如已审核/付款/扫描单据量、凭证生成量；

● 任务流转环节积压预警：展示各环节任务积压情况，并提示对应环节负责人及时处理任务，例如待业务审核单据积压提醒、待扫描单据积压提醒；

● 任务分配不合理预警：监控任务内部分配情况，例如是否分配、审核量异常提醒、扫描量异常提醒，便于管理者及时调整任务分配；

● 审核单量变动趋势分析：展现单据量年度同比变动趋势，标注波峰波谷变动点，例如单据量预测、单据量变动提醒，便于管理者提前安排人员投入或撤出；

● 各单据类型处理量监控：展示不同类型单据的月度审核单量，例如员工费用报销类单据任务量，便于管理者及时调整人员安排和资源分配。

（2）时效监控域

● 单据超期预警：监控审核时效，识别超期未审单据，并及时提示相应人员尽快处理，例如审核超期提醒、挂起超期提醒；

● 员工过慢审核预警：监控员工审核过慢等行为，例如员工审核时间过短提醒、员工审核时效异常提醒，便于管理者进行合理奖惩；

● 付款时效超期预警：监控超期付款单据，进行付款超期提醒，提示出纳尽快付款，提升客户满意度；

● 大额超期未认领流水预警：监控流水认领时效，进行大额超期未认领流水预警，提醒业务单位及时认领；

● 影像扫描超期预警：监控影像扫描时效，进行扫描超期提醒，提示对应组员及时扫描单据或员工及时投递单据；

● 节点任务进度预警：实时监控结账、纳税申报、报表出具等节点任务进展，进行结账进度预警，帮助企业把控延期风险。

（3） 质量监控域

● 付款异常预警：识别付款异常情况，进行疑似重复支付预警、收款账户与提单账户不一致预警，减少多付、漏付、错付等问题，提高资金管理质量；

● 档案管理质量监控：通过档案缺失预警、档案差错率等反映档案管理质量，排查档案是否存在不完整、缺失问题；

● 自动化率分析：通过智能审核率、银企直连率、流水自动认领率、凭证自动生成率等自动化率指标，反映当前共享中心整体处理的时效和质量水平；

● 财务审核质量监控：通过财务初审差错率、复审退回单量变动趋势等指标，反映财务审核人员审核质量，辅助管理人员进行考核与奖惩；

● 影像扫描质量监控：通过影像驳回率、影像驳回原因分布等指标，反映影像扫描质量，便于管理人员分析问题并提出改进措施，提升共享中心扫描效率。

7.4.3　共享运营数智化实践应用

以财务审核任务积压预警为例：通过数据库直连等方式定期从共享运营等系统中获得共享任务数据。利用日期提取、过滤、数据透视等算子统计共享中心当月日均已审核单据量和当日待审核单据量，然后使用 Vlookup 算子将两类数据进行合并，并利用数值公式计算算子计算出待财务审核积压量，最后通过条件标签算子设置积压预警阈值，将积压情况分为"正常""少量积压"和"大量积压"三类进行提示，从而实现对不同共享服务中心任务积压情况的实时监控，提示管理人员及时调整人力投入（如图 7-14 所示）。

以初审差错率排名前五分析为例：通过数据库直连等方式定期从共享运营等系统中获得共享任务数据与初审差错率报表。利用数据透视算子分别统计每个财务初审人员的差错次数和审核单据量，然后使用 Vlookup 算子合并两类数据，并利用数值公式计算算子计算出每人的初审差错率，最后利用排序算子按照数量排序，输出初审差错率排名前五名的初审人员，提示管理人员对差错较多的初审人员进行进一步的业绩考核和业务培训（如图 7-15 所示）。

完成指标计算后，可利用财芯平台的可视化中心完成可视化大屏创建。设计大屏时，可以根据管理层级、监控主题等划分大屏展示内容，例如，可按照主题将大屏划分为共享服务中心运营监控总屏、任务监控子屏、时效监控子屏和质量监控子屏等。共享服务中心运营监控总屏主要从共享服务中心整体任务量、审批时效、审核质量等核心维度进行指标展示（如图7-16所示），任务监控子屏、时效监控子屏、质量监控子屏等则多维度展示指标明细。

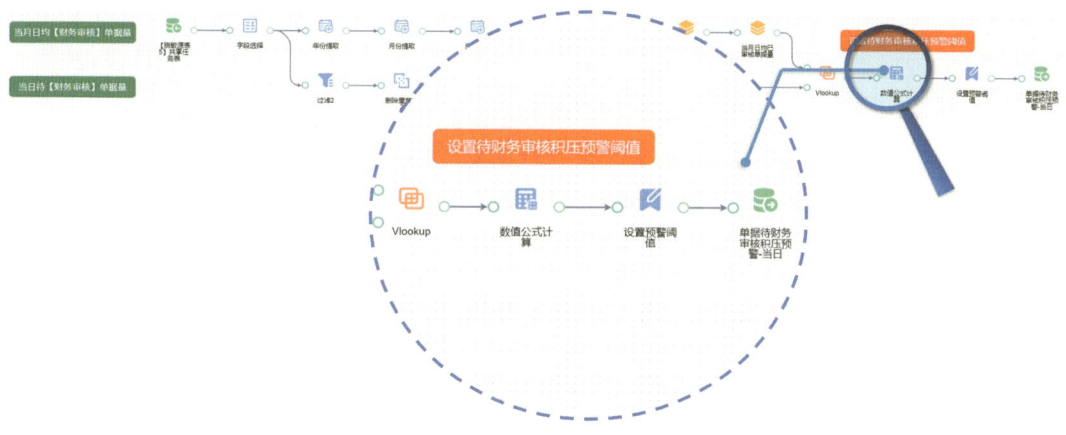

图7-14　财务审核任务积压预警算子流

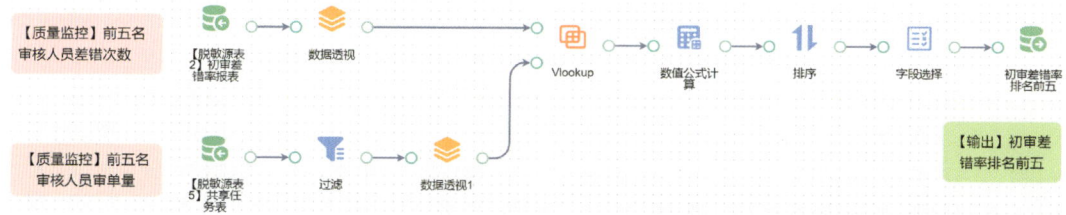

图7-15　初审差错率排名前五分析算子流

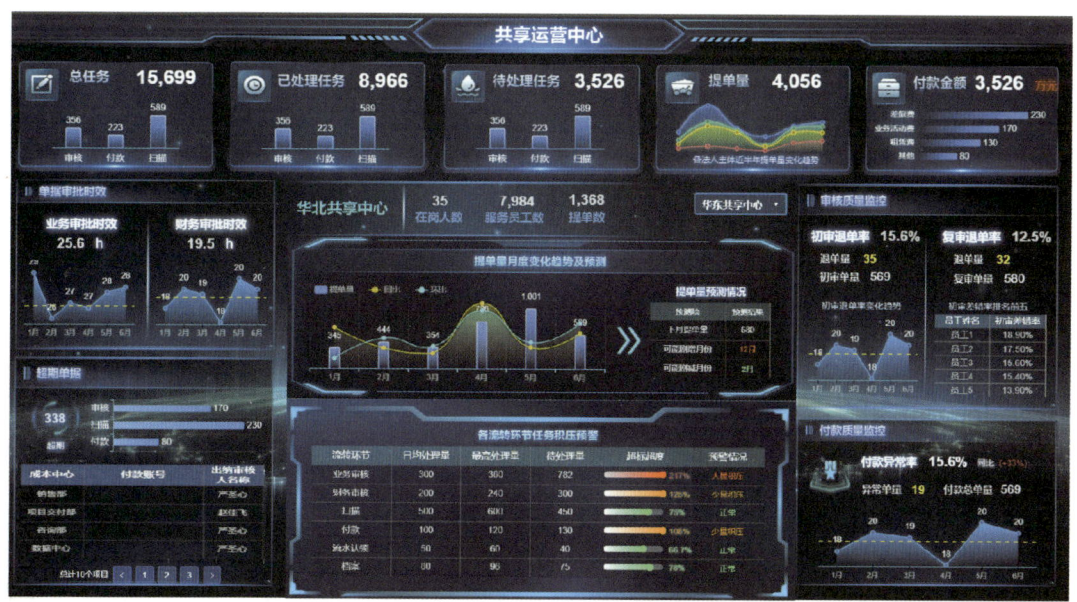

图7-16　共享运营可视化大屏

✦ 本章小结

随着我国政府积极推动数字经济的发展,各行业的数智化转型正如火如荼地开展,给企业运营管理带来了新的机遇与挑战。本章围绕财务分析、司库管理、税务管理和共享运营四个分析场景域,分析了企业在各个域存在的管理痛点与挑战,设计了具有针对性的指标模型,并依托财芯平台,展示如何使用数智化技术采集多源异构数据,自动调用预置决策模型,满足多样化的数据可视需求,实现各场景域数智化转型实践落地。在生成式 AI 技术实现重要突破的当下,以 DeepSeek 为代表的 AI 力量正在重塑着企业运营管理,未来,数智化指标模型与实践路径将随着技术的发展而持续迭代创新。

第8章 数智化案例实践

学习目标

目标1：基于财芯平台完成差旅多维分析案例实操

目标2：基于财芯平台完成合同多维分析案例实操

学习重点

- 了解企业差旅分析的业务场景与分析思路
- 掌握基于财芯平台的差旅分析实操

- 了解企业合同分析的业务场景与分析思路
- 掌握基于财芯平台的合同分析实操

8.1 数智节流：差旅多维分析

8.1.1 案例背景

云茂软件科技有限公司（以下简称"云茂软件"）成立于2015年，是一家向企业提供定制化软件研发与技术服务的项目制运营企业。公司主要业务模式是通过组建跨地域、跨部门的专业项目团队，为客户提供从需求分析、系统设计、软件开发、测试部署到后期维护的全生命周期服务。云茂软件组织架构如表8-1所示。

表8-1　　　　　　　　　　　云茂软件组织架构

部门类型	部门名称	部门职能
管理部门	财务部	会计核算、资金管理、预算编制与执行、财务分析和报告、税务管理等
	人力资源部	员工招聘与培训、薪酬福利设计与管理、绩效考核、员工关系与劳动关系管理等
	行政部	日常行政事务管理、办公场所维护、后勤保障、安全管理、公司文化建设

续表

部门类型	部门名称	部门职能
生产部门	采购部	供应商管理与采购流程、物料采购、设备采购、供应链管理、合同谈判
	产品部	市场需求分析、产品规划、产品需求管理、版本控制
	研发部	软件产品的研发与技术创新、技术方案设计、技术攻关、技术评审
运营部门	营销部	商机探寻、市场推广、客户开发、品牌建设、市场活动策划、销售支持
	交付管理部	客户项目的交付与实施管理、项目进度控制、资源配置、交付质量管理
	售后服务部	客户技术支持、维护与支持、客户培训、投诉与反馈处理、定期回访和客户关系维护

在公司初创阶段，云茂软件主要承接本地的小型项目，差旅管理相对简单。随着信息化、数字化浪潮的影响以及公司品牌影响力的不断扩大，云茂软件开始在全国各地承接多行业、多种类的技术项目，客户需求逐渐复杂化、多样化，需要长期驻场支持的项目逐年增加。为开拓市场、服务客户，公司各部门员工差旅频次和差旅时长不断增长，差旅目的地逐渐分散，差旅成本因此逐步成为公司运营成本中的重要组成部分。根据差旅目的，员工差旅可大致分为两大类、五小类，分类明细如表8-2所示。

表8-2　　　　　　　　　云茂软件员工差旅分类

差旅大类	差旅种类	差旅明细
内部差旅	公司运营	人员招聘、项目交付
	会议培训	内部培训、会议交流
外部差旅	展会展览	举办或参加展会展览
	客商拜访	市场开拓、商务合作、维护客户关系
	行业交流	参加行业交流

8.1.2　业务需求分析

随着公司项目管理日渐复杂，云茂软件需要加强差旅费用的管控，实现费用降本增效。现有分析仅统计差旅费用总额和变动趋势，未进行更精细、维度更多样的数据挖掘，难以识别高成本支出环节及不合理支出。

为实现对差旅费用精细化管理，制定针对性的成本控制策略，云茂软件亟须优化差旅费用分析方式，借助多维度的数据分析工具，深入了解差旅支出的结构和变化规律，以优化差旅政策、提升管理效率，确保企业稳健发展。

根据云茂软件现有可获取的数据和分析需求，分析人员围绕部门、时间、差旅目的地等维度，初步设计指标体系如表 8-3 所示，并在后续对其不断进行完善和迭代。

表 8-3　　　　　　　　　　　差旅分析指标体系

名称	标签	说明
支出额	/	公司已发生的差旅费用总额
	部门	公司各部门发生的差旅费用总额及其占公司差旅总支出之比
	月度	公司各月发生的差旅费用总额及其占公司差旅总支出之比
	目的地	公司在各差旅目的地发生的差旅费用总额及其占公司差旅总支出之比
支出结构	城市间交通费	公司已发生差旅费用中用于城市间交通的费用总额及其占公司差旅总支出之比
	城市内交通费	公司已发生差旅费用中用于城市内交通的费用总额及其占公司差旅总支出之比
	住宿费	公司已发生差旅费用中用于住宿的费用总额及其占公司差旅总支出之比
	餐饮费	公司已发生差旅费用中用于餐饮的费用总额及其占公司差旅总支出之比
	差旅补贴	公司已发生差旅费用中用于差旅补贴的费用总额及其占公司差旅总支出之比
	其他费用	公司已发生差旅费用中用于其他用途的费用总额及其占公司差旅总支出之比
差旅动因	/	统计公司内部和外部差旅的行程数
	内部	统计差旅事由为会议培训和公司运营的差旅行程次数与占比
	外部	统计差旅事由为客商拜访、展会展览和行业交流的差旅行程次数与占比

为计算出这些指标，数据分析人员需从信息系统中收集云茂软件 2024 年的差旅报销数据，并对数据进行统一清洗，以便于后续进行多维度分析。

8.1.3　数据采集与清洗

（1）数据采集

云茂软件的员工事前统一通过商旅系统预订机票、车票和酒店，事后通过财务系统关联商旅系统票据，填写标准化的报账单据报销差旅费用。数据采集时，数据分析人员主要通过数据库采集的方式，采集商旅和财务系统录入和存储的数据。由于单据数据存储在不同的数据库底表之中，分析人员根据指标体系确定需要的数据表和字段，通过数据连接将数据导入财芯平台，进行下一步的清洗工作。

（2）数据清洗

在完成数据采集后，数据分析人员需对数据进行质量校验，并进行统一清洗。云茂软件在财务系统中预设了规范化报账单模板，员工录入的数据无论是内容还是格式都保持了较高的规范性，因此数据整体质量较为清洁。然而，由于数据库底层字段定义不一致、商旅系统与财务系统之间数据标准存在差异等问题，差旅数据中仍存在格式不统一和数据冗余等质量问题，需要有针对性地进行处理。

- 格式不统一

对于格式不统一的问题，分析人员可以通过建立数据映射关系或手工调整的方式完成清洗。如商旅系统和财务系统的日期、金额数据格式不同，可能会影响数据的可比性和分析一致性，分析人员可结合格式检查算子、字段选择算子和日期格式转换算子对数据进行校验和清洗，确保数据格式的一致性。

- 数据冗余

数据冗余包括重复数据和非必须数据两类，需要采用不同的方式进行清洗。如分析人员使用逻辑检查算子发现存在字段名称不同，但字段值完全相同的数据，进而核查发现这两个字段虽然来自不同数据表，字段名也不同，但业务实质相同，因此对重复字段进行删除。此外，数据表中还存在大量无关字段，分析人员可使用字段选择算子对这些非必须数据字段进行去除，只保留分析需要的核心数据。

8.1.4 数据算法

待清洗完数据后，分析人员就可以开展具体的数据分析工作，利用财芯平台搭建算法，计算指标结果。分析中主要使用了 Excel 文件"24—报销单据主表.xlsx"和"25—报销单据子表.xlsx"，数据表和算法搭建过程可通过扫描附录三的二维码查看。

（1）差旅支出分析

以计算各差旅目的地的差旅支出为例：

先使用文本截取算子从单据备注中截取出员工差旅的目的地，然后利用累加算子计算云茂软件本年差旅总支出和各目的地的差旅支出，合并数据，最后使用数值公式计算算子计算出各目的地差旅支出占比（如图 8-1、图 8-2 和图 8-3 所示）。

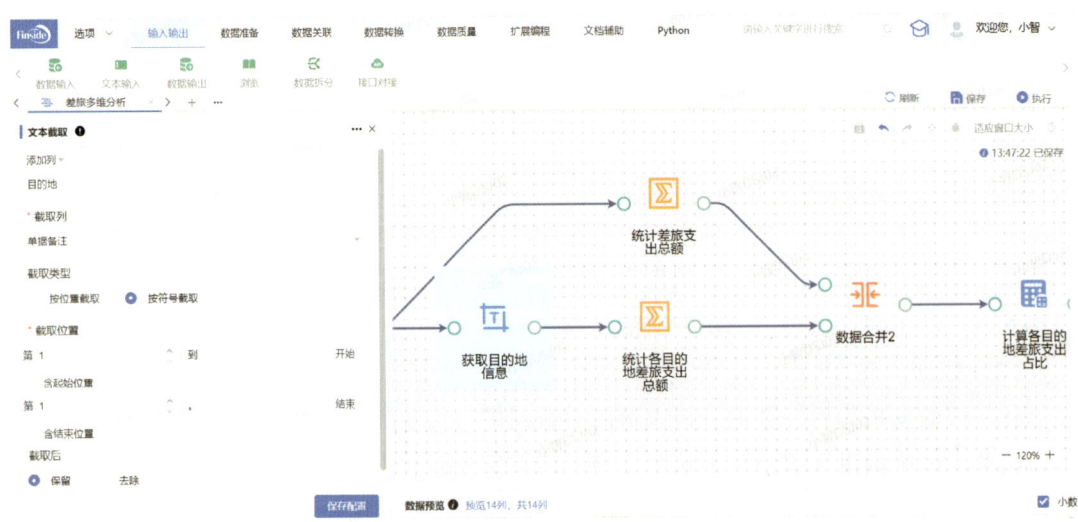

图 8-1 截取员工差旅目的地信息

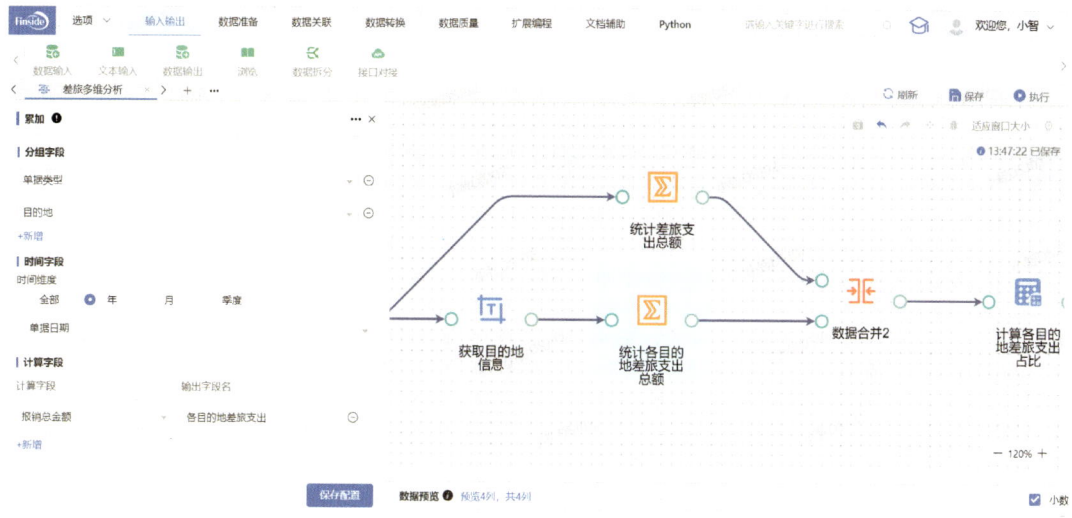

图 8-2　计算各目的地本年差旅支出

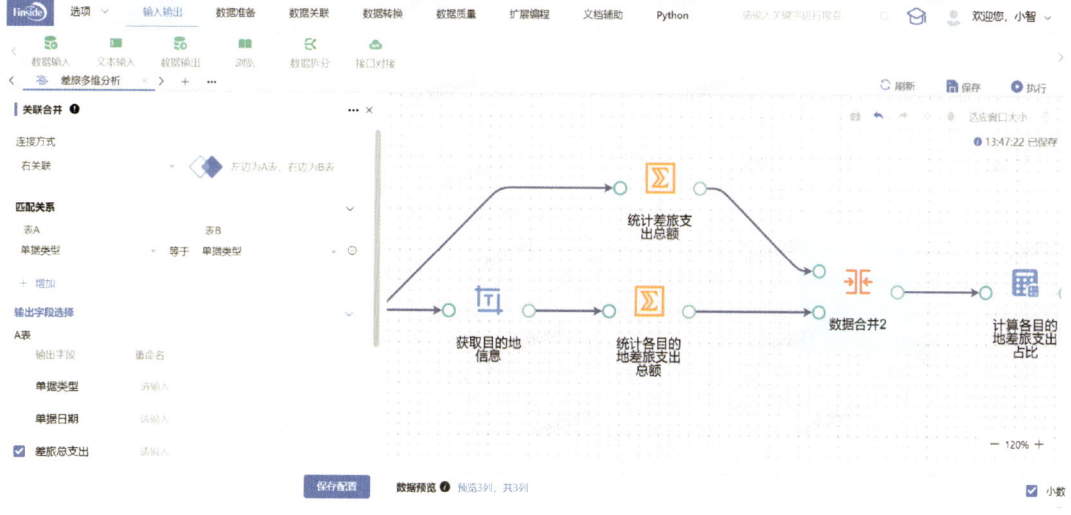

图 8-3　数据合并

（2）差旅支出结构分析

将报销单据主表和子表数据合并，使用数据透视算子分别计算差旅总支出、差旅补贴和各类型差旅费用，使用列转行算子将各类型差旅费用整理为行数据，与差旅总支出和差旅补贴数据合并，最后使用多字段函数算子批量计算各类型费用占总支出之比（如图 8-4、图 8-5 和图 8-6 所示）。

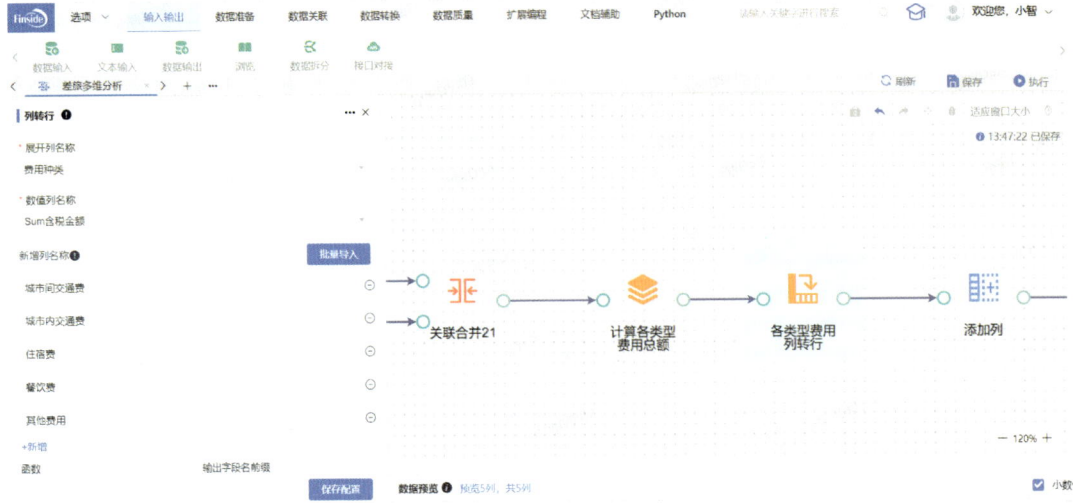

图 8-4　对各类型费用数据进行列转行

图 8-5　列转行算子数据预览

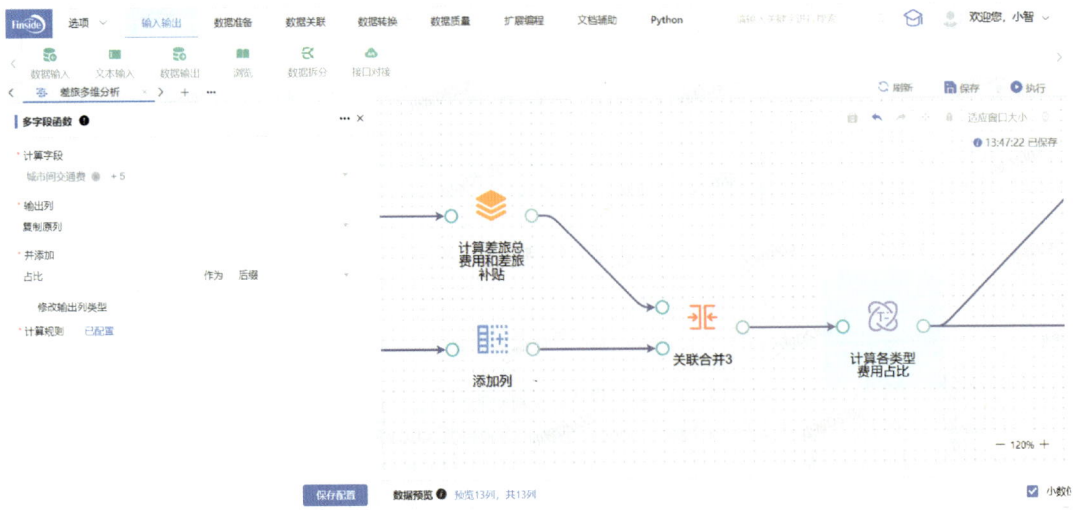

图 8-6　计算各类型差旅费用占比

（3）内外部差旅分布

使用文本截取算子从员工报销单据的备注中获取员工差旅事项，使用条件标签算子设置差旅动因标签，并按照不同的标签归类为内部差旅和外部差旅。然后使用数据透视算子分别计算内外部差旅频次和各类型动因差旅频次，合并数据，计算各类型动因差旅频次之比（如图8-7、图8-8和图8-9所示）。

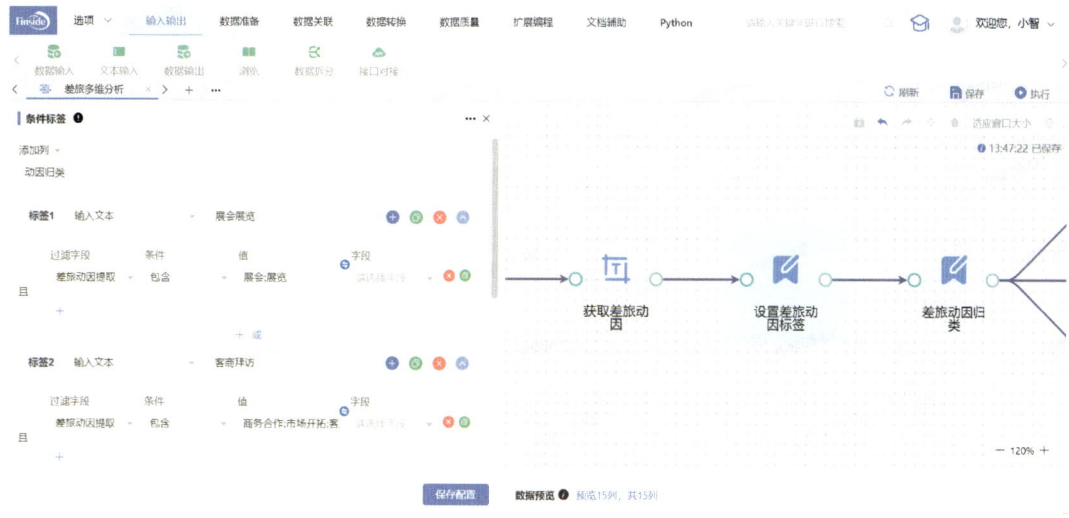

图8-7　设置差旅动因标签

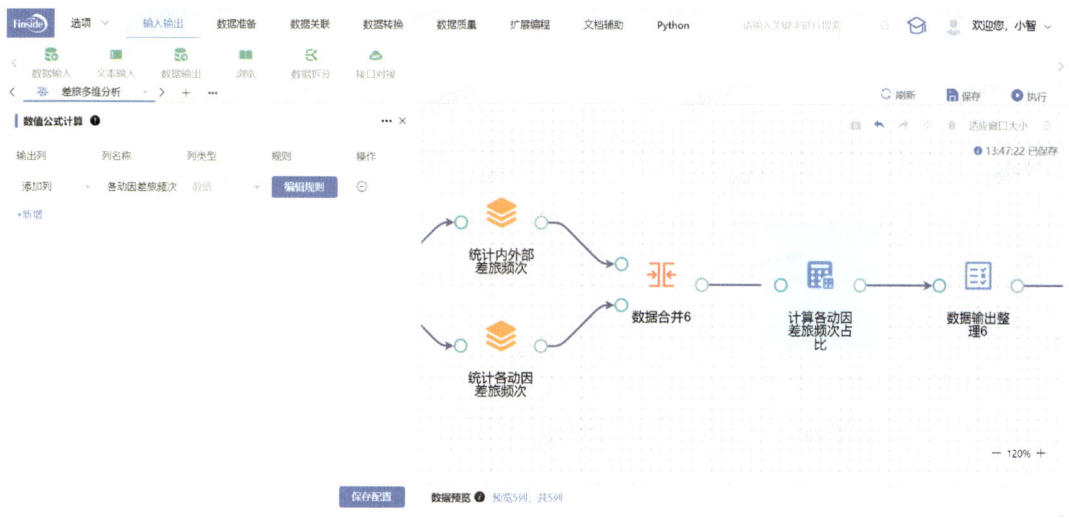

图8-8　计算各类型动因差旅频次占比

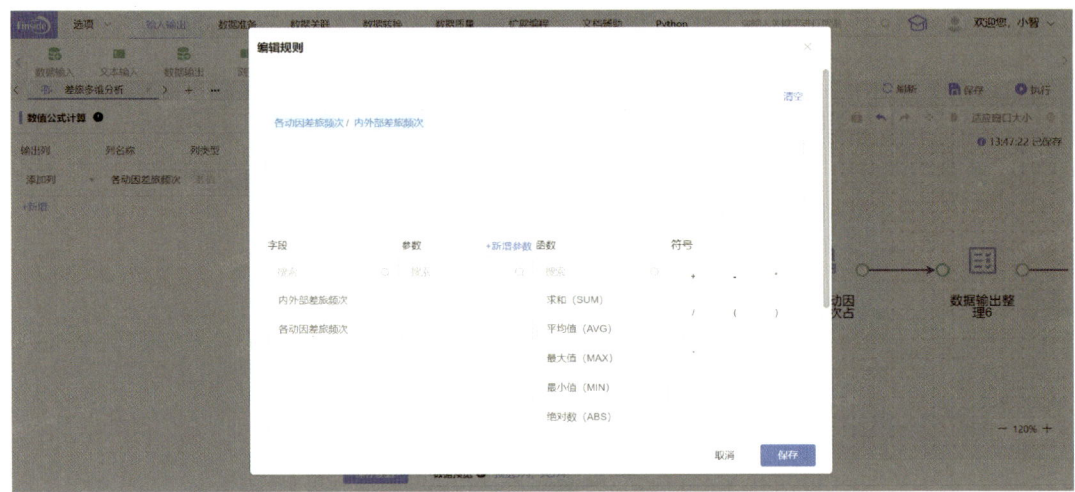

图 8-9 规则配置页面

8.1.5 数据可视化

获得数据结果后,数据分析人员可结合分析目的和数据特征,选择合适的图表组件,进行可视化展示。通过可视化大屏,数据使用者可以洞悉差旅结构,查看差旅支出分布和变化趋势,优化差旅管控策略。

以下选取各部门差旅支出、各月差旅支出、差旅动因分布和各目的地差旅支出为例,展示数据最终可视化的效果。

(1) 各部门差旅支出

使用 BI 的瀑布图组件,展示云茂软件 2024 年各部门差旅费用支出及其占总支出的比例,并用颜色区分展示管理部门、生产部门和运营部门支出(如图 8-10 所示)。

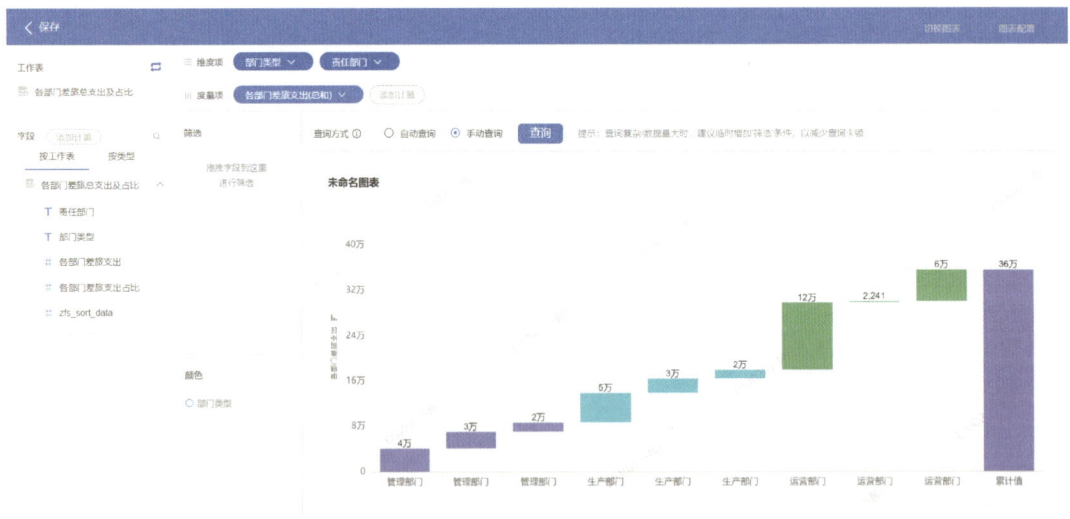

图 8-10 各部门差旅支出瀑布图

(2) 各月差旅支出

使用大屏的斑马柱图组件，展示云茂软件 2024 年各月差旅费用变化（如图 8-11 所示）。

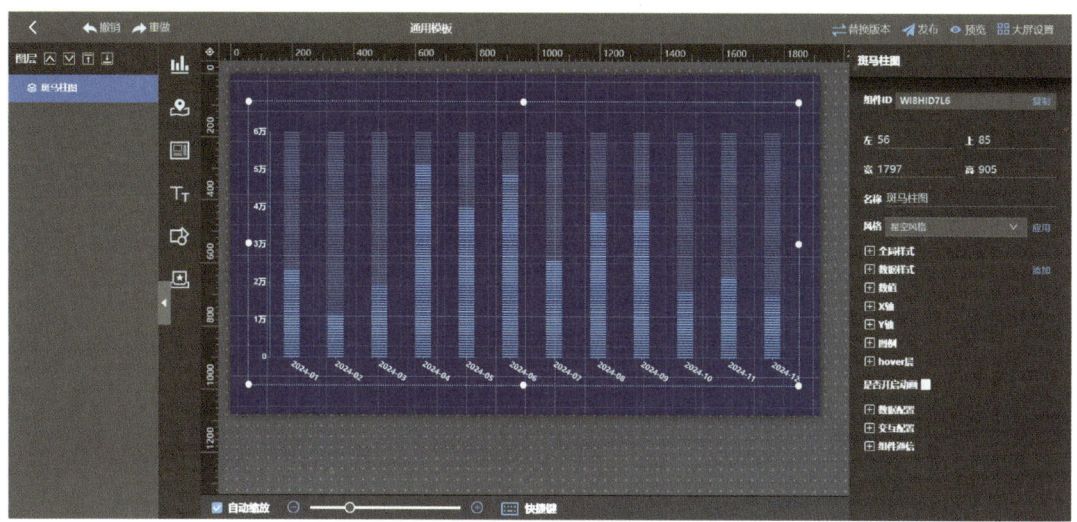

图 8-11　各月差旅支出斑马柱图

(3) 各目的地差旅支出

使用 BI 的柱形图组件，展示云茂软件 2024 年各差旅目的地的差旅支出，并对金额设置梯度颜色，支出金额越高，颜色越深（如图 8-12 所示）。

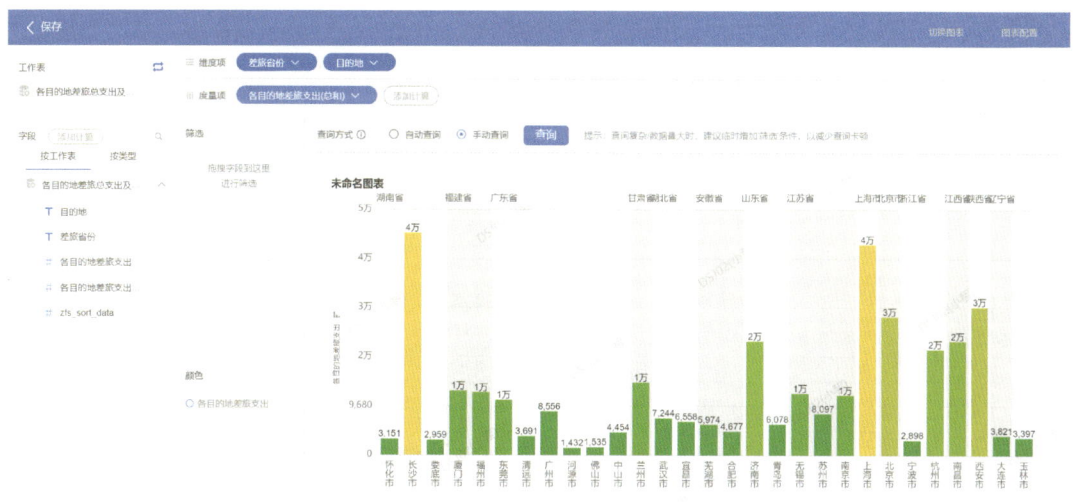

图 8-12　各目的地差旅支出柱形图

（4）差旅动因分布

使用大屏的填充气泡图组件，展示云茂软件 2024 年各类型差旅动因的差旅次数占总差旅次数的比例（如图 8－13 所示）。

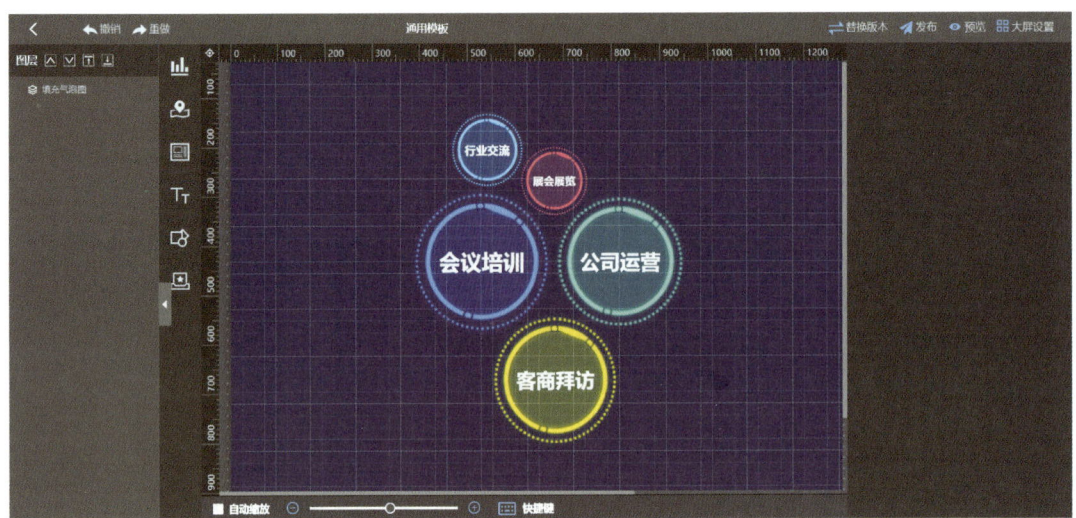

图 8－13　差旅动因分布填充气泡图

8.2　数控合约：合同多维分析

8.2.1　案例背景

深圳云新科技有限公司（以下简称"云新科技"）成立于 2019 年年底，是一家专注于电子产品研发、生产与销售的高新技术企业。公司核心产品目前涵盖智能手机、平板电脑和智能穿戴设备，如表 8－4 所示。凭借高效的研发能力和卓越的产品质量，云新科技树立了良好的品牌口碑。

表 8－4　　　　　　　　　　云新科技产品种类

产品大类	产品种类
智能手机类	PH01 型手机、PH02 型手机、PH03 型手机
平板电脑类	IP01 型平板、IP02 型平板、CM01 型电脑、CM02 型电脑、CM03 型电脑
智能穿戴设备类	WT01 型手环

随着国内消费电子市场的迅速扩大，云新科技市场份额逐步提升，已成功拓展至全国范围，产品销售网络覆盖了超过 20 个省市，如表 8－5 所示。为便于按照客户所属地区

实现就近销售与服务,公司在全国设立多个销售团队,包括华东、华南、华北、西南等区域,各区域团队由10—30人组成。每年末,云新科技主要通过各团队的合同签单金额和同环比增长情况进行分析,并制定未来短期及中期销售策略,在各团队间分配公司资源。

表8-5　　　　　　　　　　　云新科技销售区域和团队分布

区域	省份	销售团队
华北地区	北京市、天津市、河北省、山西省	销售团队A、销售团队C
华东地区	江苏省、浙江省、安徽省、福建省、江西省、上海市、山东省	销售团队B、销售团队I
华中地区	河南省、湖北省、湖南省	销售团队C、销售团队G
华南地区	广东省	销售团队E、销售团队F
西南地区	四川省、重庆市、贵州省、云南省	销售团队D
西北地区	陕西省、甘肃省	销售团队H

8.2.2　业务需求分析

随着云新科技业务的不断多元化和市场的深入扩展,仅针对时间维度的数据分析逐渐暴露出局限性,其缺乏对客户、产品、区域等多维度数据的深入分析,难以识别潜在的市场机会和风险。例如某团队签单额虽高,但新客户增长较少、老客户签单金额降低,可能存在客户依赖风险和市场萎缩风险。

单一维度的数据指标难以揭示客户结构变化、区域潜力、产品偏好以及潜在风险,影响公司精准制定市场布局和销售策略。云新科技亟须优化现有分析方式,引入先进的数据分析工具,实现多维度的数据支撑。

根据云新科技现有可获取的数据和分析需求,分析人员围绕客户、区域、产品、销售团队四大维度,初步设计指标体系如表8-6所示,并在后续对其不断进行完善和迭代。

表8-6　　　　　　　　　　　合同分析指标体系

类别	名称	维度	说明
销售分析	销售收入	/	本年销售合同总收入
		产品	各产品种类的销售合同总收入及占比
		销售团队	各销售团队销售合同总收入及占比
		区域	各区域销售合同总收入及占比
	销售收入增长率	产品	各产品种类销售合同收入增长率
		销售团队	各销售团队产品销售合同收入增长率
		区域	各区域产品销售合同收入增长率

续表

类别	名称	维度	说明
客户分析	客户分布	区域	各区域客户分布情况
		行业	各行业客户分布情况
		级别	各级别客户分布情况（根据消费级别，云信科技将客户划分为A、B、C、D、E 五个级别，其中A级最高，E级最低）
		类型	各类型客户分布情况（按照客户性质，客户可分为国企客户、央企客户、民企客户等）
	客户排行	/	统计累计合同签单金额排行 TOP10 和 2024 年合同签单金额排行 TOP10 的客户
	新客户增长率	/	新客户各年占比和增长情况
	客户复购率	/	老客户产品复购率

为计算出这些指标，数据分析人员需从各业务系统中收集云新科技 2020—2024 年的合同数据和客户数据，并打上统一的数据标签，以便于后续进行多维度分析。

8.2.3 数据采集、清洗与打标

（1）数据采集

云新科技的合同、客户和销售人员数据主要来自本地纸质档案和各个信息系统。由于个别合同签订时只留存了纸质档案，未同步至信息系统之中，因此数据分析人员在采集数据时主要采用以下几种采集方式。

- 数据库采集

云新科技使用自主研发的合同管理系统记录合同信息，所有合同信息通过前端网页录入，存储在云端数据库中。数据分析人员既可以通过网页的导出功能，将合同的基本信息、关键条款、合同金额、签订日期、有效期等结构化数据导出，也可以进入后台数据库，通过数据库采集所需合同数据。由于云新科技合同数据较多，因此数据分析人员主要使用数据库对数据进行采集和输出。

- OCR 识别技术采集

对于仅存在于纸质档案中的合同，分析人员使用扫描仪对这些纸质档案进行物理扫描，然后利用 OCR 技术将扫描的图像文件转换为可编辑的文本数据，并进行人工校对。

- 人工采集

由于纸质档案中存在个别 OCR 技术无法有效识别的合同，数据分析人员通过手动输入，对这些合同的关键信息进行采集。

（2）数据清洗

采集完成后，数据分析人员还需要对数据质量进行校验，并进行相应数据清洗。由于个别数据由纸质档案进行采集，此外，还存在信息系统之间数据定义不明确、数据标准不

统一的情况，因此数据分析人员主要校验出数据缺失、数据冗余、数据不一致等问题，并一一进行数据处理。

- 数据缺失

数据缺失是指数据中存在为空或者不完全的数据，通常可以采用删除、填补、标记等方法处理。如分析人员使用空值检查算子校验合同数据时，发现个别合同缺少履约跟踪记录，回款情况不明，无法确定该合同目前实际收入。这种情况下，分析人员可以向负责该合同的业务人员重新采集数据，对关键数据进行补充。

- 数据冗余

数据冗余是指数据中存在重复的数据或者与所分析问题无关的数据，通常可以采用过滤并删除的方法来清洗。如分析人员使用重复唯一值检查算子发现存在合同编号不同，但多个关键业务字段数据相同的两份合同，进而分析发现这两份合同分别为一份纸质合同和录入系统的电子合同。纸质合同和信息系统内合同业务实质相同，但由于合同编号不一致，因此采集时作为两份独立合同进行采集，造成数据冗余。对于此类重复数据，分析人员需要通过筛选相似数据，和相关业务人员联系，判断数据是否实质一致，再从每类重复样本中抽取一条记录保存，并删除其他重复样本，保证数据的唯一性和精确性。

- 数据不一致

不一致数据是指多条数据对同一事物的描述和记录不规范，或数据采集或填报不一致，可以通过人工识别和修正来清洗。如纸质合同中人工填写的客户名称是简称，而合同管理系统中的电子合同录入的客户名称是全称，分析人员在处理数据时，需要建立起客户简称和全称之间的映射关系，将简称统一替换为全称，以方便后续数据分析。

（3）数据打标

对数据清洗完成后，分析人员还需要对数据统一打标签，例如合同归属区域、新老客户、产品类型等，以便于后续按照不同维度，对数据进行分组计算和组间指标对比等。打标签时，需注意标签的一致性和规范性，避免因为打标签条件存在差异或者标签名称不统一，导致人为制造不一致数据，影响后续数据分析的准确性。

8.2.4 数据算法

待清洗完数据后，分析人员就可以开展具体的数据分析工作，利用财芯平台搭建算法，计算指标结果。分析中主要使用了 Excel 文件"26—合同数据.xlsx"和"27—客户数据.xlsx"，数据表和算法搭建过程可通过扫描附录三的二维码查看。

（1）销售分析

以统计各产品种类销售收入、占比和增长率为例：

- 销售收入及占比

先使用日期提取算子从数据中提取出合同生效年份，然后利用数据透视算子计算各年各产品大类和各产品种类销售收入，合并数据，最后使用数值公式计算算子计算出各产品类型销售收入占比（如图 8 – 14 和图 8 – 15 所示）。

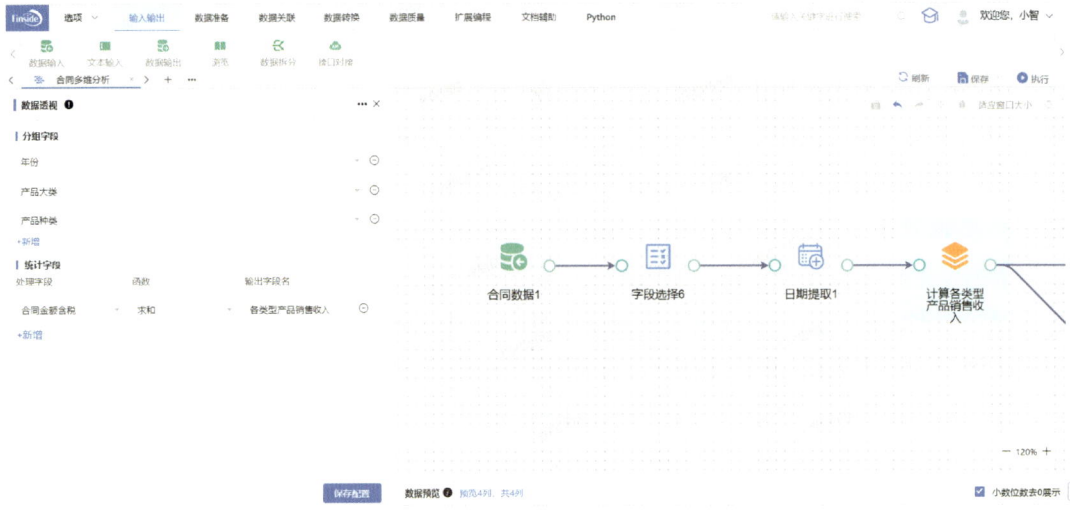

图 8 – 14　统计各产品种类各年销售收入

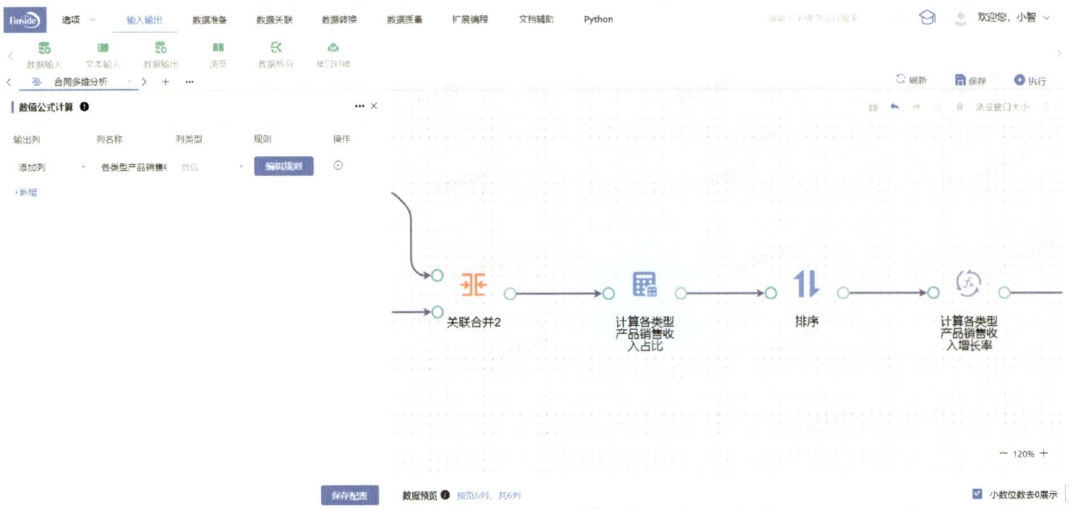

图 8 – 15　计算各产品种类销售收入在产品大类中的占比

- 销售收入增长率

计算出各产品种类销售收入后，使用排序算子对数据按照自定义的产品大类、产品种类和年份顺序进行排序，再使用滚动函数算子计算出各产品种类销售收入增长率（如图 8 – 16 和图 8 – 17 所示）。

第8章 数智化案例实践

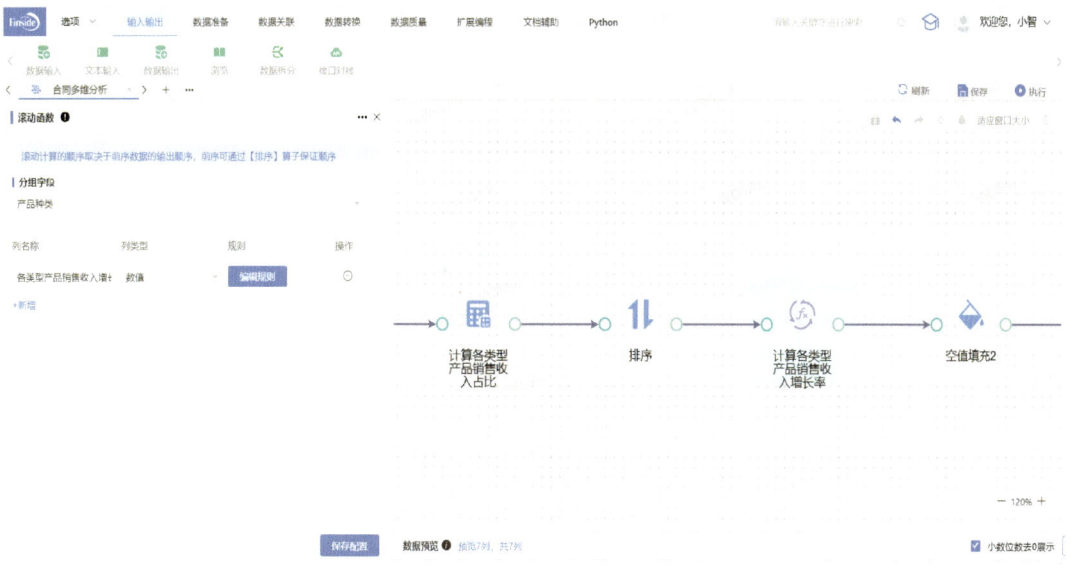

图 8-16　计算各产品种类销售收入增长率

图 8-17　规则配置页面

(2) 客户维度分析

以统计客户区域分布、客户排行和新客户增长率为例:

- 客户区域分布

使用条件标签算子,按照客户所在地,将客户归类至华北、华中等地区,然后利用数据透视算子统计各地区客户数量,获得客户区域分布情况(如图 8-18 所示)。

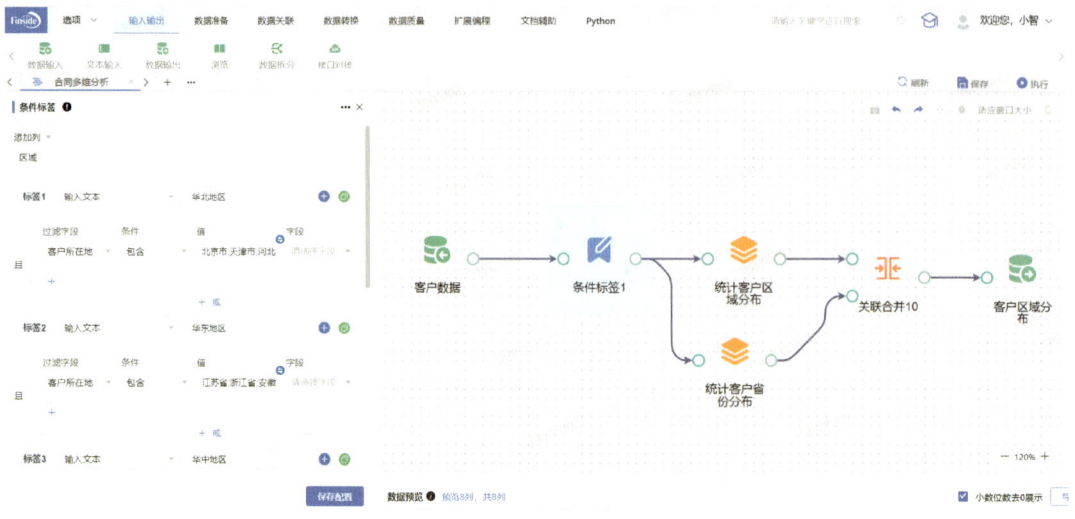

图 8-18 将客户归类至各区域

- 客户排行

使用过滤算子，筛选出 2024 年云新科技销售合同数据，使用数据透视算子，计算出本年所有客户累计签单金额，最后使用排序算子对金额进行降序排序，并输出金额排行前十的客户（如图 8-19 所示）。

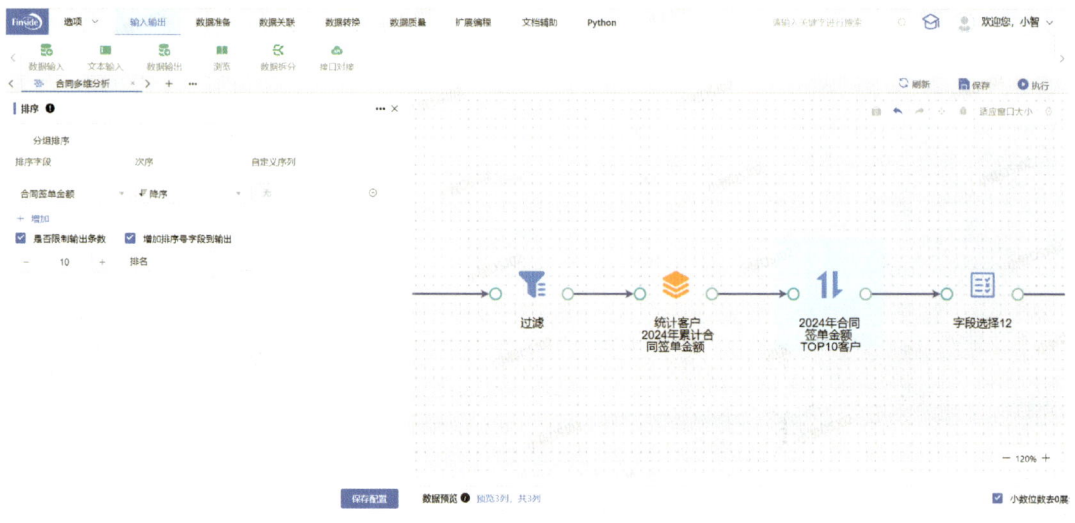

图 8-19 对客户进行排序

- 新客户增长率

使用日期提取算子获取合同生效年份，再利用删除重复项算子统计出客户首次与云新科技签单年份，依次使用数据透视算子和滚动函数算子，分别计算出各年新客户数、各年客户总数，由此计算出新客户增长率（如图 8-20 所示）。

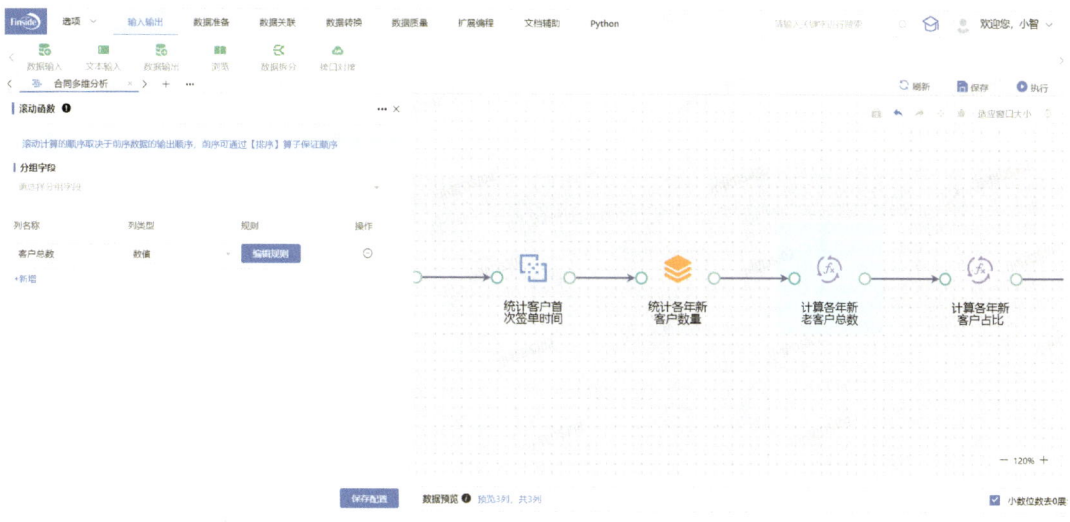

图 8-20　计算各年新老客户总数

8.2.5　数据可视化

获得数据结果后，数据分析人员可结合分析目的和数据特征，选择合适的图表组件，进行可视化展示。通过可视化大屏，数据使用者可以清楚查看销售合同数据中蕴含的规律和变动趋势，从而更精准、科学地制定销售策略，分配企业资源，有效识别潜在的市场机会和风险。

以下选取产品销售收入和客户行业、区域分布为例，展示数据最终可视化的效果。

（1）各产品大类销售收入

使用大屏的折线图组件，展示云新科技各产品大类 2020—2024 年销售收入变化（如图 8-21 所示）。

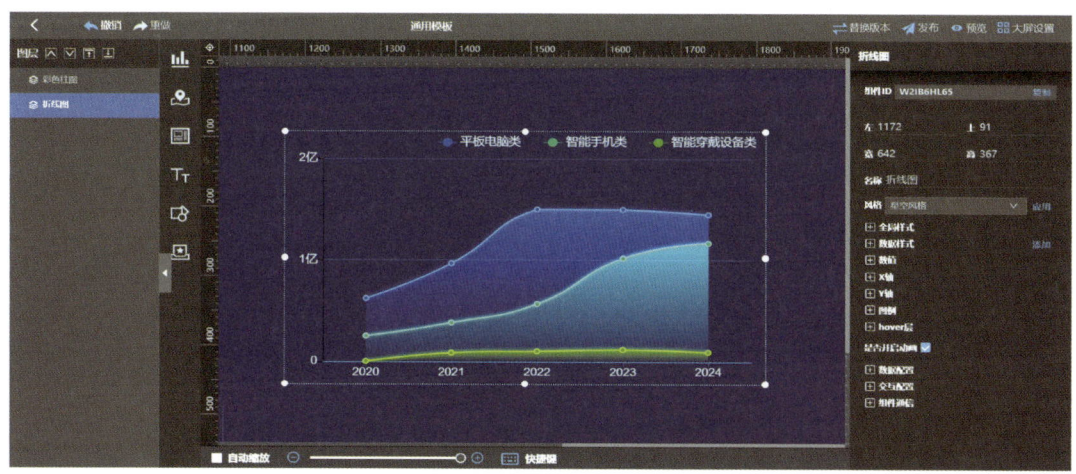

图 8-21　产品大类销售收入折线图

(2) 各产品种类销售收入

使用大屏的彩色柱图组件，展示云新科技 2024 年各产品种类销售收入，便于数据使用者进行横向对比（如图 8-22 所示）。

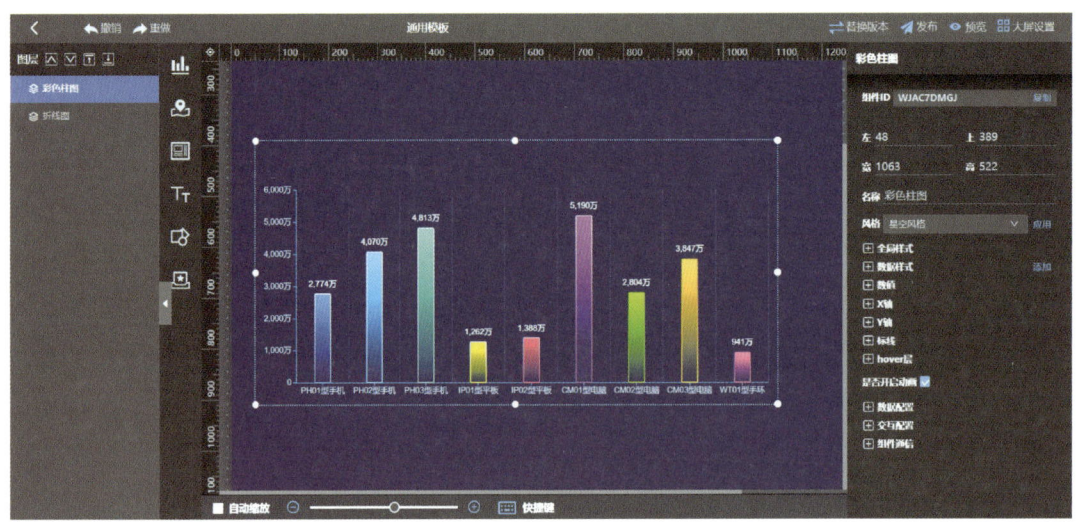

图 8-22　产品种类销售收入柱形图

(3) 客户行业分布

使用 BI 的矩形树图组件，展示云新科技客户在各行业的分布，对客户数量设置梯度颜色，某行业客户数量越多，代表该行业的区域颜色越深（如图 8-23 所示）。

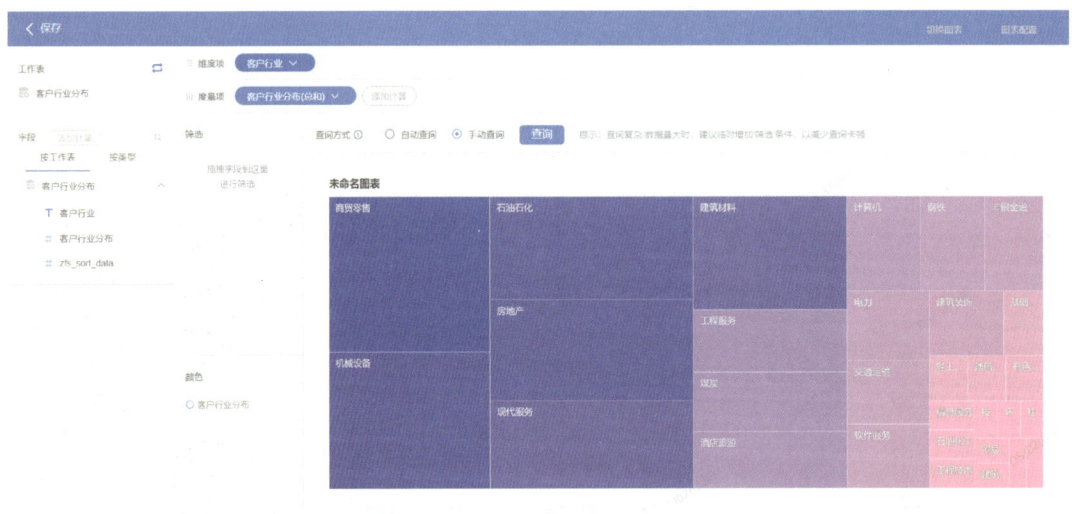

图 8-23　客户行业分布矩形树图

(4) 客户区域分布

使用 BI 的地图组件，配置自定义色阶，直观展示各区域客户数量分布。

✦ 本章小结

本章选取差旅多维分析和合同多维分析两个企业实务中常见的数据分析场景，引导读者基于财芯平台完成数据价值链全流程实操，包括业务需求分析、数据采集、数据清洗、算法搭建和数据可视化，帮助读者掌握数据分析思路和多类算子使用方法，提升数据分析实战能力。

 财芯·智算系列微课

为帮助读者快速熟悉平台操作,熟练掌握各算子的使用方法,本书准备了多个算子操作视频,供读者学习参考。扫描二维码(如附图1所示)即可观看视频,建议结合章节内容同步学习。

附图1 视频教程二维码

常见问题清单

针对用户常见的操作问题，本书围绕财芯三大中心，整理了各类问题的解决办法，供读者查阅与参考。

一、数据网盘

（1）数据库连接是什么？

答：数据库是将数据按照一定方式储存在一起，支持多个用户共享，并尽可能减小冗余度的数据集合，就像是储存电子数据的档案柜。一个数据库可以由多个数据表空间构成，用户可以对文件中的资料进行新增、截取、更新、删除等操作。使用数据库连接，财芯平台可以实现与数据库的对接，无需代码即可从数据库中提取数据至数据网盘，取数更加方便快捷。

（2）数据上传不到数据网盘怎么办？

答：本地数据上传后，系统会对数据进行校验，表格数据不合规的数据无法上传成功，用户可在【数据网盘——我的数据】界面右上角的【导入记录】查看失败日志，根据失败原因修改表格，重新导入即可。

（3）表格导入失败，日志显示"字段名不合规"是什么意思？

答：本地上传数据时，系统暂不支持表格表头以数字开头或含有中英文标点符号（除中文顿号和括号）、空格，以上问题会导致数据导入失败。若表格表头含有这些字符，导入失败后，日志会提示字段名不合规，修改对应的表头重新导入即可。

（4）可以从不同数据库取数吗？支持从金蝶软件等系统对应的数据库取数吗？

答：平台支持从不同类型数据库取数，取数可以整表取数，也可以按字段、按行取数。取数无需代码，也可以利用 SQL 语句取数。将整表数据取来之后，可在算法中心做多表关联和字段筛选。

二、算法中心

（1）算子流是否支持多人同时编辑？

答：算子流不支持多人同时编辑，以避免多人同时配置产生冲突，导致算子流未能保存需要的配置，造成配置信息丢失的问题。同一算子流可多人同时查看和运行。

（2）算子流可以不保存就执行吗？

答：不可以。算子流必须先保存到数据网盘中，才能正常执行。保存算子流后，点击

执行，系统会自动保存算子流，再进行数据运算，避免数据丢失。

（3）将新算子连接并保存后，数据预览栏为什么是空白？

答：算子需要对数据进行运算后才会提供预览数据，因此执行算子流前，数据预览区为空。算子流执行后，算子的数据预览区才会展示处理后的数据。

（4）输入的数据表明明有上千条数据，为什么数据预览区显示"预览 200 条"？

答：通常情况下，数据预览区只提供 200 条数据预览，并非仅仅保留并运算了 200 条数据，若需要预览全部数据，可打开调试模式，或使用浏览算子。

（5）数据预览区搜索栏输入数据，搜索后没有反应。

答：搜索数据表中没有的数据时，预览区会显示"暂无数据"；搜索数据表中已有的数据时，预览区会跳转至该数据对应的区域；若搜索表头，预览区会显示"暂无数据"，目前系统尚不支持搜索表头内容。

（6）使用数值公式计算算子中的函数计算单个字段没有效果，例如使用 Sum 函数对一列数据求和，求和后仍是原数值。

答：数值公式计算算子用来处理列与列之间的数据，不能用于处理同一列内的数据，如果需要对单个列内的数据进行处理，例如求和或者求均值，可使用累加算子或数据透视算子进行处理。

（7）算子流导出后再导入，系统提示导入失败。

答：同一算子流在同一集团内只能同时存在于一个账号之中，不能重复导入。如果需要使用第二条相同算子流，可以对算子流进行复制，将复制的新算子流转交给其他同一集团内的用户。

（8）修改了算子流名称后，再次打开算子流却还是原来的名称。

答：修改算子流名称后，需要保存算子流以保存修改。如果没有保存算子流，那么修改的算子流名称修改就无法保存下来。

（9）数值公式计算算子和函数算子的区别是什么？

答：数值公式计算算子和函数算子都可以对字段进行数据处理，进行加减乘除等，区别在于数值公式计算算子只可处理数值类型字段，重公式计算，如 SUM 函数、AVERAGE 函数等；函数算子可对文本、日期时间和数值三类字段进行处理，重函数处理，包括各类文本类、日期类函数，如 IFS 函数、Contains 函数等。

（10）时间维度只含年份非具体日期，为什么同比算子无法选择到年份字段？

答：同比算子时间维度只能选择到日期格式的字段，文本格式字段需先使用字段选择算子转换为日期格式，但由于年份字段值如 2023 非具体日期，因此无法转换为日期格式。对应解决方案为：使用文本拼接算子将年份字段内容（2023）拼接月日为具体日期（2023－12－31），再用字段选择算子转换为日期格式，即可使用累加、同比等算子选择年份作为时间维度，进行数据分析。

（11）同比算子执行成功了为什么无法显示同比值的计算结果？

答：同比算子的计算逻辑是先按照分组字段对数据进行分组，然后计算同组内的数据同比，若组内只有一行数据，则系统无法计算同比值。

（12）为什么算子流提示执行终止？

答：算子流终止执行是因为某算子配置出错，导致数据无法正常计算。点击画布空白区域，将数据预览区切换至算子流信息区，点击执行日志页签，即可查看是哪个算子执行出错。

更多问题可登录财芯学院与社区（网址：https://edu.finside.com.cn），或扫描二维码查看（如附图2所示）。

附图2 常见问题清单二维码

附录三 实操指引与附件

扫描二维码（如附图 3 所示）下载第 8 章数智化案例实操指引、各章节练习实训题实操指引及各章节实操附件，建议结合章节内容同步学习。

附图 3 实操指引与附件下载二维码

本书所用实操附件如下：

【工具篇】

- 01—财务部员工信息表.xlsx
- 02—培训考试分数.xlsx
- 03—各产品生产成本明细.xlsx
- 04—产品质量检验表.xlsx
- 05—差旅费报销数据.xlsx
- 06—企业信用评级.xlsx
- 07—企业客商信息表
- 08—超市会员信息表.xlsx
- 09—考核成绩表.xlsx
- 10—春季福利表.xlsx
- 11—邮寄地址表.xlsx
- 12—2021 年产销数据表.xlsx
- 13—2022 年产销数据表.xlsx
- 14—考核等级方案.xlsx
- 15—2021—2022 年产销数据表.xlsx

- 16—存款及利率统计表.xlsx
- 17—各部门本月明星员工信息表.xlsx
- 18—超市销售数据（原始数据）.xlsx
- 19—超市销售数据.xlsx
- 20—超市产品列表.xlsx
- 21—公司总部分摊比例.xlsx
- 22—租赁信息.xlsx
- 23—部门数据.xlsx

【应用篇】

- 24—报销单据主表.xlsx
- 25—报销单据子表.xlsx
- 26—合同数据.xlsx
- 27—客户数据.xlsx

附录四 章节练习答案

第 1 章

一、单选题：1. C 2. A 3. D

二、多选题：1. ABC 2. ABD 3. CD

三、判断题：1. 正确 2. 错误

四、简答题：略

第 2 章

一、单选题：1. B 2. C

二、多选题：1. ABC 2. ABC 3. ABD 4. ABD

三、实训题：略

第 3 章

一、单选题：1. A 2. B 3. C

二、多选题：1. AB 2. ABC 3. BC 4. AD

三、实训题 扫描附录三的二维码查看详细步骤。

第 4 章

一、单选题：1. D 2. C 3. C

二、多选题：1. ABD 2. CD 3. AC 4. ABCD

三、实训题 扫描附录三的二维码查看详细步骤。

第 5 章

一、单选题：1. D 2. A 3. B 4. C 5. B 6. D

二、多选题：1. AC 2. ACD 3. BCD 4. ABCD

三、实训题

1. 扫描附录三的二维码查看详细步骤。

2. 扫描附录三的二维码查看详细步骤。

第 6 章

一、单选题：1. A 2. D 3. D

二、多选题：1. BCD 2. AC

三、实训题 扫描附录三的二维码查看详细步骤。

附录五 中兴新云高校实验室简介

数智技术驱动财务职能从基础核算向经营决策支持转型，技术应用能力和场景分析能力未来将成为财务人员的核心竞争力之一。中兴新云基于多年实践与前瞻视野，洞悉行业未来发展趋势，将数智技术引入高校课堂，打造智能财务云 VR 实验室、智慧业财实验室、财务大数据实验室，帮助学生了解行业发展实践与前沿技术应用，推动高校"产、学、研、用"教学体系建设，为行业培养财务 + IT + DT + AI 的复合型人才。

一、智能财务云 VR 实验室

智能财务云 VR 实验室是基于"大智移云物"技术在财务领域的应用，通过 VR 技术模拟的全景式互动业财一体化实验室。实验室以全球化业务为设计背景，创新性地通过多角色人物体验，使体验者切实、完整地感受国际化企业真实业务场景和财务流程。

（1）特色亮点

- 构筑智能财务元宇宙，沉浸体验业财场景

实验室引入虚拟现实与数字孪生技术，打破传统实务学习的时间和空间限制，复刻企业业财一体化场景，帮助学生感知财务的未来。

- 融入前沿技术应用，培养科技创新思维

实验室立足于全球化，着眼于企业业财融合场景，展示行业前沿财务云信息系统平台和智能技术，帮助学生深入了解新兴技术对财务工作模式的影响。

- 创新教学模式，启发主动学习探索

实验室打破高校传统实训模式，构建场景驱动、自主探索的教学模式，激发学生内生学习动力，实现教师教学智能化、学生学习自主化、学习模式多元化。

- 多视角模拟互动，感知多元岗位模式

学生可体验企业采购、销售、库房管理、合同管理、财务审核、核算、出纳、总账等业务与财务岗位职能，塑造多元职业技能。

（2）实践场景

一站式费用报销：从差旅申请到费用支付，体验员工智能化差旅流程，感受智慧报销前沿技术应用与行业实践。

数智化采购共享：从采购申请到货款支付，了解跨国企业的标准采购流程，开启数智化采购共享之旅。

智能化生产销售：从订单生产到收款核销，体验大型制造企业的智能化生产场景，了解产品全生命周期管理矩阵，开启智能化营收共享之旅。

可视化财务数据：从核算到报表出具，体验数智技术赋能下大型企业集团财务核算流程，感受企业数字神经脉络的构建和财务数据分析的应用。

智能财务云 VR 实验室体验场景如附图 4 所示。

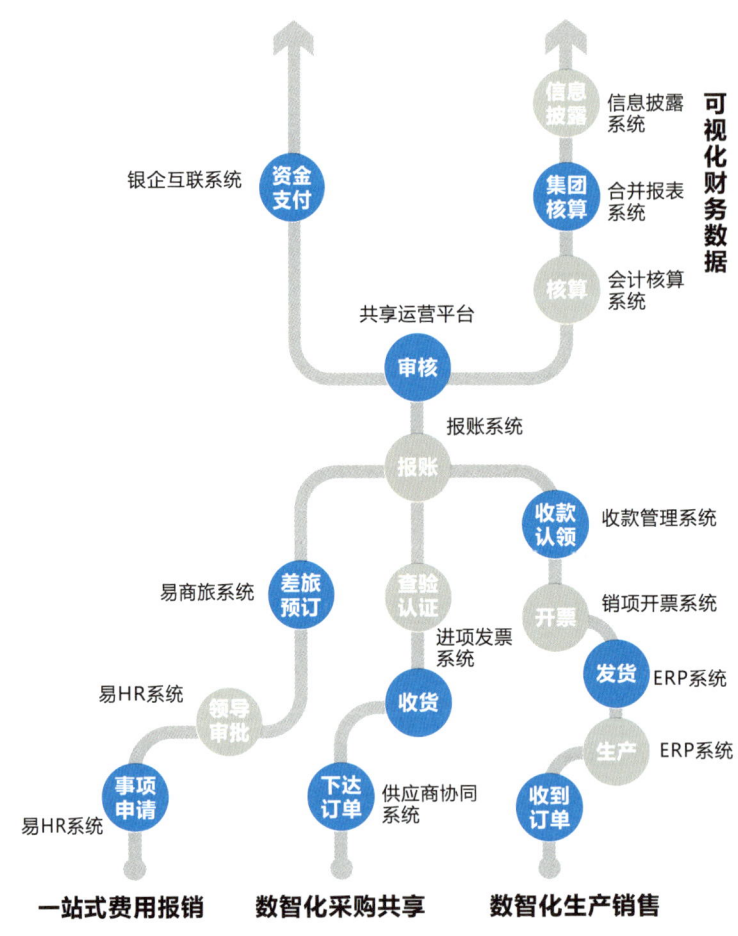

附图 4　智能财务云 VR 实验室实践场景

二、智慧业财实验室

智慧业财实验室是数智时代业财一体化实操实验室，立足于企业核心业务场景设计，以财务视角剖析企业业务运营过程，培养学生业财融合实践能力；基于财务云前沿信息系统平台实操，体验财务机器人、人工智能等新兴技术，培养学生业财一体信息化系统架构与实操能力；真实还原企业多元岗位角色，锻炼学生专业实践能力与岗位适应力，培养满足企业需要的应用型财务人才。

（1）特色亮点

- 深入业务价值链，实操业财一体信息化应用实验室内嵌十大核心业务流程场景,学生在实验室平台可以进行分业务域、分深度的业财一体信息化场景实操。

- 掌握新兴技术应用,提升技术创新能力

实验室引入财务自动化、智能化理念,帮助学生了解并体验机器人流程自动化、OCR、NLP 以及机器学习等多项技术。

- 前后端实操体验,夯实系统架构与实操能力

实验室覆盖财务信息系统前后端一体化学习,通过实践低代码开发平台,学生可了解系统后端架构和配置逻辑。

- 多岗位实训,塑造多元化职业技能

实验室真实还原企业多元岗位角色,实训财务共享服务、财务信息化、智能化岗位内容,提升学生专业实践能力与岗位适应力。

(2)实践场景

实验室深入企业业务价值链,实操费用报销、采购付款、销售收款、资产共享、薪酬共享、总账共享、共享运营、影像档案、资金共享、核算共享等核心业务场景,帮助学生构建业财一体信息化思维与技术创新能力。

智慧业财实验室实践场景如附图 5 所示。

三、财务大数据实验室

财务大数据实验室是集数据采集、建模、分析、展示于一体的企业大数据应用模拟实验室,以企业数智化转型为线索,帮助学生洞悉财务数智化场景,构建数据科学思维,深入了解数智技术应用,感知企业如何提升数据可用性、挖掘数据价值,成长为财务数智化创新型人才。

(1)特色亮点

- 引入数据科学,探索数据发挥价值的路径

实验室引入数据科学,帮助学生构建数据价值体系,充分利用数智技术,实操数据价值链,帮助学生探索数据从"原材料"到"价值"的升华过程。

- 实训企业数智化应用场景,强化场景综合应用能力

实验室围绕数智财务全新职能体系设计案例实操教学,学生可体验企业经营决策场景,掌握数据建模与分析方法,提升商业智能决策能力。

- 融汇全量企业经营数据,构建多维数据分析思维

实验室内嵌行业、经营、业务、财务等维度的数据,帮助学生全面认知企业数据体系,培养数据洞察力与价值创造力。

- 汇集行业前沿技术,复刻企业真实数智化技术平台

实验室依托企业级数智技术平台——财芯平台构建实训环境,集成 AI 算法引擎、大数据等技术,推动学生技术认知升级。

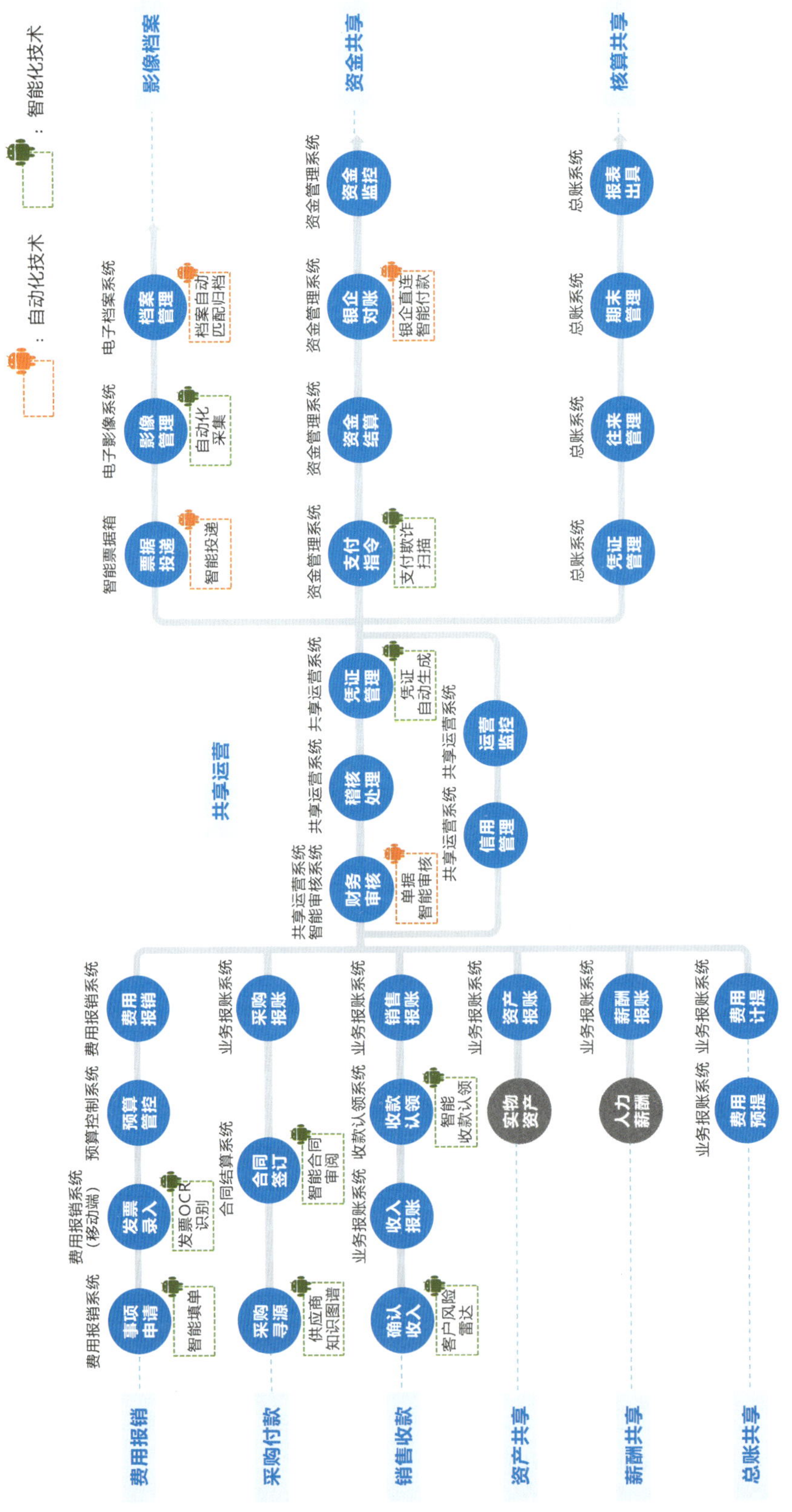

附图5 智慧业财实验室实践场景

（2）实践场景

实验室体系化实操数据采集、数据质量、数据标签、数据算法和数据可视化全价值链流程，综合化实训费用分析、经营分析、资金分析、财务报表分析等财务数智化场景，帮助学生全面了解企业利用数据创造价值、赋能经营决策全过程。

财务大数据实验室实践场景如附图 6 所示。

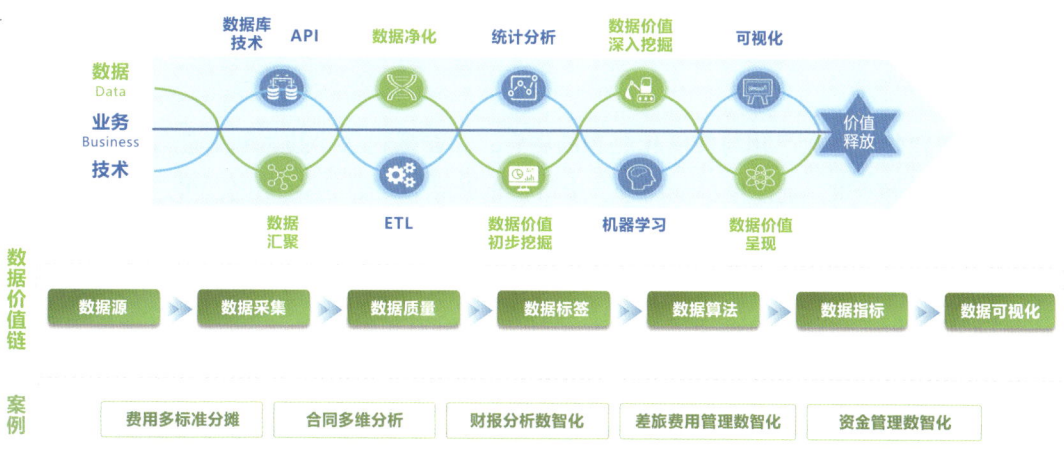

附图 6　财务大数据实验室实践场景

四、了解与体验

了解与体验中兴新云高校实验室请扫描下方二维码，如附图 7 所示。

附图 7　高校实验室体验申请二维码

附录六 专业术语

（1）数智化：是数字化与智能化二者的融合，是指通过数字技术和智能技术的深度应用，构建一个全感知、全连接、全场景、全智能的数字世界，进而优化、再造物理世界的业务，对传统管理模式、业务模式、商业模式等进行创新和重塑，推动企业实现更加高效、智能的数智化管理与运营。

（2）数据：是指任何以电子或其他方式对信息的记录，数据在不同视角下被称为原始数据、衍生数据、数据资源、数据产品和服务、数据资产、数据要素等。

（3）数据治理：对数据进行处置、格式化和规范化的过程。

（4）应用程序接口：是一组定义、程序及协议的集合，可充当应用程序对外开放的操作数据的入口，用户可以通过 API 实现软件之间的相互通信。

（5）网络爬虫：是指通过网页的链接地址来寻找网页，从网站某一个页面开始，读取网页的内容，找到在网页中的其他链接地址，然后通过这些链接地址寻找下一个网页，这样循环往复，直到按照特定策略把互联网上所有的网页都抓取完为止的技术。

（6）数据算法：是一系列有助于解决问题和实现目标的规则，代表着系统性的解题方法和策略。

（7）数据可视化：是运用电脑图形理论以及图像处理方式，借助图表、视频等可以增强数据内容直观感受性以及可理解性的视觉展现形式，以呈现数据内涵与数据分析的结果。

（8）商业智能：指用现代数据仓库技术、线上分析处理技术、数据挖掘和数据展现技术等进行数据分析，以实现商业价值。

（9）数据资源：是指具有价值创造潜力的数据的总称，通常指以电子化形式记录和保存、可机器读取、可供社会化再利用的数据集合。

（10）数据资产：是指特定主体合法拥有或者控制的，能进行货币计量的，且能带来经济利益或社会效益的数据资源。

（11）数据服务：指提供数据采集、数据传输、数据存储、数据处理（包括计算、分析、可视化等）、数据交换、数据销毁等数据各种生存形态演变的一种信息技术驱动的服务。

（12）算子：财芯平台将复杂的数据计算与处理功能封装成独立的模块，每一个模块称为一个"算子"。用户可像搭乐高积木一样，根据实际需求选取并组合不同"算子"，快速构建数据分析模型。

（13）算子流：由多个算子构成的数据分析模型，通常包含数据输入、数据加工、数据输出等类算子。

（14）算子流组合：由多条算子流构成的组合。

（15）数据连接：是财芯平台与各类型数据库间建立的连接，可以实现数据的实时获取。

（16）参数：是搭建算子流时用于动态计算或条件判断的关键变量，包含日期、文本、数值三种类型。

参考文献

[1] IDC.2028年中国数字化转型总体市场规模将超7300亿美元［EB/OL］.

[2] 埃森哲.2024埃森哲中国企业数字化转型指数［R］.北京：埃森哲，2024.

[3] 陈虎，孙彦丛，郭奕，等.财务数据价值链［M］.北京：人民邮电出版社，2022.

[4] 游皓麟.Python预测之美：数据分析与算法实战［M］.北京：电子工业出版社，2020.

[5] MBA智库.网络爬虫［EB/OL］.

[6] MBA智库.应用程序接口［EB/OL］.

[7] MBA智库.数据库［EB/OL］.

[8] 云鸣，林君，泊智，等.如何发现品牌潜客？目标人群优选算法模型及实践解析［EB/OL］.

[9] 陈为，沈则潜，陶煜波.数据可视化（第2版）［M］.北京：电子工业出版社，2019.

[10] MBA智库.商业智能［EB/OL］.

[11] 中国信息通信研究院云计算与大数据研究所.数据标准管理实践白皮书［R］.北京：中国信息通信研究院，2019.

[12] 李长山.基于Logistic回归法的企业财务风险预警模型构建［J］.统计与决策，2018，34（06）：185-188.

[13] 百度百科.非平稳序列［EB/OL］.

[14] 中兴新云.陈虎：财务数字新基建——财务的算力、算法和数据［EB/OL］.

[15] 全国数据资源调查工作组.全国数据资源调查报告［R］.福州：国家工业信息安全发展研究中心，2025.

[16] IMA，中兴新云，厦门国家会计学院.2023—2024中国财务数字化报告［R］，2023.

[17] 中兴新云，ACCA，厦门国家会计学院.2024中国共享服务领域调研报告［R］，2024.